"十三五"江苏省高等学校重点教材 (2019-2-021)

高等院校国际经济与贸易专业系列教材

跨国公司经营与管理

主　编　陈小文

副主编　杨继军　徐　莉

参　编　杜运苏

U0361633

机械工业出版社

本书内容主要包含两个部分：一是跨国公司经营部分，二是跨国公司管理部分。另外，结合时代特点加入了中国在"一带一路"的直接投资部分。本书特色是总结了最新理论成果，促进教研结合，体现了教材建设的动态化。

本书使用对象是国际经济与贸易、国际商务、工商管理专业的本科或部分专科高年级学生，同时本书可以作为相关专业研究生的选读材料。本书还可以作为涉外企业和关注跨国公司的读者的参考读物。

图书在版编目（CIP）数据

跨国公司经营与管理/陈小文主编 . —北京 ：机械工业出版社，2019. 11
（2023. 1 重印）

高等院校国际经济与贸易专业系列教材

ISBN 978-7-111-64126-1

Ⅰ. ①跨… Ⅱ. ①陈… Ⅲ. ①跨国公司 – 经营管理 – 高等学校 – 教材 Ⅳ. ①F276. 7

中国版本图书馆 CIP 数据核字（2019）第 248710 号

机械工业出版社（北京市百万庄大街 22 号　邮政编码 100037）
策划编辑：常爱艳　责任编辑：常爱艳　吴　洁
责任校对：李亚娟　责任印制：张　博
三河市宏达印刷有限公司印刷
2023 年 1 月第 1 版第 3 次印刷
184mm×260mm · 16. 5 印张 · 404 千字
标准书号：ISBN 978-7-111-64126-1
定价：45. 80 元

电话服务　　　　　　　　网络服务
客服电话：010-88361066　机 工 官 网：www. cmpbook. com
　　　　　010-88379833　机 工 官 博：weibo. com/cmp1952
　　　　　010-68326294　金 书 网：www. golden-book. com
封底无防伪标均为盗版　机工教育服务网：www. cmpedu. com

前　言

在经济全球化的进程中，跨国公司推动着国际分工的进一步深化并深入影响着世界经济，成为重要的经济主体。在经营环境复杂多变的条件下，跨国公司经营管理不断创新，呈现新的特征和动向。本书立足现实背景，对跨国公司经营与管理中的主要问题进行了细致的梳理。

本书主要特色如下：

1. 案例新颖。本书选用了具有时代特色、紧跟时代变化的最新案例，能够更好地反映跨国公司的变化，方便读者理解相关理论知识。本书全部采用最新数据。

2. 与时俱进。本书也把我国对"一带一路"投资作为一章进行了介绍。

3. 国际视野。本书立足全球跨国公司经营管理新动向，结合主要行业竞争背景，分析大型跨国公司的战略选择。

本书是集体合作的产物，由陈小文担任主编，由杨继军、徐莉担任副主编。参加编写的人员及具体分工如下：第一、六、九章由陈小文编写；第三、五、八章由杨继军编写；第二、四、十、十一章由徐莉编写；第七章由杜运苏编写。研究生赵倩、周睿、杨艺、戚飞、王梓烨对本书写作亦有贡献。

本书可以作为高等院校经济管理类专业学生的教材，也可以作为企事业单位人员学习、培训的参考用书。本书在编写过程中参阅了大量的著作和文献资料，在此对相关作者表示衷心感谢！由于编者水平有限，书中难免出现缺陷和不足，恳请广大专家、学者和读者批评指正。

编　者

目　录

前　言
第一章　导论 …………………………… 1
　　本章重点 …………………………… 1
　　第一节　跨国公司概述 …………… 1
　　第二节　国际直接投资理论 ……… 8
　　第三节　跨国公司对世界经济的
　　　　　　影响 ……………………… 11
　　第四节　跨国公司经营管理新动向 … 16
　　基本概念 …………………………… 22
　　思考题 ……………………………… 22
　　本章参考文献 ……………………… 22
第二章　跨国公司经营环境 ………… 23
　　本章重点 …………………………… 23
　　第一节　跨国经营的政治与法律
　　　　　　环境 ……………………… 23
　　第二节　跨国经营的文化环境 …… 26
　　第三节　跨国经营的经济环境 …… 34
　　第四节　跨国经营的技术环境 …… 38
　　第五节　跨国经营的商业伦理与
　　　　　　社会责任 ………………… 42
　　基本概念 …………………………… 46
　　思考题 ……………………………… 46
　　本章参考文献 ……………………… 46
第三章　跨国公司国际并购 ………… 48
　　本章重点 …………………………… 48
　　第一节　跨国并购的概念与类型 … 48
　　第二节　当今世界跨国并购的特点及
　　　　　　主要影响因素 …………… 52
　　第三节　跨国并购的动因及风险
　　　　　　控制 ……………………… 54
　　第四节　美国对跨国并购的反垄断
　　　　　　立法 ……………………… 58
　　基本概念 …………………………… 61
　　思考题 ……………………………… 61

本章参考文献 ……………………… 61
第四章　跨国战略联盟 ……………… 63
　　本章重点 …………………………… 63
　　第一节　跨国战略联盟的概念与
　　　　　　特征 ……………………… 63
　　第二节　跨国战略联盟的理论基础 … 66
　　第三节　跨国战略联盟形成的动因与
　　　　　　发展趋势 ………………… 70
　　第四节　跨国战略联盟的类型 …… 77
　　第五节　跨国战略联盟的运营与
　　　　　　管理 ……………………… 80
　　基本概念 …………………………… 88
　　思考题 ……………………………… 88
　　本章参考文献 ……………………… 88
第五章　跨国公司内部贸易及其转移
　　　　价格 ………………………… 89
　　本章重点 …………………………… 89
　　第一节　跨国公司内部贸易 ……… 89
　　第二节　跨国公司内部贸易中的转移
　　　　　　价格 ……………………… 95
　　基本概念 …………………………… 106
　　思考题 ……………………………… 106
　　本章参考文献 ……………………… 106
第六章　跨国公司国际技术转让 …… 107
　　本章重点 …………………………… 107
　　第一节　国际技术转让概述 ……… 107
　　第二节　国际技术转让的方式和
　　　　　　策略 ……………………… 115
　　第三节　国际技术转让的定价和
　　　　　　支付 ……………………… 120
　　第四节　国际技术转让的法律政策 … 124
　　基本概念 …………………………… 128
　　思考题 ……………………………… 128
　　本章参考文献 ……………………… 128

第七章　跨国公司组织管理…………… 130
　本章重点………………………… 130
　第一节　跨国公司组织结构类型 …… 130
　第二节　跨国公司组织结构设计和
　　　　　选择…………………… 139
　第三节　跨国公司组织结构的创新 … 146
　基本概念………………………… 151
　思考题…………………………… 151
　本章参考文献…………………… 151
第八章　跨国公司外汇风险管理 ……… 153
　本章重点………………………… 153
　第一节　外汇风险概述 …………… 153
　第二节　跨国公司外汇风险的识别
　　　　　与计量 ………………… 157
　第三节　跨国公司外汇风险管理
　　　　　选择…………………… 163
　第四节　跨国公司外汇风险管理
　　　　　措施…………………… 168
　基本概念………………………… 173
　思考题…………………………… 173
　本章参考文献…………………… 173
第九章　跨国公司营销管理……………… 175
　本章重点………………………… 175
　第一节　国际市场营销概述………… 175
　第二节　国际市场营销组合策略 …… 183
　第三节　国际市场营销计划、执行
　　　　　与控制 ………………… 194

　基本概念………………………… 200
　思考题…………………………… 200
　本章参考文献…………………… 200
第十章　跨国公司人力资源管理 ……… 202
　本章重点………………………… 202
　第一节　跨国公司人力资源管理
　　　　　概述…………………… 204
　第二节　跨国公司人力资源的
　　　　　招聘…………………… 213
　第三节　跨国公司人员的培训与
　　　　　开发…………………… 221
　第四节　跨国公司的绩效管理和
　　　　　薪酬管理 ……………… 225
　基本概念………………………… 231
　思考题…………………………… 231
　本章参考文献…………………… 232
第十一章　中国对"一带一路"直接
　　　　　　投资…………………… 233
　本章重点………………………… 233
　第一节　"一带一路"的基本内涵 … 233
　第二节　"一带一路"的历史背景 … 236
　第三节　"一带一路"的重要意义 … 239
　第四节　"一带一路"的总体规划 … 246
　第五节　"一带一路"的建设成果 … 250
　基本概念………………………… 256
　思考题…………………………… 256
　本章参考文献…………………… 256

第一章

导　论

【本章重点】

　　1. 跨国公司定义和判断标准。

　　2. 跨国公司类型。

　　3. 国际直接投资理论。

　　跨国公司从产生以来，在全球经济发展中成为越来越重要的主体，推动着经济全球化的进程。跨国公司通过出口、对外直接投资、国际技术转让等行为促进了商品和要素的跨国流动，通过参与和定制全球价值链主导了国际分工和利益分配，通过改变组织结构框架、管理国际市场营销以及人力资源等职能保持了较强竞争力，通过跨国并购、建立战略联盟重构了国际市场竞争格局。跨国公司的国际商务活动牵动着世界市场，跨国公司的经营和管理行为也因世界市场的改变而不断进行调整。在了解跨国公司经营管理活动之前，有必要全面认识跨国公司的基本情况，包括跨国公司的基本概念、发展历史、在经济全球化中的作用等。

第一节　跨国公司概述

　　第二次世界大战以后，跨国公司迅速发展，尤其是美国等发达国家大量对外直接投资使得跨国公司分布区域日益广泛。与此同时，人们对于跨国公司的关注也不断增多，出现了不同的称谓。人们用国际企业、跨国企业、国际公司、多国公司、全球公司、超国家企业、世界企业甚至宇宙公司来指代这类业务经营跨越国界、在多个国家有分支机构的大型企业，相应地跨国公司也具有了多重内涵。在各种称谓中，多国公司（Multinational Corporation，MNC；或 Multinational Enterprise，MNE）和跨国公司（Transnational Corporation，TNC；或 Transnational Enterprise，TNE）最为常见，也逐渐被业界和学术界接受并成为普遍性的名称。1974 年，联合国经济和社会理事会决定，统一采用"跨国公司"这一名称。自此，"跨国公司"正式用来指代跨国投资经营的组织载体，在学术研究中，MNE、MNC、TNE 和 TNC 几种名称都比较常见。

一、跨国公司的定义和判断标准

（一）定义

　　多年来对跨国公司的定义众说纷纭，并不统一，很多学者与国际机构在关注跨国公司经营活动时对跨国公司给出了不同的定义。经济学家约翰·邓宁认为跨国公司是从事对外直接投资并在一个以上国家拥有或控制着从事增值活动的企业。弗农和威尔斯认为跨国公司是在一国设立母公司并在许多国家拥有分支机构，以共同的所有权为纽带，依赖于共同的资源组合并受控于某个共同的战略。1984 年，联合国在《跨国公司行动守则草案》中定义"跨国公司"为：跨国公司是指一种企业，企业的实体分布于两个或两个以上的国家，而不论其法律形式和活动范围如何；各个实体通过一个或数个决策中心，在一个决策系统的统辖之下开展经营活动，彼此有着共同的战略并执行一致的政策；各实体通过所有权关系或其他方式相互联系，包括影响其他实体活动，分享其他实体的知识、资源并分担责任。这一定义对跨国公司经营活动和股权联系特征等做出了较好的概括。简单地说，跨国公司就是在一个以上的国家和地区拥有和控制经营实体并进行国际经营和管理的企业。

（二）判断标准

对跨国公司不同的定义，体现了不同的判断标准。判断一个企业是否是跨国公司有多个标准，常见的标准有以下几个方面：

1. 地区分布标准

早期学者的研究对跨国公司地区分布标准要求过高。例如，弗农认为在 6 个以上国家分布有子公司的才是跨国公司。联合国经济和社会理事会等国际组织一般要求跨国公司在两个或两个以上国家拥有生产或服务设施，以区别于单纯进行进出口贸易的公司。

目前，从跨国公司地区分布来看，世界 500 强公司普遍拥有较多的子公司，分布于全球多个国家和地区。例如，2016 年华为已经有 241 家海外子公司，覆盖了 170 个国家和地区。个别发达国家跨国公司的海外子公司数量已经接近 1000 家。

2. 所有权标准

所有权标准既涉及企业国籍，也涉及子公司股权比例。有的学者认为跨国公司是无国籍的，也有学者认为跨国公司国籍与母公司所有者和高层主管的国籍相同。跨国公司经过多年发展，由于决策中心未必局限在母国，所以决策过程也已经超越了母国这一单一界限，跨国公司所有权分属于多个国家的居民或企业。

对于一个企业拥有国外企业的多少股份才算跨国公司，各国法律规定不同。美国法律规定拥有国外企业的股份在 10% 以上才算是拥有子公司；日本则规定在 25% 以上，不足 25% 的必须采取非股权安排加以控制。目前普遍以国际货币基金组织规定的 25% 作为拥有子公司所有权的标准。

3. 企业规模标准

早期跨国公司多是大型公司，因此对跨国公司规模的界定标准较高。例如，20 世纪美国哈佛大学"多国公司研究项目"认为，美国跨国公司应该是年销售额在 1 亿美元以上的企业，欧洲和日本跨国公司应是年销售额在 4 亿美元以上的企业。而随着跨国公司类型的日益多样化，中小型跨国公司也不断涌现，规模标准不再适用。

4. 经营业绩标准

经营业绩标准即依据跨国公司在国外经营中的具体指标如资产额、销售额、利润额、雇员数在整个跨国公司业务中所占比重等来判断是否是跨国公司。衡量标准既包括绝对额，也包括相对比例。如果用比例衡量，则一般也常用 25% 的标准来衡量。

目前，经营业绩较少用于判断企业是否是跨国公司，而是更多地用来衡量不同跨国公司的国际化程度。联合国跨国公司与投资司用跨国化指数（Transnationality Index，简称 TNI）

来衡量跨国公司国际化水平，确定了跨国化指数的计算方法[一]，从而综合评价企业国际化程度。另外常见的还有国际化指数，它以国外子公司数目除以子公司总数的比值来计算。

中国跨国公司的跨国化指数总体而言并不算高。2018 年 9 月 2 日，中国企业联合会、中国企业家协会连续第 8 次向社会发布了中国跨国公司 100 大及跨国指数。在 2018 年中国跨国公司 100 大中，按照跨国指数排序的前 10 名企业分别是中国化工集团有限公司、万洲国际有限公司、中国中化集团有限公司、联想集团有限公司、浙江吉利控股集团有限公司、宁波均胜电子股份有限公司、海尔集团公司、安徽中鼎控股（集团）股份有限公司、复星国际有限公司、晶科能源控股有限公司。其中，中国化工集团有限公司居首位，跨国化指数达到 70.43%。中国跨国公司 100 大的平均跨国指数为 15.80%，其中高于平均跨国化指数的公司达到 49 家。[二] 在 100 大中，跨国指数最低的仅 1.14%。而 2011 年世界 100 家最大跨国公司的平均跨国化指数已经达到 60.78%。2017 年世界跨国公司 100 强的海外资产占比、海外销售额占比、海外雇员数所占比率分别达到 62%、65% 和 59%[三]，意味着平均跨国化指数达到 62%。以跨国化指数衡量国际化程度，我国跨国公司 100 大与世界跨国公司 100 强（含中国企业）的总体差距比较大。

上述标准在经济发展中是不断演化的，尤其是随着跨国公司经营实践的不断丰富，判断标准也在不断调整和变化。

二、跨国公司的类型

跨国公司具有不同的分类标准，对应不同的类型。

（一）按经营内容进行划分

1. 资源开发型

跨国公司投资资源丰富的东道国，可以获得母国短缺的原材料和资源。这种跨国公司主要投资种植业、采矿业、石油开采等行业，不仅有发达国家跨国公司，也包括发展中国家跨国公司。例如，我国"中石油"在海外 32 个国家和地区运作着 88 个油气项目，形成了涵盖油气勘探、开发、管道和炼化的完整产业链。

2. 生产制造型

这种跨国公司进行直接投资后，有的成为加工组装企业，有的直接制造自己品牌的产品并在东道国销售，例如，"宝马"与"华晨"组成合资企业华晨宝马汽车有限公司，在中国生产并销售宝马汽车。

3. 服务型

这类跨国公司提供多种类型的服务，如技术、金融、保险、咨询、管理、法律、会计、设计等，相对应的公司形态包括金融机构、会计师事务所、咨询公司、法律事务所等。这类服务通常具有较高的附加值，尤其是发达国家跨国公司在发展中国家投资后，往往能够快速占领较高的市场份额。20 世纪 80 年代以后随着服务业的发展，这类公司已经成为跨国公司

[一] 跨国化指数 = $\left(\dfrac{\text{国外资产}}{\text{总资产}} + \dfrac{\text{国外销售额}}{\text{总销售额}} + \dfrac{\text{国外雇员数}}{\text{总雇员数}}\right) \Big/ 3 \times 100\%$

[二] 数据来源：中国网《2018 中国跨国公司 100 大及跨国指数发布》，作者姬文艳。

[三] 数据来源：联合国贸易和发展会议网《2018 年世界投资报告》。

的重要形式。

（二）按分工形式进行划分

1. 水平型

水平型跨国公司的母公司和其他分支机构基本经营同类业务、生产同类产品，没有严格的专业分工。母公司和子公司相互转移生产技术、管理经验等无形资产，在各国开展同类业务，从而能获得规模经济并绕开东道国的贸易壁垒。

2. 垂直型

垂直型跨国公司的母子公司实行专业化分工，其产品与经营业务不同但生产相互关联。垂直型跨国公司包括两种类型。一是母子公司经营不同行业相互有关联的业务。例如，石油公司部分子公司进行石油和天然气的勘探、开采，部分子公司制造石油天然气管道、油槽和车船来保证石油和天然气的运输，还有部分子公司经营大型炼油厂提炼原油。这几个子公司之间业务关联比较紧密，涉及从原油开采到精炼的整个过程。二是母公司和子公司生产和经营同一行业不同加工程度或工艺阶段的产品，比较典型的是汽车、电子等行业。例如，汽车企业内部各子公司之间依靠专业化分工制造汽车各个部件，子公司之间直接形成了上下游的投入产出关系。

3. 混合型

混合型跨国公司的母子公司经营不同的业务且相互之间没有联系。很多跨国公司经营多元化业务并且比较成功，通用电气便是如此。通用电气在 100 多个国家和地区开展医疗、交通、水处理、航空、器材、照明等多项业务，公司的 11 个业务集团若拆开排名，则有 9 个可以进入《财富》500 强。

除了上述常见的两类划分标准外，跨国公司还可以按照规模差异、决策类型、组织结构类型等进行不同的分类。

三、跨国公司的特征

跨国公司与国内公司相比，除在多个国家和地区从事生产经营活动以外，还具有多方面特征。

（一）实施全球经营战略

跨国公司母子公司遍布全球多个国家和地区，其国际化经营一般以谋求全球范围内的总体利益和长远利益为原则，因此跨国公司一般都有一个最高决策中心，各子公司的决策也必须服从这个决策中心的决策。跨国公司在实施全球经营战略时，既不过多考虑某个子公司的盈亏情况，也不孤立考虑某个市场，强调在全球范围内布局资源、产品、机构等，从而获得最大化利益。

（二）利用股权或非股权方式构建国际经营网络

跨国公司早期多通过对外直接投资方式建立国外分支机构，以股权纽带连接各个机构。随着经济全球化的不断推进，非股权方式逐渐开始盛行，跨国公司通过经济合作、外包生产、专利许可等各种方式与其他企业建立起非股权联系，从而织就一个更加庞大的国际生产经营网络。

（三）具有较强的国际竞争力

跨国公司通常具有多方面的优势，它可能体现为资金规模优势、技术研发优势、资金融通优势等某方面或多方面的综合,从而也在不同产品、不同市场上具有不同程度的垄断性。

(四) 市场内部化和内部贸易

对于跨国公司来说,市场内部化是指将跨国界的公司外交易过程变成跨国公司内部的行为。出于技术保密或者避税等的需要,跨国公司对外投资时倾向于向上下游环节延伸,建立垂直一体化的生产体系,变外部采购为内部供应。同时,母子公司的内部贸易在国际贸易的占比也越来越大。

四、跨国公司组织形式

跨国公司通常是股份有限公司,组织形式包括母公司、子公司、分公司等。

(一) 母公司

母公司(Parent Company)是在母国登记注册的法人组织,是跨国公司决策中心,负责组织管理跨国公司的全部生产经营活动。

母公司对子公司有管理控制权,以股权和非股权安排对子公司实施控制,与子公司都是独立法人,以出资额为限对子公司承担有限责任。

跨国公司在发展初期时,母公司通常是单母国型的,只有一个母国。而随着跨国公司不断发展,母公司基本形态逐渐演变,出现了双母国型、多母国型和无母国型跨国公司。双母国型的典型代表是英荷壳牌石油公司,它由英国壳牌运输公司和荷兰皇家石油公司在1907年合并而成,在荷兰海牙和英国伦敦设立双总部。类似的还有联合利华公司。全球最大网络杀毒软件企业——趋势科技则一开始就选择了全球组织架构,构建了无母国型跨国公司,成为无国籍企业。趋势科技财务总部设在日本东京,营销总部设在美国硅谷,研发中心设在中国的台北和南京,客户服务中心设在菲律宾的马尼拉,行政总部则设在爱尔兰。

(二) 子公司

子公司(Subsidiary)是指由母公司投入全部或部分股份,依法在世界各地设立的东道国法人企业。

子公司是独立法人,拥有独立的经营管理组织体系,有独立的公司章程,独立经营、自负盈亏,但要受到母公司控制,与母公司之间的关系基于股份占有或控制协议而产生。同时子公司是当地公司,受东道国法律管辖。

在子公司中有一类比较特殊的避税港基地公司。避税港是指无税或低税的国家或地区,税收种类涉及个人所得税、公司所得税、资本利得税和财产税等,主要地区包括安道尔、巴哈马、巴林、百慕大、中国香港、瑞士、巴拿马等。同时这些地区一般还具有便利的交通和通信设施、严格的银行保密制度,跨国公司逐渐向这些区域聚集以进行避税。设在避税地的公司又称基地公司,指的是那些在避税港设立且实际受外国股东控制的公司,这类公司的全部或主要的经营活动是在避税港境外发生和进行的。美国跨国公司约一半的海外收益都登记在避税港,其中爱尔兰名列榜首,因为爱尔兰税率仅为5.7%,远低于很多国家和地区的税收水平。

(三) 分公司

分公司(Branch)是指在业务、资金、人事等方面受母公司管辖但不具有法人资格的分支机构。分公司属于母公司的分支机构,在法律上、经济上没有独立性,不具有公司法人资格。

分公司与子公司具有明显的差异性，两者法律地位的不同决定了其他方面的差异。子公司可以自行选择经营范围，有自己独立的财产，在东道国是居民纳税人，独立纳税，以自身的全部财产为限对其经营负债承担责任，母公司对其的控制一般是间接的；分公司经营范围一般不超出母公司经营范围，其人事、财务、生产等受母公司直接控制，分公司在东道国是非居民纳税人，盈亏要合并母公司报表才能进行纳税，其经营活动中的负债由母公司负责清偿，即母公司以其全部资产为限对分公司在经营中的债务承担责任。

五、跨国公司发展历史

跨国公司经历了漫长的发展过程，已经成长为国际经济的重要主体。世界上最早的跨国公司是 17 世纪初西欧国家在殖民地建立的特许公司（Chartered Company）。1600 年，英国在印度建立了第一个东印度公司，获得了特许的贸易权和航运权，后来业务逐渐向种植业、金融业延伸，到 1647 年时其已经在印度设立了 23 个工厂。同期，由于与殖民地之间巨大的贸易利益，一批东印度公司先后成立，包括荷兰东印度公司（1602 年成立）、丹麦东印度公司（1616 年成立）、葡萄牙东印度公司（1628 年成立）、法国东印度公司（1664 年成立）和瑞典东印度公司（1731 年成立）。这些东印度公司在海外殖民地大肆掠夺，在殖民地建立了众多的种植园，把大量的香料、茶叶、动物皮毛、热带作物运回到宗主国，垄断了殖民地和宗主国之间的贸易。这些公司的权力也不断扩大，例如，荷兰东印度公司可以自组雇佣兵、发行货币，也可以和其他国家签订正式条约并拥有对殖民地的统治权。特许权的不断扩大带来了巨额的财富，1669 年时荷兰东印度公司已是世界上最富有的私人公司，拥有超过 150 艘商船、40 艘战舰、50000 名员工以及 10000 名雇佣兵。除此之外，其他特许公司还包括英国在北美洲设立的主要进行皮毛交易的哈德逊湾公司、在非洲进行奴隶交易的皇家非洲公司，荷兰在美洲设立的西印度公司等。

早期的跨国公司有着浓厚的政治色彩和血腥的发展历史，并且其经济重心主要在殖民地，主要从事的是贸易业务。真正意义上的市场化的跨国公司则产生于 19 世纪中期以后。伴随着世界经济的发展和政治格局的演变，跨国公司的发展也随之出现了明显的阶段性特征。

（一）第一次世界大战之前：跨国公司形成时期

世界经济的发展首先源于生产力的极大提升。18 世纪 60 年代以蒸汽机的发明为标志，世界进入了第一次工业革命时期。动力的解决使得企业的生产力飞速提升，大量的工业品得以制造出来，但国内市场狭小、原材料供应紧张的弊端逐渐显现，不少企业在出口大量产品的同时开始考虑在国外设立子公司或分公司，向外部扩张产能，但资本输出还只是少量进行。

随着 19 世纪 60 年代第二次工业革命的开始，生产力开始突飞猛进，自由资本主义也逐渐进入了垄断资本主义时期，英国、美国、德国等一批工业巨头逐渐占据了市场垄断地位，在产品输出的同时资本对外输出加快，国际贸易和国际投资成为很多公司重视的国际扩张方式。1868 年，美国胜家缝纫机公司成为世界上第一个真正意义上的跨国公司。随后，跨国公司不断涌现，出现了德国的拜耳公司、巴斯夫公司以及荷兰的飞利浦公司，美国的爱迪生公司等一批跨国公司，它们是现代跨国公司的先驱。伴随着市场的扩大，公司规模不断扩大，1895—1904 年，在欧美出现了第一次并购浪潮，涉及钢铁、食品加工、化工、交通设备、石化、金属制造产品、机械、煤矿等多个行业，并购后涌现了一批巨型跨国公司，最典型的是美国美孚石油公司和美国钢铁公司。

（二）第一次世界大战到第二次世界大战之间：跨国公司初步发展时期

在第一次世界大战到第二次世界大战期间，受战争影响，跨国公司发展放缓。伴随着殖民地和半殖民地的独立，许多特许公司也走到了尽头。第一次世界大战以后，经济发展的信心不足，国内投资和国际投资都受到了影响。据统计，1913—1938 年，全世界国际投资仅增长 70 亿美元，年平均增长 0.6%，英国仍是头号资本输出国但步伐明显放缓，美国的对外直接投资排名上升至世界第二。

1929 年，资本主义第一次经济大危机出现，各国开始高筑贸易壁垒并对国际投资进行干预。这场持续 4 年多的经济危机到 1933 年结束，然而在经济恢复不久之后的 1937 年，经济危机再次出现。因此，在第一次世界大战到第二次世界大战期间经济发展处于特殊时期，相应地，跨国公司总体发展比较缓慢。

（三）第二次世界大战之后：跨国公司快速发展时期

第二次世界大战结束后，主要资本主义国家经济快速增长，资本流动随之加快。第三次科技革命不仅使得生产技术领域拓宽，强化了跨国公司的技术优势，也带来了通信技术和交通物流的重大革新，为跨国公司对外扩张提供了更加便利的条件。跨国公司无论在对外直接投资规模还是海外子公司数量上都急剧增长，其中美国跨国公司的发展尤其抢眼。1970 年美国、英国、德国对外直接投资规模按现值美元计算分别是 64.9 亿美元、16.78 亿美元和 10.7 亿美元，1979 年三项数据已经分别上涨为 247 亿美元、125.4 亿美元和 50.1 亿美元⊖。从母公司和子公司数量来看，1977 年美国跨国公司的母公司数量是 2826 家，子公司数量是 26844 家，占发达国家跨国公司的比重分别是 26.3% 和 32.6%。同期英国的母公司和子公司数量分别是 1706 家和 21803 家，占比分别是 15.9% 和 26.5%⊜。与此同时，联邦德国、法国、荷兰等西欧国家的跨国公司数量也开始迅速上升。

20 世纪 80 年代以后，在美国和西欧继续进行大量对外直接投资的同时，日本经济逐渐恢复并取得技术领先地位，也开始向外进行资本输出。美国、英国、日本在 1980 年以后对外直接投资变化较大。联合国贸易和发展会议统计数据显示，1980 年三国对外直接投资差距比较明显，日本对外直接投资刚刚起步。但是经过 10 年发展，1990 年日本已经大幅超越英国和美国。随后日本经济进入了低迷期，经过 20 年调整，对外直接投资一直到 2010 年才重新超越英国，但依然远低于美国。美国和英国在几十年的资本输出中也具有大起大落的特点。世界的对外直接投资总体上呈现美国、西欧、日本三足鼎立的格局。发达国家在其交叉投资快速增长的同时，也加快了对发展中国家的布局，以抢占更多的资源和市场，投资行业分布也呈现出资源开采、制造业、服务业更加多元化的局面。

从发展中国家跨国公司发展历程来看，在二战以前虽然已经有少数发展中国家开始对外进行直接投资，但还只是零散的公司行为。20 世纪 60 年代以后，伴随着大量发展中经济体经济进程的加快，跨国公司也开始活跃起来。巴西、墨西哥、菲律宾、韩国、中国台湾、中国香港等经济体逐渐通过对外直接投资进行国际产业转移，不仅成就了亚洲"四小龙"经

⊖ 数据来源：世界银行网《各国对外直接投资统计》。
⊜ 数据来源：本章参考文献 [1]。

济发展的奇迹，也把技术、资金、人才转移到了其他发展中国家和地区，从而带动了这些地区的经济发展，培养了公司对外进行国际化经营的意识。

2008 年金融危机之后，跨国公司对外直接投资一度下滑严重，跨国并购收缩更为明显，2009 年制造业的跨国并购比 2008 年下降了 77%。2010 年后国际直接投资开始恢复，到 2013 年基本回到金融危机爆发前的水平，但是整体来看并不稳定。按国际直接投资流出量来看，世界投资额在 2015 年以后再次出现了下行趋势。

第二节　国际直接投资理论

跨国公司通过国际直接投资实现了国际生产运营布局，因此国际直接投资理论是关于跨国公司的主要理论之一。伴随着第二次世界大战后直接投资的迅猛发展，国际直接投资理论的相关研究始于 20 世纪 60 年代，多是基于发达国家跨国投资进行的分析。20 世纪 80 年代以后随着发展中国家对外投资的兴起，用于解释发展中国家投资的相关理论也不断涌现。

一、发达国家国际直接投资理论

(一) 垄断优势论

1960 年，海默（Hymer）在其博士学位论文《国内企业的国际经营：关于对外直接投资的研究》中，第一次提出垄断优势论，该理论后经导师金德尔伯格（Kindleberger）补充，成为最早期的国际直接投资理论，又被称为"海默—金德尔伯格"理论。

垄断优势论认为，跨国公司对外直接投资的根本原因是市场不完全竞争。现实中普遍是不完全市场，这种不完全体现在四个方面：产品市场的不完全、要素市场的不完全、因规模经济导致的不完全和因政府干预导致的不完全。

在市场不完全竞争条件下，跨国公司拥有了垄断优势，并能通过对外直接投资充分利用这种垄断优势。垄断优势包括资金优势、产品差异化优势、规模经济优势、技术优势等。跨国公司凭借其垄断优势与当地企业竞争，抵消诸多不利因素，进而获取利润。

垄断优势论很好地解释了美国在二战后大规模对外直接投资的状况，首次提出了垄断和不完全竞争的分析框架，解释了发达国家对外直接投资的动机和条件。但垄断优势只能作为对外直接投资的充分条件而不是必要条件，该理论无法解释对外直接投资过程中的区位选择和地理布局问题，也不适合解释发展中国家的对外直接投资行为。

(二) 国际生产折衷理论

英国学者邓宁（Dunning）在 1977 年首次提出折衷理论，在 1981 年《国际生产和跨国企业》中系统阐述了这一理论。邓宁结合了垄断优势和内部化优势，吸收了区位理论，提出了对外直接投资的 OIL 模式。该理论认为，跨国公司只有同时具备所有权优势（Ownership Advantage）、内部化优势（Internalization Advantage）和区位优势（Location Advantage），才能进行对外直接投资。

所有权优势即垄断优势，是指企业拥有的别国企业难以获得的技术优势、管理优势、规模经济优势、金融和货币优势等方面的优势。内部化优势是指拥有所有权优势的企业，为避免外部市场的不完全而将所有权优势保持在企业内部的好处。区位优势是指东道国特有的有利经营的条件，包括自然资源、劳动成本、市场需求、法律环境、政府政策等。

邓宁认为，企业国际化经营有 3 种选择，即出口、技术转让和对外直接投资。在仅有所有权优势但无力内部化时，企业通常选择技术转让；在具备所有权优势和内部化优势但没有区位优势时，企业会选择国内生产并出口；只有同时具备所有权优势、内部化优势和区位优势时，企业才会选择对外直接投资，成为跨国公司。所有权优势、内部化优势和区位优势是进行对外直接投资的必备条件，缺一不可。

国际生产折衷理论吸收了其他理论的精华，成为解释国际化经营三种方式选择的综合性理论，但该理论无法解释不具备三种优势的企业对外直接投资的情况。此外，它对三种优势的相互关系只进行了静态分析，没有分析其动态性。

（三）边际产业扩张理论

20 世纪 70 年代中期开始，日本学者小岛清（Kiyoshi Kojima）基于日本对外直接投资的特点，结合比较优势理论，提出了适合解释"日本式"对外直接投资的边际产业扩张理论。边际产业是指在本国已经处于或即将处于比较劣势的产业。小岛清认为，对外直接投资应该从本国边际产业开始，这些边际产业也是东道国具有比较优势或潜在比较优势的产业。在对外投资中，边际产业与东道国优势资源相结合，能够创造出新的比较优势。该理论主张应从与东道国技术差距最小的产业依次进行投资，投资的地点应该主要选择发展中国家。

小岛清进一步比较了日本对外直接投资与美国对外直接投资的差异：日本对外投资的主体是中小企业，缺乏垄断优势，而美国对外投资的主体主要是具有垄断优势的大型企业；日本企业对外投资重心是自然资源开发和劳动密集型行业，美国企业对外主要投资技术密集型和资本密集型行业；日本对外投资的结果是促进了国际贸易的增长，创造和扩大了贸易，是顺贸易导向的，而美国对外投资主要是逆贸易导向的，减少了国际贸易；日本对外投资多采用合资或非股权安排方式，有利于融入东道国市场，而美国对外投资多采用独资方式。

边际产业扩张理论对于解释 20 世纪六七十年代日本的对外直接投资状况具有很好的说服力，但随着日本技术成长的加快，日本的对外直接投资也不断出现了类似欧美跨国公司投资的特点。同时其他新兴工业化国家的部分对外直接投资依然能够用边际产业扩张理论解释。

除了上述理论之外，解释发达国家国际直接投资的理论还有内部化理论、产品生产周期理论、厂商理论流派和金融理论流派等。

二、发展中国家的国际直接投资理论

（一）投资发展周期理论

20 世纪 80 年代，邓宁进一步将折衷理论动态化，提出了投资发展周期理论，用之分析一国吸引外资和对外投资与经济发展水平的关系。

邓宁将经济发展水平按人均国民生产总值（GNP）分为四个阶段。

第一阶段：人均 GNP 低于 400 美元。这是经济最落后的一类国家所处的阶段。此时本国企业不具备所有权优势和内部化优势，本国缺乏区位优势，也无法利用外国区位优势。外资流入很少，也无法进行对外直接投资。此时对外直接投资净额为负值。

第二阶段：人均 GNP 在 400~1500 美元之间。这是大部分发展中国家所处的阶段。此时经济发展使得投资环境不断优化，区位优势增强，吸引外资增多。但本国企业的所有权优势和内部化优势仍不明显，对外直接投资刚刚起步。此时对外直接投资净额为负值，并有扩大趋势。

第三阶段：人均 GNP 在 2000～4750 美元之间。多数新兴工业化国家处于这个阶段。此时三种优势都较强，吸引外资和对外投资增长迅速。此时对外直接投资净额仍为负值，但有减小趋势。

第四阶段：人均 GNP 超过 5000 美元。处在这一阶段的主要是发达国家，他们有较强的所有权优势和内部化优势，并能充分利用国外区位优势，对外直接投资规模空前。此时对外直接投资净额为正值，并有扩大趋势。

可见，经济发展水平决定了三种优势的不同组合，从而决定了一国对外直接投资的地位。按照该理论分析，一国投资地位的变化大体符合这一规律，但是在现实世界中，许多发展中国家未必按照人均 GNP 的所处阶段来进行对外投资，发达国家也可能出现对外投资负值。

（二）　小规模技术理论

美国学者威尔斯（Wells）于 1983 年出版了《第三世界跨国公司》，提出了小规模技术理论，首次关注了发展中国家对外投资的优势，这种优势主要体现在三个方面。

（1）拥有为小市场服务的小规模生产技术。发达国家技术虽然先进，但通常需要大规模生产才能发挥优势。低收入发展中国家市场需求较小，大规模生产技术无用武之地，小规模生产技术反而更有优势。这些技术多用于劳动密集型行业，是许多发展中国家对外投资的主要领域。

（2）制造民族产品的优势。在发展中国家对外投资中，有一部分是基于民族关系纽带进行的投资，投资后制造同一民族需要的产品。在东南亚地区的相互投资中这种情况比较多见。

（3）接近市场的优势和低价产品营销战略。生产成本低、价格低是许多发展中国家跨国公司形成竞争优势的主要原因，满足了低收入消费者的需要。

小规模技术理论是研究发展中国家投资的代表性理论，着重解释发展中国家跨国公司小规模生产技术与东道国市场特征结合所产生的竞争优势，但该理论很难解释一些发展中国家高新技术产业的对外投资行为，也无法解释发展中国家对发达国家的投资。

（三）　技术地方化理论

1983 年，英国经济学家拉奥在《新跨国公司：第三世界企业的发展》一书中，提出用"技术地方化理论"来解释发展中国家对外直接投资的条件。拉奥认为，技术地方化带来的竞争优势包括三个层面。

（1）发展中国家跨国公司能够根据东道国的供给和需求条件，结合当地要素条件，通过对技术的引进、吸收和创新，对技术和产品进行改造，从而实现技术知识的当地化。这种创新能够形成竞争优势。

（2）创新的技术在小规模生产下更有效率，更适合发展中国家市场。

（3）能够生产出不同于其他品牌产品的差异化消费品，以满足当地和邻国市场多样化的需求。

该理论的研究意味着即使发达国家跨国公司掌握了先进技术，发展中国家跨国公司仍有对外投资的优势和空间，同时也证明了发展中国家参与国际竞争的可能性，强调了根据东道国市场进行创新的重要性。

（四）技术创新产业升级理论

20世纪80年代以后，以亚洲"四小龙"为代表的新兴工业化国家和地区加快向发达国家的投资，成为了国际直接投资的新特点。英国学者坎特威尔（Cantwell）和托兰惕诺（Tolentino）研究了这种现象，提出了技术创新产业升级理论。

该理论的基本命题是：发展中国家产业结构不断升级，说明了企业技术能力的不断累积和提高；发展中国家技术能力提高与对外投资直接相关，影响了对外投资的形式和增速。基本结论是，发展中国家对外投资的产业分布和地理分布逐渐变化，并且可以预测。受国内产业结构和技术创新能力影响，投资首先是以自然资源开发为主的纵向一体化投资，然后是以进口替代和出口导向为主的横向一体化投资，随着产业结构升级和技术提升，进一步进入高科技领域投资。投资的地理分布按照周边国家→发展中国家→发达国家的路径推进。

该理论在关于发展中国家尤其是新型工业化国家向发达国家投资、从传统产业投资向高技术产业投资的分析上具有很好的解释力。发展中国家通过对外投资加强技术创新与积累，进而提升产业结构和国际竞争力，然后进一步促进高科技领域的投资，形成技术创新、产业升级、对外投资的良好循环。

除上述理论外，投资诱发要素组合理论、分散风险理论、市场控制理论、国家利益优先取得论等，也都从不同的角度分析了发展中国家的对外直接投资。

第三节　跨国公司对世界经济的影响

跨国公司自产生以后，在世界经济发展中一直发挥着举足轻重的作用，在农业、制造业以及服务业的多个部门从事着国际贸易、国际投资、国际技术转让等多种跨国经营活动，不仅影响着母国和东道国的经济发展，也影响着整个世界的分工深化和经济运行规律。

一、跨国公司改变了世界竞争的格局

社会分工超越了国界即成为国际分工，国际分工从产业间分工逐渐深入到产业内部分工和产品内部分工。跨国公司通过全球生产布局定制全球价值链，从而成为推动国际分工的重要力量。目前跨国公司母公司数量6.5万家，子公司数量超过80万家，数量庞大的跨国公司在国际经济各个领域发挥着举足轻重的作用。

（一）跨国公司是全球价值链的主导者

国际分工意味着不同的产业在禀赋不同的国家进行布局以获得最高的效率，这种分工若进一步深化，就会形成产业内不同类别或者产品内不同环节在不同国家的布局。1985年，迈克尔·波特率先提出了企业的价值链的概念，即设计、生产、销售、配送以及辅助活动等构成的一条能够创造价值的生产链。当企业与外部发生关联时会产生企业外部的价值链。随着国际分工的推进和世界贸易的变化，对全球价值链的研究在20世纪90年代初期开始迅速展开。按照生产流程或者上下游环节进行分割，产品内各环节可以由不同国家的企业共同进行，然后产品在某一国家进行最终组装，最后运输、销售，从而在全球形成了连接众多国家和众多企业的价值链条。按照联合国工业发展组织的定义，全球价值链是指为实现商品或服务价值而连接生产、销售、回收处理等过程的全球性跨企业网络组织，涉及从原料采购和运输、半成品和成品的生产和分销，直至最终消费和回收处理的整个过程。这种价值链条的形成，开始是偶然发生的，但随着跨国公司的不断发展，当其在国际市场上的垄断地位逐渐提升后，跨国公司开始主动寻求并筛选各国各环节的供应商，并逐渐成为全球价值链的定制者。

全球价值链按照驱动主体可以分为购买者驱动价值链和生产者驱动价值链。大型零售商如沃尔玛等，品牌运营商如耐克等，贸易代理商如香港利丰等，在世界范围内构建生产和分销系统并发挥核心作用，打造了购买者驱动的全球价值链。大型制造企业如福特汽车、波音等建立和调节国际垂直分工网络，控制了上游的原材料和零部件供应商以及下游的分销商和零售商，获得了更高的利润。跨国公司利用互联网发布指令，连接了分布在多国（地区）的多家企业，并借助杰出的供应链管理能力对各企业的生产、交货、出运进行了合理的配置。

【案例 1-1】

香港利丰公司的全球价值链定制

香港利丰公司业务涵盖全球消费品供应链的每个环节，包括贸易、物流、分销及零售等，公司在发展初期主要从事贸易出口和代理。利丰公司前身是 1906 年在广州建立的中国第一家出口公司，1937 年在香港成立公司后很快成为香港地区最大的出口商。历经多年发展，截至 2002 年，利丰公司已经在 40 个国家和地区设立了 68 家办事处，成为全球领先的贸易商，在全球布局了庞大的采购、分销和配送网络。

利丰公司出口不断扩大之后，由于世界贸易外部环境的变化和通信技术的发展，经由香港进行的中间转口贸易的重要性逐渐下降，因此利丰公司开始顺应形势进行转型。1970—1978 年，利丰公司主要是进行区域采购代理。从 1979 年开始，利丰公司逐渐向生产管理延伸，并在 20 世纪 80 年代初期开始逐渐采取分散生产方式定制全球价值链。当利丰公司接到订单后，会在全球范围内根据各环节特点寻找符合质量要求且成本最低的供应商，并综合考虑贸易壁垒、运输成本、贸易规则等因素，协调各供应商的生产和出运以及价值链中的各个环节。例如，在接到李维斯公司服装订单后，利丰公司会研究市场，寻找合适的纱线、染料和辅材，做成样品后让李维斯确认；李维斯确认后即向利丰公司发出正式订单并规定交货期。利丰公司会在其庞大的供应商网络系统里进行筛选，然后选定韩国供应商提供合格的纱线，组织纱线到中国台湾工厂织布并染色。同时，选择日本供应商提供优质纽扣和拉链（这些辅料有可能是日本企业在中国大陆工厂生产的）。最后利丰公司决定在泰国选择工厂进行裁剪缝制，因此布料和辅料会分别从中国台湾和日本或中国大陆出运到泰国，在完成缝制后按照李维斯公司要求进行运输。

在整个价值链定制中，利丰公司依靠其卓越的供应链管理能力和长期积累的供应商资源在全球布局了其订单的价值链条，在考察企业的生产能力、成本、质量以及运输条件、交货期后做出了生产的最优选择。

（资料来源：根据《利丰集团——全球价值链定制》（https：//wenku. baidu. com/view/da17fb8603d276a20029bd64783e0912a2167c7a. html）重新整理。）

（二）跨国公司是国际投资的主体

国际投资分为国际直接投资（FDI）和国际间接投资。企业在国际化经营中，一般通过对外直接投资来进行国际扩张，从而成为跨国公司。跨国公司是 FDI 的主体，又是 FDI 行为的结果。同时跨国公司也积极参与国际金融市场，是国际金融市场的重要力量，在国际市场上购买债券、股票等从而成为国际间接投资的主体。一般学术研究和国际商务活动关注更多的是跨国公司与国际直接投资的发展。

FDI 在跨国公司实际扩张中，分为多种类型。按照 FDI 行为模式，可以分为绿地投资和并购两种类型。前者又称新建投资，是在东道国建立新企业或新工厂。后者则是收购或兼并已有企业。据联合国贸易和发展会议统计，绿地投资和跨国并购在 2017 年均有明显变化。绿地投资在 2017 年达到 7200 亿美元，比 2016 年下降了 14%，第一产业、制造业和服务业均明显下降，其中第一产业下降了 61%。跨国并购在 2017 年达到 6940 亿美元，比 2016 年下降 22%，其中第一产业下降了 70%。并购的大幅减少成为 2017 年 FDI 下降的主要原因。

按照 FDI 资金模式，跨国公司可以分为独资企业和合资企业。独资企业是独立投资、独立经营，既可以选择绿地投资也可以选择并购。合资企业则是投资者与东道国企业共同出资、共同经营，同样也可以选择绿地投资或者并购。发展中国家在开放初期，往往要求外资不能控股、持股比例不得超过 49%，而随着市场化的推进，不少国家也逐渐放开了对持股比例的要求。

国际直接投资在多年增长之后，于 2016 年出现明显下降。按联合国贸易和发展会议统计，2016 年全球 FDI 流量总体下降了 2%，但出现结构性差异。对发展中国家 FDI 下跌 14%，流量为 6460 亿美元，其中对亚洲、非洲、拉美和加勒比地区以及最不发达国家的 FDI 分别下降 15%、3%、14% 和 13%；对发达国家却上涨了 5%，达到了 1 万亿美元。2017 年，虽然全球 FDI 存量继续上升并达到了 30.8 万亿美元，但 FDI 流量大幅下滑，比 2016 年下降了 23%。其中，从经济体来看发达经济体下降了 37%，发展中经济体保持平稳，转型经济体下降了 27%；从区域来看，欧盟下降了 42%，其他欧洲发达国家下降了 26%，北美下降了 39%，非洲下降了 21%。

与 FDI 流量数据表现不同的是，跨国公司海外销售额、海外资产和海外员工多年来一直保持增长，2017 年，三项指标分别达到 30.8 万亿美元、103.4 万亿美元和 7320.9 万人。这种差异产生的原因在于，跨国公司的这些国际生产指标尤其是资产和员工数量更多是长期积累的结果，但 FDI 流量则容易受到外在环境和内在因素的短期冲击而出现大起大落。

（三）跨国公司是国际贸易的主体

跨国公司从多个层面推动了国际贸易的增长。第一，跨国公司在母子公司之间和子子公司之间进行着大量的内部贸易，例如，德国、日本等国汽车公司在中国设立的汽车生产厂，如果中国汽车零部件配套没有及时跟上，往往从母公司进口核心部件如发动机、冲压机器和模具等。这种跨国公司的内部贸易是国际贸易的重要部分。第二，跨国公司在布局全球价值链时选择不同国家和地区的不同企业提供原材料、中间产品和产成品，由此带动了这些物品在各国（地区）之间的贸易。香港利丰公司接到李维斯的服装订单后，在组织布料和辅料的生产安排中，带动了韩国的纱线、中国台湾的布料、中国大陆的辅料向最终服装缝制地泰国的出口，从而极大地推动了各经济体的对外贸易。

如果一国对外开放度较高，吸引外资较多，则跨国公司对其所在国家的外贸贡献较大，在各国外贸统计中占据重要位置。目前跨国公司贸易占据了世界贸易的 60% 以上。以中国为例，对外贸易的主体包括国有企业、外资企业、私营企业和其他类型的机构。外资企业在外贸主体中的地位比较突出。据海关统计，2017 年中国的外资企业贸易进出口总额达到 18391.3 亿美元，出口 9775.6 亿美元，进口 8615.8 亿美元，占中国外贸进出口总额比重、出口比重和进口比重分别达到了 44.8%、43.2% 和 46.8%。外商独资企业在其中的表现更为抢眼，在全国外贸进出口中的比重高达 32.1%。

跨国公司在推动对外贸易的同时也产生了许多负面影响，例如：一些跨国公司在发展中国家生产大量的资源性产品并出口，对当地环境造成了严重污染；一些跨国公司采取转移定价进行公司内部贸易，损害了部分东道国的税收收入。

(四) 跨国公司是国际技术转让的主体

跨国公司尤其是发达国家跨国公司由于发展历史较长，逐渐占据了多个行业的技术垄断地位，成为国际技术市场上主要的技术提供方。跨国公司的国际技术转让不仅发生在母子公司之间，也会发生在跨国公司和其他企业之间。在内部技术转让中，比较常见的形式是通过国际直接投资向东道国子公司进行资金、技术的一揽子转让，除此以外，跨国公司也会选择技术许可、特许经营等多种技术转让方式。目前跨国公司控制了全球技术转让 85% 以上的交易，许多跨国公司还会相互转让技术以维持其行业垄断地位。

目前，以人工智能、大数据、物联网、新能源等为代表的新一代技术快速发展，跨国公司抢占技术高地的竞争更加激烈。发展中国家的数字技术也不断成长，在努力满足本国市场发展要求的同时还可以向发达国家转让技术。

二、跨国公司对发达国家的经济影响

跨国公司起源于发达国家，在对外投资中会选择投向其他发达国家或者发展中国家，因此，对于跨国公司来说发达国家可能是母国也可能是东道国。

跨国公司对外投资的动机包括进入其他国家市场、获取资源、获取技术等。与这些动机相呼应，以发达国家作为母国，跨国公司对外投资行为产生的经济促进作用主要体现在四个方面。一是在贸易保护主义抬头的背景下绕过了东道国贸易壁垒，获得了更大的国际市场；二是在东道国尤其是发展中国家利用当地廉价的劳动力资源和其他自然资源，极大地弥补了自身资源的不足；三是部分发达国家的资金选择投向技术更先进的其他发达国家，如欧洲、日本向美国硅谷的投资，就是为了靠近技术创新中心、获得技术信息并把新技术转移回母国；四是把一些逐渐丧失优势的夕阳产业尤其是高污染高能耗的产业向发展中国家转移，不仅提高了技术利用效率还转移了污染。从发达国家母国角度来看，这些投资行为对于拉动本国贸易、开拓国际市场、促进本国产业调整等方面具有明显的促进作用。

当然，对外投资的大量增长对作为母国的发达国家也会产生消极作用，例如，美国大量制造业外移后，本国产生了制造业的空心化，五大湖地区以汽车、钢铁为代表的产业快速衰落、失业严重，成为了所谓的"铁锈地区"。与此同时，美国国内金融服务业过度发展，从而金融危机产生。美国总统奥巴马上台后提出"再工业化""购买美国货"等口号，特朗普推崇贸易保护主义，试图促进美国制造业资本的回流。

发达国家同时也是跨国公司看重的东道国。二战后在西欧经济重建的过程中，美国对西欧大量投资，跨国公司把许多新技术如石油化工、计算机、合成纤维等向欧洲进行转移，对欧洲经济恢复和建设起到了至关重要的作用。发达国家作为东道国，也利用来自外部的跨国公司的资金、技术、人才、信息和管理经验推进本国经济的发展。当然，部分行业由于竞争较为激烈，可能对外资并不欢迎，有时发达国家东道国政府会以反垄断、国家安全等理由限制跨国公司的投资行为。

三、跨国公司对发展中国家的经济影响

发展中国家的跨国公司发展相对较晚。发展中国家在开放早期,经济体系不够成熟、人均收入较低,主要是承接外资流入,是东道国身份;当经济发展到一定阶段、人均收入提高之后才开始对外进行直接投资,成为跨国投资的母国。

作为东道国,发展中国家借助跨国公司的进入加速完善了工业体系,并向跨国公司学习技术。跨国公司进入发展中国家后产生了技术溢出效应、学习模仿效应和竞争效应,当地企业通过与跨国公司建立前向关联和后向关联促进了技术学习的效果,行业竞争加剧也使得当地企业不得不重视技术创新以提升自身竞争力。但是,跨国公司出于技术保密考虑,在向发展中国家投资的初期转移的一般是母国的落后技术,其在东道国依然存在一定的市场,因此在相当长的时期内东道国"市场换技术"难以取得进展。当发展中国家市场开放加快、进入的跨国公司数量增多之后,由于行业竞争日益激烈,跨国公司也开始向发展中国家转让先进技术,并在当地进行本土研发以适应市场快速发展的需要。

在为东道国补充了资金和技术的同时,跨国公司的进入也给其带来了挤出效应。跨国公司凭借垄断地位对发展中东道国当地企业形成挤压,部分企业会被淘汰。另外,部分跨国公司向发展中国家转移了重化工等高污染高能耗产业,对环境造成了严重污染,其他一些产业如采矿业、劳动密集型产业也对生产地造成了不同程度的损害,发展中国家成了发达国家的"污染避难所"。

当经济发展到一定程度之后,发展中国家也逐渐开始走出去对外进行直接投资,成为对外直接投资的母国。作为母国进行对外直接投资,首先,发展中国家可以通过技术利用型投资来提高企业的技术使用效率,小规模技术和地方化的技术在东道国可以继续使用;还可以对发达国家进行技术寻求型投资,通过对外投资获取外部先进技术和研发信息并"反哺"母公司。这种技术寻求有力促进了发展中国家的技术升级和产业结构升级。当发展中国家技术成长到一定程度后,也可以在高端产业上选择对外直接投资来参与国际市场竞争。其次,发展中国家可以获得必要的资源补充,在资源丰富的其他国家开采矿产是发展中国家常见的投资项目。再次,发展中国家利用对外投资结合当地优质资源可以提升质量,获得更多的市场份额,打造良好的品牌形象,在满足其他国家市场需求的同时产品还可以返销本国。最后,发展中国家也在不断创新投资模式,通过对外直接投资复制本国的成功经验。

【案例1-2】

江苏对外直接投资的园区模式创新

近年来,我国对外直接投资不断开拓新的投资方式,尤其是当一些其他发展中国家的基础设施较为落后,水、电、路都不能满足我国企业直接投资生产的需要时,无论采取并购还是新建,对于单个企业来说都意味着后续生产经营的困难。基于这种情况,江苏积极创新投资模式,如由政府牵头组建境外园区的"重资产投资运营"模式、复制开发区建设管理经验类的"轻资产管理输出"模式,都取得了良好的进展。

"重资产投资运营"模式是组建境外园区开发管理公司,并由该公司全面负责园区的规划设计、投资谈判、招商引资直到建设运营,类似于"管委会+投资开发公司"的模式,以国有企业主导的中阿(联酋)产能合作示范园和民营企业主导的柬埔寨西哈努克港经济

特区为典型代表。2017 年 5 月，省属国有企业中江国际集团联合苏州工业园区、江宁经开区、扬州经开区和海门经开区共同组建了江苏省海外合作投资有限公司，开启中阿（联酋）产能合作示范园的进程，该园在 2017 年底成为全国首家"一带一路"产能合作园区。2008 年始建的柬埔寨西哈努克港经济特区，则是由无锡红豆集团牵头投资管理，联合光明、华泰、益多三家无锡民企共同开发建设。截至 2017 年底，该区入园企业 116 家，成为国家级境外经贸合作示范区。

复制开发区建设管理经验类的"轻资产管理输出"模式以昆山开发区与埃塞俄比亚工业园的运营管理合作为典型代表。首先，阿瓦萨工业园派出高管到昆山全面学习昆山开发区建设经验和模式。之后，昆山开发区派出管理人员入驻对方工业园并组建一站式服务中心，有效输出了江苏开发区运营管理模式。

上述两种模式为更多的企业和开发区进行海外直接投资提供了重要的参考。与单打独斗相比，抱团出海更容易做大规模，更能有效地解决基础设施建设、与当地政府谈判、融资、技术等一系列的问题。同时，我国在运营开发区方面已经具有多年经验，管理输出成为海外投资中关键的成功因素。江苏的成功经验可以在很多发展中国家进行复制，为我国其他省份提供了借鉴。

（资料来源：根据赵建军《境外园区：融入"一带一路"建设新模式》（《群众》，2018 年第 10 期）整理。）

作为投资的母国，发展中国家跨国公司的对外投资行为也会对本国产生不利影响，部分国家出现了投资挤出效应，影响了国内投资和就业。以我国为例的相关研究发现，对外直接投资市场寻求型企业 OFDI（对外直接投资）在增加国内就业和产出的同时，却挤出了国内投资；生产资源寻求型企业特别是劳动密集型企业 OFDI 导致了国内"产业空心化"；战略资源寻求型企业 OFDI 对国内就业具有替代作用，短期不利于国内投资和产出，但长期也会促进国内投资和产出[一]。而基于技术差异角度的研究发现，中等技术制造业对外投资对就业影响不显著，初级制造业中的水平型投资对我国就业有替代作用，初级制造业中的垂直型投资和高技术制造业的水平型投资对国内就业有促进作用[二]。

第四节　跨国公司经营管理新动向

20 世纪 90 年代以来，经济全球化不断加快，世界市场的分割日益减少使得竞争逐渐加剧。跨国公司作为经济活动的重要构成，在面对经济全球化的推进时，在经营和管理上出现了较多的调整，如全球化的资源配置带来了研发等多环节的国际化布局，这些经营管理的新动向对世界经济格局产生了深刻影响。

一、跨国并购和战略联盟大量涌现

在历史进程中一共出现了五次并购浪潮，前四次并购浪潮主要是境内并购，而 20 世纪 90 年代初期出现的第五次并购浪潮则主要是跨国并购。随后，跨国并购金额不断上涨，从

　　⊖　资料来源：本章参考文献［18］。
　　⊜　资料来源：本章参考文献［19］。

统计数据看，1987 年全球跨国并购额仅有 745 亿美元，而 1990 年就达到了 1510 亿美元，2000 年则达到了 11438 亿美元。跨国并购的形式也日益多元化，横向并购、纵向并购、混合并购不断涌现，跨国公司不但进行横向业务扩张，也不断并购上下游关联企业，并且逐渐重视跨行业并购，涉及行业越来越广。通过并购，跨国公司强化了垄断优势，形成了市场份额垄断、技术垄断、标准垄断，部分跨国公司发展成为寡头型跨国公司。

在并购不断涌现的同时，跨国公司也开始注重外部合作，与其他企业结成战略联盟以实现资源共享、能力互补。这种合作涉及共同研发、合作销售、相互持股、组成虚拟公司等多个方面，既包括交叉持股、组建合资企业等股权形式，也包括生产、研发、销售等方面的非股权安排。结成战略联盟的目的是降低成本、强化竞争地位、相互借力开拓新市场、利用闲置资源实现规模经济或者促进人才和技术的交流。许多跨国公司通过战略联盟实现了强强联合，提升了双方的竞争力。还有一些中小型跨国公司借助自身某些方面的技术优势与大型跨国公司开展合作、进行其他资源和优势的互补，提升了自己的国际地位和影响力。但也有部分跨国公司的文化差异较大，在磨合中产生了较多分歧，战略联盟的合作效果并不理想。

二、全球化和本土化相互融合

跨国公司在全球市场上进行经营的初期，会把母公司的管理经营模式向不同国家的子公司进行复制，对跨国公司经营管理进行通盘考虑，实行全球化战略。这在东道国市场本土企业较为落后、市场潜力较大时比较有效。当东道国市场竞争不断激烈时，跨国公司开始更加重视东道国市场变化并随之做出改变，更多地实施本土化战略。同时，全球化与本土化并非相互排斥，而是辩证统一的，都是跨国公司根据环境变化进行的适应性调节，两者融合成为许多跨国公司的选择。

本土化战略的出发点是迎合东道国市场需求特点，融入东道国文化环境，以符合当地习惯的经营管理方式充分渗透东道国市场。本土化的具体表现主要包括以下三个方面。一是人力资源的本土化。由原来主要从母国派出高管转向从东道国或者别国选拔主要的管理人才和技术人才。二是营销的本土化。主要利用当地营销渠道开展迎合当地需要的营销策略。例如，麦当劳新品广告一般邀请所在国的明星进行拍摄以吸引当地消费者；在中国的互联网销售逐渐成为主流后，优衣库在中国的销售积极推进线上和线下的融合，利用门店为线上导流，推出了微信公众号、官网、天猫旗舰店等多种形式的线上销售渠道。三是生产的本土化。生产基地建在东道国能使公司对东道国市场需求变化的反应更快，同时会使其从东道国选择越来越多的原材料和零部件。中国市场是许多跨国公司重视的市场，在中国实施本土化策略也是许多公司的选择。例如，通用电气（GE）公司目前已在上海设立了亚太运营中心，在中国有 2.3 万名员工，其中有近 3000 名技术人员，建立了 40 多家本地化工厂和 60 多个研发实验室。跨国公司对中国市场的激烈竞争不敢放松，针对中国市场开发了更多的本土化新措施。

但是，跨国公司在多国开展本土化的同时，也需要结合公司总体发展目标进行全球化和本土化的协调，"全球化的思想，本土化的操作"（think globally and act locally）成为许多跨国公司实施战略的平衡原则。以迪士尼公司为例，其全球化和本土化的融合非常成功。迪士尼公司有迪士尼、皮克斯、漫威和星球大战四个国际著名品牌，这些品牌已经深入人心。迪士尼公司进入中国后，在大中华区设有上海、北京、成都、深圳、香港和台湾 6 家办公室，并且针对每个区域市场都有创意团队支持产品开发。2018 年，迪士尼和上海博物馆合作开发文创产品，以西周大克鼎上的精美图纹和米奇进行了东西方元素的融合，取得了极大的成功。迪士尼中国公司一方面借助其四大著名品牌进行全球运营，另一方面在中国实施本土化创新，在内容、产品、渠道和人才方面都体现了更多全球化和本土化的融合。

研发全球化已成为近年来许多高科技产业跨国公司全球化战略中的重要构成。知识经济的兴起、多样化的消费者偏好和不断缩短的产品生命周期，使得跨国公司逐渐意识到，创新速度提升所积累的竞争优势远远超过建立海外研发机构的溢出风险损失。与此同时，许多公司认识到研发是推动创新进而更好地应对市场竞争的关键路径。然而，现代科学技术领域众多，知识在全球分布呈现出多极化的趋势。各个国家在特定的技术领域有着相对丰富的专业技术积累。东道国专业技术的集聚成为跨国公司到东道国建立研发中心的驱动因素。利用建立研发中心的方式，跨国公司可以最大程度地从母国之外的地区学习知识和吸收研发资源。跨国公司到国外投资，以独资或合资形式建立研发机构，或者在国外设立技术监测机构，从而能够更加接近行业技术发展的前沿环境，提升获取技术信息的速度，进一步做出更加准确和全面的技术研发决策。因此，在 20 世纪 80 年代以后，越来越多的跨国公司到其他国家设立科研机构并从事创新活动，收获了丰硕的研究成果。

研发全球化是经济全球化发展到一定时期的必然结果。跨国公司的全球化经历了由海外销售到海外生产再到海外研发的进程，相应地，研发活动也由母国集中式研发最终过渡到全球整合式研发。早期阶段，基础性研发被牢牢控制在母国范围内，即使考虑到东道国的特殊市场环境因素，母国以外的技术活动也只局限于在已有产品基础上的调整或者满足当地市场的小范围的研发活动。近些年来，跨国公司不断以新建、并购、联盟和合作等形式，依托母国之外的技术资源进行海外研发或者技术创新活动。这一阶段的研发活动多是服务于全球目标。

跨国公司研发活动的全球化可以被理解为国际研发创新区位分布从区域到全球、从集中到分散的发展过程。在地理特征上表现为母国孤立的单中心基地研发向分散化多中心研发机构的演变。从空间层面上来看，跨国公司研发活动的全球化还呈现出一种由控制走向协调，再由协调发展走向协同的特征。例如，荷兰飞利浦公司作为全球技术领导者，其研究实验室除荷兰本土之外，分布于比利时、美国、法国等地，分别负责区域性研发。飞利浦公司位于中国上海的研发中心主要负责电子、数字传输和存储系统领域产品和技术的开发，并且其在中国市场上类似的研发中心已经增至 12 个。飞利浦公司的研发实验室在欧、美、亚三个研发密集型地带形成了一体化研发网络并进行跨领域合作。除此之外，飞利浦外部研发体系也逐渐趋于完整，与 IBM、松下、意法半导体也有大量共同的研究计划。

【案例 1-3】

华为——未来全球科技竞争的重要参与者

1987 年正式注册成立的华为技术有限公司，是一家生产销售通信设备的民营通信科技公司。作为一家全球化的公司，华为从一开始就坚持整合全球资源、生产最好的产品、为全球人服务、为人类创造价值的理念。华为自其成立以来，坚持每年拿出营收的 10% 以上用于研发，近年提升至 15%。欧盟委员会公布的数据显示，2017 年，华为的研发投入高达104 亿欧元，位居全球第 6，排在它身后的是苹果公司；2018 年上升至全球第 5。

早在 1999 年，华为就已经在俄罗斯设立了数学研究所，吸引顶尖的俄罗斯数学家来参与华为的基础性研发。进入 21 世纪后，华为设立海外分支机构、吸引人才的力度进一步加大。目前，华为在国外已经建成 17 个研究所。华为全球研发中心分布在美、英、德、法、日、俄等国家。华为俄罗斯研究所的一名数学天才，打通了不同网络制式之间的算法，帮助运营商节省 30% 以上的成本，并且更加绿色环保，让华为在这个领域处于绝对领先。继在俄罗斯设立数学研究所后，华为在巴黎设立了数学研究中心和美学研究所；在日本设立了小型化设计和质量控制研究中心；在印度设立了以软件为主要研究方向的研究中心；在美国，华为团队以射频、操作系统、芯片为主要研究方向。

发达国家跨国企业与华为的海外研发路径不同。发达国家的跨国企业在海外通常是先实现生产、销售的全球化，然后为了获取技术支撑，更好地进行生产基地与市场的扩张才进行创新研发的全球化。而华为的全球化创新进程是通过研发创新活动的全球化带动生产、销售的全球化，从而实现优势资源的合作与共享。华为进行全球研发的驱动因素主要体现在以下三个方面。

（1）技术合作与开发。为了迅速提升企业研发基础，从代理走向自主研发，华为开始与外国企业合作。华为与顶级企业共建联合实验室，包括德州仪器、IBM、朗讯、英特尔、摩托罗拉等，以技术转让、共建合资公司等形式在技术创新、市场拓展等方面进行深层次的合作。然而，研发活动始终集中在企业总部。

（2）技术、研发资源与人才获取。华为逐渐在全球范围内跟踪信息和通信技术的前沿进展和研究成果，并建立研发机构。此时，华为在全球研发分支机构的选址靠近创新中心，这些研发分支机构的主要职能是与所选区域的大学和科研院所合作开展基础研究。

（3）市场导向型合作。分支机构的职能不仅仅是跟踪前沿技术成果和基础研究，更是要针对不同的客户需求对既有技术进行改进或为当地的生产基地提供相应的技术支持。华为与各运营商、客户、合作伙伴共同建立的"联合创新中心"就承担着这一职能，他们共同研发技术，共同面向市场开发新产品。

（资料来源：根据百家号（https：//baijiahao. baidu. com/s？id=1593345576599387492&wfr=spider&for=pc）和界面网（https：//www. jiemian. com/article/2587208. html）有关资料整理。）

三、业务多元化与行业集中化并存

近年来跨国公司业务多元化成为趋势，大型跨国公司往往进入多个行业开展运营，既有相关多元化也有非相关多元化。相关多元化是指进入与公司现在的业务在价值链上拥有竞争性的、有价值的"战略匹配关系"的新业务。相关多元化战略可以帮助公司将专有技能、生产能力或者技术由一种经营转到另一种经营中去。有些公司会尝试非相关多元化业务，多个子公司之间并无任何业务关联，例如，海尔集团在 20 世纪 80 年代只做电冰箱一种产品，在 90 年代开始延伸相关多元化业务，生产彩电、空调、热水器等多种家用电器，从 21 世纪开始"多点开花"，逐渐涉足金融、房地产、生物医疗设备等多个行业，实施非相关多元化业务。

在单个跨国公司的投资业务多元化的同时，从整体来看国际直接投资的投资行业逐渐开始相对集中，并且日益重视轻资产的服务行业。按照联合国贸易和发展会议的统计，在

2016—2017 年，跨国并购和绿地投资按额度排名的前十大行业中有六个行业是相同的，分别是化学和化学制品、商务服务、食品饮料和烟草、水电气、电子和电气设备、运输和仓储。跨国并购的另外四个行业分别是金融、机器设备、信息通信、采矿和石油；绿地投资的则是汽车和其他交通设备、建筑、贸易、纺织服装与皮革。这些行业的扩张主要基于市场需求的快速增长，商务服务在跨国并购和绿地投资中都居于第二位，显示了服务行业尤其是生产性服务业成为跨国公司的重要选择。而在早期跨国投资中，原材料、初级产品和以资源为基础的制造业是跨国公司主要涉及领域。

四、制造业服务化和业务外包成为主流

在变化较快的国际环境中，跨国公司逐渐重视业务流程再造，制造业服务化和业务外包成为许多跨国公司的新选择。

制造业服务化是指制造企业以制造为中心向以服务为中心的转变，具体包括两个方面。一是投入服务化，即服务要素在制造业的全部投入中占据着越来越重要的地位，投入品从原来以原料、能源、半成品为主，转化为以金融、咨询、情报、检验等服务型要素为主，其原因在于内部服务的效率对于制造业竞争力日益重要。二是业务服务化，也可称为产出服务化，即服务产品在制造业的全部产出中占据越来越重要的地位。越来越多的企业注重提升服务质量、内容，不仅以服务作为产品的附加内容，而且逐渐以服务作为主要的利润来源。许多跨国公司将研发设计、商务服务、金融服务、营销等与生产有关的服务逐渐独立出来，使其不仅为本企业服务，也逐渐承担外部市场的业务，成为全球价值链中新的增值点。生产性服务业体系逐步完善，包括个性化定制、综合解决方案提供、智能信息服务，具体来说涵盖了研发、法律、工程、融资、信息、咨询、设计、租赁、物流等。

部分企业会进行完全的服务转型。IBM 建立时是一家以硬件生产为主营业务的制造业企业，随着同行业竞争加剧，到 20 世纪 90 年代已面临着严重的经营困境，但随后 IBM 开始调整经营思路，逐渐出售硬件部门，如把个人计算机业务卖给联想，成功地由制造业企业转型为信息技术和业务解决方案公司，其全球企业咨询服务部在 160 多个国家和地区拥有专业的咨询顾问，成为了世界上最大的咨询服务组织。

与制造业服务化相关联的是业务外包或者承接外包。跨国公司经营思路不断调整，逐渐关注核心业务的扩展和竞争优势的培育，把非核心业务外包出去。跨国公司业务外包先从生产外包开始，如耐克公司把生产外包给发展中国家的多个企业完成，而不是自己建立工厂进行生产。随着信息化时代的来临，制造业服务化日益普遍，大量的服务环节尤其是信息化业务开始外包，研发、营销、物流、财务、人力资源都成为了跨国公司外包的对象。部分跨国公司如 GE、IBM 由于较早重视了生产性服务部门的扩展，从而能够承接外包，开发了较多的企业客户。

五、超级公司影响力不断增大

近年来，经过市场竞争不断洗牌，跨国公司的行业集中度不断提高，许多行业出现了高度垄断的超大型跨国公司，如苹果、阿里巴巴、微软等。这些公司不仅技术先进、市场份额高、产值高，而且作为行业"领头羊"，其新产品、新服务、新标准一旦发布就能迅速改变市场格局，从而成为市场规则的重要制定者。超级公司推动了国际分工的深化，但也容易成为众

矢之的，尤其是在两国出现经济摩擦的特殊时期，超级公司更容易成为消费者抵制的对象。

跨国公司对经济的垄断日益明显，控制了全球经济，有的发展为超国家的经济实体。瑞士联邦理工学院曾对 43060 家跨国公司的研究发现，1318 家控制了全球经济的最大份额，147 家控制了全球财富的 40%，其中主要是金融机构。超级公司控制着生产份额和生产方式。2009 年美国调查显示，98% 的家禽、83% 的牛肉、66% 的猪肉和 80% 的大豆由大公司生产[⊖]。

在部分国家，超级公司在影响经济的同时，作为大的利益集团逐渐对政府政策产生影响，政治捐款也屡创新高。在 2012 年美国总统选举期间，微软为奥巴马捐款超过 76 万美元，谷歌超过 73 万美元（不包括与两家公司有股权关系的公司捐款）。在 2016 年美国总统大选期间，波音公司曾向希拉里和克林顿基金会捐款数百万美元，特朗普当选后，波音公司为了紧急改善与特朗普的关系，又向特朗普就职典礼捐款 100 万美元。许多国家政党的背后是大经济集团、大跨国公司，他们出台政策会有明显的利益倾向性。

六、发展中国家尤其是中国的跨国公司表现抢眼

20 世纪 90 年代以后在发达国家对外直接投资迅猛增长的同时，以中国为代表的发展中国家也加快了对外开放的速度，不仅外贸节节攀升，对外直接投资也呈现出了更多的亮点。以金砖国家为代表的发展中国家的对外直接投资发展情况更值得关注。

联合国贸易和发展会议数据统计显示，金砖国家对外直接投资经历了不同的发展轨迹，除南非外其他四国变化具有类似特点：对外投资于 20 世纪 90 年代开始增长，2000—2010 年增长加速，2008 年金融危机后受到一定影响，印度、俄罗斯、巴西均出现严重下滑。印度、俄罗斯随后开始缓慢回调，但 2017 年仍然没有恢复到 2010 年的水平。中国一直保持增长，直到 2017 年才出现首次异常负增长。巴西在 2015 年下滑尤其严重，到 2017 年已经出现负值，意味着资本撤回。南非则体现出明显的差异性，在经历了前期对外投资的不稳定之后，于 2015 年之后表现较好。

中国的对外直接投资总体表现良好。2018 年发布的《2017 年度中国对外直接投资统计公报》显示，2017 年中国的对外直接投资和利用外资差异较大，对外直接投资达 6236 家，投资金额 1200.8 亿美元，同比下降 29.4%；利用外资金额 1310.4 亿美元，上涨 4%；新设立外资企业 35652 家，上涨 27.8%，意味着境外跨国公司对我国经济发展的信心较足。

截至 2017 年底，中国对外直接投资存量为 1.8 万亿美元，排名升至全球第二位。2017 年对外投资流量虽然出现负增长，但仍居世界第三位，仅次于美国和日本。2017 年中国对外直接投资涵盖国民经济的 18 个行业大类，其中主要流向商务服务、制造、批发零售、金融领域，这些领域的投资超过百亿美元，占比八成以上。对外投资存量规模超过千亿美元的行业有 6 个，分别是租赁和商务服务业、批发和零售业、信息传输/软件和信息技术服务业、金融业、采矿业、制造业，占中国对外直接投资存量的 86.3%。

与此同时，中国的跨国公司成长较快。2018 年世界 500 强名单中的中国企业已经达到 120 家，仅次于美国的 126 家，远超第三位日本的 52 家。国家电网、中石化和中石油继续分列榜单二、三、四位。在净资产收益率排行榜上，中国公司排位靠前的是腾讯、碧桂园、

⊖ 数据来源：搜狐网《超级公司统治着世界吗?》(http://www.sohu.com/a/147769971_770352)。

华为、美的和台积电。中国大陆公司中利润率最高的是腾讯，利润率超过30%。在数量增加较快的同时，人们也要看到中国企业的跨国化指数、技术创新程度、利润率等指标依然与发达国家跨国公司存在较大差距。

近年来，跨国公司不断创新经营管理方式，无国籍公司、虚拟化柔性化组织结构等创新层出不穷。在信息化时代跨国公司竞争进一步加剧的背景下，经营与管理创新已经成为跨国公司的新常态。

【基本概念】

跨国公司　全球价值链　制造业服务化

【思考题】

1. 跨国公司的判断标准有哪些？
2. 跨国公司本土化有哪些表现？
3. 制造业服务化有哪些类型？产生原因是什么？

【本章参考文献】

[1] 邹昭晞，李志新，邓飞. 跨国公司管理 [M]. 2版. 北京：清华大学出版社，2018.

[2] 陈向东，魏栓成. 当代跨国公司管理 [M]. 2版. 北京：机械工业出版社，2014.

[3] 袁林. 跨国公司管理 [M]. 北京：清华大学出版社，2012.

[4] 黄庆波，李焱. 跨国公司经营与管理 [M]. 北京：对外经济贸易大学出版社，2016.

[5] 杨清. 跨国公司概论 [M]. 北京：高等教育出版社，2016.

[6] 朱晋伟. 跨国经营与管理 [M]. 3版. 北京：北京大学出版社，2018.

[7] 马述忠，廖红. 跨国公司经营与管理 [M]. 3版. 北京：北京大学出版社，2013.

[8] 韩震. 国际企业管理 [M]. 3版. 大连：东北财经大学出版社，2018.

[9] 任永菊. 跨国公司经营与管理 [M]. 2版. 大连：东北财经大学出版社，2015.

[10] 王焕祥. 跨国公司经营与管理 [M]. 北京：经济科学出版社，2011.

[11] 谭力文，吴先明. 跨国企业管理 [M]. 4版. 武汉：武汉大学出版社，2014.

[12] 时秀梅，李毅. 跨国公司管理——理论·实务·案例 [M]. 北京：经济管理出版社，2014.

[13] 刘宏. 跨国公司经营与管理——国际投资视角 [M]. 大连：东北财经大学出版社，2014.

[14] 卡伦，帕博蒂阿. 国际企业管理（英文版）[M]. 崔新健，改编. 6版. 北京：中国人民大学出版社，2017.

[15] United Nations Conference on Trade and Development. World Investment Report 2017 [R/OL]. (2017-06-07) [2019-07-18]. http://unctad. org/en/Publication Library/Wir2017_en. pdf.

[16] United Nations Conference on Trade and Development. World Invest ment Report 2018 [R/OL]. (2018-06-06) [2019-07-18]. http://unctad. org/en/PublicationLibrary/Wir2018_en. pdf.

[17] 中华人民共和国商务部，国家统计局，国家外汇管理局. 2017年度中国对外直接投资统计公报 [R/OL]. (2018-09-28) [2019-07-18]. htttp://www. mofcom. gov. cn/article/tongjiziliao/dgzz/201809/2018092791492. shtml.

[18] 刘鹏. 中国制造业企业OFDI会造成国内"产业空心化"吗？——基于异质性企业投资动机的视角 [J]. 财经论丛，2017（10）：3-10.

[19] 刘海云，廖庆梅. 中国对外直接投资对国内制造业就业的贡献 [J]. 世界经济研究，2017（3）：56-67.

第二章

跨国公司经营环境

【本章重点】

1. 跨国经营的政治与法律环境、文化环境、经济环境、技术环境。
2. 文化差异与跨文化管理。

企业的经营环境是指直接或间接影响企业生产经营活动的各种客观条件和因素。管理理论揭示了企业决策的根本目的是寻求公司经营目标、外部环境和内部条件的动态平衡。在这三个因素中，企业的外部环境是最重要、最活跃、最难控制的。由于外部环境不属于企业所有，具有很强的刚性，所以企业管理者必须服从、接受和适应外部环境。跨国公司的外部经营环境也是如此，包括政治与法律环境、经济环境、文化环境和技术环境。

第一节 跨国经营的政治与法律环境

政治环境主要是指东道国各国权力运行的现状和特点。法律环境是指投资国和东道国颁布的各种法律法规，以及国家和地区之间缔结的贸易条约、协定和条例。本节重点介绍跨国经营所面临的政治和法律环境。

一、政治环境

政治环境主要包括政治体制、政治稳定性、执政党性质、政府对外资的态度、母国与东道国的关系以及东道国国民的民族倾向。

（一）政治体制

人主要依靠彼此间的合作来求得生存和发展，因此从客观上说，需要一种权威来协调管理人们的公共生活，即为权力。依据权力的产生和运行，政治体制大体可分为两大类：一类是专制制度——少数人依靠强权获得权力，凭借着权力统治大多数人，其容易造成人与人之间的矛盾；另一类则是民主制度——权力来自于公民的让渡和委托，公民通过代议机构来参与社会事务的决策和管理，其优点是能够调动人们的积极性和创造力。

（二）政治稳定性

政治稳定性通常是指有关国家政局的稳定性及社会的安定状况。这直接影响到跨国经营能否正常进行，如国家领导人的更换、政府的更迭可能会导致国家政体的变化、政变、社会内乱及种族、宗教冲突。政治的不稳定性往往会导致企业由于政治风险而遭受巨大的损失。

（三）执政党性质

许多发达国家盛行政党制政治体制，政府由代表不同利益集团、具有不同社会价值的主要政党轮流执政。各政党所代表的利益集团及社会阶层和价值取向的不同，造成了他们在国家经济政策选择方面的差异性。

一般来说，美国的共和党、英国的保守党、德国的基督教民主联盟、澳大利亚的自由党——国家党联盟等代表的是大商业集团及雇主的利益，强调"效率至上"的价值观，对外国资本的进入较为宽容。而美国的民主党、英国的工党、德国的社民党等则代表劳工集团及下层社会的利益，强调"公平取向"的价值观，相比较而言，他们倾向于限制外国产品和资本的进入。

（四）政府对外资的态度

政府对外资的态度主要反映在政府对外资实施的政策上，即政府对外资进入的鼓励程度、限制程度，是否为外资提供了便利条件和优惠措施以及外资政策是否具有连续性和稳定性等。例如，有些国家限制外资进入的投资领域，甚至限制外资在投资领域的股权比例等。通常来说，如果政府的政策宽松稳定、干预和限制较少，则会大大吸引外资的进入。

（五）母国与东道国的关系

如果两国关系正常，两国之间的投资进展就会比较顺利；如果两国关系不友好甚至处于敌对状态，则在东道国的直接投资会受到不公平的对待。母国与东道国之间的关系好坏，决定了在跨国经营活动中母国能否享受东道国的最惠国待遇和国民待遇，其财产是否会被东道国征收、没收甚至国有化等。一些国家实施的关税、非关税壁垒等，均是各个政府基于政治和经济的考虑。

（六）东道国国民的民族倾向

国民是国家存在的基础。东道国国民的民族倾向，不仅会影响东道国相关政策的制定，甚至会影响前往东道国进行投资的跨国企业经营活动的各个方面，如生产要素供给状况、产品销路等，从而影响了跨国企业的经营活动。

一般而言，发展中国家的国民出于对自身利益的考虑和保护民族工业的愿望，往往倾向于对发达国家企业的投资活动采取限制措施。彼此存在历史恩怨的国家的国民则倾向于限制对方的资本流入本国，或对已在本国建立的对方国家企业采取冷漠、抵制的态度。

【案例 2-1】

乐天玛特退出中国

乐天玛特是韩国乐天集团旗下专营大型超市的子公司，而乐天集团作为韩国五大集团之一，仅次于三星、现代汽车、LG、SK，曾在世界 500 强中排名第 28 位。

乐天玛特从 2007 年开始拓展中国市场，2008 年 5 月，乐天玛特以鲸吞北京万客隆 8 家门店为标志，正式进入中国内地市场。2009 年 10 月，乐天玛特击败本土零售巨头物美集团，以 48.7 亿港元（按当年汇率折合人民币 60 多亿元）对江苏时代超市进行全盘并购。按照乐天玛特之前提出的计划，至 2018 年其将在中国增设门店至 300 家，销售额实现 2000 亿美元，成为"亚洲零售业之最"。

而 2017 年 2 月的萨德事件，把乐天玛特在中国的事业推向深渊。乐天集团与韩国政府签署换地协议，转让星州高尔夫球场地皮以用于韩国国防部部署萨德反导系统。萨德反导系统不仅可以拦截导弹，而且其反导雷达的侦测半径远远超出了朝鲜半岛的范围，已经可以直接监视我国大半的领土，这直接威胁到我国的国家安全。乐天玛特因此受到中国消费者的强烈抵制，其在中国的经营业务几乎陷入瘫痪。

为此，乐天集团于 2017 年曾两次紧急"输血"，累计金额达 40 亿元，并坚称"决不放弃在华业务"。但是这样仍旧无力阻止乐天玛特在华业务的颓势。截至 2017 年 4 月 3 日，乐天玛特在华的门店中已有 87 家关闭，占其门店总数的 80% 左右，剩余门店销售额也减少八成以上。2017 年 9 月，乐天集团被迫决定出售乐天玛特在华业务。

　　2018 年，在进入中国市场 11 年后，有着"亚洲零售业之最"称号的韩国商业巨头乐天玛特最终选择退出。10 月 15 日，有媒体报道，在此前乐天玛特在华 93 家门店宣布向利群股份、物美集团出售的基础上，余下未能出售的 12 家门店也拟在年内彻底关闭，这意味着乐天玛特将彻底告别中国市场。

　　乐天集团退出中国市场受到了诸多因素的影响，乐天玛特在华的销售业绩多年来一直较为惨淡，其背后的乐天集团不断寻求买家以出售其在华业务，但并未达到理想的价位。但是，萨德事件直接迫使乐天集团卖出其在华业务，黯然退出了中国市场。

　　作为一家跨国公司，理应尽量规避政治敏感问题，从而有效降低企业的经营风险，而乐天集团却选择将其名下土地转让用于部署萨德反导系统，注定会失去中国这一广阔市场。由于关乎国家安全这一重大问题，乐天必然受到中国全国人民的抵制，这也导致了乐天集团在华业务中损失惨重。

　　(资料来源：根据《中国经营报》2018 年 12 月有关报道整理。)

二、法律环境

　　法律是指由国家制定的并且国家强制要求实施执行的各种行为准则。对于任一国家来说，法律体制尤其是涉外的法律体制，应是投资者关注的焦点。因为投资所在地的法律法规，不仅制约了投资者的投资行为，也保障了投资者的相关利益。健全的法律体制主要体现在：拥有完备的法律体系、稳定的法规以及严肃的法律实施过程。跨国企业不仅要充分了解、全面分析不同国家、地区各自不同的法律，还应在国际化经营过程中认真研究和全面掌握全球区域性政治和经济组织的相关法律法规，以及与企业经营活动相关的国际惯例、公约和条约等。

(一) 法律制度

　　世界各国的法律制度是不同的。现行的法律制度主要分为两类：普通法制度和成文法制度。

　　普通法制度也称为习惯法、不成文法或英美法，顾名思义，是指以英国和美国的法律为代表包含其他受该法律影响的国家和地区的法律体系。普通法制度主要在英国、美国、印度、埃及、澳大利亚等国家和地区使用。普通法制度起源于英国，其特点是利用判例法来促进"先例约束原则"。如果没有先例或法令，法官将自行决定。因此，在实施普通法制度的国家和地区，如果从事国际业务的人遇到法律纠纷，则应仔细研究法院对类似案件的判决。

　　成文法制度也称为民法体系，主要涉及欧洲大陆国家以及其他受影响国家和地区的法律制度。成文法制度主要在法国、德国、西班牙以及拉丁美洲、非洲和亚洲的一些国家和地区使用。成文法起源于古罗马。与普通法体系不同，它强调法律规定，不依赖于法理学。虽然法律的实施是基于法律规定，但它要求法官引用和解释，因此法官有更多的解释。成文法的目的是为所有可能的法律问题制定法律规定，并适应各种事实和情况。因此，这些法律规定更灵活或更普遍。

（二）投资国法规

为了国家利益，各国制定了与资本输出有关的法规和政策，包括激励和限制。因此，企业的国际化经营活动也受到投资国法律和政策的影响。一旦企业进行对外直接投资，必须彻底了解并遵守本国政府颁布的相关法律和政策（主要涉及经营、贸易和投资的规定）。例如，该国是否有资本输出政策保障体系和税收激励战略；是否相应保证对境内企业的境外投资；在国外投资的产品或技术是否受出口管制和限制等。

（三）东道国法规

法律可以调节产品、定价、分销、促销等市场营销的各个活动，因此实施跨国经营的公司也必须了解并遵守东道国的法律法规。

1. 外国投资的法规和政策

在发展本国经济的原则下，东道国经常在维护国家主权和国家经济利益的前提下制定相应的外资入境规则和政策，如外国投资法、外国税法和合资企业法等。这些法律和政策主要包括：什么是外资，什么是外国投资的审批程序，外国股权的比例应该如何设置，外国股权应该如何转让，外资的税收和税收优惠是什么等。这些法规和政策直接影响跨国公司能否成功进入东道国。

2. 公司经营活动的法规和政策

东道国颁布的各项规定将直接影响投资形式的选择、经营战略、人员就业政策和企业税负等跨国经营过程中的问题。这些规定主要包括公司法、专利法、竞争法、证券交易法、广告法、商标法、劳动法、消费者权益保护条例、反倾销法、商检法、环境保护法、外汇和外贸管理法律以及出口国家的出口管制政策等。

法律法规是复杂而具体的，跨国公司要高度重视，不能掉以轻心。美国的一种食品出口到英国，在英国海关被查出有一种成分不符合英国标准，后来，双方当事人打了几个月的官司都没有结果，而食品的保质期却到了，最后美国的厂家另付了一笔垃圾处理费才得以脱身。

第二节　跨国经营的文化环境

跨国经营的文化环境包括各国或地区居民的语言、受教育程度、价值取向、宗教信仰、传统习俗和习惯。然而，国与国之间的文化难免会存在差异，跨国公司应当在经营过程中尽量避免文化差异所带来的困扰，推动跨国经营的顺利进行。

一、文化的内涵与特质

（一）内涵

在西方，文化一词来源于拉丁文 cultura，意思是礼拜和崇敬，是结果的意思，因此在广义上文化可以被定义为"人类活动的结果"。

在西方思想中，文化概念演化的一个最重要阶段是 18 世纪。德国思想家赫尔德在其著作中在"文化"一词后面开始加复数，文化作为一个名词被理解为某一特定社会的生活方式总和。在赫尔德看来，每一个民族都有自己固有和特殊的文化形式。赫尔德的这种文化概念非常接近于人类学和民族学的文化概念。

19世纪末，泰勒在《原始文化》一书中对文化下了一个具有划时代意义的定义——文化是一个复杂的总体，包括知识、艺术、信仰、道德、法律、风俗以及人类在社会里所取得的一切能力与习惯。在之后一百多年中，具有影响的关于文化的定义超过百种。

霍夫斯泰德对文化的定义——文化是人类思想集体编序，能够区分不同种类的人，所以文化决定了人们的思维方式、交流方式、感觉方式以及生产方式。文化也能使某个团体生存下去，通过一些字码、象征符号，如语言、手势等表达方法来获得并传播。神话、宗教和其他有关的价值观念构成了文化的基础。

20世纪，文化的概念再次发生改变，从人类扩展到所有物种，文化是"任一物种同自然环境相互作用的手段"，强调人类同自然环境以及其他物种之间的相互关系以及相互作用的过程。

王成荣认为，文化内涵深邃、外延宽广，既有广义、狭义之分，也有宏观、微观之别。从广义角度来说，有史以来，凡是与人的思想、行为和人工制品相关联的都是文化；从狭义角度来说，文化仅是指精神产品以及行为方式。从宏观角度来看，文化是民族的、宗教的甚至社会的；从微观角度来看，文化仅是指社会中某一特定的群体。

陈晓萍认为，文化是由人类创造，经过历史检验后留存下来的物质和精神财富，主要有以下特点：①群体共享；②既可以是客观显性，也可以是主观隐性；③客观显性的文化和主观隐性的文化同时影响人；④代代相传，虽然会随着时间改变但极为缓慢。

总体来看，文化是全面的包容物，即宗教信仰、价值观和法则不仅体现在每个人身上，而且感染人所创造的物体、组织、企业、家庭甚至整个国家。文化是社会的经济和政治在观念形态上的反映，也是人类社会历史发展的积淀和产物。先进文化是人类文明进步的结晶，顺应了人类社会的发展规律，指明了人类社会未来的发展方向，为人类社会的文明进步提供了强有力的思想保证、精神动力和智力支持。

（二）特质

文化具有学习性，文化不是与生俱来的，而是通过学习和实践形成的；文化具有传承性，可以由一代人传给下一代人；文化还具有分享性，文化不属于某个特殊的个体，可以在一个群体、组织甚至整个社会中分享传播；同时，由于文化是社会的经济和政治在观念形态上的反映，文化还具有时代性和民族性。当代中国的先进文化就具有鲜明的时代性和浓郁的民族性。

二、文化差异及其理论

在跨国公司管理活动过程中，对文化差异、多元化作用的认识是一个渐进的过程。只有充分认识社会文化差异以及公司文化差异，才能在跨国经营中越走越远。文化差异主要包括社会文化差异和公司文化差异两方面。

（一）社会文化差异

1. 思维方式的差异

中国人倾向于使用更多的意象和直观感受，而英美人倾向于使用演绎推理。在跨文化交际中，这种差异体现在不同国家人们对客观事实的主观看法中。中国人专注于直接回应对方所表达的信息或态度。例如，对于产品或设计，无论是否令人满意，英美人倾向于首先给予赞扬，而中国人往往表现得更严格。面对赞美，中英两国的反应是不同的。英国人对称赞表现出欣赏和愉快的态度，并相信对方的赞扬是对他们的承认和认可；而中国人觉得谦卑是一种美德，当被别人欣赏时往往会表现得不好意思。

2. 价值观的差异

不同的民族和国家有不同的历史和不同的文化，人们在对待同一事物时所形成的概念也不尽相同。在跨国经营中，不同文化背景的人在时间概念、决策方法和处理冲突的态度上会有明显的差异。例如，美国人推崇英雄主义，他们认为个人敢于承担责任是一种美德和责任心的表现；中国人侧重于集体决策，强调集体智慧。中西方价值观的差异导致人们对某些事物的不同理解，甚至在商业运作和语言交流中出现无法沟通的现象。

3. 风俗习惯的差异

中西方文化差异也体现在风俗习惯上。传统生活方式的爱好和禁忌所体现的风俗习惯并不相同。中国深受儒家思想的影响，在商务谈判时，经常使用一些模糊的词语来表达礼貌和随和的态度。然而，西方人特别是美国人，一般会直截了当地表达观点或直接谈论话题。所以，他们经常觉得与中国人的商业互动比较困难，甚至会产生冲突。

4. 语言现象的差异

美国文化科学家萨姆瓦认为，跨文化交际中的文化差异不仅包括思维方式、价值观、风俗习惯的差异，还包括语言现象。不同语言形式和语言内涵的客观存在会影响人们对语言的理解，阻碍跨文化交际，甚至在跨国经营过程中产生误解和冲突。即使两种文化具有相同的词汇、相同的事物甚至相同的现象，然而一旦两种文化赋予其不同的含义或情感色彩，它也会影响语言的准确表达。

(二) 公司文化差异

1. 价值文化的差异

文化与价值观的不同会产生不同的管理实践，主要体现在组织中的评价、奖惩、人际关系等方面。例如，在对待工作成就的态度上，西方公司一般的员工拥有较强的自主权，可以对上级提出建议甚至质疑；然而中国公司一般缺乏灵活的激励机制，员工的主动性有所欠缺。又例如，在表达不同意见时，西方人员是直截了当地说明真相；而中国员工则较为委婉。

2. 制度文化的差异

西方社会注重法治，在管理上追求制度管理和规范管理，促进有序、有效的管理。中国社会注重道德，注重人的功能，"以情治理"容易导致员工不太执行制度，使规章制度难以发挥其应有的效用。

3. 劳工和人事政策的差异

有的公司根据工作性质和个人能力确定工资，并根据价格指数和生活费用指数调整员工工资；有的公司重视员工学历、资历和工作经验，其工资增长取决于公司的经济利益。对于人员安排和职位晋升，有的公司把个人能力放在首位；有的公司更加关注个人素质、历史背景和人际关系。对于人才流动，有的公司鼓励员工继续前进；有的公司一般不赞成员工"跳槽"，并限制人才流动。

(三) 文化冲突与文化敏感性

文化敏感性 (Inter Cultural Sensitivity, ICS) 是指体验、区分文化差异的能力，而文化差异是产生文化冲突的原因，越精确地区分文化差异，文化冲突就越不容易发生，文化敏感性也相应地越高。文化敏感性主要分为五个不同的阶段：拒绝、防御、蔑视、接受和适应。

如今，文化敏感性已成为企业管理者必须具备的核心竞争力。总之，一个人的文化敏感性越高，其接受或欣赏文化差异就越容易。在跨国经营过程中，首先，经营者要识别不同类型的沟通情境，增强文化敏感性。一般来说，商业环境中的跨文化交际情境分为两类：①内部管理沟通情况，它主要是指部门与部门之间、领导者与员工之间、员工与员工之间的沟通情况；②外部管理沟通情况，它主要是指公司与供应商之间、公司与经销商之间、公司与消费者之间、公司与竞争者之间、公司与政府之间的沟通情况。

（四）文化差异理论

1. 霍夫斯泰德的文化维度理论

该理论主要分为五个维度：

（1）权力距离。它主要是指社会或组织中地位低下人群的权力分配不均等的程度。对于权力距离较大的国家，人们善于接受不同层级之间的文化差异，一个人的行为方式以及别人对待他的态度受到其社会地位的影响。然而权力距离较小的国家则更多地强调减少甚至避免等级差异，如丹麦、瑞典等。

（2）个人主义和集体主义。它主要衡量整个社会是更加关注个人利益还是集体利益。具有个人主义倾向的群体更关心自己及其亲属的根本利益，这群人之间的关系是松散的。当整体利益与个人利益冲突时，集体主义群体往往更关注整体利益，它更倾向于服从个人利益受整体利益支配的希望。

（3）短期导向和长期导向。它主要衡量一个国家是追求短期利益还是追求长期利益。例如，日本企业更注重强调长远利益。

（4）不确定性规避。它是指人们对一种模糊不清的情况和现在无法预测但将来可能会发生的事件的感受程度。一个鼓励成员挑战、探索未来的社会文化被视为强的不确定性规避文化；反之，则被视为弱的不确定性规避文化。

（5）男性化与女性化。一个国家若表现为自信、注重竞争性的主流价值观，则体现了男性化；若表现为注重良好的人际关系、善于关爱他人，则是女性化的体现。

2. 特朗皮纳斯的文化架构理论

荷兰经济学家特朗皮纳斯（Trompenaars）依据文化对经营管理的影响，花费 10 年对来自 50 多个国家的 1.5 万名经理展开了问卷调查，从而提出了 7 个文化维度：

（1）普遍主义对特殊主义（Universalism vs Particularism）。普遍主义是指思维方式和实际行动按规则办事，不搞例外；特殊主义是指思考方式和行动随机应变，会根据具体情况采取相应的方式方法。

（2）个人主义对集体主义（Individualism vs Communitarianism）。个人主义是指每个人都把自己的利益看得比较重；而集体主义则把自己看成某个团体的一部分。该维度与霍夫斯泰德的研究结果——个人主义和集体主义这个维度相似，更关注于群体如何解决冲突。

（3）情感内敛型对情感外露型（Neutral vs Affective）。情感内敛型是指比较压抑自己感情的文化倾向，而情感外露型是指能按自己的感情比较自然地表达出来的文化倾向，即自己感情自然表露的程度。

（4）关系特定对关系扩散（Specific vs Diffuse）。该维度表示在与他人交往中个人的投入程度。关系特定是指工作中的上下关系，即职位只限于工作场所；关系扩散则是指人们上下级的关系在工作之外还渗透到了生活中。

（5）注重个人成就对注重社会等级（Achievement vs Ascription）。这个维度表示关于社会中的地位和权力是取决于成就还是某种优先权。注重个人成就的文化是指员工的地位在很大程度上受其工作业绩影响。注重社会等级的文化则是指对人的评价主要根据年龄、工作年限、性别、学历等属性来决定。在注重个人成就的文化中，人们对商人的评价取决于他们完成所分配任务的情况。

（6）序列时间对同步时间（Sequential vs Synchronous）。

（7）主观能动对外部影响（Inner-Directed vs Outer-Directed）。

在这7个文化维度中，前5个维度均与人相关，对跨国经营活动的影响更大。

3. 克拉克洪与斯乔贝克的六大价值取向理论

美国的两位人类学专家克拉克洪与斯乔贝克在1961年出版的《价值取向变奏》一书中，提出了六大价值取向理论。他们认为，所有的人类社会不分东西方，都面临着共同的问题，而且这些问题可以被分为六大类。人们对这六大问题的看法、价值取向或解决方案会因为文化背景的不同而有所差异。群体之间的文化特征导致了这些差异，因此每个群体背后的文化轮廓也可以通过这种差异来确定。他们提出的六个主要问题分别是：①人与环境的关系，有些倾向于屈从于环境，有些希望与环境保持和谐的关系，有些希望能控制环境；②人与时间的关系；③对人性的看法，它关注于文化把人视为善的、恶的还是两者的混合物；④人的活动导向，它主要考察一个文化中的个体是否倾向于不断行动；⑤人的责任中心；⑥人的空间概念，特定文化环境对空间的拥有程度。他们通过研究发现，在这六大问题上，不同的民族和国家有着不同的看法，这种差异对其生活和工作产生着重大影响，尤其是在态度和行为方面。

4. 舒华兹的10大需要导向理论

舒华兹（Shalom Schwartz）认为有必要从人类动机的各个方面充分考虑对人类行为最有启发性的价值观，然后测试这些价值观是否面向不同的文化，进而说明文化之间的差异。①权力：社会地位和尊严，控制他人，控制资源（权力、财富、公众形象）。②成就：根据社会标准（雄心、成功、才能、影响力）通过自己的能力取得个人成功。③享乐主义：自我享受、自我满足（快乐、享受生活、自我放纵）。④刺激：兴奋、新奇和挑战（敢于思考、改变、生活、激动）。⑤自主导向：独立思考和行动，选择、创造、探索（创造力、自由、独立、目标选择、好奇心）。⑥普遍主义：理解、欣赏、宽容和保护所有人和环境的利益（平等、社会正义、智慧、宽广的思想、环境保护、融入自然）。⑦仁慈：对于人们亲近的人愿意保护和增强他们的利益（帮助他人、诚实）。⑧传统：尊重、接受和承诺传统文化或宗教所倡导的习俗和讲道（奉献、尊重传统、谦卑、中立）。⑨遵守：自我控制与社会规范和预期不一致的，或导致他人不安或受伤的行为、倾向和冲动（自律、礼貌、服从）。⑩安全：社会、人际关系、自我安全、和谐与稳定（家庭安全、国家安全、社会秩序、回报他人的帮助）。

舒华兹认为，这10个价值取向可归纳为两个维度。①开放性—保守性维度：开放性包括刺激、自治和享乐主义；保守性包括安全、传统和合规。②自我强化—自我超越维度：自我强化包括成就、权力和享乐主义；自我超越包括普遍主义和善良。

三、跨文化管理战略

跨文化管理，亦称交叉文化管理（Cross Cultural Management），是指对不同背景的人、物、事进行管理。管理学大师彼德·德鲁克认为，跨国公司是"一种多文化的机构"，其经营管理"几乎是把政治上文化上的多样性结合起来实施统一管理"。这表明，跨文化管理的产生加快了跨国公司的出现，推动了跨国公司的迅速发展。

（一）理解文化冲突与文化差异性

文化冲突是由于文化差异的存在，在组织中人群之间的心理和行为出现的对抗。主要有以下几个方面。

1. 宗教信仰和习俗差异引起的文化冲突

宗教信仰是文化的核心内容，体现了一个国家和一个民族的历史文化核心。不同的宗教有不同的禁忌和倾向，影响着人们的世界观、价值观和生活观，以及公司和公司管理者对商机的把握程度和对产品的销售策略。

2. 沟通方式差异造成的文化冲突

跨国公司在公司管理中使用的语言往往有多种，语言障碍带来了某些沟通障碍。即使有些可以翻译，翻译人员的能力也是有限的，这将使双方无法充分沟通，从而产生冲突。即使双方可以使用彼此的语言直接沟通，仍可能会因表达的差异而引起误解和冲突。中国文化注重营造和谐的氛围，语言表达较为含蓄和委婉。西方文化倾向坦率和直接的表达，并不回避争论。因此，在与外国员工沟通时，我国跨国公司应该学会换位，站在另一方的角度并采用适当的表达方式进行沟通，最好是以直截了当的方式进行沟通，而不是提问。

3. 人力资源管理差异引起的文化冲突

最典型的问题是"加班"问题。在中国市场，"快鱼吃慢鱼"现象较为突出，公司要能够快速感受到市场需求并满足它。在紧急情况下，中国员工通常会选择同意加班，但外国员工拒绝加班。这种工作习惯的差异很容易导致冲突。

4. 管理文化差异造成的文化冲突

以中国的联想集团为例，在收购 IBM 的个人计算机业务后不久遇到了由文化差异引起的尴尬局面。据媒体报道，当联想召开高层会议时，美方代表不会停止谈话，善于表达自己的想法，而中方最高领导人则保持沉默。在美国文化中，沉默意味着批准；在中国文化中，沉默意味着认可或者反对但不打算表达。

5. 消费文化差异造成的文化冲突

许多跨国公司发现它们畅销的产品在国外市场上表现非常黯淡。例如，当麦当劳首次进入日本市场时，它设计了"Little White Face McDonald's"用于广告宣传，但以失败告终。其原因是白脸在日本意味着死亡。麦当劳在吸取教训之后，立即将其广告形象改为"麦当劳叔叔"，而后其营业额翻了两番。

6. 员工文化差异造成的文化冲突

当迪士尼进入法国市场时，它要求当地员工不要穿牛仔裤，不要打耳钉，不要留长发，不要戴耳环，不要在花园里喝酒。然而，法国人倡导自由和时尚，葡萄酒文化底蕴深厚。因此，当地员工强烈抵制这一规定，引发了一系列文化冲突。最终，迪士尼在法国的首次运营失败了。

（二）提高文化敏感性

文化敏感性是核心的跨文化胜任力，又指在不同文化交汇的情景下用灵活的方式应对文化差异的能力。如果人们能够把差异转化为一种交际的动力，利用好奇来加强交流与沟通，那么人们就可以交到很多朋友。采取如下策略，可培养和提高文化敏感性。

1. 阅读文化书籍

可以适当阅读一些关于其他文化知识的书籍，如《语言与文化》《英美文化辞典》《英美概况》《跨文化非语言交际》等，从而扩展各个方面的文化知识，增强文化敏感性，提高跨文化适应能力。例如，各国都会用手势表达某种意义，然而同一手势在不同的文化中却会表示不同的意义。将手掌平放在脖子下面，在中国表示杀头的意思，但在以英语作为母语的国家却表示吃饱了。通过阅读《跨文化非语言交际》，人们可了解在跨文化非语言交际方面的差异，为以后的顺利交际奠定基础。

2. 在与外国人交往中感受文化差异

改革开放以来，我国对外交流日益扩大，每年都有大量的外国人来我国旅游、参观、考察、访问、做生意，这给国人提供了与外国人直接交往的机会。另外，因特网技术的飞跃发展也给人们提供了广阔的空间，足不出户就可以在因特网上与世界各地的人交谈。人们可通过与外国人的接触、交往学习对方的文化习俗、学会各种交际的技巧等。

3. 利用多种媒体，扩大文化视野

在看电影、电视剧时，要特别注意有文化差异的地方，特别关注其他国家的人们日常生活的情景，如打招呼、问路、参加聚会、相互交谈、发表看法等。观看电影、电视剧等，有助于人们了解其他国家人民的日常生活、文学及国家的历史等，有助于感受中外文化的差异。

4. 跨文化培训

例如，对准备出国留学的人员、对拟派往国外执行公务的人员等进行跨文化培训，有利于提高其文化适应能力；对外国在华企业、中外合资企业的中方雇员进行跨文化培训，有利于他们更好地与不同文化背景的外国同事共事。参加跨文化培训的形式可采取就某个国家的历史、文化习俗等情况听讲座、观看录像、参加谈论等，这些培训能够增强人们对异国文化的了解，提高其文化敏感性。

（三）促进跨文化沟通

跨文化沟通是指在不同文化单位之间进行信息传递和交换。它主要是指不同文化背景的人之间的交流互动。跨国公司的繁荣发展促使跨文化沟通成为了国际经营活动中的必需品。有效的跨文化沟通是跨国公司实施管理的起点。企业管理者和员工都必须充分了解企业文化，认识到其多样性，找出沟通障碍的根源，有效应对文化差异冲突，从而实现有效的跨文化交流。

1. 跨文化沟通问题产生的根本原因

（1）价值观的差异可能会造成认知风险。价值观是指个人或社会接受特定行为或者现象而拒绝与此相反的行为的一种态度。价值观是文化的重要内容之一，它不仅是体现民族性的基础，也是一个民族的文化核心。价值观深刻影响着人们的沟通方式和沟通情境。不同文化背景的人具有不同的价值观。即使他们生活在同一个文化领域，价值观也不完全相同。在跨文化沟通中，由于两国的文化背景不同，价值观也大不相同。因此，双方之间的交流难度大大增加，甚至简单的问题也会变得复杂化。一旦双方对某一问题的看法上升到价值水平，就会出现矛盾，大大增加了沟通失败的可能性；如果双方的价值观能够更好地兼容，双方就更容易实现有效沟通。

（2）语言差异可能带来误解风险。人们可以使用语言和文字交流信息和想法，促进有效沟通。但不同的文化有不同的语言，每种语言都有自己独特的文化内涵。语言差异会影响文化交流和跨文化交际。在进行文化交流和跨文化交际时，使用不同语言的主体在语义和语法上往往存在理解差异，导致跨国公司在跨文化交际中产生不必要的误解。

（3）"文化冲击"可能带来感知风险。"文化冲击"主要是指在跨文化沟通中，由于文化背景多元化，人们失去了熟悉的社交沟通符号而陷入深度焦虑的现象。由于母国文化与外国文化中某些价值观之间的长期差异，跨国公司的成员很容易混淆思想和行为。由于文化差异，跨国企业的人们在沟通时不可避免地会遇到"文化冲击"，这必然会导致跨文化管理的沟通障碍。

2. 如何实现跨文化沟通

全球一体化的发展和各领域合作的深化使得公司对跨文化的商业沟通保持正确的态度日益重要。跨国公司在面对跨文化市场时，必须坚持认同、尊重、学习、互补、理解和共同繁荣的态度，进而促进经济、社会和文化的对外发展乃至繁荣。为了消除跨文化商业沟通的障碍，跨国公司必须正确处理文化障碍，承认文化障碍的存在，同时，应当保持对跨文化商业沟通的积极态度。

（1）意识到跨文化沟通的障碍。承认文化障碍的存在，积极纠正自身的文化障碍，是有效开展跨文化交流和跨国公司发展的基本要求。只有拥有正确的态度并努力融入不同的文化，才能促进跨文化交流中的沟通，减少组织关系中的业务失衡。因此，在进行跨文化沟通之前，跨国公司首先应该了解沟通的差异、双方之间的关系，要对自身文化和其他文化做好充分的准备和沟通。在沟通过程中，针对不同情况做出适当处理。在交流的最后，公司要吸收经验并尽量确定交流规则。同时，在交流过程中，公司要时刻谨记文化特色，切忌侵犯对方的文化。要认识到文化差异的存在，充分理解和尊重彼此的文化。不要根据自己的标准和行为来衡量对方，不要忽视其他人的价值观或自己的价值观。要认识到任何主观和任意行为都不会受到其他所有人的欢迎。要了解另一种文化，就要意识到它可能产生不同的结果，但不要评判这种差异的好与坏。

（2）培养跨文化综合技能。跨国公司解决跨文化交流障碍的最佳方式是进行跨文化培训，提高跨文化理解力。然而文化是隐含的，要理解民族文化的差异并不容易。跨国公司在进入其他国家或地区时，应减少跨文化冲突和矛盾，不仅要了解对方的宗教信仰、文化、传统习俗和背景，还要了解当地的思维和行为方式以及如何有效地与当地人进行沟通。对于员工，公司可以聘请专家来教授当地文化实施培训，旨在避免他们对语言和活动的错误评估，因为通常他们会站在自己的文化立场上。要让员工学习从外部文化的角度去理解和思考，进而减少偏见和歧视。对于每一家致力于参与全球市场竞争的公司而言，了解一个国家的文化将影响跨国公司在战略决策市场中的选择。中国的跨国公司，为了站稳国际竞争的脚步，寻求发展，有必要从国际文化差异的角度对国家间的文化差异进行总结和对比，不遗漏任何细节。跨国公司的文化冲突是不可避免的，它们不一定具有破坏性，如果妥善处理，有时它们可以变成建设性的。因此，双方应相互尊重、互利互惠。跨国公司必须保持自己的优势，不断更新自己的行为，创造新的优势，相互吸引。

（四）建立跨文化团队

跨文化团队是指一群文化背景各异但却拥有共同目标，并以相同的做法达成目标且成员之间相互依赖的群体。跨文化团队的最典型特征是其成员的"异质性"，或其文化多样性。这些来自不同职能部门和不同地理位置的成员所组成的团队的任务就是设计新产品、服务或制定适用于不同国家的组织政策等。

跨文化团队可以分为三类：①象征性文化团队（Token Group），即在一个团队中，只有一两个队员来自不同的文化，其他队员则全部来自同一种文化；②双文化团队（Bi-cultural Group），即团队成员基本上来自两种文化，且来自不同文化的人数相当；③多文化团队（Multicultural Group），即在一个团队中，起码会有数量相当的来自三种或三种以上文化的成员。

综合来看，跨文化团队既应具备跨文化的特征，又必须具备团队的一般特征。跨文化是指具有两种或更多不同文化背景的群体或个人之间的互动。团队是一个正式的团队，他们共同努力实现目标。建设高效的跨文化团队有以下几点需要注意：

（1）团队领导应该多组织团队活动，增加双方文化群体成员之间的接触机会。通过不断的接触，加深彼此间的了解和信任，培养团队成员之间的感情，增强团队成员的归属感。

（2）在双文化团队中，团队领导要引导团队成员相互尊重，尤其要尊重团队成员不同的文化和价值观，杜绝种族歧视，努力协调团队成员之间的关系。团队领导要熟悉每一种文化的背景和语言，具备很好的沟通能力和协调能力。

（3）在双文化团队中，团队成员对团队目标的认同非常重要。只有团队成员对团队目标达到一致认同时，才会齐心协力完成任务，团队凝聚力增强，团队成员之间的合作水平提高。

（4）要对团队成员进行跨文化培训，提高团队成员的沟通能力和适应能力，强化团队成员的跨文化意识。

第三节　跨国经营的经济环境

经济环境是跨国公司在国际经营过程中所面临的各种经济条件、经济特征和经济联系的客观因素。对跨国公司而言，经济环境是影响其发展和战略制定最基本、最重要的因素，具体包括全球经济环境、区域经济环境以及东道国经济环境。

一、全球经济环境

近些年，全球经济环境呈现以下特征。

（一）全球经济增速企稳向好

在 2015 年和 2016 年的低增长之后，2017 年开始，世界经济增长出现反弹，增长率达到3%。稳定世界经济的趋势已经变得更加强劲。更为明显的是表明世界经济已进入相对强劲的复苏轨道。一方面，2017 年世界经济增长的复苏受益于周期性因素。传统产业开始从底层复苏，商品价格继续上涨。另一方面，它们也可能与市场需求的恢复有关。需求的增加意味着内生的增长动力不断增加。

（二）发达经济体的反弹相对强劲

2017 年世界经济增长的复苏主要归功于发达经济体 GDP 增长的恢复，2017 年发达经济体的 GDP 增长率为 2.3%。就国家而言，美国、德国、加拿大和日本的经济增长率均在 2017 年表现良好。发达经济体的强劲反弹，在 2017 年世界经济复苏中发挥了重要的积极作用。

（三）新兴产业正在蓬勃发展

新兴产业的发展决定了未来全球经济增长的可持续性。只有掌握了新兴产业的主导地位，才能在未来的世界经济结构中占据主动。只有新兴产业的蓬勃发展才能让世界摆脱危机，新兴产业发展的动力是技术创新。各国为新兴产业的发展引入了各种激励政策。德国已提出工业 4.0，美国已推出工业互联网，中国已发布"中国制造 2025"，而日本则发布了"新产业结构蓝图"。从国家政策的角度来看，新兴产业的未来发展主要集中在互联网、大数据和人工智能领域。此外，从具体的发展势头来看，近年来，新兴产业在世界上取得了长足的进步。这些新兴产业的快速增长将进一步优化产业结构，推动世界经济进入新的发展阶段。近年来，互联网和大数据的市场规模迅速增长。从全球视角来看，在政策鼓励和市场需求的双重作用下，新能源、智能制造等新兴产业正在蓬勃发展。

（四）"一带一路"倡议取得了显著成效

2017 年 5 月 14 日至 15 日，"一带一路"国际合作高峰论坛在北京举行。来自近 20 个国家的领导人出席了会议，讨论合作计划，共同建立合作平台，分享合作成果，以解决当前世界经济面临的问题。"一带一路"倡议于 2013 年 10 月提出。经过三年多的发展，成果显著，影响力逐步提升。各方在基础设施建设、能力合作和文化交流方面取得了可喜的进展。一方面，"一带一路"倡议为经济合作奠定了良好的基础，另一方面，"一带一路"倡议为各国之间的相互理解和交流提供了一个新的平台。中国和"一带一路"国家进出口总额实现快速增长，进口增速超过出口。2017 年，中国和"一带一路"国家进出口总额达到 14403.2 亿美元，同比增长 13.4%。

二、区域经济环境

在全球经济一体化发展的浪潮中，区域经济的发展与合作规模不断扩大。区域经济环境是指在一定的地理区域范围内的国家或地区，因地缘优势、经济和文化发展的关联性、社会发展的现实性需求等因素而结成的经济联盟，其产业和空间结构、经济发展战略、政策、管理以及资源的整合、联系与合作直接影响着该联盟的经济发展情况。

一般认为，区域经济较好的地区会有较充足的资源以及法律和经济各方面条件的优势，其产品会更具有国际竞争力，企业更愿意拓展海外市场，其跨国多元化程度较高。区域经济环境较差的地区，其寻求要素市场替代和制度规避的战略将不会产生利益。此外，区域经济较好的地区同时拥有更好的要素市场、监管机制和经济条件，它们会给专业化的公司一个更为有效的交易市场。例如，完善的监管机制会使公司更倾向于和不同类型的公司合作，完善的社会文化如整个社会的诚信度也会影响公司与其他公司间协作的意愿。而在区域经济环境较差的区域，很多方面条件都不如区域环境较好的地区，其产品大多只能在国内竞争，其跨国多元化程度较低。公司会用高度的产品多元化程度来创造内部交易市场，用内部的交易市场来代替外部不完善的交易市场。

三、东道国经济环境

东道国的经济环境是指东道国经济发展水平和当前经济形势、市场容量、生产要素、国民经济环境质量和供给以及完善程度等经济因素。东道国的经济环境是投资国在东道国所面临的经济影响和制约因素。它是投资国在选择东道国时首先要考虑的因素。东道国经济环境的构成因素众多、内容复杂，这里主要讨论东道国的经济发展水平、自然资源状况、金融环境三个方面，人口及就业情况、基础设施、居民收入和消费水平等包括在经济发展水平之中。

（一）经济发展水平

东道国的经济发展水平，对投资国的投资决策有重要影响。国家的经济发展水平不同，其对原材料的供应、机械设备的选择和消费品的需求也就不同，对直接投资项目的选择也会有所差别。例如，发展中国家处于工业化发展时期，一般对机械设备等资产性投资有较大的需求，对一般消费品则往往采取限制的政策；而发达国家工业化水平高，高技术产业、资本密集型产业优势明显，发展中国家在这些方面与发达国家的竞争往往处于不利地位。可见，经济发展水平对投资决策是非常重要的。

衡量一个国家的经济发展水平，可以看这个国家所处的经济发展阶段。根据著名发展经济学家罗斯托在《经济成长阶段》一书中的分析，一个国家的经济发展过程一般要经历五个不同的阶段。第一阶段为传统社会阶段。这一阶段经济发展水平很低，主要表现是：国民经济以农业为主，国家经济活动以资源开发为主；生产方式以手工为主，缺乏对提高生产力有重大作用的现代科学技术；国民教育落后，劳动者素质较低，劳动生产率、国民收入不高，购买力不强，消费需求以基本生活需要为主；基本建设投资不足，实现工业化所需要的基本设施不完善。第二阶段为起飞前夕阶段。这一阶段是起飞前的过渡阶段。现代科学技术和方法开始使用，农业和工业生产、交通、通信、能源等基础设施开始建立；教育和健康保健事业开始发展，劳动者素质不断提高。第三阶段为起飞阶段。在这一阶段，国民经济以较快的速度增长，生产手段现代化推动工业化进程加快，从而对机械设备等投资品有较大的需求；随着教育水平的提高，劳动者素质不断提升，人力资源得到充分的开发和利用；大规模的经济建设，使基础设施得到完善；劳动生产率的提高增加了居民的收入，促进了消费水平的迅速提高。第四阶段为成熟阶段。这是国民经济快速、稳定增长的阶段。经济活动的各个方面持续增长，先进的科学技术在生产过程中得到广泛应用；尤其重要的是，公司及其经济活动全面进入世界经济舞台，开始全方位地参与国际竞争。第五阶段为高消费阶段。在这一阶段，改善和提高居民的生活质量成为社会关注的首要目标；第三产业迅速发展，社会服务十分发达，公共设施和社会福利日益完善；随着人均收入的提高，人们开始大量消费，耐用品和社会服务成为消费热点。

（二）自然资源状况

企业跨国经营需要考虑自然资源的影响。自然资源状况包括国家的地理位置、气候条件以及资源状况等。

1. 地理位置

地理位置对跨国经营环境产生的影响，首先表现在运输成本和通信费用上。如果东道国与母公司距离较远，则不但控制和协调子公司的生产经营活动较难，而且运输成本和通信费用也会大幅度增加。其次，地理位置还会影响国际企业的资源配置和战略布局。许多大型跨国公司把世界各国按地理位置划分为不同的战略性区域，如亚太地区、欧洲地区、北美地区等，并确定不同地区直接投资的地点、规模和所要经营的产品，从而提高跨国经营的效率。例如，在我国南部地区投资建立子公司，其市场覆盖面可以扩大到东南亚地区。

2. 气候条件

气候条件包括气温、湿度、雨量等。不同类型的跨国经营活动会对气候条件提出不同的要求。例如，巧克力食品在较高温度下容易融化，若在气温较高地区生产这种产品，则必须采用冷藏设备来储存和运输。此外，在进行跨国经营时，国际企业还应根据东道国的气候条件，设计和开发适宜产品，否则可能造成经营的失败。

3. 资源状况

开发和利用东道国的自然资源，是国际企业对外直接投资的主要目的之一。据统计，在美国和日本等发达国家的对外直接投资中，属于自然资源开发的项目占总数的14%以上。对于公司而言，拥有一定品种和数量的自然资源是其开展生产经营活动的基本前提，因此，东道国的自然资源状况就成为影响国际公司对外直接投资决策的一个重要因素。对于国际企业而言，东道国的自然资源状况主要包括以下三个方面：①自然资源的拥有情况，包括已探明的自然资源的蕴藏情况和分布情况；②自然资源的可开采性，包括自然资源开采的技术可行性和经济合理性；③自然资源的已开发利用程度，其中要重点考虑其他国家参与东道国自然资源开发利用的情况。

（三）金融环境

东道国的金融状况是影响国际企业对外直接投资的又一个重要因素。东道国的金融状况对国际企业对外直接投资决策的影响，除了资金配套能力外，最重要的是考虑东道国的通货膨胀情况，因为通货膨胀直接影响国际企业的海外生产经营活动的正常进行。

一般来说，东道国的通货膨胀对国际企业的影响主要表现在两个方面：一是对东道国市场需求的影响；二是对国际企业生产经营活动的影响。这种影响都是双重的。

从市场需求方面来看，通货膨胀一方面会导致东道国某些居民的实际购买力下降，从而减少其对企业产品的需求；另一方面可能会刺激东道国的需求，促进东道国居民提前消费，使东道国进入消费早熟期，从而增加其对公司产品的需求。国际企业适应由此引起的市场需求变化的关键，一是要顺应市场需求，开发适销对路的产品；二是要积极引导市场需求、创造市场需求。从生产经营过程来看，通货膨胀一方面会导致原材料价格大幅度上升，提高企业的生产成本；另一方面会使公司销售收入的实际价值大幅度降低。对此，国际企业可以从两个方面采取措施克服其影响：一是随着成本的上升而提高产品销售价格，以弥补通货膨胀造成的损失，但这又会反过来影响其产品的市场需求；二是将收入及时兑换成稳定的货币，避免或减弱通货膨胀造成的损失。这些措施可以在一定程度上避免或减弱通货膨胀对国际企业的影响。但是，如果东道国的通货膨胀达到了非常高的程度，则国际企业应避免进入该国市场。

第四节　跨国经营的技术环境

技术环境是指与国家或地区的生产经营活动有关的科技要素，包括技术水平、技术政策、新产品开发能力和技术发展趋势。在知识经济时代，技术进步对企业的影响不断加深。本节基于技术创新趋势和生产的全球转移现状，探讨跨国公司的技术环境。

一、技术创新的趋势

根据熊彼特的观点，创新是建立一种新的生产函数或者供应函数，即在生产系统中引入生产要素和生产条件的新组合。在《中共中央、国务院关于加强技术创新、发展高科技、实现产业化的决定》中，技术创新的定义为："技术创新，是指企业应用创新的知识和新技术、新工艺，采用新的生产方式和经营管理模式，提高产品质量，开发生产新的产品，提供新的服务，占据市场并实现市场价值。"国际技术创新是指公司直接建立国外研发机构，或采用跨境兼并和收购的方式建立国际技术联盟，将技术创新活动扩展到国外，技术创新范式的特点是全球创新来源、创新人才的多国化以及技术的网络化创新组织。国际技术创新使企业可以更广泛地借助组织外部的知识和信息源构建自己的技术知识结构。

单纯引进先进技术并不能自动导致企业技术能力的提升和产业结构的升级，引进的技术能否转化成技术能力和竞争优势在很大程度上取决于技术接受方的消化吸收和再创新。技术创新已成为当今企业获取竞争优势、实施持续发展的关键环节。

（一）通信技术

1.5G 通信技术的简介

第五代移动通信标准，也称为第五代移动通信技术，简称为 5G 通信技术。1G 实现了移动通话，2G 实现了短信、数字语音和移动互联网接入，3G 带来了基于图片的移动互联网，4G 推动了移动视频的发展。

与 4G 相比，5G 是下一代移动通信技术发展的主要方向。它不仅可以进一步增强用户的网络体验，还可以应用于无人驾驶、超高清视频、虚拟现实和所有连接的智能传感器。它能够满足未来万物互联的应用需求。简而言之，如果说从 1G 到 4G 是"直线"的演变路线，则 5G 是从"直线"到"面"的横向扩展。

2.5G 通信技术的应用

随着移动通信领域的扩大，除了解决人与人之间无线通信和无线互联网接入的问题外，还需要解决事物与人之间、物与物之间的通信问题，即物联网的问题。5G 通信被认为是在云 VR／AR、汽车网络、智能制造、智能能源、无线医疗、无线家庭娱乐、联网无人机、社交网络、个人 AI 助手等智能应用方面"打开万物互联网的关键"，在许多领域都有巨大的想象力。

无人驾驶汽车或无人驾驶飞机领域，强烈依赖 5G 通信技术。5G 通信具有带宽高、延迟低、覆盖范围广等优点，可以满足智能制造和无人驾驶等工业应用的特定需求。在 5G 通信时代，延迟标准从几秒降到几毫秒。无人驾驶汽车除了传感器可以体验信息的各个方面，还必须建立汽车和汽车之间、汽车和道路之间的信息链接。5G 通信技术可以满足这些对通信的要求。

（二）生物技术

生物技术是与人类最密切相关的技术手段。它是 21 世纪最重要的创新技术之一，是继信息技术之后新一轮科技革命的高新技术和革命性引擎。根据经济合作与发展组织 2017 年的统计数据，50 多个国家或地区已经颁布了与国家政策有关的生物经济政策。各国越来越多地投资于生物技术，并且不断出现创新。生物技术已成为技术创新的核心和热点。

1. 全球生物技术创新投入情况

生物技术和生命科学领域已成为全球研发投入的焦点领域，仅次于信息通信技术（ICT）领域。2017 年，包括药物、生物技术产品、农产品、医疗器械、动物实验和研究等在内的生命科学领域的全球研发投入约 1776 亿美元，其中美国为 746 亿美元，占 42%。在航空航天/国防、汽车、制药、生物技术、软件、IT 硬件等六个最大细分产业中，生物技术的研发投入强度高于其他产业。

2. 全球生物技术专利和论文情况

InCites 数据库统计数据表明，2008—2017 年全球发表的基础生物学和医学论文数量共计 6146192 篇，占科学论文总数量的 41.99%，年均复合增长率达到 3.48%，仅 2017 年全球发表的基础生物学和医学论文就有 68424 篇。2017 年，全球生物技术和生命科学领域专利申请数量和授权数量分别为 106454 件和 46918 件，申请数量比上年度增长了 6.40%，表明该领域在全球发展势头正强。

3. 产业体系现状

近年来，全球生物技术产业的发展速度几乎是 GDP 平均增长速度的两倍。据估计，基于生物技术的产品销售额将在 30 年内超过 15 万亿美元，成为经济发展的重要推动力。生命科学和生物技术的重大进步和重大突破正在推动生物产业进入增长阶段。在 2017 年发布的福布斯全球商业 2000 强排行榜中，有 100 家公司参与了生物技术，仅次于 IT 行业。2017 年，全球生物投资吸引了超过 100 亿美元的风险投资，仅次于 IT 行业。

全球医药市场规模继续扩大。据艾美仕市场研究公司（IMS）统计，2007—2016 年，全球医药市场支出由 7500 亿美元增加到了 1.1 万亿美元，增长率为 46.67%。到 2021 年，全球医药市场预计将达到 1.5 万亿美元，比 2016 年增长 36%。全球卫生行业已进入快速增长阶段。据世界卫生组织预测，到 2020 年，全球卫生行业国内生产总值将达到 13.39 万亿美元，约为 2011 年的 1.9 倍。预计到 2020 年，中国卫生行业总规模将达到 8 万亿元。基于新材料和新能源产品的生物制造是未来新的经济增长点。

生物技术在农业领域的应用将进一步扩展。利用转基因生物技术培育的高产、抗病虫害农作物的种植将更加普及，新型高蛋白的"肉类"食物将不再依靠养殖动物，而是直接在实验室中培育，从而提高生态系统的能量转换效率。Markets & Markets 2017 年出版的报告显示，2015 年全球农业生物制剂市场价值约 51 亿美元，预计到 2022 年达到 113.5 亿美元。

生物质能正在成为推动能源生产消费革命的重要力量。化石能源日趋紧张，利用生物技术生产生物燃料对于缓解能源紧张问题和温室气体排放问题潜力巨大。世界生物质能协会（WBA）预计，2016—2020 年全球生物燃料市场的复合年增长率将达到 12.5%。国际能源局预测，至 2050 年，生物燃料占全球运输燃料的比重将由目前的 3% 提高到 27% 左右，生物燃料将大量取代使用石油生产的柴油和其他能源。

（三）电子商务

互联网技术的发展，促使世界经济模式走进了网络经济时代，全球电子商务得到了蓬勃发展，贸易量大大增加。今天，电子商务已成为国际贸易体系的重要组成部分。根据国际电信联盟的数据，2016 年全球互联网用户数量达到 35 亿人，其中至少有 17 亿人是全球 B2C 电子商务用户。目前全球电子商务市场的年均增长率接近 15%。预计到 2020 年交易量将达到 3.4 万亿美元。2014 年，全球 B2C 电子商务市场规模超过 2500 亿美元，预计到 2020 年将达到 1 万亿美元。与此同时，全球 B2C 电子商务消费者总数将从 2014 年的 3.09 亿人增加到 2020 年的至少 9 亿人。据估计，到 2020 年，全球电子商务销售额将占全球零售业的 29.3%。

1. 电子商务巨头的发展使得小公司受益

目前的电子商务市场蓬勃发展，这在很大程度上要归功于全球主要的电子商务巨头平台，他们为消费者提供更优惠的价格、便捷多样的物流配送服务，并通过适当的营销策略来吸引消费者。全球电子商务市场将继续增长，这使得电子商务巨头平台上的一些小公司有机会加速发展。这些小型公司将受益于全球电子商务。

2. 新兴市场电子商务表现更为抢眼

近年来，尽管 eBay、亚马逊和沃尔玛等美国电子商务巨头一直处于良好状态，但其增长不再像以前那么迅速。而新兴的国际电子商务公司却发展迅速，提供了令市场感到意外的财务数据。这也客观地说明了 eBay 和亚马逊所代表的美国电商巨头不再像以前一样在全球市场上拥有无与伦比的业绩，逐渐失去了对整个电子商务行业的控制权。以中国为代表的新兴市场的电商零售平台迅速发展。

3. 社交电子商务营销创新

社交电子商务对消费者来说并不陌生。它是以消费者共享产品内容来吸引消费者消费的模式，这使得电子商务更有趣和人性化。事实上，从一些对国际电子商务公司的报道中可以看出，全球电子商务现在正在关注社会营销并投入大量的资源。近年来，热门的 Pinterest 网站引导用户在网站的主页上记录他们感兴趣的产品，网站呈现瀑布式体验，以刺激消费者的购物欲望。

可以看出，在网络经济时代，社交营销对全球电子商务公司尤为重要，也越来越受到主要的电子商务巨头的关注。

【案例 2-2】

英国 Burberry 一年内连关 4 家上海门店

Burberry 上海尚嘉中心旗舰店于 2019 年 4 月 1 日正式闭店。这已经是 Burberry 一年内在上海关闭的第四家门店。

近三年来，Burberry 的业绩一直不理想。在过去的一年中，Burberry 的股价持续下跌，甚至传出品牌将被收购的消息。2019 年 1 月，Burberry 集团发布了三季度业绩报告。报告显示，截至 2018 年 12 月 29 日，集团零售收入按固定汇率计算同比下跌 2%，至 7.11 亿英镑，可比门店销售额增长 1%，毛利率和利润等详细数据则暂未公布。在报告期内 Burberry 关闭两家门店，营业面积缩减 1%。Burberry 集团首席执行官 Marco Gobbetti 在财报中强调，虽然整体收入仍然下滑，但 Burberry 在中国内地这一关键市场取得了个位数的百分比增长，而

Riccardo Tisici 主导的按月推出、限时发售的"B Series"也获得了市场的积极反响。不仅如此，Burberry 的利润曾连续 3 年下降，直至 2017 年才开始恢复增长。Burberry2017 财年业绩报告显示，该集团实现销售额 27.3 亿英镑，同比下滑 1%，营业利润同比增长 1.95%，至 4.67 亿英镑。公开数据显示，截止到 2018 年 3 月 31 日的财政年度，Burberry 在全球关闭了 34 家店铺，综合新开设 14 家店铺，共计关闭了 20 家店铺，其中有 6 家为线上店铺。但值得注意的是，Burberry 在财报中指出，关闭 20 家零售门店让集团累计节约了 6400 万英镑成本。

不难看出，品牌关店最重要的目的是企业要通过其来控制成本。在业绩下滑的情况下，关店是控制成本最直接的一个方式。如今的奢侈品市场也在发生变化，随着电商的发展，消费者已经趋于在网上购买商品，而实体店的功能也在发生变化，不应仍以销售为主，而应更多地展示品牌的形象和文化。

Burberry 宣称多年以来一直都是电商领域的先行者，不仅最先推出时装秀直播，还是最早涉足时装秀与科技跨界的品牌，并成为最早实行即看即买的奢侈品牌。早在 2015 年，Burberry 就在阿里巴巴旗下天猫平台开设了其在中国的线上旗舰店，2018 年 2 月，又与英国时尚电商平台 FarFetch 建立了合作关系。数字研究机构 L2 每年都会公布奢侈品牌在数字化上的表现排名，过去几年都是 Burberry 拔得头筹。随着其逐渐向高端奢侈品牌定位，社交媒体渠道和其他渠道的数字化将成为入门级消费者的主要"门户"，这些消费者可能不适合更高的价格层。法国巴黎银行奢侈品负责人 Luca Solca 曾这样评价，这和 Burberry 向更高端奢侈品牌的策略可能会冲突，"Burberry 的新战略并不是脱离数字。这也意味着它需要更激动人心的产品才能在竞争激烈的市场中取得成功，但是，真正的挑战将是提高价格并保持销售平稳。"

（资料来源：根据中国经营网 2019 年 4 月有关报道整理。）

二、生产的全球转移

生产的全球转移得益于技术环境的不断改善，而这一切都归功于技术革命，技术革命是国际生产转移的"发动机"。一次又一次的技术革命深化着经济全球化，推动着生产的全球转移。

新的技术革命从 4 个方面影响了全球的生产转移。

（一）新的技术革命加速了生产的全球转移的步伐

从联合国贸易和发展会议各年度的《世界投资报告》可以看出，1980 年全球外国直接投资的流入量只有 418 亿美元左右，而 2000 年这一数字就达到 14906 亿美元。此后，国际直接投资的流入量进入调整期，在经过三年的下滑期之后，2004 年开始稳定增长，2005 年达到 9163 亿美元。如果将 2000 年（14906 亿美元）的数据作为特例不予考虑的话，从 20 世纪 80 年代初到 2005 年 20 多年间的全球直接投资量则呈现稳定上升的态势。技术革命之所以能使国际生产转移的规模呈现前所未有的增长态势，是因为新的技术革命拉长了产业链、缩短了产品的生命周期，发达国家产业结构升级的速度加快，从而引发了更多的国际生产转移。

（二）新的技术革命改变了国际生产转移的区域流向

在新的技术革命的推动下，国际直接投资的区域流向主要是发达国家之间。国际生产转移主要是在产业梯度并不很大的发达国家之间，而不是在产业梯度更大的发达国家与发展中国家之间。在众多原因中，发达国家的科技实力强、科技人才多，因而具有更为雄厚的产业创新基础。

（三）新的技术革命改变了国际生产转移的产业构成

在新的科技革命的推动下，国际产业转移的产业构成中，制造业比重下降，服务业比重上升。出售和购买的跨国并购，虽然结构上有所差异，但总的来说初级产业和制造业所占的比重较小，服务业成为跨国并购的主要组成部分。跨国并购中的产业构成，大体可以反映国际产业转移中产业构成的一般趋势。国际生产转移中服务业占很大比重，是因为发达国家现代服务业的比重大且具有产业发展优势，服务业特别是现代服务业所包含的众多产业，如金融服务、信息服务、技术服务等，都是建立在科技发展基础之上的，世界科学技术越发展，服务业就越发达。

（四）新的科技革命推动了研发活动的国际化

在新的技术革命的推动下，产品更新速度前所未有，国际市场需求变化万端。将研发活动留在跨国公司母国的传统做法受到越来越大的挑战，跨国公司研发活动国际化已经成为一大趋势。跨国公司在发达国家之外建立研发基地，且"超出了适应当地市场的范围"，这就意味着发达国家的跨国公司在其他国家建立研发基地，不仅仅是为当地服务的，也是跨国公司全球研发战略的重要布局。研发活动国际化的原因是多样的，包括国际生产转移的推动、适应国际市场快速变化的需要、研发价值链分解到效率更高的国家和地区的需要等。

第五节　跨国经营的商业伦理与社会责任

商业伦理（或公司道德）是指任何商业组织在从事商业管理活动时应遵循的道德准则。它可以分为两部分：内部商业伦理和外部商业伦理。内部商业伦理是指公司在内部管理和控制中应遵循的道德标准和措施。外部商业伦理是指在公司在决策和活动中要掌握的道德标准和措施。通过运用管理和道德的双重视角来分析、研究和实践企业管理和决策行为的伦理本质，公司的各种公司管理行为更符合当代社会的伦理，从而促进社会乃至人性的改进。

具体而言，商业伦理体现在三个层面上：①在微观层面，它包括雇主和员工之间、经理和管理者之间、同事和同事之间的关系，企业和投资者、供应商、消费者之间的道德原则。②在中观层面，它包括企业与企业之间的关系以及企业与其他组织之间的关系。例如，困扰多年的企业之间的"三角债"问题不仅尚未得到解决，甚至不断加剧，这大大增加了交易成本。③在宏观层面，它就是人们现在所谈论的公司社会责任，公司应对社会和人类文明承担相应的责任，如保护环境、回收资源以及支持社会可持续发展等。

公司社会责任（CSR）是指公司对利润创造和股东法律责任的影响，以及对各利益相关方的影响。公司的目标不应该只是股东利益最大化，其还应当承担一系列利益相关者的社会责任，包括股东、员工、消费者、社区、客户、政府和整个社会。公司的这些责任包括：提供优质的产品和服务，维护消费者权益；保护员工的劳动权利；照顾和赞助慈善机构。公司社会责任是公司实现可持续发展的重要途径。它符合整个社会的合理期望，不仅不会分散公司的能量，而且还会提高公司的竞争力和声誉。

一家合格的、具备高度商业伦理和社会责任的跨国公司，在东道国从事商业行为时，应该杜绝以下四方面行为的发生。

一、性别歧视、种族歧视和人权

【案例 2-3】

消费者被宜家歧视了吗？

2016 年 6 月，瑞典宜家公司宣布，在美国召回包括马尔姆系列在内的 2900 万个抽屉柜。召回的原因是自 1989 年以来马尔姆系列抽屉柜在美国造成了多名儿童的伤害，其中包括 6 名儿童死亡、36 名儿童受伤，此抽屉柜也被称为"夺命抽屉柜"。马尔姆系列抽屉柜在中国市场也有销售，当年宜家公司却拒绝召回在中国的这些问题家具，理由是这些"夺命抽屉柜"符合中国家具行业标准、属于合格家具，并且已经按照相关要求予以提醒，要求消费者把柜体固定在墙上以防止倾倒。宜家公司在中美实施双重的召回标准直接引发了中国广大消费者的不满。随后，事件在国内被曝光并持续发酵，国内舆论也一直跟进关注，上海、深圳、天津等多地的管理部门和机构对宜家进行约谈，要求其召回问题家具。在国家质检主管机构出面约谈之后，宜家向国家质检主管机构提交了召回计划，决定从 7 月 12 日起在中国市场上召回 1999—2016 年期间销售的 166 万件问题抽屉柜。虽然过程起起伏伏，但最终总算让宜家对问题家具实施了召回。

中国消费者是宜家全球最大的消费群体，中国市场也是宜家全球增长最快的市场，2015 年其在华销售额达到 105 亿元人民币，不过从宜家的过往来看，这已经不是其第一次实施中外有别的歧视性召回了。2010 年 6 月，由于窗帘拉绳存在安全隐患，宜家宣布在全球召回 336 万件窗帘，但是中国市场却被排除在外。

宜家中外有别的双重召回标准，只是外国厂商在中国实施歧视性召回的一例，事实上还有很多跨国公司曾实施歧视性召回。从大众汽车到东芝洗衣机、从尼康相机到路虎汽车等跨国公司，借助各种各样的理由实施中外有别的歧视性召回标准，导致中外市场存在着悬殊的召回率。

近年来，跨国公司都特别看重产品在中国市场的占有率和利润率，但当涉及缺陷产品需要被召回时，总是躲躲藏藏、百般推诿，缺乏跨国公司应有的担当和责任。中国消费者花了更多的钱，买着比国外更贵的进口电器、更贵的奶粉、更贵的进口汽车，但是在缺陷产品被召回时，却不能享有外国消费者同等的权利，总是成为被"歧视"和"遗忘"的群体。

（资料来源：根据《中国经济周刊》2017 年 12 月有关报道整理。）

（一）性别歧视和种族歧视

1. 性别歧视

性别歧视并不是一个新鲜的职场话题。对于绝大多数求职女性来说，这已经成为一种习以为常的事。简言之，女性在不公平的就业环境和职场竞争中处于弱势。据相关文献记载，Plickert、Sterling 发现，虽然女性劳动力的数量一直在增长，然而在许多领域中，如法律界，性别歧视现象依然大量存在。Dipboye 等人也发现，在就业过程中，男性应聘者会比女性应聘者受到更多的青睐。Pearson 认为，虽然英国颁布了反性别歧视的法律条文，但是仍然存在招聘时的性别区别对待。Lau、Stotzer 调查发现，女性雇员因为性别原因在工作中受到更少的尊重。Hirsch 等人也指出，雇主对雇员实行性别工资歧视。Turturean 等人从经济角度研究得出了罗马尼亚劳动力市场存在就业性别歧视的结论。

2. 种族歧视

由于遗传基因以及生存环境等因素的影响，种族之间有着一定的甚至是较为显著的物理特征上的差异。这些差异是可以继承的，比如人的肤色、头发以及面部其他特征等。种族歧视是根据种族的生理特征进行不同对待的行为。在国际层面，联合国大会于 1965 年 12 月 21 日通过的"消除一切形式种族歧视国际争议"将"种族歧视"的概念定义为：基于种族血统，国籍而施行的任何区别、排斥、限制或让步，其目的或效果是废除或损害在经济、社会或公共生活中人权和基本自由的所有其他方面承认和享有或行使平等权利。

（二）人权问题

自 20 世纪 90 年代中期以来，针对侵犯人权行为的多国诉讼指控有所增加，越来越多的跨国公司实施大量侵犯人权的行为，违反劳工标准，环境污染或侵犯人权，跨国公司人权问题已开始引起国际社会的广泛关注。联合国促进和保护人权小组委员会在其 1994 年第 46 届会议第 37 号决议中，邀请秘书长编写了一份背景文件，研究跨国公司的工作方法和活动是否关系到员工公平公正地享受人权。在这份背景文件中，秘书长指出，跨国公司的活动和工作方法与人民切实享有一系列人权有关，它包括：人民的自决权和对其自然财富和资源的永久主动权；每个人都有权维持生活水平，以保障家庭的健康和福祉，并有权不断改善生活条件；所有人享有可达到的最高身心健康标准的权利、生产性就业权；人人有权享有正义和良好的工作条件、组建和加入工会的权利以及罢工权和集体谈判权；人人享有社会保险的权利；人人有权享受科学进步及其应用的好处；每个人都有权享有社会和国际秩序。跨国公司的工作方法和活动也涉及某些群体和居民的权利，包括妇女、儿童、移徙工人和当地居民的权利。

二、价格歧视

英国经济学家 Pitge 将价格歧视定义如下：价格歧视是指垄断者在不同市场或对不同类型的消费者购买不同数量的产品索取不同的价格以获得最大的利润。一般而言，经济学家通常将价格歧视分为 3 个不同的层次，即一级、二级和三级价格歧视。一级价格歧视是卖方要求买方提出的单位要价等于单位最大支付意愿的方式，并要求每个单位产品的价格不同，这也称为完全价格歧视。二级价格歧视，也称为非线性价格定价，因为每单位产品的价格不固定，而取决于买家购买多少。三级价格歧视是最常见的价格歧视。这意味着制造商将他们面对的市场分为若干个不同的子市场。在三级价格歧视下，生产者根据消费者的特征将其分为不同的群体，需求弹性低的群体高定价，而需求弹性高的群体价格低廉。

耐克公司生产的一款高端篮球鞋，在中国售价高达 1299 元，且此款耐克鞋的一个主要卖点是鞋跟和前掌的双气垫。这款产品在中国的售价不仅比国外高出 500 多元，而且中国消费者购买到的还是只有一个气垫的产品。针对耐克的长期虚假宣传，行政管理机构对耐克罚款 487 万元，以警示耐克对中外消费者权利的双重标准。这只是以耐克为代表的跨国公司实施"双重标准"的一例。事实上，跨国公司在日用品、玩具和食品领域的很多产品都存在

"双重标准"。

三、涉外腐败行为

腐蚀东道国政府官员是跨国公司为谋取自身利益而使用的不法手段之一。这既包括政治贿赂，也包括商业贿赂。政治贿赂是指跨国公司为在东道国谋取不正当利益而向东道国有关政府官员行贿的行为。贿赂的形式有很多，有的表现为违法支付款项，如给予政治回扣、捐助、礼金等，有的则采取更隐蔽的方法，如提供助学机会、实行关联交易、进行第三方转移、提供虚拟职位、任命顾问、甚至给予股权激励等。有的贿赂是明显的敲诈勒索和索贿受贿，跨国公司为保护自己的利益不得已而为之。跨国公司出于隐蔽、掩饰的目的，通常会利用母公司与子公司财务分开的制度，使用其下属的某一子公司进行非法行贿活动。通过这种方式，贿赂可以打上服务费和货款的幌子，从而使贿赂表面合法化。这种子公司通常是"皮包公司"，专门用以作为从事非法活动的幌子。跨国公司母公司通过这种安排向此类"皮包公司"支付佣金，以掩盖二者之间的关系及其交易的目的。另外一种较为常见的贿赂形式是通过销售代理商，这种代理机构通过建立和维持私人关系来保持业务联系，以促成交易或促使政府做出有利于跨国公司的决定。

跨国公司的政治贿赂虽然不断被揭露以及受到道德规范的约束，但此类问题仍然层出不穷。例如，1975 年美国联合商标公司曾向一名洪都拉斯政府官员行贿 125 万美元以期降低该国香蕉出口税，事件受到新闻界披露，其董事长因而自杀。埃克森石油公司、洛克希德公司以及其他许多大公司中，贿赂现象不少，以至于国际商会在它的一份报告中承认有"收买官员资金"的存在。

除了政治贿赂外，一些跨国公司在海外的商业贿赂更是十分猖獗，贿赂的手段也越来越隐蔽，所造成的经济损失非常大。透明国际 2005 年全球腐败报告指出，因贿赂和腐败造成的全球经济损失达 3.2 万亿美元。近年来在中国被披露的跨国公司商业贿赂案件也有一系列现象表明，跨国公司的商业贿赂现象较为严重，甚至已成为某些行业市场的"隐藏规则"。商业贿赂大大破坏了市场秩序，阻碍了世界经济的发展，也损害了消费者的切实利益。

四、有害商品和环境污染

商业污染种类繁多，形式一般包括普通固体废物、废水、废气、噪声等，也有具有一定特殊性的，如大量玻璃幕墙装饰造成的光污染。①普通固体废物。商业活动产生的固体废物较为常见，废塑料、塑料袋、废纸、废金属、废玻璃、废橡胶等商品包装是商业污染产生的固体废物的主要组成。②废气。商业污染中的废气主要有餐饮业的锅炉、炊事灶排放的油烟、烟气等。油烟成分复杂，含有多环芳烃、醛、酮等 20 多种有害物质，烟气中含有二氧化碳、二氧化硫、氮氧化物、烟尘等污染物。③噪声。它主要是指商业活动和娱乐服务中的锅炉风机、制冷设备、音响设备、抽风机等发出的噪声，也包括大街小巷营业性的叫卖声及小作坊的敲打声。④其他。例如，较大规模的商家大量使用的玻璃幕墙会对城市环境产生光污染；一些制冷设备会产生一定的热辐射和噪声污染。

（一）发达国家污染产业的国际大转移

为解决资源短缺这一全球性难题，作为世界众多跨国公司母国的发达国家实行"以邻为壑"的政策，将"三高"产业转移到发展中国家，之后又转移到相对更欠发达的国家，由此导致了一个国际污染产业的大转移浪潮。据统计，自 20 世纪 60 年代以来，日本已将 60% 以上的高污染产业转移到东南亚和拉丁美洲，而美国也将约 40% 的高污染产业转移到其他国家。这种污染产业国际转移的根本原因是成本和利润的差异。当其他条件保持不变时，对于重污染行业，如果各国之间的环境成本差异足够大（由于每个国家的环境保护强度不同），转移后的净收入是正的，或者预期收益比目前的收入更大，那么跨国公司自然有转移污染的动力。

（二）跨国公司社会责任的严重缺失

一些跨国公司利用不同国家之间环境政策的差异，将环境污染从发达国家转向发展中国家，致使跨国公司在创造价值的同时，又采取了不负责任的行为，从而破坏其所创造的价值；或只是象征性地执行全球社会责任标准，出现跨国公司社会责任缺失的现象。对于跨国公司在环境标准上"差别对待"的现象，部分跨国公司辩称是为了适应市场而采取的社会责任"本土化"策略。这种经过调整的"本土化"策略实际上采用了双重环境标准（适用于母国和东道国的不同环境标准）或多种环境标准（适用于本国和许多不同主体国家的环境标准），一方面，每个子公司实施的社会责任只达到了东道国的最低标准，远远低于发达国家跨国公司的责任标准；另一方面，超出法律控制规定的社会责任行为将增加企业成本和产品价格。"本地化"策略可以获得低成本的竞争优势并影响其财务业绩，这也是跨国公司全球扩张的重要动力。

【基本概念】

政治环境　文化　文化差异　文化敏感性　跨文化管理　跨文化沟通　经济环境　商业伦理　社会责任

【思考题】

1. 影响跨国公司经营的政治环境有哪些？
2. 社会文化差异、公司文化差异分别包含哪些方面？
3. 如何实现全球化与本土化的融合？
4. 简述跨文化沟通的实现路径。
5. 全球经济环境有哪些特征？
6. 举例说明什么是价格歧视？

【本章参考文献】

[1] 朱晋伟. 跨国经营与管理 [M]. 2 版. 北京：北京大学出版社，2015.

[2] 刘绵勇. 跨国经营与管理 [M]. 北京：清华大学出版社，2012.

[3] 杨培雷. 跨国公司经营与管理 [M]. 2 版. 上海：上海财经大学出版社，2015.

[4] 马述忠，廖红. 国际企业管理 [M]. 北京：北京大学出版社，2013.

[5] 王成荣. 企业文化教程 [M]. 北京：中国人民大学出版社，2003.

[6] 陈晓萍. 跨文化管理 [M]。北京：清华大学出版社，2009.

[7] 迟德强. 跨国公司社会责任 [M]. 北京：中国政法大学出版社，2017.

[8] 羊绍武. 产业转移战略论 [M]. 成都：西南财经大学出版社，2008.

[9] 雷小苗. 正视文化差异发展文化认同——跨国公司经营中的跨文化管理研究 [J]. 商业研究，2017（1）：13-18.

［10］ 康双勇. 5G 通信技术的机遇与挑战 ［J］. 保密科学技术, 2018 (3)：63.

［11］ 王鹏. 5G 通信技术的特点及应用 ［J］. 电子技术与软件工程, 2018 (19)：42.

［12］ 李颖. 电子商务业态的网络生态特征及创新发展——基于全球电商发展的新趋势 ［J］. 商业经济研究, 2017 (4)：59-61.

［13］ PLICKDR G, STERLING J. Gender still matters：effects of workplace discrimination on employment schedules of young professionals ［J］. Laws, 2017 (4)：28.

［14］ DIPBOYE R. L., FROMKIN H. L, Wiback K. Relative importance of applicant sex, attractiveness, and scholastic standing in evaluation of job applicant resumes ［J］. IEEE Engineering Management Review, 2007 (4)：21-25.

［15］ PEARSON G. A game of the half：the manageress and the sex discrimination act ［J］. Liverpool Law Review, 2002 (3)：137-156.

［16］ LAU H., STOTZER R. L. Employment discrimination based on sexual orientation：a hong long study ［J］. Employee Responsibilities & Rights Journal, 2011 (1)：17-35.

［17］ HIRSCH B., OBERFICHTNER M., Schnabel C. The levelling effect of product market competition on gender wage discrimination ［J］. Journal of Labor Economics, 2014 (1)：1-14.

［18］ TURTUREAN C. I., CHIRILA C, CHIRILA V. Gender discrimination on the romanian labor market——myth or reality ［J］. Procedia-Social and Behavioral Sciences, 2013 (92)：960-967.

第三章

跨国公司国际并购

【本章重点】

1. 跨国并购的主要类型。
2. 跨国并购的动因。

随着经济全球化的发展，跨国并购已经成为国际投资的主要方式。企业进行跨国并购往往是为了实现其全球长期发展战略。全球历史上共发生过五次大的企业并购浪潮。19世纪末期，以同行业企业的横向并购为主，企业进行并购的目的是为了获得垄断地位。20世纪20年代，出现了企业的行业纵向并购，并产生了现代资本运营的理念。20世纪50年代，以企业间的混合并购为主，并形成了多元化经营方式。20世纪90年代，跨国并购发生了质的变化，成为国际投资的主要方式。进入21世纪，欧美大企业成为世界市场跨国并购的主角，近些年来，随着欧美国家经济增速下降，一些新兴市场经济体在跨国并购中扮演了重要角色。2004年后更是掀起了新一轮的跨国并购浪潮，以往企业进入他国市场的主要模式为直接投资、独资或合资等，现在越来越多的是兼并收购、股权买卖等。

第一节　跨国并购的概念与类型

一、跨国并购的相关概念

跨国并购是指跨国公司为了某种目的，通过一定的渠道和支付手段，将另一国企业的一定份额的股权及至整个资产收买下来的行为。这种投资模式是国内企业并购的延伸，是企业跨越国界的并购活动，也是目前跨国公司对外直接投资的主要方式。并购（Merger and Acquisition）一词包括兼并和收购两层含义。兼并（Merger）是指公司的吸收合并，即一个公司将其他一个或数个公司并入本公司，使其失去法人资格的行为。收购（Acquisition）意为获取，即一个公司通过购买其他公司的资产或股权，从而实现对该公司的实际控制的行为。可以看到，跨国并购涉及两个或者两个以上国家的企业。一般来说，实力强大、占据优势的企业会成为跨国并购的主体，另一国处于劣势地位的企业是被并购的企业，也叫目标企业。并购所采用的形式包括兼并目标企业的全部资产以合并为一家超大型的公司，也包括收购目标企业的股份以拥有其所有权和控制权。

并购所采用的支付手段包括向金融机构贷款、发行债券、用自己的股份换取对方公司的股份等。跨国并购是国内企业兼并收购的概念延伸，跨越了两个及两个以上国家，涉及两个及两个以上的大型公司，两个及两个以上国家的市场，两个及两个以上政府的法律制度。

1980—1999年，在世界范围内并购以年均42%的速度增长。1994年跨国并购的资金额占当年国际直接投资总额的比重为49.7%，1995年这一数字跃升到了59.8%，2000年是全球跨国并购浪潮的最高峰，该年全球并购交易创下了总额3.4万亿美元的历史记录，但在2000年以后，并购浪潮的势头逐渐减弱，并购交易连创新高的动力开始出现不足，但跨国并购在国际直接投资中的主体地位并没有动摇。2001年受美国"9.11"恐怖袭击事件的影响，跨国并购占国际直接投资的比重下降。到了2004年，随着美国"9.11"恐怖袭击事件的影响逐渐消散，世界经济又复苏起来，跨国并购重新活跃，形成了新一时期的投资浪潮，跨国并购的投资总金额达到3806亿美元，占当年国际直接投资总额的58.7%。2005年跨国并购增长40%，达到了5300亿美元，占当年国际直接投资总额的59.1%。到了2007年，全球最大的宽带互联网设备制造商法国阿尔卡特与美国朗讯科技公司签订合并合同，合并后的公司成为全球最大的无线设备制造商。跨国并购浪潮进一步推进，在全球直接投资中越来越占据重要的影响力。

由于跨国并购发生在两个及两个以上不同主权的国家之间，为了保护本国公司、本国市场的经济利益，出于对经济安全和国家安全的考虑，各国政府可能会对外国公司跨国并购境内企业在程序上、领域上增加一些限制性规定。例如，政府可以修订反垄断法以对跨国并购公司的领域和控股比例加以规定。

【案例3-1】

跨国并购中母国与东道国的确定方式

在跨国并购中，由于涉及的公司处在不同国家或同一个国家，所以母国和东道国的确定有几种不同的情况：

（1）X国国内公司A收购（或兼并）Y国国内公司B。这里的母国和东道国的关系是清楚的，X国是母国，Y国是东道国。例如，英国石油公司并购美国阿莫科公司，母国是英国，东道国是美国。

（2）X国的国内公司A收购（或兼并）其设在X国的外国子公司B。例如，北京的雪花公司的中方股东买回美国惠尔普的雪花的股权以及上海家化公司斥巨资收购外方股权。在跨国并购统计中，这两例跨国并购的东道国和母国都是中国，其原因在于这些合资公司都是在中国注册的法人。

（3）X国的国内公司A收购（或兼并）设在Y国的外国公司B。例如，加拿大的Seagram公司以58亿美元买下了日本在美国的子公司MCI，在加拿大公司的这次并购中，母国是加拿大，东道国是美国而不是日本。

（4）X国的外国子公司A收购（或兼并）设在X国的另一家外国子公司B。英国的British Petroleum公司在美国的子公司BP America并购了英国的British Petro公司在美国的子公司Standard Oil。由于英国两家公司的子公司都在美国注册，属于美国法人，因此，在跨国并购统计中，这里的跨国并购的东道国和母国都是美国。

（5）X国的外国子公司A收购（或兼并）X国的国内公司B。例如，Wal-Mart Stores（UK）公司以108亿美元并购了英国的ASDA Group公司。由于Wal-Mart Stores（UK）Ltd是美国Wal-Mart Stores公司在英国的一家子公司，属于英国法人，所以东道国和母国都是英国。

（6）在X国（或地区）注册的外国子公司A收购（或兼并）在Y国注册的外国子公司

B。由于 A 公司是 X 国法人，B 公司是 Y 国法人，所以母国是 X，东道国是 Y 国。

上述 (2)、(4)、(5) 类型很特殊，它属于跨国并购，但它的母国和东道国都是同一个国家。母国和东道国是同一国家的交易很像国内并购，但实际上这些并购的最终收益人却来自其他国家，这些并购交易的影响已经超出了公司注册地的范围。这给人们一个启示：在中国注册的具有独立法人地位的三资企业（外国子公司）如果在国际上进行并购，那么它是在代表中国进行并购。

（资料来源：根据华律网有关资料整理。）

二、跨国并购的主要类型

跨国并购按照不同的标准，可以分为不同的并购类型。

（一）横向跨国并购、纵向跨国并购和混合跨国并购

横向跨国并购是指在两个以上国家生产、销售相同或相似产品的公司之间的并购。其目的是扩大世界市场的份额，增加公司的国际竞争力，直至获得世界垄断地位，以获取高额垄断利润。横向跨国并购风险较小，并购双方比较容易整合进而形成规模经济、内部化交易为企业带来经济增长的福利。横向跨国并购是跨国并购中经常采用的类型，一般常见于大型的跨国公司之间。但是这种类型的跨国并购容易因限制竞争而形成垄断的局面，目前许多国家都高度关注并且采取了一系列措施限制大型跨国公司利用该并购手段垄断经营。西方学者对相关理论进行了研究，发现公司在横向并购时，通过实现规模经济可以降低生产成本，提高生产能力和研发效率。该理论假设在横向并购前，公司的经营水平和经营规模都达不到规模经济的潜在要求。横向并购促使公司获得规模经济，达到一定程度上的垄断。

纵向跨国并购是指在两个以上国家生产同一或相似产品但又处于不同生产阶段的公司之间的并购。并购双方一般是原材料的需求者和原材料的供给者，双方之间经常有生意上的往来，比较容易接洽和谈判。其目的通常是为了稳定和扩大原材料的供应来源或产品的销售渠道。企业并购被认为是减少交易成本的一种手段，企业用内部交易代替市场。当市场的交易费用很高时，市场不再是协调资源配置的有效手段，管理者可通过内部化来节约组织的经济活动和资源配置的成本。处于生产链上的企业，纵向并购可以使得生产经营在企业内部完成。根据科斯定理，实现纵向并购能使生产和分配更加有效率，提高了福利水平。目前学术界对于纵向并购所发挥的效应争论的焦点主要体现在：一方认为纵向并购扭转了市场交易对产品价格的扭曲，降低了最终产品的价格；另一方认为纵向并购强化了并购企业的市场优势，进一步提高了并购企业的市场地位，有可能会出现垄断。

【案例 3-2】

通用汽车并购德尔福公司

2009 年 11 月 2 日，通用汽车公司透露，计划使用 28 亿美元的政府救济资金收购陷入困境的汽车零部件提供商德尔福公司。通用汽车将购买德尔福全球转向业务以及四家生产工厂，以确保自己能够获得关键性的零部件供应。通用汽车全球业务大约 10% 的零部件从德尔福公司采购，通用汽车公司北美的生产线使用了很多德尔福公司的零部件。德尔福公司原为通用汽车零部件的子公司。1999 年 5 月 28 日，德尔福公司正式与通用汽车公司分离，成

为一家完全独立的、公开在纽约证券交易所上市的公司。在 2009 年《财富》全球 500 强排名中，德尔福公司位于第 453 位，2009 年全球销售额高达 203 亿美元。德尔福公司于 2005 年 10 月 8 日提交破产保护申请，归因于激增的劳动力、养老金和医疗保健费用，来自海外供应商的激烈竞争，以及国内汽车制造商需求的减少。

通用汽车公司并购德尔福公司，降低了寻找交易对象过程的成本。通用汽车公司通过对德尔福公司的纵向并购，实现了垂直一体化的整合，可以将公司的生产业务向上下游产业链延伸，上端涉及原材料自制或供应，下端延伸至产成品的销售。通用汽车公司收购汽车零部件公司后，可以省去上游的原材料和零部件供应交易，全力投入汽车产成品制作销售，对于提高汽车质量和品牌效应有很大的好处。

（资料来源：根据中国传动网有关资料整理。）

混合跨国并购是指在两个以上国家处于不同行业的公司之间的并购。其目的是为了实现全球发展战略和多元化经营战略，减少单一行业经营的风险、深化范围经济。这种并购类型是与跨国公司的多元化经营战略和全球发展战略密切联系在一起的。混合跨国并购与横向跨国并购、纵向跨国并购有所不同。后两种并购的目的性比较明显，容易在跨国并购行为中受到限制，而混合并购往往较为隐蔽，不易让人发现。

【案例 3-3】

美国在线并购时代华纳

2000 年 1 月 10 日，美国在线公司宣布以 1660 亿美元并购时代华纳公司，预计并购后的新公司年销售额将在 300 亿美元以上，将拥有美国在线公司 2000 万网络用户和时代华纳公司的 1300 万有线电视用户，成为在全球范围内利用计算机多媒体平台和网络通信手段提供信息娱乐内容的媒体巨人。

从经济数据来看，时代华纳明显胜美国在线一筹。时代华纳的经营额是美国在线的 4.5 倍，盈利能力比美国在线高 56%。美国在线是一家在线信息服务公司，可提供电子邮件、新闻组、教育和娱乐服务，并支持对因特网的访问。美国在线通过对时代华纳的混合并购实现了多元化经营，成长为美国最大的因特网服务提供商之一。

（资料来源：根据东方财富网有关资料整理。）

（二）直接并购和间接并购

从并购公司和目标公司是否接触来看，跨国并购可分为直接并购和间接并购。

直接并购是指并购公司根据自己的战略规划直接向目标公司提出所有权要求，或者目标公司因经营不善向并购公司主动提出转让所有权，并经双方磋商后达成协议，完成所有权的转移的行为。间接并购是指并购公司在没有向目标公司发出并购请求的情况下，通过在证券市场收购目标公司的股票取得对目标公司的控制权的行为。

间接并购往往是在证券市场上收购目标公司已经发行和流通的具有公司控制表决权的股票，从而实现对公司的控制。这种并购的行为人如果是善意的，则往往比较容易取得成功。然而由于间接并购多数不是建立在双方都知情的基础上，所以会引起目标公司较为激烈的反抗。在间接并购中，并购公司并非只满足于取得目标公司的部分股权，而是要获得目标公司的多数甚至全部股权，强行对整个公司完成收购。

第二节 当今世界跨国并购的特点及主要影响因素

一、跨国并购的特点

(一) 强强联手盛行，超大型跨国公司不断产生

大型跨国并购是指交易金额达到 10 亿美元的并购。从 20 世纪 90 年代以来，跨国并购的交易规模呈现扩大趋势。1995 年的跨国并购有 36 项，并购价值为 804 亿美元。1999 年的跨国并购有 109 项，并购价值为 5008 亿美元。

大型的跨国并购事件，如 1998 年德国的戴姆勒—奔驰公司和美国的克莱斯勒公司合并，成立戴姆勒—克莱斯勒汽车公司，该跨国并购是以 393 亿美元的股票价值实现合并的，创下了当时工业领域跨国并购的纪录。此后，英国石油公司收购美国阿莫科公司，并购金额为 550 亿美元，又刷新了并购纪录。2000 年，又出现了并购金额超过 1000 亿美元的超大型并购，美国传媒领域"巨头"美国在线和时代华纳两家跨国公司的并购金额达到了 1650 亿美元。2007 年，英国巴克莱银行宣布以换股置业的方式兼并荷兰银行，其并购价格创造了欧洲历史上最大的跨国并购。英国巴克莱银行和荷兰银行的合并，将形成一家市场价值高达 800 亿英镑的金融机构。国际金融分析师们普遍认为，这笔交易有可能改变欧洲银行业的格局。

(二) 跨国并购集中在北美和欧盟等发达国家和地区

根据联合国贸发会议发布的 2002 年《世界投资报告》对 10 亿美元以上的大宗跨国并购案的统计，世界跨国并购活动以英国、法国、美国、德国、瑞士、荷兰和加拿大这 7 个国家为主。排在前四位国家的大宗并购额约占总额的 73.8%。在跨国并购浪潮中，发达经济体的跨国公司是主力军，以欧盟的公司最为显著，其在 2007 年全球跨国并购案中占 39%。

(三) 发达国家以服务业为主，发展中国家则集中在制造业

按照跨国并购所属部门行业的统计，第一产业即初级产业仅占 3.4%，其中的 95.7% 是石油天然气公司的并购；第二产业（制造业）占 50.1%；第三产业即服务业占 46.5%，其中的 51.8% 发生在仓储、金融、运输和通信等行业。在发达国家并购中，比较具有代表性的事件是加拿大汤姆森集团对英国路透社集团的并购。英国路透社集团是英国最大的传媒集团。加拿大汤姆森集团同样属于新闻行业。英国路透社集团接受加拿大汤姆森集团 87 亿英镑的收购要约，组建了世界上最大的商业信息集团即汤姆森—路透公司，该公司在英国首都伦敦和东京证券交易所上市，路透社集团首席执行官任新合并的公司的首席执行官。英国路透社集团与加拿大汤姆森集团的合并对于这两家传媒企业来说，是一个具有里程碑意义的事件，对全球跨国并购也产生了深远的影响。

发达国家的并购集中在金融、保险等服务业。日本三菱银行和东京银行合并，成为东京三菱银行。加拿大最大的商业银行加拿大皇家银行和加拿大第三大银行蒙特利尔银行合并。荷兰国际集团兼并破产的英国巴林银行。2008 年的金融危机向实体经济蔓延，众多实体经济公司市值大幅度缩水，给发展中国家参与国际产业结构调整、提升自身技术水平带来了难得的机遇。虽然发展中国家的制造业企业经过不断革新，已经具备了部分产

品的设计和制造能力，但与具有较强品牌竞争力和制造力的国外大型制造企业相比仍然存在一定技术差距。因此，发展中国家希望通过投资、收购海外企业，获得高端技术研发能力。一些公司还希望通过对国外知名制造业品牌的收购来扩大自己在同类制造业中的知名度。

（四）战略性并购占有绝对优势，恶意并购减少

与20世纪80年代出现的大量恶意收购行为不同，20世纪90年代以来的跨国并购主要是公司出自长远发展的考虑，并购协议也是经过当事人双方谨慎选择、长时间接触、耐心协商之后达成的。善意性的并购占主导地位，战略性的目标成为企业并购的出发点。与以往的大量恶意收购不同，此类并购行动以自愿合作的友好方式进行。并购双方多是业绩发展状况优良、品牌知名度高的优秀大型公司。通过善意合并，双方调整资源配置。例如，电信行业为取得对电话、互联网的控制，与竞争对手合作。德国电信与美国电信合作兼并匈牙利电信公司，英国电信公司与美国第二大长途电信公司联手收购以色列第二大电信公司25%的股权。

友好并购的出发点是希望通过强强联合、有竞争力的公司间合作，实现公司的全球战略目标和多元化经营目标。例如，世界上最大的航空制造商波音公司兼并世界第三大航空公司麦道公司，兼并的目的就是为了利用其市场上的技术优势，不仅在民用航空制造上处于世界领先地位，而且在军用飞机的制造上也处于全球领先地位，以便实力能与欧洲空客相抗衡。又如，花旗银行为实现金融全能化的发展战略目标，将花旗银行的商业银行业务和旅行者公司的证券保险业务融合起来，开创了美国金融领域超市式服务的先河。

（五）横向并购为主，但也出现混合并购和纵向并购

20世纪90年代以来的跨国并购主要是横向并购。无论是在传统产业领域还是在新兴产业领域，横向并购都占主导地位。例如，美国西屋电气公司以54亿美元收购哥伦比亚广播公司，又以39亿美元兼并无线广播公司，而以生产军用飞机著名的格鲁曼公司又以36亿美元收购西屋电气公司的部分股权；美国电信公司斥资480亿美元收购美国最大的有线电视公司时代华纳公司，合资成立新公司。

在新一轮的跨国并购中，衡量跨国并购的企业数量、并购值时，横向并购总是占据第一位的，其次才是混合并购，最后是纵向并购。1990年横向并购占并购总值的55%，到1999年这一数字上升到70%。混合并购在20世纪90年代的全球化发展战略和多元化经营战略下异常活跃。到了20世纪90年代中后期，随着全球竞争形势加剧，公司的经营战线开始收缩，经营领域开始减少，混合并购开始下降，1999年的混合并购占跨国并购总数的27%。

二、影响跨国并购的主要因素

（一）技术进步

技术进步对世界经济高速发展起到了重要的推动作用。技术进步使得跨国公司分散在世界各地的经营活动得到更好的协调和管理，为跨国并购提供了有利的条件。利用电子商务安排供应链，缩短了商品进入消费领域的环节。技术进步缩小了经济运行的空间距离，最终跨国公司可以更有效率地进行跨国并购。跨国公司可以在国际生产体系内部实现联

络，使得跨国公司人员和商品的转移变得更加便利化，可以把生产重新布局在不同的国家，以使成本最低化。技术进步而使公司面临更大的竞争压力，迫使跨国公司进行跨国并购。在目前的绝大多数行业领域，研发创新的成本和企业生产经营的成本与日俱增，跨国公司还需要不断吸收新的技术和管理手段，跨国公司为此要付出更大的努力，开展技术创新，学习新知识，获得学习曲线效应，缩短产品的生命周期。在技术飞速变化、研发风险成本不断增加的环境中，跨国公司有必要通过跨国并购分摊成本、获取新技术、增强创新能力。

（二）外贸外资政策的调整

贸易自由化的发展和市场透明度的提高降低了跨国并购的成本。贸易自由化的发展扩大了市场范围，吸引企业设立子公司；市场透明度的提高降低了公司跨国并购的成本。在跨国并购方面，普遍的政策包括：取消必须成立合资企业的规定、取消外资不能占有过多股权的规定以及取消外商不能享有所有权的规定。许多国家在金融服务、电信电力行业取消了管制。各国对外商直接投资管理的政策绝大多数是朝着有利于外国直接投资的方向发展的。

（三）资本市场自由化

多数发达国家已经将政策朝着资本市场自由化的方向调整，对跨国借贷和证券投资已经不加过多限制。资本市场自由化为跨国并购的实现解决了制度障碍。金融衍生工具的增加对跨国并购提供了技术上的支持。

（四）经济全球化

跨国公司全球性生产经营控制了全球40%的全球产出、60%的全球贸易、70%的全球技术转让和90%的国际直接投资，在极大程度上推动了经济全球化的发展。经济全球化要求各种生产要素在全球范围内配置，跨国公司的外部环境发生了变化，不得不面对更多竞争对手。跨国并购是跨国公司在全球市场中竞争的一个主要手段。

第三节　跨国并购的动因及风险控制

一、跨国并购的动因

（一）迅速进入他国市场并扩大其市场份额

并购可以使一国公司以最快的速度进入他国市场并扩大市场份额。中国自从2001年加入世贸组织以来，出口了大量的物美价廉的商品到其他国家和地区，于是不少国家开始举起反倾销、环境保护的大旗，人为设置贸易壁垒。中国公司为进入发达国家市场不得不通过并购或直接投资绕开贸易壁垒，如TCL收购施耐德电子、海尔收购意大利冰箱厂，这些并购能使公司生产当地化，从而绕开贸易壁垒，同时也能为公司减少市场竞争对手。

（二）有效利用目标公司的各种现有资源

目标公司各种现有资源包括：成熟完善的销售网络；既有的专利权和商标；稳定的原材料供应保障体系；既有的人力资源；成熟的客户关系网；先进的生产研发技术。并购能够快速利用目标公司的这些资源。

（三）充分享有对外直接投资的融资便利

一国企业向他国投资常常需要融资。与绿地投资相比，并购可以比较容易地获得融资。并购方可以用目标公司的实有资产和未来收益作抵押，通过发行债券获得融资；可以用目标公司的实有资产和未来收益作抵押，直接从金融机构获得贷款；可以通过与被并购方互相交换股票的方式控制目标公司，从而避免现金支付的压力。跨国并购的融资方式如表 3-1 所示。

表 3-1　跨国并购的融资方式

类　　别	融 资 方 式
负债融资	银行借款
	公司债券
权益融资	股票
	自有资金
混合性证券	可转换债券
	可转换优先股
	认股权证

注：该表取自本章参考文献 [19]。

跨国并购一般资金需求较大，使用权益性资金并不能满足资金需求，这时并购方往往需要通过负债融资渠道来融入并购资金。进行负债融资，主要是因为负债融资成本低。

（四）廉价购买资产或股权

并购方可以利用对方的困境，低价收购亏损或不景气的公司；利用目标公司的股票低迷收购其股票。目标公司低估了自己公司资产的价值，并购方却能对目标公司资产价值做一个正确的估值。并购方能以较低的价格收购目标公司的资产。

二、跨国并购的风险控制

（一）跨国并购的风险

风险是指意外发生的伤害或者遭受的损失。美国学者威雷特将风险称为不愿发生的事件发生的不确定性之客观体现。美国经济学家奈特认为风险是可测定的不确定性，风险发生概率的大小可以通过历史发生的数据加以测量。风险是与不确定性紧密结合在一起的。跨国并购的风险在狭义上是指因投资、融资决策而引起的偿债能力等方面的风险。

（二）跨国并购的风险分类

1. 政治风险

政治风险是与一个国家主权有关的不确定性因素。政治风险会因国家主权政策变动而导致经济环境变化，影响并购公司的财务状况。战争会使一个国家严重衰退，外汇管制使得资本和利润不能有效流动。政治风险并不是由一家公司或者个人就可以控制的。因此，公司在进行跨国并购之前就要对目标公司所在国的政治环境做出合理评估。政治风险是跨国并购能否成功的决定性因素。2005 年 6 月，中海油计划以 185 亿美元的高价并购美国尤尼科公司，但是美国参议员却以此并购威胁美国国家安全为由，要求白宫阻止此次交易，在强大的政治压力下，中海油最终宣布退出收购尤尼科公司的竞争。

2. 法律风险

公司在并购过程中不能触及为维护市场秩序和消费者利益而制定的反垄断法以及为保护中小企业利益而制定的证券监管法。企业并购一般会随着企业竞争力的增强和市场份额的扩大形成垄断。垄断者凭借自身有利的地位形成垄断价格以获得垄断超额利润。各国为了防止垄断者扰乱市场秩序、保护消费者权益制定了一系列法律。美国的反垄断法是从 1890 年的《谢尔曼法》开始的，在对《谢尔曼法》进行修订形成了 1914 年的《联邦贸易委员会法》和《克莱顿法》。如果一家小公司吸收了另一家小公司，且双方合并对行业的竞争不会产生重大程度的负面影响，那么它就能为法律所允许。

3. 战略风险

战略涉及对自身价值的评估、投资目光的长短、找准并购时机等多方面因素。一旦战略出现错误，那么企业投资的方向就会出现偏离，往往使企业满盘皆输。2003 年，TCL 并购法国 THOMSON 电视业务，起初 TCL 的销售业绩明显提升，品牌知名度也大幅提高，国际竞争力显著增强；但是好景不长，2004 年欧洲市场兴起平板电视，TCL 转型失败出现连续巨额亏损，最终失去了主体市场。因此，并购时机选择错误会为企业的并购埋下隐患甚至造成并购失败。

4. 文化风险

跨国并购是发生在不同国家、不同民族之间的经济活动行为。跨国并购引起的利益关系的调整会带来民族文化和企业文化的冲突。如果公司在跨国并购中不尊重或者忽视其他国家民族的文化差异，就会遭受难以估计的损失。日本索尼公司收购美国哥伦比亚电影公司，在美国掀起了抵制日货的热潮。一些老一辈的英国人认为把劳斯莱斯卖给德国大众就相当于叛国。在根植于不同文化的公司之间进行交易是极其困难的，双方在合作过程中会发生许多碰撞和摩擦。在并购过程中，如果不考虑企业文化的差异，就会引起企业文化冲突。在美国职员在星期五上班时可以不系领带，但在德国必须系领带，不系后果会很严重。德国和美国企业文化的差异不仅体现在着装上，还体现在与上司的说话方式上。不尊重或者忽视企业文化会使并购的效果远离期望值。

（三）跨国并购的风险控制策略

1. 在并购前对目标公司的风险状况做出合理评估

并购方必须了解目标公司所在国的会计标准，对目标公司的经营业绩、财务状况、出售动机以及出现的负债情况进行可靠的财务评估，对并购后的盈利前景做出准确预测。

2. 争取有利的融资支付方式

当被并购公司存在财务困难而急于出售时，并购公司可通过积极沟通和谈判来获取被并购公司的好感和认同，争取被并购公司所提供的卖方融资和换股支付等支付方式，进而在跨国并购中节约大量现金，减缓巨额资金支出的压力。

3. 提高盈利能力，以降低偿债风险

在跨国并购中，公司支付了大量的资金或者承担了较高的债务，这可能会导致公司在跨国并购后期无力偿还所欠债务，进而引起财务风险。而降低偿债风险的最好办法之一，就是努力提高并购双方的盈利能力。

【案例 3-4】

中石化收购瑞士 Addax 石油公司的风险

Addax 石油公司成立于 1994 年，是一家独立石油公司，在多伦多和伦敦上市。其普通股股数为 1.576 亿股，现有员工 860 多人。其主要资产位于非洲和中东地区。除了在伊拉克有 2 个区块总计为 138200 英亩[⊖]的石油资源之外，该公司大部分资产集中在尼日利亚、加蓬和喀麦隆，其中在尼日利亚有独资和合资项目共计 11 个。中国石化集团在《财富》2008 年度全球 500 强企业中排名第 16 位，直接参与此次收购的是中石化的全资子公司——中国石化集团国际石油勘探开发有限公司（SIPC）。它成立于 2001 年 1 月，总部在北京，注册资本 63.1 亿元人民币。SIPC 代表中国石化集团公司统一行使上下游对外投资合作和对海外项目实行统一经营管理，是中国石化集团从事上下游海外投资与经营的唯一专业化公司。

中国加入 WTO 的"入世承诺"的核心是关税减让和市场开放。国内石油市场进一步国际化，从宏观层面来看，这将有利于丰富国内石油市场，缓解石油供需矛盾；有利于引进国际石油资本和先进技术，推动国内石油石化工业的发展；有利于借鉴国外先进的管理体制和管理经验，有利于建立和完善技术创新机制；有利于实施石油"走出去"战略等。但同时，也意味着大量进口石油石化产品对国内市场的冲击，石油石化行业将面临严峻的挑战。因此，从微观层面上来讲，一般又把石油石化行业列为受"入世"影响最大的领域之一。在并购中，风险主要体现在以下方面：

（1）汇率风险。中石化收购总价为 82.7 亿加元，相当于 72.4 亿美元。中石化没有那么多的加元收入，需要拿其他货币兑换成加元以支付收购资金，这就不可避免地要面临汇率波动的风险。为了规避汇率变动的风险，有两个可能性：第一，中石化可能有足够的美元资金，如果这样的话就可以直接拿美元兑换加元，这个只需考虑美元/加元的汇率风险。第二，在操作上更为可能，就是拿人民币换相应额度的加元，但是 80 多亿加元现金如果短时间没有，还是需要拿美元换加元差额部分，这样操作手法也和第一种类似。假定有 82.7 亿加元，但加元的人民币远期套保国内很少银行在做，如此巨额的可能性更小，即使有，价格也没有优势。

（2）财务风险。Addax 石油公司 2008 年的财报数据显示，当年公司实现销售收入 37.62 亿美元，盈利达到 7.84 亿美元。但到了 2009 年第一季度，Addax 的财务压力陡然增大。与 2008 年同期相比，其净利润率从 20.84% 降至 1.01%，总负债也增加至 31.32 亿美元。资金压力是 Addax 公司选择出售的原因之一，这虽然给了中国公司机会，但是，在并购完成后中石化实质上将承担 Addax 财务状况继续恶化的风险。

（3）文化风险。并购中最难的就是员工是否愿意为新的公司服务。有些大规模的龙头企业在收购另外一家公司之后，被收购公司的高管全部离职，而很多公司的价值不在于它的资产，而在于它的系统。中石化承诺保留 Addax 原有的职工，这样管理协同的好坏直接作用于并购后的 Addax，原有的组织结构是否能继续有效运转将直接影响到并购的效益。

中石化对 Addax 的收购有利于降低原油采购成本。作为国内最大的炼油商，中石化原油

⊖ 1 英亩 = 4046.856m²。

资源中有 75% 依赖于海外采购，公司 2008 年采购原油费用为 6788 亿元，同比增长 40.3%，占总经营费用的 46.0%。在国内成品油价格与国际石油价格相关性很弱的情况下，以炼油为主营业务的公司成本不断升高，而成品油价格却不随之变化。在这样的情况下，中国石化 2008 年上半年炼油业务亏损 460 亿元。因此，中石化收购瑞士 Addax 公司的主要原因是优化其业务结构，扩大上游原油开采业务，降低原油的采购成本。值得注意的是，此次收购过程中的高溢价是否能抵消原油采购的外部交易成本以及管理和经营上协同效应的发掘能否成功，将会极大地影响中石化的运营成本。

（资料来源：根据中国政府网有关资料整理。）

第四节　美国对跨国并购的反垄断立法

一、美国对跨国并购的立法

当前跨国并购活动在全球范围内火热开展，世界各国监管机构对跨国并购活动也进行了严格管控，对不正当的跨国并购行为进行了约束。目前对跨国并购约束的法律主要有反垄断法、证券法、外资法、公司法以及其他相关法律。美国是世界上进行跨国并购活动最多的国家之一，也是并购法律体系最为复杂的国家。在美国，并购法律并没有对美国人和外国人进行区别，因此直接的跨国并购法律体系并不存在。

美国是反垄断法的起源地，美国国内反垄断立法十分完备。美国并购反垄断规制的法律体系由《谢尔曼法》《克莱顿法》《联邦证券法》构成，此外，还有为了便于执行反托拉斯法而颁布的兼并准则。

（一）《谢尔曼法》

1890 年制定的《谢尔曼法》是反垄断的基本法。其对垄断的判断依据，一是当事公司按区域和产品划分的市场份额达到 80% ~ 90%（结构主义）；二是当事公司采取了某些掠夺性定价或者排他性行动（行为主义）。《谢尔曼法》是美国历史上第一次企业合并的产物，它是关于禁止垄断较为完整的法律。任何契约以托拉斯的形式联合或限制贸易都是非法存在的。对违法的行为人的处罚规定如下：如果参与人是公司，则将被处以不超过 100 万美元的罚款；如果参与人是公司所有者个人，则将被处以不超过 10 万美元的罚款。

（二）《克莱顿法》

《克莱顿法》是 1914 年由《谢尔曼法》修订而来的。该法律做了如下规定：商业公司不得以直接或者间接的方式从另一家商业公司取得全部资金或者部分资金致使减少公司间的竞争，形成垄断倾向。与《谢尔曼法》相比，《克莱顿法》起到了预防垄断的作用。《克莱顿法》禁止那些可以预见的会对公司竞争产生伤害的行为活动，虽然它们并未造成实质性的严重后果。

（三）《联邦证券法》

《联邦证券法》订立的目的在于保护目标公司的合法权益。并购的充分资料可以公开获得以保护目标公司的股东。《联邦证券法》由三部法律构成，它们分别是《1933 年联邦证券法》《1934 年联邦证券交易法》《1968 年威廉斯法》。《1933 年联邦证券法》对证券发行、信息披露以及以股换股的收购要约要向美国证券交易委员会注册做了相关规定。《1934 年联邦证券交易法》决定成立证券委员会以实施证券法案，监管市场。《1968 年威廉斯法》对通过证券交易所发出收购要约进行一次性收购做了详细规定。

（四）《兼并准则》

1968 年，美国司法部为了便于执行反托拉斯法，颁布了一次《兼并准则》。该准则规定了什么样的并购可以被批准、什么样的并购不会被批准。在 1968 年司法部公布的《兼并准则》中，横向并购以行业中最大的四家公司集中度与并购双方的比率为标准；垂直并购以并购参与双方的市场份额为标准；混合并购以在市场中是否占主导地位为标准。《兼并法则》经过多次修改，1992 年推出新的《横向合并准则》，新准则在判断有无横向合并时，要求分析如下因素：合并是否明显导致市场集中；是否产生潜在的反竞争效果；是否影响充分的市场进入；能否获得合理的效益，而且该效益是当事人能通过合并获得的；是否为可免使当事人破产或被挤出市场的唯一途径。总体而言，美国对垄断的控制逐渐从严格的结构主义模式转向温和的行为主义模式。

二、美国反垄断审查标准

为了防止公司通过并购带来垄断，多数国家会建立较为完善的反垄断制度。并非所有的并购行为都会涉及垄断意图，此时就需要一套反垄断审查标准以确定垄断行为。因为如果不设立一套完整的审查标准，那么相关的法律程序就难以执行，如此巨大的并购数量也将难以得到足够的审查，对每个并购行为进行审查也就不能发挥优胜劣汰的资源配置的作用。美国的审查标准主要规定在《克莱顿法》的第七条，其中对交易双方做了规定，只有交易双方同时达到条件才能满足审查的标准：对于被收购公司而言，总资产或者净销售额达到 1000 万美元才能达到被审查的标准；对于收购公司而言，总资产或者净销售额达到 1 亿美元时，才达到被审查的标准；当交易双方为个人的时候，被收购方和收购方的总资产或者净销售额应当分别达到 1000 万美元和 1 亿美元才是达到被审查的标准；最后，只有收购方取得被收购方享有资产或者投票权证券的 15% 或者总额 1500 万美元以上才能达到被审查的标准。

在不断发展进程中，原来规定的申报审查标准也在不断变化。2000 年美国就开始调整相应的审查标准，提高了并购公司取得目标公司的投票权证券或者总资产的标准，即由 1500 万美元提高到了 5000 万美元，与此同时也取消了原先持有股票 15% 的标准；交易双方的交易额在 5000 万～2 亿美元之间，一方的销售额或者总资产达到 1 亿美元以上，且另一方的销售额或者总资产达到 1000 万美元以上的，或者双方交易的规模超过 2 亿美元的，则必须申报。除此之外，在此次修改之后，所有并购的限额都将从 2005 年之后按照一定的标准每年做出调整。

美国的反垄断审查历经近百年发展，已经形成了完善的反垄断程序。美国的反垄断程序是属于司法化的审查程序。当美国的执法机构——美国司法部反托拉斯局或者联邦贸易委员会发现即将交易的并购行为具有反竞争性且违反了《克莱顿法》和《谢尔曼法》等的相关规定时，执法机构就会向具有管辖权的法院提起诉讼，根据相关的法律，要求该交易被临时或者永久禁止。而法院作为裁判者，将根据双方的举证以及法律的规定，中立地裁决该项交易是否违法、是否应当被禁止。

【案例3-5】

波音公司与麦道公司的合并

波音公司是美国最大的飞机制造企业，在世界市场上已经取得了大概64%的份额，在全球的大型客机生产市场上取得了市场支配地位。麦道公司是美国和世界上最大的军用飞机制造企业，同时也生产大型民用客机。1996年底，波音公司用166亿美元兼并了麦道公司。在干线客机市场上，合并后的波音不仅成为全球最大的制造商，而且是美国市场唯一的供应商，占美国国内市场份额的几乎100%。在全世界的飞机制造业中，目前唯一可以与美国波音公司进行较量的是欧洲空中客车公司。空中客车公司在世界大型客机市场上大约占1/3的份额。美国波音公司和麦道公司的合并可以提升波音公司在世界市场上的支配地位，同时也对欧洲空中客车公司在大型客机市场上的竞争地位产生了严重的影响。因此，对于波音和麦道公司的合并，美国和原欧洲共同体委员会持有不同态度。

虽然合并后的公司占有美国市场100%的份额，但美国政府不仅没有阻止波音兼并麦道，而且利用政府采购等措施促成了这一兼并活动。其主要考虑包括以下方面。首先，民用干线飞机制造业是全球性寡占垄断行业，虽然波音公司在美国国内市场保持垄断，但在全球市场上受到了来自欧洲空中客车公司越来越强劲的挑战。面对空中客车公司的激烈竞争，波音与麦道的合并有利于维护美国的航空工业大国地位。其次，尽管美国只有波音公司一家干线民用飞机制造企业，但由于存在来自势均力敌的欧洲空中客车的竞争，波音公司不可能在开放的美国和世界市场上形成绝对垄断地位。如果波音滥用市场地位提高价格，就相当于把市场拱手让给空中客车公司。最后，鉴于麦道公司在美国军事工业中的重要地位以及它在国际民用客机市场上失去竞争力的现状，事实上除了波音公司外，其他任何飞机制造公司不可能、也不愿意购买麦道公司。

依据《谢尔曼法》《反垄断指南》等规定，进行达到一定规模的兼并必须要通过反垄断审查。在美国，由联邦贸易委员会（FTC）和司法部（DOJ）反垄断处行使该审查职能，而波音兼并麦道案最终交由联邦贸易委员会审查。由于该案涉及波音、麦道两大军备合同方，美国国防部在反垄断审查中亦发挥着重要作用。国防部提示联邦贸易委员会考虑公司最大的顾客——美国政府。这样，在美国政府的强力推动下，看似不可能通过的反垄断审查顺利通过。而通过的理由正是基于反垄断法保护的是竞争而非竞争者的基本原则。由于民用飞机制造业是全球性寡占垄断行业，即便美国只有波音公司一家民用飞机制造商，也会存在来自欧洲空中客车的强有力的竞争。亦即是说，波音公司兼并麦道没有消灭竞争，波音公司不可能在开放的美国及世界市场上形成绝对垄断地位，而且，波音与麦道的合并有利于维护美国的航空工业大国地位。再加上波音公司强调合并有利于民用飞机生产线与军用飞机生产线的平衡、强强联合、优势互补等鼓动人心的宣传，亦为反垄断审查的顺利通过增添了不少动力。

但是波音要想成功兼并麦道，还必须通过欧洲的反垄断审查。很多人不禁要问，为什么发生在境内、没有在欧洲从事生产制造的美国两大飞机制造商之间的合并，必须要通过欧洲的反垄断审查？欧洲共同体委员会（EC）指出，欧洲共同体基于波音公司及麦道公司对欧洲顾客的重大销售水平，尤其是民用喷气式飞机的销售水平而获得了反垄断审查的管辖权，这意味着欧洲共同体可以为交易设置条件甚至阻止合并方案的实施。欧洲共同体委员会的审查程序不同于联邦贸易委员会，而且，欧洲共同体委员会官员一得知两公司要合并的消息就明确表达了他们反对合并的强硬立场。

波音公司的一名发言人指出：如果联邦贸易委员会说"YES"而欧洲共同体委员会说"NO"，或者他们对波音公司处以罚金，那么这就不再是波音和欧洲共同体委员会之间的争议，将会上升至美国与欧洲之间的贸易争端。时任美国副总统的戈尔也表示，美国政府将采取其认为合适的任何行动以阻止欧洲共同体妨碍合并。最终，双方达成妥协：除了在专利技术方面对欧洲共同体做出较大让步外，波音公司还承诺不会干预供应商与其他民用飞机制造商之间现实或潜在的关系；承诺麦道公司被兼后的民用飞机质量达到与波音公司相同的水平，并且不利用顾客的支持来谋取新制造民用飞机的销售优势；同时承诺在10年内将原麦道公司民用飞机制造部分作为一个独立的法律实体，向欧洲共同体委员会公布年度财务报告；承诺在2007年8月1日前，波音公司不再签订新的民用飞机独占销售许可协议，但有其他民用飞机制造商（指欧洲空中客车公司）签订了此类协议的情况例外。另外，波音公司放弃其与美国航空公司、德尔塔航空公司及大陆航空公司签署的有关独占销售许可协议条款。欧洲方面则正式同意波音兼并麦道。

（资料来源：根据华律网有关资料整理。）

【基本概念】

跨国并购　直接并购　间接并购　混合并购

【思考题】

1. 简述直接并购与间接并购的区别。
2. 跨国并购的影响因素有哪些？
3. 简述跨国并购中遇到的风险以及如何控制风险。
4. 近年来，中国公司进行海外并购的案例数量每年都在递增，并购规模也在逐步扩大。据统计，2000年中国公司对外投资额不到10亿美元，2008年上半年已经飙升到了256亿美元。在美国次贷危机深化之后，一些中国公司发现，原来很多遥不可及的并购目标忽然触手可及，收购价格变得越来越有诱惑力。这些中国公司海外"抄底"的冲动被激活，甚至有人建议，应该将海外"抄底"上升为国家战略。然而研究发现，近年来中国公司海外并购成功的案例并不多。请根据上述材料，谈谈中国公司海外并购失败的主要原因有哪些？

【本章参考文献】

[1] 胡克. 兼并与收购实用指南 [M]. 陆猛，译. 北京. 经济科学出版社，2000.

[2] 陈共荣，艾志群. 论企业并购的财务风险 [J]. 财经理论与实践，2002（2）：69-71.

[3] 徐振东. 跨国并购的风险及其控制的主要途径 [J]. 中国工业经济，2000（5）：16-19.

[4] 王林生. 跨国并购与中国外资政策 [J]. 世界经济，2000（7）.

[5] 田存志，熊性美. 不完全信息下的跨国公司投资模式分析 [J]. 世界经济，2001（4）.

[6] 齐安甜，张维. 企业并购投资的期权特征及经济评价 [J]. 系统工程，2001（9）.

[7] 黄晋. 跨国公司并购的发展趋势及其法律问题研究 [D]. 大连：大连海事大学，2002.

[8] 叶建木，王洪运. 跨国并购风险链及其风险控制 [J]. 管理科学，2004（5）.

[9] 杨丹辉. 第五次并购浪潮的回顾、特征、成果与影响 [J]. 世界经济研究，2004（4）.

[10] 刘海云. 跨国公司经营优势变迁理论与实证研究 [D]. 武汉：华中理工大学，1999.

［11］ 宋焕军. 中国跨国企业的投资及其经营管理问题研究 ［D］. 武汉：武汉大学，1998

［12］ 联合国贸易与发展会议. 2000 年世界投资报告：跨国并购与发展 ［M］. 冼国明，总译校. 北京：中国财政经济出版社，2001.

［13］ 联合国贸易与发展会议. 2001 年世界投资报告：促进联系 ［M］. 冼国明，总译校. 北京：中国财政经济出版社，2002.

［14］ 联合国贸易与发展会议. 2005 年世界投资报告：跨国公司与研发国际化 ［M］. 冼国明，总译校. 北京：中国财政经济出版社，2006.

［15］ 赵昌文，毛道维. 跨国公司对外扩张战略与中国工业企业跨国经营的战略选择 ［J］. 管理世界，2000（2）.

［16］ 罗肇鸿. 跨国并购：特点、影响和对策 ［M］. 北京：中国经济出版社，2006.

［17］ 谢皓. 跨国并购与中国企业的战略选择 ［M］. 北京：人民出版社，2009.

［18］ 姚战琪. 跨国并购与国际资本流动 ［M］. 北京：经济管理出版社，2005.

［19］ 叶建木. 跨国并购：驱动、风险与规制 ［M］. 北京：经济管理出版社，2008.

［20］ 曾广胜. 跨国并购的新制度经济学分析 ［M］. 北京：经济科学出版社，2006.

［21］ 黄中文，李玉曼，刘亚娟. 跨国并购实务 ［M］. 北京：中华工商联合出版社，2006.

◄◄◄ 第四章
跨国战略联盟

【本章重点】

1. 跨国战略联盟的概念与特征。
2. 跨国战略联盟的类型。
3. 跨国战略联盟的运营与管理。

美国管理咨询公司贝恩（Bain Company）在 2007 年做了一项调查，调查结果显示，战略联盟已经成为现代企业应用最为广泛的战略选择，企业通过向外寻求合作从而达到巩固并发展自身核心竞争力的目的。特别是，跨国战略联盟在合作范畴上增加了跨国性，合作目的更具多样性，使企业有机会获取在本国范围内无法得到的机遇与资源，从而实现其全球战略目标。

第一节　跨国战略联盟的概念与特征

自 20 世纪 90 年代以来，跨国战略联盟在跨国公司中越来越受欢迎。该概念最初是由管理科学家 R. Nigel 和美国 DEC 公司前总裁 Jane Hopdaud 提出的，根据他们的定义，战略联盟是指两个或两个以上具有共同战略利益和同行业务实力的企业，签订协议或合同以形成松散的合作模式，使得优势互补、风险分担、生产要素相互流动等，进而实现共同拥有市场和使用资源的战略目标。后来，迈克尔·波特（1990）将战略联盟定义为"超出正常交易但未达到合并水平的公司之间的长期协议"。长期合作，即超出正常市场交易的方式，但没有达到合并的程度。该联盟被认为是各种活动共享，而不进入新的细分市场、地理区域和相关行业，不需要实际整合就能获得纵向联系或者区位优势的方式，它克服了完全独立的公司间协调的困难。

一、跨国战略联盟的概念

跨国战略联盟的定义首先源于战略联盟的定义，但各方对此的见解并不同，有"战略联盟""战略同盟""战略合作""动态联盟""知识联盟""网络联盟""虚拟企业""企业联盟""强强联合"等术语，这些术语的内涵和扩展存在着一些差异。他们均在各自文件中对战略联盟给出了不同的解释。关于战略联盟的定义，主要包括纽带说、跨国管理说、战略管理说、交易成本说和博弈论说。

（一）纽带说

纽带说表明，联盟是由联盟的维持因素决定的。该学说认为，商业战略联盟是基于合同或股权关系而形成的组织。该组织使用两个或更多公司的资源或管理机构，通过"公司协议"实现组织统一。企业联盟是兼并、收购、合资经营和许可协议的产物（Borys and Jemison，1998）。在法律形式上，商业联盟可以是独立的子公司，但不一定是新成立的法律实体（Narod，1988）。纽带说可以分为单一纽带说和多元纽带说。单一纽带说表示，联盟和合资企业是严格区分的。跨国战略联盟的维持因素仅指合同，而不是股权，合资企业被排除在联盟之外（Teece，1992）。多元纽带说表示，国际商业联盟不仅包括企业之间的合同安排，还包括企业之间的股权安排，即合资企业不应被排除在联盟之外（迈克尔·波特，1990）。这种理论可以在一定程度上解释战略联盟的普遍性。

（二）跨国管理说

跨国管理说表明，战略联盟与跨国经营联系在一起，通过最大限度地发挥合作伙伴的资源优势，可以迅速进入国际市场（Nil，Dieter Muller，1988）。根据该学说，第一，战略联盟是一种广泛的伙伴关系，形成这种关系的公司可以来自不同的国家（Teece，1992）。第二，战略联盟具有跨国经营的合作性质，东道国公司、跨国公司和国际基金所有者之间存在合作。东道国公司提供自然资源、劳动力、资本等投入，国际基金所有者提供项目所需的全部或部分资金，跨国公司提供项目经理或技术顾问。第三，战略联盟是寻求公司长期利益的全球规则的一部分，合资公司是战术性的，是为了解决具体问题（Clerk&Brennan，1988）。该学说的局限性是并未认识到联盟的功能作用不仅限于跨国运作。

（三）战略管理说

战略管理说表明，战略联盟是联盟公司为实现其战略目标而做出的战略选择。从战略管理的角度可以将联盟的定义分为三个方面：联盟的价值链解释、联盟的资源解释以及联盟的能力解释。

联盟的价值链解释认为，该联盟是与其他公司基于价值链的长期联盟而非完全合并如合资公司、许可证贸易和供应协议。联盟的资源解释认为，战略联盟是资源整合的一种组织行为。参与公司的行为是根据自身资源的异质性、互利原则、资源互补性和共同利益的追求而实现的。由一个或多个合作伙伴公司签署多项合作安排，以实现资源共享和互补优势等战略目标。这包括许可证、合资公司、研发联盟、合作营销和双边贸易协议（Contracter，1988）。联盟的能力解释从培育和提升公司核心竞争力的角度定义了联盟的内涵。它认为，战略联盟是指公司的合作，以提高双方合作伙伴实现其战略目标的能力。合作的目的是塑造学习型组织，培育和提升公司的核心竞争力。从战略管理的角度来认识战略联盟的定义是大多数学者的观点。联盟的价值链解释或资源解释均认为联盟是公司为赢得战略优势而采取的战略行动，即联盟关注的是公司的战略层面，而不是战术层面。

（四）交易成本说

交易成本说表明，战略联盟的概念是基于新制度经济学的交易成本理论来定义的。战略联盟交易成本的定义认为，战略联盟是市场交易与官僚组织之间的"中间边界国家组织"。受交易成本不完全契约理论的影响，有些人从不完全契约的角度界定了战略联盟。他们认为战略联盟是一种与公司打交道时合同不完备的治理结构，是一种管理型公司的能力结构甚至是一种特殊系统。与动态市场和公司变化相比，公司之间的市场交易关系契约在本质上是由于信息不完整而呈现出的不完整性。不完整的合同意味着可以重新优化公司交易的财产效率。战略联盟被视为不完全契约状态下的治理结构，是对公司市场交易行为的补充。交易成本说给战略联盟以经济理论解释，完成了战略联盟理论从管理研究到经济研究的转变。

（五）博弈论说

博弈论说表明，战略联盟是从博弈论的角度出发的。战略联盟是由原来强大的竞争对手所组成的公司或伙伴关系，通常是竞争联盟（Sierra，1995）。战略联盟的合作博弈分析是将新的分析工具和博弈论分析方法应用于战略联盟的具体组织关系。它是研究方法创新、研究视角创新，也是现代企业对竞争的战略反应。但合作竞争只是公司实现战略目标的方式，而不是战略目标本身。战略联盟中的博弈论无法完全解释为什么联盟内部和联盟之间仍然存在激烈的竞争。

总的来说，跨国战略联盟是两个或多个跨国公司的联合体，它们实现了某些共同的战略目标。公司选择性地与外国竞争者、产品供应商或分销商等合作，形成战略联盟。各方通过交换控制权和机会进入市场，以灵活的形式进入市场，资源共享，风险分担，利益分享，开展合作与创新，形成了一个超越国界的战略联盟，并与有利于自身发展的公司建立了伙伴关系。

二、跨国战略联盟的主要特征

自 21 世纪以来，跨国战略联盟迅速发展，具有以下特点。

（一）跨国性

跨国战略联盟的跨国性特征体现在两个方面。第一，构成跨国战略联盟的公司来自不同国家；第二，跨国战略联盟的活动是公司间资源的跨国整合。这是跨国战略联盟与国内战略联盟不同的根本标志。即使公司的所有权属于不同的国家，但如果没有公司间资源的跨国整合，这种战略联盟也不能被称为跨国战略联盟，而只能归入国内战略联盟。如中国公司和外国公司的中国分公司建立的战略联盟是公司间资源跨国整合的跨国战略联盟，国内战略联盟与公司间资源的跨境整合活动无关。跨国战略联盟只能在不同国家的公司之间建立，并在公司之间开展资源跨境整合活动。

（二）战略性

跨国战略联盟的战略性体现在两个方面。第一，公司间合作的长期性。跨国战略联盟关注战略层面与公司整体发展的战略关系。合作期一般很长，从三五年到数十年不等。第二，跨国战略联盟的结果对公司未来发展的长期影响。跨国战略联盟的建立是公司战略决策，是经过对战略和公司整体发展的认真考虑的，其重点目标是从国外获取战略资源或者传播公司的战略资源，以进一步发展公司。跨国战略联盟的成败必然会对公司的未来发展产生长期影响。

1963 年，美国 CPC 国际与日本味之素建立了战略联盟，两家公司都是生产食品的公司。当时，CPC 国际是一家非常成功的国际公司，在欧洲和亚洲许多国家拥有独资企业，但没有进入日本市场。日本味之素是一家希望成长为跨国公司的国内公司。CPC 国际的管理层越来越认识到日本正在迅速成为消费市场，尽早进入这个市场对公司的长期发展至关重要。由于日本政府的限制，外国公司不可能在日本开设独资公司。此外，日本的饮食文化与美国饮食文化不同，CPC 公司缺乏对日本饮食文化的理解。因此，CPC 公司认为与日本味之素建立战略联盟更为合适，向日本味之素提供专有技术以换取日本公司提供的市场进入。两家公司的战略联盟非常成功，双方的投资不断增加，合作产品的数量也在增加。战略联盟的发展满足了双方的需求：日本公司更加国际化，CPC 公司获得了新的商机，进一步增强了全球竞争力。

（三）独立性

构成跨国战略联盟的公司是相互独立的。他们是独立的法人实体，有自己的事业、自己的产品、自己的市场和自己的利益。他们总是独立地进行业务运营、独立地实施决策权，而不受联盟伙伴的决策权影响。

在 20 世纪 70 年代，美国福特通过股权参与与马自达公司建立了战略联盟。在 20 多年的战略联盟中，双方合作发展得很好，有很多合作项目。但两家公司各自的项目仍然是独立的，除非双方都做得好，否则这两家公司仍然独自行事。福特在马自达的股权并不是为了限制马自达的经理人，而是为了使管理层能够做出正确的判断，并对可能出现的问题做出更快但又不会过度的反应。福特试图不干涉马自达的业务，因此马自达保持其独立性和对其员工、客户、日本公众和其他日本汽车制造商的认可。这对于马自达的长期生存是必要的，因为它需要供应商的支持，在日本雇用优秀的员工，以及保持员工的士气高涨。如果没有独立性，马自达很难做到这些。从福特与马自达战略联盟的实践可以看出，保持公司的独立性是跨国战略联盟成功发展的重要因素。

（四）平等性

由于跨国战略联盟伙伴彼此独立，所以他们在合作中的关系也应该是平等的。跨国战略联盟伙伴关系既不是组织内部的行政隶属关系，也不是组织与组织之间的市场交易关系，而是合作伙伴之间的平等互利关系。具体体现在三个方面。第一，资源投入的平等性。虽然联盟合作伙伴可以投入不同的资源，但联盟合作伙伴拥有选择所投资资源的平等的权利和机会。第二，地位平等。无论联盟伙伴的原始力量如何，在联盟组织中，联盟伙伴的地位应该是平等的，没有人可以超越另一个。第三，收入分配均等化。联盟伙伴在收入分配方面享有平等权利和平等福利。维护联盟伙伴平等性的关键是联盟伙伴必须具有平等的思想和观念，行动应充分反映联盟伙伴的平等地位。平等性是跨国战略联盟伙伴之间相互信任、相互合作和互利的先决条件。

（五）复杂性

跨国战略联盟的复杂性主要体现在两个方面。第一，跨国战略联盟组织形式的多样性；第二，跨国战略联盟伙伴之间的差异。跨国战略联盟以各种形式组织，包括非互惠合同联盟、对等契约联盟、股权参与联盟和对等股权联盟（合资公司）。其中，一些涉及股权参与，一些不涉及股权参与；一些参与程度较高（如对等股权联盟），一些参与程度较低（如非互惠合同联盟）。联盟合作伙伴的参与程度不同，它们之间的关系也不同，因此管理方法也不同。此外，由于跨国战略联盟伙伴来自不同国家，跨国战略联盟伙伴之间存在许多差异。这主要体现为跨国战略联盟伙伴的战略目标和利益不同，公司文化不同，以及经济体制、国家政策取向和公司制度不同的事实。

第二节　跨国战略联盟的理论基础

随着跨国公司全球经营活动的广泛开展，跨国公司之间的战略联盟逐渐增加，进而推动了学术界对这一现象的深入探讨，目前已经初步形成了一些较有影响的理论。本节主要对跨国战略联盟的建立原则、理论依据展开阐述。

一、跨国战略联盟的建立原则

对于公司来说，要想成功构建跨国战略联盟，应秉持相互兼容原则、优势互补原则、实力相当原则、互惠互利原则、适当竞争原则。

（一）相互兼容原则

合作伙伴公司之间的兼容性是成功联盟的重要条件之一，因为联盟中的公司在合作时将不可避免地遇到各种挑战，而兼容性是解决分歧和矛盾、建立良好关系的基石。如果两家公司在联盟中合作，双方在经营战略、决策方式、管理结构等方面具有兼容性，那么联盟成功的可能性将大大增加；如果缺乏兼容性，那么即使每个公司的业务关系都是战略性的、非常重要的，战略联盟也将难以经得起时间和环境变化的考验。

（二）优势互补原则

随着公司之间竞争的加剧，市场范围越来越广，同时技术的发展也在不断变化，产品升级的速度越来越快。公司依靠自身的实力和资源来应对这场激烈的竞争。建立战略联盟的目的是通过整合不同公司的优势，实现"1+1>2"的效果。因此，加入联盟的公司必须具备吸引其他公司的一定优势，才能发挥其优势并形成新的优势，实现优势互补。

（三）实力相当原则

参与跨国战略联盟的都是规模庞大、实力雄厚的公司。他们希望找到的跨国战略合作伙伴也应该是规模和实力相当的公司。如果潜在的联盟伙伴严重失衡，则可能会给联盟带来很多麻烦。一个强大的公司可能会主导联盟，弱势公司可能无法有效地参与联盟。过度依赖强大的合作伙伴将无法实现优势互补，不能保证联盟的稳定和发展前景。

（四）互惠互利原则

公司加入战略联盟的出发点是从联盟中受益，这既是联盟形成的动力，也是联盟追求的目标。除了联盟的共同利益外，所有公司都有自己的利益。如果公司无法从联盟中获取利益，或者投入和收入不均衡，甚至利益受损，那么公司必然对联盟不满，并可以退出联盟，甚至导致联盟解散。因此，联盟中的所有公司必须协调各自的立场，实现互利互惠，这是巩固和发展战略联盟的关键。

（五）适当竞争原则

虽然战略联盟中的各个公司都是合作伙伴，但它们并不是一个公司。从某种意义上说，它们也是竞争者。因此，联盟内公司之间的竞争是不可避免的。在合作的基础上适当地开展竞争有利于调动各方的积极性，保持联盟的活力。

二、跨国战略联盟的理论依据

跨国战略联盟研究的主流基础理论主要包括博弈论、交易成本经济学、管理组织理论、价值链理论、组织学习理论、资源基础论等。这些理论构成了跨国战略联盟最根本的出发点。

（一）博弈论

博弈论是一门研究在博弈中参与人所选策略的科学。由于跨国公司采取无国界的商业战略，所以它们的思想也发生了一些变化，博弈论已经开始被应用于解释战略联盟。在博弈模型中，当所有参与者的支付总和为零时，它是零和博弈；反之则是非零和博弈；当博弈中有两个以上的玩家时，就会存在部分参与者形成联盟的问题。此时，在博弈模型中存在两个极端，即零和博弈以及所有参与者形成联盟以最大化其总收入的博弈。

在博弈模型中，根据博弈玩家是否合作，博弈可以分为合作博弈和非合作博弈。在合作博弈中，博弈的总收入可能由集体拥有，或者可以被重新分配给联盟中的各个参与者。合作博弈强调群体理性、效率、公平和公正。非合作博弈强调个人理性和个人最优决策，其结果可能是有效的或无效的。

非零和博弈和"合作博弈"理论对跨国经营者具有重要意义。竞争是市场经济的不变规律。然而，在日益激烈的国际竞争中，竞争的策略和方法是多样化的。大型跨国公司在各个行业的竞争交织在一起，双方可以形成联盟或伙伴关系，共同提高彼此的竞争力或分享市场份额。

(二) 交易成本经济学

交易成本包括寻求市场交易、谈判、起草合同以及监控合同执行的成本。在公司外部，价格运行命令生产，其通过市场中的一系列交易来协调和分配资源。在公司内部，这些市场交易被取消，制造商的内部协调取代命令生产。显然，这些是协调生产的不同方式。市场协调和组织协调成本较高，它是公司替代市场或市场替代公司？这主要取决于使用哪种协调机制成本较低。这样，公司的边界应该设置在外部交易成本等于内部管理成本的点上，公司的扩张和收缩完全取决于交易成本的节省。公司选择不同的制度安排（外部市场或内部管理）来使得生产成本和交易成本最小。

科斯提出的经典"公司市场二分法"和以威廉姆森为代表的交易成本理论，大力推动了产业组织的研究。在解释战略联盟的形成时，交易成本理论认为战略联盟是市场与公司之间的中间组织，是一种混合的管理结构。当给定生产要素时，公司有三种选择：自己生产；从现货市场购买；与联盟伙伴合作生产。公司所有者将根据最低交易成本和生产成本做出选择。虽然市场机制在理论上是解决资源配置的最佳途径，但由于市场竞争不完善，信息不对称，不确定性和机会主义行为的存在，公司将寻求内部资源整合。当内部整合遇到竞争性交易成本高或有限时，合作是最佳选择。因此，组建联盟的主要目的是通过组织公司边界上的活动来降低总体交易成本和生产成本。

(三) 管理组织理论

管理组织理论的基本思想是，复杂的业务运营环境要求组织必须依赖其他组织来获取所需的资源。在这种情况下，公司必须通过组织之间的协调和管理采取各种形式的合作，以形成稳定的资源流动方式，即业务环境决定公司对某些资源的依赖性。通过战略联盟，解决对资源的需求，减少商业活动的不确定性。

资源的依赖性造成了公司战略的脆弱性。为了消除此类漏洞，美国和欧洲公司通常采用的方法包括增加原材料和组件的来源，依赖内部解决方案或者并购其他公司等；而日本公司通常与公司集团的供应公司建立密切关系。因此，多个公司之间的战略联盟也可以被视为减少战略脆弱性、寻求可协商环境，进而降低风险的一种方式。竞争中的不确定程度越高，建立战略联盟的可能性就越大。竞争越激烈，竞争的不确定性与公司管理和消除这种不确定性的努力正相关。

战略联盟是连接市场与公司的中介，发挥着"组织化市场"的作用。因此，它反映了将市场竞争和组织管理融入信息时代的综合运作的要求。传统的市场机制往往是根据竞争者之间的关系来分配资源，而传统的组织根据公司组织管理的目标来分配资源，这两者都不能最大限度地降低资源的购置成本。战略联盟可以发挥乘数效应，通过联盟内部资源的有效组织实现要素的共享，从而确保从投入到产出的"节约"。当这种形式的多代理和多组织联盟跨越行业界限时，联盟的出现可能会改变竞争的本质，导致更复杂和不可预测的多行业综合竞争，这意味着公司必须从工业时代的预测系统迈向网络时代的学习系统。

（四）价值链理论

价值链理论为跨国公司战略联盟的研究提供了基本的理论框架。哈佛大学教授迈克尔·波特在《竞争优势》一书中提出了价值链理论。他指出，某一级别的价值链是某公司在特定行业的各种活动的组合。虽然同一行业的公司具有相似的价值链，但竞争对手的价值链往往因竞争对手的价值链而异，价值链是竞争优势的关键来源。建立战略联盟使合作伙伴能够协调或共享价值链，扩大公司价值链的有效范围，从而获得竞争优势。

迈克尔·波特将每个业务视为一系列旨在设计、生产、销售、交付和协助产品的活动，所有这些都构成了公司的价值链。公司的价值链体现在与买家、卖家、销售渠道等的一系列活动中，这些被称为价值体系。获取和保持竞争优势不仅取决于对公司价值链的理解，还取决于公司如何融入整个价值体系。他将公司的价值活动分为基本活动和辅助活动。

迈克尔·波特认为，公司的价值链及其参与单一活动的方式反映了公司的历史、战略、实施方式以及活动本身的潜在经济利益。公司价值链与竞争对手之间的差异是竞争优势的潜在来源。公司可以从内部追求广泛的利益，或者可以与其他独立供应商结成联盟，以实现部分或全部相同的利益。他将战略联盟定义为公司之间的长期协议，即超出正常的市场交易但未达到整合水平。联盟的例子包括技术许可、供应协议、营销协议和合资公司。

（五）组织学习理论

未来充满活力的公司将通过组织学习，从个人掌握到团队学习，建立自己的竞争优势。联盟公司的学习，首先是技术学习，包括涉及的各种技术以及特定申请流程中涉及的缺陷。其次是流程学习，它深深植根于联盟伙伴的文化之中，比技术学习更难。再次是机会学习，它涉及实际问题，如谁是最佳供应商、谁是最好的代理人。最后是学习的概念。这种学习是最难定义的，但对联盟公司来说也许是最重要的，因为它可以保证公司的整体性和文化的变化。许多成功的战略联盟通过实践反映了组织学习给联盟带来的竞争优势，并将其优先考虑。

战略联盟的形成是解决经验知识转移的有效途径。通过缔结战略联盟，公司可以创造一个便于知识共享和流动的轻松环境。通过人员交流、技术共享和联盟合作伙伴的设施访问，经验、知识可以被有效地移植到联盟的各方，然后扩展和更新。公司的核心竞争力真正达到了公司间合作的目的。根据组织学习理论，公司学习能力与动态竞争优势密切相关。战略联盟的重要性和意义在于，作为一个学习型组织，公司可以学习基础学习方法，如"干中学""使用中学"以及联盟"互动学习"和"跨行业溢出"，不断完善和实现提升公司竞争优势、提高公司整体运营效率的目标。

（六）资源基础论

在资源异质性和流动性不完备的基础上，资源基础论提出了一种分析公司竞争优势的新方法：并非所有公司都具有持久的竞争优势，竞争优势或竞争地位取决于公司控制的资源的情况。资源基础论认为公司资源的特点是异质性和不完全流动性，不同公司之间存在很大差异。也就是说，公司资源的异质性导致了公司之间的差异。因为资源不是完全自由流动的，公司之间的异质性可能存在很长时间。如果一家公司拥有稀缺的、创造价值的资源，并无法被其竞争对手模仿或被其他资源所取代，那么该公司就具有了垄断地位，成为了具有持久竞争优势的公司。资源基础论认为，如果公司想要建立持久的竞争优势和超额利润，那么它们必须获得异质的和非流动的资源。

资源基础论强调公司通过整合和利用有价值的资源，使其创造的价值最大化。战略联盟可用于与其他公司分享或交换有价值的资源，因为它们所需的资源无法通过市场交易或兼并和收购有效获得。换句话说，公司可以利用现有资源与其他公司的资源整合，以创造更大的价值。资源基础论认为，战略联盟是公司间资源整合的结果。从资源基础论的角度来看，在全球综合集成战略下公司资源能力与公司内外资源的整合是公司竞争力的驱动力和源泉。因此，垄断优势必须引入动态分析，并应探索如何产生、维持和不断增强垄断优势。这可以通过所有权和区位优势之间的相互作用来说明。事实上，跨国公司可以利用其所有权优势与不同地区的其他公司进行协作和联合，以创造协同效应和竞争优势，而这些优势并不一定必须内化。跨国公司对外网络的形成和发展以及对外部资源的追求已成为跨国公司参与全球竞争的必然选择。跨国公司投资的选址不只取决于各国的资源优势。因此，跨国公司的投资行为应该从对竞争对手的反应或获得先发优势的角度来解释：虽然影响跨国公司海外投资的区位因素包括自然资源、劳动力成本、市场需求、贸易壁垒、政府政策和许多其他因素，但当这些因素得到修复时，同一行业且规模相当的跨国公司仍会采用不同的投资策略，因为它们的所有权优势是有差异的，不同公司的能力具有"路径依赖"的特点，尤其是其核心竞争力难以让其他公司在短时间内模仿或追赶。公司现在越来越多地参与国外的高附加值活动，并与外国公司建立了战略联盟。

第三节　跨国战略联盟形成的动因与发展趋势

在当今的全球商业环境中，公司战略联盟已成为不可阻挡的趋势。以大型跨国公司为核心的全球战略联盟组织了各种形式的战略网络。实际上，战略联盟是动态发展的商业环境与公司发展之间的互动过程。战略联盟是一种组织安排和一种商业战略。在组织安排方面，它有不同的组织形式，如合作、合资、联合研发、供应商合同等，而公司战略则是公司之间围绕战略目的的合作。

一、跨国战略联盟形成的主要动因

（一）规避保护性法规

国际企业的管理活动不仅受到国际公认的法律法规的约束，还受到各国不同的法律法规的影响。有时，它们会受到国家法律法规对海外投资和国际业务的限制。

关税和配额是跨国公司商品进入其他国家最重要的贸易壁垒。为了保护自己的经济利益，大多数国家会对其他国家的产品征收不同程度的关税或实施配额限制。例如，在中国加入世界贸易组织之前，匈牙利、阿根廷、墨西哥、捷克、土耳其等国家对从中国进口的工业产品实行配额限制。

尽管随着世界贸易组织的出现，越来越多的国家和地区加入了世界贸易组织，全球贸易中的关税壁垒越来越小，全球范围内商品流通的关税壁垒越来越不具有阻碍性。但是，其他非关税壁垒在保护国内市场方面仍发挥着越来越大的作用，如各种技术标准的约束、对环境保护的不同要求、对配额的限制等。非关税壁垒和文化差异限制了跨国公司产品在全球范围内的流通，并增加了其直接投资的成本。

除关税和非关税壁垒外，对海外投资和某些经济部门国际业务使用法律法规进行限制也是各国采用的共同方法。一些国家完全禁止外国公司进入某些地区或仅允许合资企业进入某些经济部门。各国制定的相关法律法规，如对外贸易法、海关法、进出口商品检验法、外商投资公司法、商标法、广告法、专利法、产品质量法、环境保护法等，能有效地约束和影响国际公司管理活动。例如，法国规定外国公司出口到法国的所有产品必须有法国标签、说明和质量保证；欧盟对食品和药品的进口有严格的规定，禁止进口农药残留不符合欧盟标准的食品。

通过战略联盟，跨国公司可以避免这些无形障碍，并利用战略联盟的网络效应。跨国公司可以将产品和技术转让给联盟合作伙伴，允许联盟合作伙伴在障碍内完成产品转移。从某种意义上说，无形的障碍和贸易保护的兴起促进了跨国公司战略联盟的兴起。

（二）降低研发成本与风险

当前，技术发展日新月异，产品生命周期缩短，研发成本倍增，公司通过联盟能够共享资源并分担风险。例如，开发新药通常需要 5 亿美元，开发芯片通常需要 10 亿美元，开发新模型通常需要 20 亿美元。随着产品生命周期的缩短，企业高回报率发展后，新技术和新产品开发成本的能力恢复也存在巨大的风险和不确定性。因此，采取合作行动是明智的。在航空航天业，许多公司往往只愿意拥有公司 10% 的股份，因为一旦计划失败或停止，可以避免遭受巨大损失或面临艰难的裁员。在电信行业，由于研发投资规模庞大，合资企业和联盟形式对公司具有吸引力。为了分担下一代交换机所需的 10 亿 ~20 亿美元的研发投资，年销售仅为两三百万线的欧洲制造商必须使每条线路的价格接近 200 美元，年销售高达 600 万 ~800 万线的竞争对手可以将价格降低一半。根据每条线的估计价格，公司若想有利可图，则年销售须达到 300 万 ~400 万条线。这意味着许多公司需要增加产量，进而意味着需要寻求合作伙伴或进行收购。

由于科学技术的发展变得越来越复杂，开发新技术的成本越来越高，技术创新的风险也越来越大。特别是，一些技术和资本密集型行业必须支付大量的产品开发成本和固定成本才能满足竞争需要。即便是大型跨国公司也不愿意承担研发的成本和风险。因此，跨国公司经常建立技术联盟，以发展某些重要的技术项目。该联盟不是一个法人实体，其成员是独立的，但彼此间密切协调、合理分工、共享结果。可以看出，未来技术和创新的作用日益重要，研发规模空前，准集成的联盟形式保证了关联公司技术的所有权，成本和风险是可以承受的。例如，微软公司、IBM 公司和 IT 行业的其他大型公司在 20 世纪 90 年代建立了许多这样的联盟。目前，许多重要技术仍在以战略联盟的形式进行研究和开发。

战略联盟可以使跨国公司分担巨大的产品开发成本和固定资产投资，避免了一定的风险。例如，波音公司与日本商用飞机公司联合开发并生产了波音 767，摩托罗拉公司和日本的东芝公司都同意分担高昂的固定成本。

公司技术创新的风险体现在两个方面。第一，巨额资本投资的研究和开发可能不会成功。其次，研发成果可能落后于其他公司，无法获得相应的回报。激烈的国际技术竞争和科技的发展加速了技术的升级，缩短了产品的生命周期，给创新型企业带来了巨大的时间压力。时间的落后和缓慢的应用过程可能意味着技术创新企业不仅难以获得技术垄断带来的高额利润，而且难以收回技术投资的成本。基于时间的竞争客观上要求公司在创新过程中缔结技术联盟。一方面，它促进了公司之间的密切合作，提高了研发能力，降低了研发竞争失败的风险。另一方面，由于多个公司共同参与，风险分散，各公司承担的风险也相应降低。

【案例 4-1】

福特汽车公司与大众汽车集团建立全球战略联盟

2019 年 1 月，福特汽车公司与大众汽车集团建立全球战略联盟，该联盟将结合两大全球汽车制造商的优势，提升双方市场竞争力并推动积极创新，从而更好地服务消费者。新的战略联盟有利于合作双方在拥有独特功能和技术的车型架构方面分摊成本，从而显著提升业务规模和运营效率。按照规划，两家公司最早将在 2022 年共同推出为全球市场开发的商用车车型和中型皮卡车型。双方在商用车车型和皮卡车型上的合作，预计将自 2023 年起带来税前利润的增长。

在全球范围内，福特汽车和大众汽车在商用车车型和皮卡车型领域都有强大的业务覆盖，双方均拥有畅销的产品阵容，如福特全顺系列、福特 Ranger 以及大众 Transporter、大众 Caddy 和大众 Amarok 等。2018 年，双方的轻型商用车的全球总销量达到了近 120 万辆。从产品规模上讲，这将是行业内最大的轻型商用车合作。在战略联盟之下，福特汽车将负责为双方开发和生产中型皮卡车型，并计划在 2022 年正式推向市场。福特汽车将负责为双方面向欧洲市场开发和生产大尺寸商用车型，而大众汽车则负责开发和生产 MPV 车型。

此外，福特汽车和大众汽车还签署了一项合作备忘录，旨在探索在自动驾驶、智能移动出行服务和电动车型领域内的合作，目前双方已着手开始探寻潜在的合作机会。福特 CEO 韩恺特表示："随着时间的推移，这个联盟将有助于双方公司创造更高的价值，更好地满足我们的消费者和社会的实际需求，这个联盟不仅仅有助于大幅提高效率、强化业务运营，而且还为我们提供机会，共同合作去改变未来智能移动出行的时代。"

大众汽车集团 CEO 迪斯表示："大众汽车和福特汽车将利用双方共有资源、创新能力和互为补充的市场定位，来更好地为全球数以百万计的消费者服务。同时，提高竞争力是我们共同的目标，新的战略联盟为实现这一目标奠定了基础。"当然，新组建的联盟不会涉及合作双方交互持股。合作双方将成立一个联合委员会，来完成联盟的管理工作。该管理委员会由韩恺特和迪斯共同领导，由来自双方公司的高层共同组成。

（资料来源：根据福特官网 2019 年 1 月有关报道整理。）

（三）降低进入新市场的政治风险

如果企业想在激烈的市场竞争中长期立于不败之地，就必须不断开拓市场。特别是在世界经济一体化进程中，必须渗透到国外市场。国际竞争要求参与竞争的公司实现业务范围和区域的多样化。只有通过多元化经营，包括商业产品和产业的多样化，企业才能迅速应对不可预测的技术创新，并充分利用新的技术发展来实现规模经济。企业也只有实现业务领域的多样化和全球化，才能获得国际分工的好处，增强国际竞争力，并通过全球生产和营销网络，在最短的时间内和最广泛的市场中应用新的技术成果，加速技术创新的成本回收和盈利获取。跨国公司可以通过建立广泛的战略联盟来迅速实现业务范围的多样化并扩展其业务区域，日本跨国公司与欧洲和美国公司之间的战略联盟证明了这一点。根据对日本公司与美国公司战略联盟的调查，其合作产品领域大多与美国公司的核心业务领域一致，但与日本公司不同，因为日本公司把与美国高科技产业公司结成战略联盟，作为进入这些行业并获得技术优势的重要手段。日本公司与欧洲公司进行战略联盟主要是为了利用合作的欧洲公司在欧盟市场的重要地位来渗透和扩大其欧洲市场。

为了应对潜在对手的挑战，企业与其他公司建立战略联盟，建立产品开发伙伴关系，以市场为纽带，营造灵活协调的营销网络，不断开拓新的市场空间。在当今竞争激烈的国际环境中，越来越多的公司意识到仅依靠企业自身的力量进行国际化运营是不够的。与竞争对手建立联盟是降低风险和成本并改善整体竞争的一种方式、一种有效的能力手段。例如，英国石油和美国美孚石油公司于 2000 年 7 月组建了一个价值 50 亿美元的战略联盟，成为欧洲石油行业最大的公司，在欧洲石油市场占有 18% 的市场份额。由于这两家公司拥有相同类型的石油管道、储罐、炼油设备和加油站，预计每年可节省 5 亿美元，年营业额达 200 亿美元。

总之，建立战略联盟是快速进入新市场或新兴产业的捷径，可以大大降低市场风险。例如，日本丰田与美国通用汽车建立了战略联盟，成功突破了美国对日本汽车的进口限制。日本丰田在该联盟中仅投入了 1 亿美元，就获得了在美国制造汽车所需的所有信息。

（四）快速进入新行业并形成协同效应

由于每个公司的资源是有限的，为了使本公司在市场竞争中处于领先地位，公司必须将有限的资源集中在具有核心竞争力的领域和环节，而在非核心竞争领域则将业务外包，或通过战略联盟的形式与行业内的领先企业结成合作关系。这种合作是一种典型的基于资源或能力互补的战略联盟。在高科技行业，战略联盟机制被广泛运用到 R&D 领域。例如，西门子公司与各行业内全球最领先的公司结成了研发联盟，在电子通信领域与瑞典爱立信、日本东芝、荷兰飞利浦、英国 KTM 进行研究合作，在半导体领域与美国西方数据、日本富士、法国汤姆逊合作，在计算机领域与美国微软共同研究，在机器人研发领域与日本富士合作。这些不同行业的全球最优秀企业为西门子提供了自身难以企及的力量和优势，使其技术突破和创新得以实现。

通过形成战略联盟伙伴关系，拥有领先技术的跨国公司可以在全球经济条件下促进行业或产品和服务的标准化。通过制定行业技术标准，跨国公司可以建立领先地位，引导市场发展，并影响市场轨迹。在高科技行业中，同一产品涉及几种不同的技术，因此有许多不同的产品或技术标准。为了获得占领国际市场和国内市场的竞争力，每个公司都在努力将自己开发的技术发展成为通用技术或标准。任何技术标准的建立都是独家的，参与者希望排除其竞争对手。一旦公司建立了国际标准，那些无法建立产品或行业标准的公司将不得不花费大量的成本和时间来适应既定标准，并且在竞争中处于相对劣势。通过与具有相同竞争力的主要公司建立战略联盟，跨国公司可以利用联盟的力量来协调和建立新产品、生产流程或服务规范的全球标准。一旦建立了技术标准，对后来者来说这是一个巨大的挑战。任何公司都希望其标准成为世界的统一标准，并希望积极参与技术标准的形成以获得长期的竞争优势。为了开发全球产品、制定系统技术标准或跟踪和掌握技术变革的方向，有必要了解不同地区的技术状况和消费者喜好。因此，跨国公司和跨国公司的联合研发和设计变得普遍。领先的跨国公司普遍具有全球品牌和全球市场竞争优势，为在建立新的全球产品和技术标准中获得优先权，同时避免过度竞争或造成双方损失，许多领先的跨国公司更倾向于进行强有力的联盟和协作。例如，IBM 已与东芝在内存业务方面建立了研发联盟，在数据网络和通信领域与西门子等公司建立了合作关系，此外，它还与软件公司、在线公司和零售商建立了营销联盟。

（五）世界经济全球化的挑战

世界经济全球化的挑战是跨国战略联盟形成的外在动力。当今世界经济全球化的趋势是生产力和社会进步的必然，是人类文明的共同结果。其效果是在全球范围内分配资源，促进生产、分配、流通、消费等领域的分工与合作，使世界市场逐步成为统一的整体。虽然市场全球化扩大了企业产品的市场容量，但也增加了跨国公司管理的风险和不确定性。在全球市场的运营条件下，企业面临来自世界各地的各种风险，包括政治、经济和技术风险以及商业风险、金融风险、市场风险和商业运营造成的货币风险等。与此同时，在全球化市场中，竞争比单一的国内市场更加激烈。跨国公司面临来自国内公司以及其他国家的跨国公司的竞争。为降低经营风险，企业必须努力改善生产经营活动，降低生产成本，提高劳动生产率，实现规模化生产，实现经营和风险管理多元化。当跨国公司与其他公司形成战略联盟时，联盟企业可以分担一些运营风险以及技术开发和开发失败的风险。这种分担的风险远远低于跨国公司自行运营的风险。因此，战略联盟是跨国公司降低经营风险、巩固市场地位、增强竞争优势的有效手段。

二、跨国战略联盟的历史轨迹

经济全球化是世界经济发展的必然趋势，生产活动的全球化和一体化是其最重要的表现形式之一。生产一体化是经济全球化的微观基础。自 20 世纪 90 年代以来，随着商业环境的不确定性日益增加，产业界限日益模糊，技术日新月异，市场范围不断扩大，客户需求偏好日益多元化，全球市场竞争加剧。要从竞争中脱颖而出，企业必须发展和巩固其核心竞争力。跨国公司在世界各地竞争激烈，并且开展各种形式的合作。跨国战略联盟不仅是指不同国家经济体公司之间的联盟，还是指不同国家不同部门之间的商业联盟。有时跨国战略联盟也会在竞争对手之间发生。

就行业而言，跨国技术研发项目主要集中在电子、通信、医药、汽车制造、化工、航空等技术难度高、开发周期长的高科技领域。例如，1995 年，在国外的德国跨国公司的研究支出中，投入到技术密集型制造业的资金约占国外研究总支出的 95%。美国跨国公司在德国主要从事汽车制造、精密机械、化学工程和生物工程的研究和开发，而在日本则主要集中在电子元件、计算机和通信技术领域。同样，德国跨国公司在美国主要从事微电子、计算机、制药和航空航天等高科技的研发。这有助于实现双方技术优势的互补，促进全球范围内科技资源的最佳配置。

生产国际化已将跨国公司的运营中心从国内转移到国外。但是，由于自然环境、要素识别和消费偏好的差异，技术的国际转移和应用必须增强适应性。因此，研发活动必须接近当地市场，结果不可避免的就是研发活动的国际化和全球化。由于技术竞争的加剧，跨国公司的产品或技术往往必须全球化，从一开始就适应主要市场的需求，这极大地促进了研发活动的全球化。根据美国商务部的统计，自 20 世纪 80 年代以来，跨国公司在美国建立的海外研发机构更接近世界技术"高地"，如大学、研发机构和著名的实验室，旨在获得先进市场知识和当地先进技术。Castellani 和 Zanife（1998）使用计量经济学回归分析方法，以合同许可、股份制和非股权技术联盟的形式审查了 1352 项技术协议，涉及包括欧洲和美国在内的 8 个国家和地区的 32 家跨国公司。根据分析，拥有大量海外子公司的跨国公司更倾向于与当地公司建立合作网络，跨国公司与其他公司合作采用非股权技术联盟更为常见。

跨国公司的战略联盟主要发生在产业结构迅速变化、竞争激烈的市场、潜在竞争市场以及产业整合过程中产生的新市场的行业。战略联盟是对产业结构调整、激烈竞争或市场环境突然变化的战略回应。它使企业能够以低成本且有效的方式获得各种战略要素，提升企业核心竞争力。该联盟的战略目标指向高科技领域。20 世纪 90 年代，跨国公司结束了国际战略联盟，以掌握技术发展的主导作用，这在信息技术、生物制药和汽车等高科技产业中尤为突出。

全球信息技术合作在 1980 年只有 50 多个，到 1995 年超过了 300 个；生物制药行业的技术合作在 1980 年不到 40 个，到 1995 年达到了 230 个以上；汽车行业的技术合作也从 1980 年的 20 多个项目发展到 1995 年的 40 多个项目。在更传统的制造业，如汽车行业，研发联盟也更有可能在 20 世纪 90 年代初建立。汽车制造商对高效汽车生产中的机械专家的要求越来越高，制造轻型汽车车身和部件以及更先进的汽车导航通信系统，电子部件（如用于控制注油的半导体）需要新的材料和技术。开发新模型的成本非常昂贵，并且通常需要使用其他公司或公司的无形资产，包括复杂的技术和特殊类型的专有技术，如各种汽车部件的耐久性测试技术。只有充分利用其他公司的技术资源才能节省时间和成本。

Hegrert & Moitrs（1988）在对 839 个合作联盟的研究中也发现，大多数联盟协议都集中在高科技行业：汽车（23.7%）、航空航天（19.1%）、通信（17.3%）、计算机（14%）、其他电器（13.0%）和其他（13.0%）。除了这种明显的产业趋势外，战略联盟还具有强大的运营阶段特征。最常见的联盟协议是联合产品开发，占 3.7%；其次是联合生产，占 23.3%；再次是联合营销，占 69.3%。Hegrert & Moitrs（1988）也发现美国和欧洲共同体的合作协议最多，其次是欧洲共同体和日本。根据 1999 年《世界投资报告》，IBM 与信息技术领域的许多大型跨国公司进行战略和技术合作，并建立了多家合资研发公司。它与富士通（日本）在七个合作研究项目中建立了研发公司，与西门子合作开展了 14 个项目，与布尔（法国）合作开展了 12 个项目，并与 Townsend（法国）、日立（日本）和阿尔卡特（法国）也有合作。同样，RA&T 与北方电信（加拿大）合作开展了 18 个合作研究项目，与富士通和日本电气（日本）共同研发了 15 个项目，并与西门子、布尔以及日立和爱立信（瑞典）都有合作项目。

虽然 20 世纪 90 年代的战略联盟数量有不同程度的波动，但 90 年代的战略联盟数量远远超过了 80 年代。与 1989 年相比，1999 年的战略联盟数量增加了 6 倍多，从 1989 年的 1000 多个增加到 1999 年的 7000 多个。最多的年份是 1995 年，达到了 9000 多个，而 1990 年不到 4000 个。有证据表明，近期的联盟，尤其是合资公司，其数量和金额都比早期的合作伙伴关系更多。

战略联盟可以采取许多不同的形式，包括国内联盟和跨国联盟。20 世纪 90 年代，跨国战略联盟成为战略联盟的重要组成部分。1990—1999 年的 62000 个战略联盟中，跨国战略联盟占 68%，这意味着每三个战略联盟中就有两个是跨国战略联盟。

在战略联盟的类型方面，北美研发战略联盟是最活跃的，占研发联盟总数的 62%，这表明北美是全球研发和技术创新的基地。亚洲的制造业和生产联盟占34%，这表明亚洲已成为世界制造业中心。

就发达国家而言，拥有战略联盟最多的国家是：美国、日本、英国、加拿大和德国。美国的跨国联盟占世界的43%，它与日本、英国、加拿大、德国和中国公司的联盟约占跨国联盟总数的60%。从规模、范围和结构来看，不同国家之间的战略联盟存在很大差异。首先，国内联盟的数量与其国民经济规模有很大的正相关关系。国民经济规模较大的国家拥有较大的国内市场，拥有更多的国内战略联盟。例如，美国和日本拥有庞大的国内市场和大量的研究基地，因此在选择联盟时，它们不像荷兰、瑞典和韩国那样具有国际性。其次，出口导向型经济体往往会在国外找到更多的战略合作伙伴。例如，荷兰、意大利、瑞士和韩国有更多的国际战略联盟选择。最后，国内竞争环境和不同部门或行业的市场结构也会影响联盟的形式。在这些行业高度集中的国家中，主导市场的大公司更喜欢国际联盟。有些是因为该国缺乏合适的合作伙伴，有些是为了进入国外市场。挑战市场领导者的小公司对建立国内联盟更感兴趣。同时，国内产品市场上还有许多国内联盟，市场集中度低，竞争不那么激烈。

三、跨国战略联盟的发展趋势

由于组织的松散性和合作范围，跨国战略联盟可以在价值链的各个方面产生。形成联盟的企业可以在全球范围内实现互补资源，优化资源配置，同时大大降低产品开发成本和风险，为跨国公司的发展创造长期竞争优势、开辟更广阔的发展空间。特别是，在整合其核心竞争力后，联盟企业可以发挥互补和协同优势，使企业的某种核心竞争力能够在联盟中产生新的结合和扩展。因此，战略联盟的广泛形成已成为跨国公司发展的新趋势。战略联盟是将合作与竞争相结合的战略的新工具。

（一）从产品联盟到以技术创新合作作为主要目和内容的技术联盟

如果说20世纪60年代的商业联盟主要是生产性（产品）联盟，那么20世纪90年代以后的商业联盟主要是技术或学习联盟。早期的跨国战略联盟专注于产品，因此它们通常被称为产品联盟，目标是降低投资成本和投资风险或减少产品竞争对手的威胁。随着科学技术的迅速发展，现代技术的全面性和复杂性使得跨国公司的自主研发越来越困难和昂贵。因此，跨国公司的战略联盟更多地体现在技术发展上。技术联盟的特点是共享研究成果，强调公司学习能力的不断提高。保持技术创新和技术领先地位的战略能力已成为联盟各方追求的首要目标。

（二）从强弱互补联盟到强强合作的竞争联盟

作为一种在进入新市场时减少资本投资和降低风险的手段，产品联盟更多地体现在强弱互补的联盟中。新联盟主要在具有较强优势的大型跨国公司中开展，成员在其联盟领域开展合作，但仍保持协议以外的竞争对手关系以及公司活动的整体情况。例如，IBM在20世纪80年代的联盟大多接近产品联盟，但在20世纪90年代，为了发展，IBM与西门子达成了强强联盟，两家公司都专注于联盟内的知识和技术创新，并在设计、制造和测试计算机芯片方面分享新技术，但除此之外，双方仍然保持着竞争关系。21世纪以来，强强合作更为普遍。

（三）从实体联盟到虚拟联盟

实体联盟是指主要由股权、合作协议和其他具有法律约束力的合同约束组成的联盟。虚拟联盟是一种联盟关系，不涉及所有权，不具有法律约束力和相互依赖性。维持虚拟联盟更多地取决于行业法规的形成、知识产权的控制以及产品或技术标准的掌握和控制。这些

"软约束"被用于协调各方的产品和服务。

（四）从简单的线性联盟到复杂的立体联盟网络

传统的跨国战略联盟是跨国公司根据自身价值链活动建立的纵向或横向的线性联盟。随着全球竞争的加剧，跨国公司的战略联盟形成了一个复杂的联盟网络。联盟合作伙伴不仅包括跨国公司，还包括大学、研究机构和其他联盟。联盟的竞争将公司的优势扩展到公司的利益相关者，形成了网络集团的优势。联盟的目标不再局限于单一产品或产品线，而更专注于知识的创造。通过联盟网络共享信息以实现互补能力、提供战略灵活性以及促进知识创造和学习能力已成为联盟网络的主要特征。21 世纪以来，几乎所有大型跨国公司都聚集了大量的合作伙伴，联盟网络日益庞大。

（五）从反应性战略联盟到前瞻性战略联盟

反应性战略联盟是公司为适应市场变化而采取的防御性战略联盟。它的形成来自用户和竞争对手等外部驱动因素。但是客户、技术、竞争对手、合作伙伴、业务系统、供应商、政治环境等各种因素使得市场变化本身难以预测，市场的快速变化使公司甚至没有"反应"的机会。在这个瞬息万变的市场中，跨国公司经常通过持续的大型和低成本的勘探实践——前瞻性的战略联盟，从不同途径学习，在这个意义上，战略联盟中的合作伙伴只有经常进行变革以确保联盟的主要意图，才能更好地预测未来发展，实现持续创新，并最终实现整个行业的领导力变革。例如，在 20 世纪 90 年代初，英特尔与一些通信公司、有线电视公司和电影制作公司建立了战略联盟，并投资了 50 多家多媒体公司、网络公司和图像信息公司，其整体效果是该公司成功重新启动、定位，充分利用有前途的多媒体和 3D 图像来分割市场，最终英特尔和微软建立了 Wintel（Windows + Intel）标准，英特尔完全控制多个行业的开发步骤。

第四节　跨国战略联盟的类型

跨国战略联盟的组织形态多样，按照不同标准可以有不同的划分。

一、根据价值链所处位置划分

根据价值链所处的位置不同，跨国战略联盟可以分为资源互补型、市场导向型以及联合发展型国际战略联盟。

（一）资源互补型国际战略联盟

资源互补型国际战略联盟是指上游公司和下游公司形成的国际战略联盟。它分为两种情况：一种是具有独特技术的公司为了开拓海外市场或使用对方的销售网络而形成的联盟；另一种是公司与用户之间的联合国际战略联盟，它是将生产、消费、供需直接联系到上下游公司之间的国际战略联盟。

（二）市场导向型国际战略联盟

以市场为导向的国际战略联盟是各自下游环节的公司之间的战略联盟。这种联盟主要出现在汽车、食品领域，并侧重于彼此价值体系的下游联系，旨在提高营销效率和市场控制能力。

（三）联合发展型国际战略联盟

联合发展型国际战略联盟是公司在各自上游环节即研发环节形成的战略联盟。这种联盟的合作领域侧重于生产和研发。参与联盟的公司充分利用联盟的综合优势，共享管理资源，相互协调，共同开发新产品和新技术。

二、根据母公司的资源投入划分

根据母公司的资源投入不同，跨国战略联盟可以分为业务联盟、伙伴关系型联盟、股权合作型联盟以及综合性合资型联盟。

（一）业务联盟

在业务联盟中，跨国公司不参与东道国公司的股份，但通过与东道国公司签订技术、管理、销售、工程承包合同，对东道国公司实行一定的管理控制，每个公司必须独立履行其对联盟合作伙伴的义务。它是一种松散的战略联盟形式。

（二）伙伴关系型联盟

伙伴关系型联盟是指联盟伙伴投入的资源是基于知识资源的战略联盟。这种联盟的合作伙伴保留了产权结果。它要求联盟伙伴不断投入资源并共同努力。联合研发、联合营销和推广、联合制作以及增强的供应商伙伴关系是伙伴关系型联盟的主要形式。由于这种联盟要求联盟伙伴不断投入资源并共同合作，所以它们是一种相对紧密的战略联盟形式。与非对等契约联盟相比，对等契约联盟的合同往往是不完整和公开的。

（三）股权合作型联盟

股权合作型联盟是指由每个成员作为股东共同创立的，拥有独立的资产、人员和管理权限的联盟。股权合作型联盟一般不包括每个成员的核心业务，可以分为平等拥有战略联盟和共同持股战略联盟。基于公平的战略联盟通常被认为是知识转移的沃土。许多公司选择基于股权的战略联盟的动机之一是获得其合作伙伴的先进知识和技术。

（四）综合性合资型联盟

它是指由两个或两个以上公司共同建立的具有独立法人资格的新公司的战略联盟形式。合资双方通过不同比例的出资建立了长期合作关系，以分担风险和分享利润。这是最近出现的联盟形式。

三、根据联盟方从事活动性质划分

根据联盟方从事活动的不同性质，跨国战略联盟可以分为横向联盟、纵向联盟以及混合战略联盟。

（一）横向联盟

它是指同一行业内的公司，生产或销售同类产品的公司，或在同一市场上竞争产品或服务的公司之间的联盟。它主要有两种情况：一是同行业龙头公司在研发方面进行合作和风险分担，目的是加快技术创新、分散风险；二是在产业界限日益模糊的背景下，不同行业领先公司联合开发技术和产品标准，引领技术的发展。

（二）纵向联盟

它是指属于两个不同行业的公司之间的联盟，但两者之间存在直接的投入产出关系。纵向联盟主要发生在制造业的上下游公司之间，旨在减少或防止信息不对称造成的不利因素，有助于产业政策的实施。这种战略联盟的主要形式包括合资公司、兼并公司和收购公司。例如，日本汽车制造商和零部件供应商之间的联盟。

（三）混合战略联盟

它是指两个或两个以上公司之间，或两个或两个以上业务不相关的公司之间的联盟，它们没有直接的投入产出关系和技术经济关系。混合战略联盟旨在改善公司自身结构，扩大运营能力，加强市场控制，实现业务多元化，提高市场份额。

四、根据联盟主体地位不同划分

根据联盟主体地位不同，跨国战略联盟可以分为互补型联盟和接受型联盟。

（一）互补型联盟

它是在跨国公司双方优势互补的基础上形成的战略联盟，属于战略联盟的高级阶段。这些联盟大多数是在西欧、北美和日本等发达市场经济体的公司之间形成的。为了应对全球竞争，它们在技术、资金、人员、设计、加工和营销服务方面相互补充。公司的主要动机是分担产品开发和生产投资的成本；快速有效地访问目标市场国家的营销和分销网络。

（二）接受型联盟

接受型联盟是指差异性显著的公司之间结成的联盟，属于战略联盟的低级阶段。这种联盟的一般特征是发达国家的伙伴向相对欠发达国家的伙伴转移技术和运作方式，而欠发达国家的合作伙伴则向对方开放国内市场的某一部分或支付技术转让、人员培训等方面的费用。

五、根据联盟的内容不同划分

根据联盟的内容，跨国战略联盟可分为产品联盟、知识联盟和技术联盟。

（一）产品联盟

产品联盟从生产商品的角度分析跨国联盟的动机和内容，即利用外部规模经济，实现资源共享，提高利用效率，通过联盟降低公司的运营成本并获得彼此的产品或零件，共享资源和市场，分担风险。

（二）知识联盟

知识联盟是跨国战略联盟的一种形式。从知识分析的角度来看，这是联盟的动机和内容。也就是说，联盟方法、知识转移和新知识的联合创造所获得的"联合知识"是一种组织知识，主要包括技术、管理知识和组织惯例，这些都不是通过联盟以外的其他方式获得的。

（三）技术联盟

技术联盟是指公司为满足技术快速发展和市场竞争的需要而产生的优势互补或强化的组织。具体表现为两个或两个以上具有独立法律地位的公司，共同致力于某项技术或产品的研发。技术也是知识，因此技术联盟也是知识联盟。

【案例 4-2】

家乐福与谷歌达成战略合作

2018 年 6 月 11 日，家乐福宣布与谷歌达成战略伙伴关系，重点将围绕三个方面展开合作，其中包括法国消费者可通过谷歌新开通的购物平台以及 Google Assistant 语音助手等选购家乐福的商品、双方共同设立创新实验室以及谷歌助力家乐福集团数字化转型发展。

两家跨国公司建立战略联盟的目标旨在打造全新购物渠道和顾客体验，加速数字化转型。家乐福将在产品及物流销售等领域发挥专家优势，而谷歌将提供人工智能、Cloud 及 Google

Assistant 语音助手等领先技术。此项合作将充分发挥双方各自优势，为法国消费者带来全新优质的购物体验，不仅仅局限在线下门店，还包括网上购物、手机购物及语音购物等。

合作具体包括：①消费者可通过包括 Google Assistant 语音助手、Google Home 智能音箱以及新开通的 Google 购物网站等多种平台选购家乐福商品，以拓宽家乐福的数字化生态系统。双方期望通过合作为消费者带来简洁、直观的购物体验。②家乐福集团将与 Google Cloud 合作，在巴黎成立一个创新实验室。家乐福的工程师将与 Google Cloud AI 专家并肩工作，共同打造全新的消费体验。③家乐福集团将安排培训课程以加快数字化转型发展。这一新方案年初被提出并实施，目标是在集团内部形成快速决策的文化。在此背景下，超过 1000 名家乐福员工将接受 Google Cloud 为期六个月的培训。此外，家乐福将为超过 160000 名员工提供 Google Cloud G Suite 生产力和协作解决方案，包括 Gmail、日历、云端硬盘、视频群聊、文档等。同时，家乐福将会加速谷歌云平台基础设施的使用。

家乐福集团 CEO 彭博华先生表示，家乐福与谷歌签署战略合作伙伴协议，离不开谷歌法国和美国团队的努力，由此，家乐福成为谷歌在欧洲线上零售市场的首位合作伙伴。他还强调，此次合作也标志着家乐福自宣布 2022 计划以来又向前迈出了重要一步，家乐福将借此机会，进一步加速数字化转型发展，并在为顾客打造全渠道消费体验的发展中拔得头筹。

谷歌法国公司副总裁兼总经理 Sébastien Missoffe 说："如今，消费者们饱受购物体验不连贯的困扰，最终放弃了已添加的购物车，对零售企业的满意度和忠诚度也有所下降。顾客需要的是有力、简单且符合个人需求的购物体验，让他们知道自己到底买什么，辅之以方便快捷的购物车和无缝对接的结账模式。彭博华先生带领他的团队，与我们合作，致力于开发新的物流配送模式和电子商务技术，为法国的消费者们打造更加简便舒适的深度消费体验。我们很高兴能参与其中，通过谷歌云端和 G Suite 工具助力家乐福的数字化转型。"

（资料来源：根据家乐福中国网站 2018 年 6 月有关报道整理。）

第五节　跨国战略联盟的运营与管理

在经济全球化浪潮中，公司必须走跨国战略联盟的道路，不断提高研发能力，合理配置和利用生产要素。但是，为了使公司在跨国战略联盟中运作良好，有必要强化跨国战略。跨国战略联盟的管理，应当明确战略联盟的目标，优化跨国战略联盟建设的步骤。

一、跨国战略联盟的战略目标

（一）促进技术创新

技术优势是跨国公司拥有的最重要的垄断优势。保持核心技术能力是跨国公司保持垄断地位的保证，技术创新能力是跨国公司维持垄断地位的手段，因此，跨国公司需要不断地促进技术创新。跨国公司进行技术创新的新模式就是与其他跨国公司结成战略联盟。该联盟可以有效缩短新产品、新工艺、新技术的更新周期，能够抵御技术研发不确定性带来的风险，并能够共担"沉没成本"。

（二）追求高资本收益

国际竞争程度的加剧、生产经营成本的不断上升以及国际金融市场的剧烈波动，使得跨国公司资本收益不断下滑，甚至出现大型跨国公司申请破产的情况。为扭转资本收益不断下滑的局面，并获得资本高收益，近年来跨国公司纷纷开展跨国战略联盟，以期在获取资本高收益的同时提高本身的实力。

（三）绕过贸易壁垒

从世界范围来看，自第二次世界大战之后，区域经济一体化趋势加剧。其最明显的特征就是区域经济一体化组织逐步兴起并成为现代经济发展中的重要国际经济现象。区域经济一体化组织的形成有效保护了本区域以及区域内各国的利益，但是这种保护却伤害一体化组织之外其他国家的利益。这也是近年来各国贸易摩擦不断增多的原因之一。为此，一体化组织之外的跨国公司积极与一体化组织之内的跨国公司结成跨国战略联盟，以绕过贸易壁垒。例如，美国斯密特—凯恩公司在与英国比彻姆集团结成战略联盟后进入欧盟市场，成功应对了欧盟的贸易壁垒等。

（四）互补资源

战略差距的存在限制了企业单纯依靠自身资源和自我发展能力的方式，战略联盟已成为企业"填补"战略鸿沟的重要手段。通过战略联盟各方优势互补，实现各自的战略目标。企业的战略差距越大，参与战略联盟的动力就越大。因此，在现代社会中，衡量公司是否具有竞争力的标准之一应该是它是否能够将其内部资源与外部相对稀缺的资源结合起来并有效运用，从而成为行业中资源整合企业的佼佼者。

二、跨国战略联盟的建立步骤

建立跨国战略联盟是指在分析公司外部环境和内部条件的基础上，确定外国合作伙伴的具体行动计划、合作计划和应急措施的过程。跨国战略联盟的建立主要包括五个阶段：制定战略，分析战略差距，选择合作伙伴，确定联盟的类型和谈判签约。

（一）制定战略

通过分析优势、劣势、机遇和挑战（SWOT），识别竞争对手的威胁和公司的机遇，评估公司在现有环境中的优势和劣势，然后在综合考虑公司的长期目标和短期目标的基础上确定公司的战略，特别是要在长期规划中明确公司的营销目标或前景，注重获得相对竞争优势，兼顾长远和当下。

在决定是否采用跨国战略联盟之前，公司需要评估各种选择。例如，公司是否实施合并策略或收购计划？是自我发展还是参与战略联盟？在选择这些选项时，公司不仅要深入全面地理解战略解决方案，还要了解实施这些战略解决方案所需的资源及其对公司的影响。具体而言，如果公司计划采用战略联盟，则需要澄清以下问题：

1）建立联盟是否必要？

2）组建联盟后对公司声誉的影响是什么？

3）公司的最高管理层是否支持联盟？

4）联盟的成立是否会对与客户、供应商、现有合作伙伴和金融部门的合作造成不利影响？

（二）分析战略差距

在制定战略时，有必要分析公司的战略差距。所谓的战略差距是指公司希望实现的战略目标与通过自身资源和能力可以实现的条件之间的差距。战略差距主要体现在市场力量的核心能力（市场和范围经济的控制）、效率（成本优势和规模经济）以及战略差距构成战略联盟的最大动力上。总的来说，战略联盟可以使公司实现七个贯穿各领域的基本目标：降低风险，获得规模经济，获得补充技术，减少竞争，克服政府贸易限制或投资障碍，获得海外市场的经验或知识，加强与价值链上的互补伙伴的联系和合作。

（三）选择合作伙伴

联盟伙伴的选择是建立公司战略联盟的基础和关键环节。精心挑选合适的合作伙伴是联盟成功的先决条件。一个好的合作者不仅应该拥有所需的专业知识和能力，而且还应该拥有一致的企业愿景。公司在做出选择时应遵循 3C 原则：兼容性、能力和投入。

1. 兼容性

兼容性表现在两个方面。一方面是软件因素。其中最重要的是相互信任，联盟中的互信具有重要价值；公司文化是否融合也是决定联盟命运的关键因子。另一方面是硬件因素，包括战略、组织、生产、销售、财务和安全。

从兼容性的角度来看，如果双方的战略相互矛盾，就不可能保持良好的伙伴关系。当企业形成联盟时，有必要仔细研究潜在的合作伙伴和企业是否在组织结构上具有兼容性。在生产方面，人们应该主要考察对方在原材料和零件采购中采取的策略。在市场销售方面，人们应该考察潜在合作伙伴的市场份额和销售增长率，以及双方的服务政策是否相互接近，对方产品的质量、形象和价格如何；在财务方面，主要考察财务实力、风险政策、分配政策、再投资安排、资产负债率、现金管理以及双方的差异、潜在合作者可承受多少不可预见的财务压力、谁是合伙人的主要股东等。

2. 能力

合作者必须能够以智力的方式合作，联盟才有价值。在评估合作伙伴的能力时，应检查以下几个方面。第一，在合作领域，与谁合作你会更积极？第二，对方的市场实力如何？第三，对方的技术水平、生产能力和销售网络如何？第四，对方是市场领导者还是落后者？当中国公司和外国公司结盟时，他们通常要求合作伙伴有能力在联盟中投资互补的知识资源，这可以带来公司希望的技术、技能、知识和进入新的市场的机会。

3. 投入

在观察对方是否愿意投资时，首先需要检查联盟的业务是否属于合作伙伴的核心产品范围或核心业务范围。如果拟议联盟的业务范围对于合作伙伴的主要业务而言可以忽略不计，那么合作伙伴可能不愿意将必要的时间和资源投入合资公司。同时，在这种情况下，合作伙伴可以退出联盟而使公司处于两难境地。如果联盟涉及对方的主要业务或主要发展战略，这种风险将大大降低。其次，有必要确定合作伙伴退出联盟的难度。该联盟面临的危险之一是公司将合作伙伴纳入其全球战略并投入大量资源和能源，而其合作伙伴突然要求退出联盟，使公司陷入两难境地。因此，公司在最终决定组建联盟之前，必须测试合作伙伴退出联盟的可能性。

（四）确定联盟的类型

战略联盟的类型应该基于公司的不同情况，并且公司应该为每个可能的合作伙伴考虑相应的联盟类型和组成。联盟的形成对联盟的运作至关重要，关系到是否能够实现各方的目标。高级管理层应在明确联盟宗旨的基础上确定联盟的类型和组织结构；中层管理者应参与战略联盟的规划过程。为了获得公司人员对联盟的支持和对联盟活动的协助，公司应选择适合协调并具有丰富管理经验的管理人员作为联盟的管理者。

（五）谈判签约

在建立正式联盟之前，公司应该将联盟各方聚集在一起进行谈判。合作伙伴应就目标、期望和义务发表意见，然后制订联盟规则，并在协商一致的基础上签订合同。各方必须为联盟做出自己的贡献，承诺产生预期的利益。工作分配必须公平，双方获得的利益必须公平。战略联盟成员相对独立，在组织结构、公司文化和管理方式上存在很大差异。跨国战略联盟在这方面更加突出。合作伙伴之间的良好沟通和协作对于战略联盟的成功至关重要。

【案例4-3】

两大全球领先的零售商结成战略联盟

2018年7月2日，英国最大的零售商乐购（Tesco）和欧洲最大的零售商家乐福（Carrefour）宣布建立长期战略合作，旨在削减成本、降低产品价格并抵御以亚马逊为代表的电商们所带来的威胁。双方将在自有品牌产品和非转售品上进行全球范围内的联合采购，并共同提升营销和数据收集上的服务。

近年来，传统零售业受到了电商的冲击。家乐福年初宣布了包括裁员在内的一系列优化公司结构的改革措施。乐购近年来也不断收缩其海外扩张步伐。目前，家乐福在全球共有1.23万家门店，乐购有6800家门店。

这项战略联盟合作的期限为三年，预计在未来两个月内会就细节正式达成一致。家乐福总裁亚历山大·邦帕尔称，家乐福与乐购的战略联盟是一项重大协议，结合了两者的采购专长，以共同战略互补彼此的地缘特性。两家公司宣称，联盟将给顾客提供更好的价格、质量和选择。家乐福与乐购当天发布的联合公报称，双方合作范围将涵盖营销服务和数据收集等领域，包括与全球供应商的合作以及对自有品牌产品的联合采购等。合作范围不包括生鲜产品，同时这一合作暂时还不涉及中国市场。

推动这两大零售商达成此次合作的源动力，是它们近年来背负业绩增长压力、需要寻求突破的共同诉求。乐购和家乐福各自都遭遇了本地市场竞争对手的挑战。4月份，沃尔玛旗下的阿斯达（Asda）英国业务被商超英佰瑞（Sainsbury）母公司J Sainsbury收购，这意味着英国四大传统零售商中的两家已经强强联手，威胁到乐购在本地零售商市场第一的位置。这次与家乐福联盟，也被视作乐购对上述两家零售商合并的回应。法国市场上，家乐福也被连锁超市勒克莱尔（Leclerc）步步紧逼。不久前，勒克莱尔还从家乐福薄弱的电商业务下手，在巴黎地区上线了数字销售平台E Leclerc；亚马逊也与家乐福另一位本土竞争对手卡西诺（Casino）签署了分销协议。作为应对，家乐福只能加快业务模式的创新，并开始与谷歌和腾讯合作，加快数字化业务的转型。

更重要的是传统零售市场面临新竞争者的强势入局。连锁折扣店奥乐齐（Aldi）、历德（Lidl）在全球性扩张，并凭借超低价格的自有品牌产品抢走了部分传统零售商的目标客户。结盟或许能有效抵御这种攻击。据欧睿国际的数据，合并后的家乐福和乐购将占到西欧食品杂货市场份额的8%，领先于历德的6%和奥乐齐集团的5%。

此外，不管是家乐福还是乐购，都不得不面对亚马逊在线上线下的全方面挑战。线上，电商业务挤压实体零售的空间；线下，亚马逊在2017年收购的全食超市也依靠更健康、丰富的产品体系和庞大的自有品牌系列，对老牌零售商造成威胁。零售商联盟在欧洲很常见，但两家全球最大的食品零售商联合起来并不常见。

（资料来源：根据新华网2018年7月有关报道整理。）

三、跨国战略联盟的管理方法

随着世界经济和区域经济一体化的发展，许多企业选择通过与合作伙伴（尤其是跨国企业）形成战略联盟来迅速扩大企业的整体存量、提升企业竞争力。然而，在建立战略联盟时应当选择什么样的联盟伙伴？如何选择？构建完成后又该怎样有效地管理？这都是跨国战略联盟必须考虑的因素。

（一）选择适当的联盟伙伴

战略联盟的成功在很大程度上取决于是否选择了正确的合作伙伴。在选择盟友时，大多数公司都非常明智。一般而言，跨国公司已经制定了详细的选择标准。这些标准的核心可归纳为3C原则，即兼容性、能力和投入。

从3C原则开始，当公司选择与外国公司合作时，他们需要考虑公司技术的相对劣势，并结合公司资源、生产能力和市场潜力的优势，形成更有针对性的选择标准。

1. 加强技术创新，提高技术效率

传统的"市场换技术"口号具有误导性。大多数公司经常关注如何获得外部援助来补充自己的资金和能力。"市场换技术"型的战略联盟对实现技术创新不是很感兴趣，在选择合作伙伴时，他们不会关注技术协同效应、技术发展趋势和联盟创新周期等高级问题，如果所选合作伙伴可带来的技术利益非常有限，这在知识创新方面非常危险。从长远来看，通过战略联盟，提高公司技术创新能力、降低公司技术开发风险、提高技术开发效率和抵御风险能力，是公司选择联盟合作伙伴的首要原则。

2. 实力避免悬殊，优势尽可能互补

根据3C原则，战略联盟伙伴的选择必须更加兼容，即最好是合适的。这对公司来说尤为重要。如果一家公司在国际市场上处于弱势，则它往往愿意寻求一个强大的合作伙伴。但是，追求强大的合作伙伴可能不会带来好的结果。根据联盟伙伴的实力，战略联盟可以分为强联盟和弱联盟。麦肯锡的研究表明，强弱联盟的成功率一般只有30%左右，弱弱联盟的成功率为40%，强强联盟的成功率为67%。可以看出，实力平等、业务互补是联盟成功的必要保证。

3. 战略目标趋同，公司文化应兼容

在选择联盟合作伙伴时，公司必须关注战略目标和公司文化的一致性，尝试选择具有相同目标和文化兼容性的跨国公司，以便联盟中的冲突更少，操作更有效。在选择联盟合作伙伴时，公司不仅要评估双方是否具有战略一致性，如联盟目标是否与联盟成员的愿景、目标一致，还要深刻理解和研究联盟成员的文化背景以及文化合作。换句话说，公司在选择联盟合作伙伴时仅仅考虑战略一致性是不够的。一个联盟，如果有可能从补充能力的角度来检验是否有可能实现既定目标，那么它没有任何问题，甚至前景光明；但如果企业文化之间存在严重的不一致，那么它将被笼罩在失败的阴影之下。这表明文化因素在联盟的运作中发挥着重要作用。因此，只有那些实现战略高度一致性和文化高度一致性的公司才是最佳联盟合作伙伴。

4. 创建学习型组织

战略联盟伙伴的选择必须有利于公司转变为"学习型组织"，这有利于公司建立良好的学习机制，促进公司的可持续发展。要想在联盟中建立有效的学习机制，公司首先需要提高学习意识，提高学习能力。其次跨国公司作为联盟合作伙伴，要具有良好的教学能力和积极的教学意愿。只有满足这两个方面才能真正构建学习型组织。因此，在选择联盟合作伙伴时，公司不仅要盯着对方的资金和技术，还要关注对方投资的积极性，否则也是徒劳的。

（二）建立相互信任的关系

在联盟伙伴合作过程中，由于各方管理关系模糊，伙伴关系的双重性和复杂多变的结构对联盟成员之间的合作产生了诸多不利影响，直接威胁着长期战略联盟。因此，有必要建立合理的联盟运作机制，以确保成员之间的信任关系，从而提高战略联盟的绩效。例如，在比亚迪与戴姆勒之间的技术战略联盟中，技术合作战略动机是双方合作的主要原因，但技术合作战略动机并没有引发猜疑，其根本原因在于双方的相互信任以及通过谈判建立规范的合作体系对联盟的稳定发挥了制约作用。

当联盟伙伴彼此信任时，联盟业绩会更好。研究表明：值得信赖的联盟伙伴网络本身就是一种竞争优势，因为这能带来值得信赖的声誉。不幸的是，并非所有的联盟伙伴都值得信赖，联盟的参与者常常必须依靠各种机制来保护自身的利益。像长期合同、股票所有权以及担保债券这样的正式机制，可被视为联盟伙伴可信的长期承诺。然而，这些机制并不能确保实现对联盟成功至关重要的信息的共享。联盟伙伴往往用可理解的和可预测的过程来培养组织间的信任。非正式机制如公司声誉以及管理者、高级职员之间的人际信任，对于创造长期价值也是至关重要的。

1. 投票机制

为了使联盟顺利发展，它往往采用精心设计的联盟治理结构，包括制订具有保障条款的详细合同以遏制联盟各方的机会主义行为。无论谁违反合同，对方通常都会通过终止合同的方式来解散关系。终止合同投票的权利和行为往往会对联盟关系产生一定的威慑作用，这将使联盟成员在争议中做出让步和妥协，有利于建立信任友好的合作关系。

2. 投诉机制

合作伙伴由于背景不同，管理方式和文化存在差异，所以在联盟内部容易产生歧义和偏见，这必然会造成"内部消费"，增加合作的障碍和困难。建立投诉机制可以促进当事人之间的沟通，帮助各方消除偏见，处理各种矛盾，确保长期信任。投诉过程是指合作者对另一方表达不同观点和态度的过程。这也是重新沟通、统一意见和相互理解的过程。要实现联盟成员之间的有效沟通，人们首先就需要形成一种共同的相互理解感，并换位思考，从另一个伙伴的角度分析他们的立场和行为，而不是简单地从自己的角度来分析。因为沟通包括传播信息和理解信息这两个不可分割的方面，为了减少差异造成的理解障碍，有意识的组织沟通也是必要的。如果合作伙伴将组织沟通视为工作中的必修课程，则会大大提高联盟的持久性。

3. "人质"机制

联盟中的合作伙伴以投资特定资产作为"人质"也能增加相互信任，从而有效地防止联盟中的机会主义行为。联盟成员可采用双向承诺方式以实现相互控制。"人质"机制在加强联盟成员之间的合作关系方面发挥了巨大的威慑作用。

4. 信誉机制

合作双方不可能制定完全可执行的合作合同。合同的执行总是存在很多不确定性。因此，合作双方应保证持续的相互承诺和支持。

（三）优势互补产生协同

由于新经济技术的快速升级，任何公司都无法垄断其所在领域的所有技术优势。鉴于技术优势分散的特点，建立战略联盟可以形成技术交流和优势互补。跨国公司的母公司依靠其海外研发联盟的帮助，可以使其产品更适合主体消费者的需求和特殊要求，并开发能够满足主体消费者的系统或产品标准（如某些通信设备的标准）以适应东道国市场。例如，日本公司和美国公司之间的战略联盟的战略产品领域大多与美国公司的核心业务领域一致，并且不同于日本公司的核心业务领域，因为日本公司将与美国高科技产业竞争。战略联盟是进入这些行业和获得技术优势的重要一步。

值得指出的是，跨国公司在传统的制度安排下很难获得技术优势或尖端技术。如果通过市场交易购买技术成果，那么市场的交易成本仍然存在；如果它是通过内部整合发展的，那么它必须承担与内部化相关的成本，并且风险很难分散。因此，许多跨国公司现在已经以准整合的形式广泛建立了战略联盟，尤其是在 IT 行业和生物医药行业。通过优势互补，大公司分享各自的成就，共同构建技术优势地位，以确保在面临新的经济挑战时立于不败之地。

在战略联盟中，应该考虑：

1）在建立联盟之前，公司要选择一个适合建立联盟的具有互补战略资源的公司，然后通过就联盟的战略动机进行协商达成共识，以积极影响联盟的稳定性，防止投机行为的产生。更重要的是，双方应共同努力，将创造新的价值作为重要的战略目标。

2）在建立跨国技术战略联盟合作关系时，公司要充分了解自身和合作伙伴的战略需求，然后在相互信任的基础上进行谈判，根据双方或多方的实际情况选择适当合作方式，建立适当完善的合作机制，建立相应的激励措施和奖惩机制，保证公司利益和联盟利益的一致性，有效提高联盟的稳定性，确保实现战略联盟目标。此外，公司的技术资源也需要专利保护等，以防止合作伙伴以不正当手段获取或随意复制这些技术。对于不适合申请专利的技术，公司可以降低合作伙伴的透明度，或者在合作协议中增加相应的使用限制。

3）在合作过程中，公司要了解合作公司之间的文化差异，在信任的基础上进行整合、充分沟通，激发公司的创造力，减少文化差异造成的冲突。要在联盟合作过程中不断学习，通过"干中学"和"学习中使用"，不仅可以相互学习技术知识，还可以学习和感受管理经验、过程系统、操作方法等。公司建立跨国技术战略联盟的最终目标是提高其竞争力（特别是在技术研发方面），并真正将创新作为一种理念，在自主创新的基础上，立足于创新人才，形成自己的战略资源和能力以及独特的优势，在激烈的市场竞争中取得成功。

基于自身资源和能力形成的战略差距在不同程度上限制了公司的自我发展道路，客观上要求跨国公司走上战略联盟与合作的道路。因此，战略差距是跨国公司在全球竞争中形成战略联盟的重要推动力。公司的战略差距越大，参与战略联盟的动力就越强。

战略联盟有助于公司实现资源互补，摊销高额的开发投资成本。因为除了技术要素外，公司的发展还取决于资本和人力因素的结合，而资本和人力资源需求的激增则带来了投资成本的大幅增加。在这种情况下，大多数公司开发投资的规模将受到成本的限制，从而减少了开发新产品和进入市场的机会。战略联盟可以通过少量投资有效并适当地调动所需的各种资源，合作伙伴将有更多机会降低各自环节的投资成本、提高运营效率。通过战略合作，战略联盟促进了每个公司的资源互补优势。这主要体现在战略联盟与同类产品生产商的合作中，在扩大生产规模或减少生产成本的条件下，可以更好地发挥各自的比较优势，增强了公司的竞争力。

【案例4-4】

跨界营销战略联盟

2005年4月26日，魔兽世界游戏开启国服公测，而在此之前的4月15日，当时游戏的国服运营商九城公司与可口可乐公司达成了战略合作协议。可口可乐公司准备了5亿支带有魔兽人物的可口可乐饮料进行销售，并准备了4000万份奖品，投入2000万元进行全国路演，分A、B、C三档装修了近20000家网吧。而九城公司付出的资源是，消费者凭每支可口可乐瓶盖中的13位码可以兑换1小时的魔兽世界游戏时间，魔兽世界官方网站也同时推广可口可乐。

此次活动最终大获成功，取得了双赢，双方都实现了预期目标：魔兽世界借可口可乐的大量资源迅速在大众面前树立起了知名度，而可口可乐则在年轻化的品牌塑造上更进一步。当时，超市中魔兽元素的可口可乐经常脱销，那句经由S.H.E之口说出的"没做过的事"广告语在年轻人当中风靡一时。

自从魔兽世界与可口可乐合作之后，游戏公司在跨界营销上开始了广泛的合作。英雄互娱与麦当劳，在河南、吉林、辽宁、黑龙江、内蒙古等地的175家麦当劳门店为英雄互娱的产品和赛事等进行联合推广，并在其中推出22家英雄互娱活动主题店。与麦当劳的合作已经是英雄互娱的第15起异业合作案例，跨界营销的比例以及幅度大幅提升。例如，网易游戏与长隆野生动物世界携手，展开跨界营销，为旗下新手游《功夫熊猫3》造势，长隆全球唯一的熊猫三胞胎"萌萌""酷酷""帅帅"早已在大电影中献出了自己的荧幕初秀，而游戏上线后还会与长隆联合开启更多的系列活动。

在现有渠道已经不足以满足游戏厂商需求的情况下，如何研发用户喜欢的游戏成为一个关键问题，但游戏内容存在太大的偶然性，成功与失败往往不可预估，因此开辟全新的增量市场很关键。英雄互娱相关负责人介绍，"从未来的发展趋势来看，传统行业庞大的线下渠道也有机会成为未来手游产品的分发渠道，英雄互娱的异业合作一直是朝这个目标而努力。"根据英雄互娱透露的数据，2015年其跨界合作15家企业，发放超过200万个游戏礼包，曝光量达到1.5亿人次，转化率为3%。

当然，跨界营销实际上并不都是"1+1＞2"的游戏，做得不好有可能成为"1+1=2"。

对于传统企业而言，在形成了固有的盈利模式之后，市场空间和营销渠道相对单一，需要开拓新的市场和营销点。在这种情况下，他们希望参与到新兴行业中去。而新兴的移动互联网企业更希望参与到传统行业中去寻找用户。但是双方的合作，必须要保证产品之间气质的互补。游戏的主要人群是年轻人，腾讯在2014年发布的一份用户画像的数据显示，60.7%的手游活跃用户年龄为19～30岁。年轻人是手游的主力人群，在跨界合作时，理所应当选择年轻人喜欢和经常光顾的品牌。以英雄互娱为例，其跨界合作厂商迪士尼、可口可乐、Baci巧克力、屈臣氏、好乐迪、美特斯邦威、麦当劳等基本都是年轻化的快消品牌。

总之，只有契合的主题、相近的群体才能为合作双方带来更多的关注，从而形成"1+1＞2"的协同效应。

（资料来源：根据新浪网2016年1月有关报道整理。）

【基本概念】

跨国战略联盟　实体联盟　虚拟联盟　资源互补型联盟　营销导向型联盟　联合发展型联盟　业务联盟　伙伴关系型联盟　股权合作型联盟　综合性合资型联盟　横向联盟　纵向联盟　混合战略联盟　产品联盟　知识联盟　技术联盟

【思考题】

1. 什么是跨国战略联盟？
2. 跨国战略联盟有哪些主要特征？
3. 为什么要建立跨国战略联盟？
4. 根据母公司的资源投入划分，可以将跨国战略联盟分为哪些类型？
5. 根据联盟主体地位不同划分，可以将跨国战略联盟分为哪些类型？
6. 如何选择合适的战略联盟伙伴？

【本章参考文献】

[1] 波特. 竞争优势 [M]. 陈小悦，译. 北京：华夏出版社，1997.

[2] 波特. 竞争战略 [M]. 陈小悦，译. 北京：华夏出版社，1997.

[3] 朱晋伟. 跨国经营与管理 [M]. 2 版. 北京：北京大学出版社，2015.

[4] 刘绵勇. 跨国经营与管理 [M]. 北京：清华大学出版社，2012.

[5] 杨培雷. 跨国公司经营与管理 [M]. 2 版. 上海：上海财经大学出版社，2015.

[6] 曾竞方. 跨国公司战略联盟研究 [D]. 成都：四川师范大学，2012.

[7] 李园. 跨国公司的战略联盟研究 [D]. 北京：对外经济贸易大学，2000.

[8] 林季红. 跨国公司战略联盟研究 [D]. 厦门：厦门大学，2003.

[9] 邓力千. 跨国公司战略联盟理论综述 [J]. 福建质量管理，2017 (11)：56-57.

[10] 郭丹凤. 跨国战略联盟的竞争优势与形成途径分析 [J]. 企业技术开发，2016 (16)：73-75.

[11] 杨震宁，李东红，曾丽华. 跨国技术战略联盟合作、动机与联盟稳定：跨案例研究 [J]. 经济管理，2016 (7)：48-59.

[12] 杨伟栋. 企业跨国战略联盟中存在的问题与对策 [D]. 大连：大连海事大学，2016.

[13] DAVID J. TEECE. Competition, Corporation, and Innovation：Organizational arrangements for regimes of rapid technological progress [J]. Journal of Economic Behavior and Organization，1992 (18)：1-25.

◀◀◀第五章

跨国公司内部贸易及其转移价格

【本章重点】

1. 内部贸易的特征。
2. 跨国公司内部贸易对国际贸易的影响。
3. 转移价格的确定方法。
4. 预约定价的优点。

近年来，跨国公司与其子公司以及关联公司之间的内部贸易总额和比例不断上升，跨国公司一方面通过中间产品的内部贸易向外资公司提供支持以提高其竞争力，另一方面通过转移价格达到向境外转移利润和避税的目的。探讨转移价格的方法以及其优缺点和替代方法是本章的主要内容。

第一节 跨国公司内部贸易

一、跨国公司内部贸易的含义

跨国公司的公司内部贸易（Intra-Firm Trade），是与公司间贸易（Inter-Firm Trade）相对应的经济概念，是跨国公司体系内部有形资产的购销、转移和使用，无形资产的转移和使用，资金融通及劳务提供等各种往来业务的交易活动。跨国公司内部发生的原材料、中间品、劳务和技术在跨国公司母公司、子公司间的流动，主要表现为跨国公司母公司和子公司之间、跨国公司子公司之间通过签署公司合作协议而产生的买卖贸易关系。不仅如此，内部贸易还是跨国公司将贸易品制造过程中的不同工序、不同配件分布到在某一方面拥有丰裕的要素禀赋和比较优势的国家进行生产的主要形式。这种在全球范围内的贸易活动能够提高效率，实现成本最小化。

跨国界内部交易的产品有两种形式：①最终产品，即在一定时期内生产而无须在公司内部进一步加工就可直接为市场提供的最终消费和使用的产品；②中间产品，可能是生产资料，是为了生产最终产品而生产的物质资料，也可能是研发技术、销售渠道、融资方式、员工培训等无形资产。

当前国际贸易市场可以分为三大类：跨国公司之间的贸易；不同国家之间的贸易；跨国公司的内部贸易。随着全球经济的发展，内部贸易在国际贸易市场的比重会越来越大。内部商品跨越国界的运动，并没有流向所有权主体之外的其他国家，产品的所有权还是属于跨国公司，因此它既具有一般国际贸易的特征，又具有公司内部商品调拨的特征，与传统的国际贸易存在很大的区别。

二、跨国公司内部贸易的特征

(一) 内部贸易受跨国公司全球战略影响

跨国公司之间的交易活动是通过传统的国际贸易形式来进行的，一般情况下，跨国公司之间由于以往长期的国际贸易活动建立了稳定的伙伴关系，但是双方之间每一次的交易活动都是依照跨国公司之间的供求关系而决定的。随着跨国公司在海外生产经营活动的规模越来越大，跨国公司内部分工的需求也会越来越大，跨国公司内部贸易的商品服务的规模、种类和贸易流动方向等要受跨国公司全球战略的影响。跨国公司在公司内部开展贸易活动，使战略规划和组织活动相适应，降低政策风险，保障子公司的绩效指标，其根本目标是实现全球战略目标。跨国公司实行全球战略，本着节约成本、革新技术的目的将生产、营销以及研发等环节转移到其他国家，同时位于不同国家的子公司精确分工、密切配合，努力满足资源、资金的内部优化配置。这种计划性有助于跨国公司实现全球利益的最大化。

随着经济全球化的日益深入，跨国公司在规模和数量上不断扩大，更注重生产集中控制以及整体协调，跨国公司内部呈现了国际分工深化的趋势，跨国公司更需要在国际范围内统筹规划，以保证价值链各环节的协调性。为了保证内部发展战略的顺利实施以及应对新形势下的竞争，跨国公司追求自身发展并开始实施全球战略，重视全球范围内各子公司的资产配置，内部贸易成为跨国公司必然的选择。内部贸易商品数量、交易结构以及贸易方向等都受公司整体长期发展战略的控制与调节，以确保内部再生产的各个程序能相互促进、协调发展。

(二) 跨国公司视其内部贸易资料为商业秘密

跨国公司进行外部市场交易会面临商业秘密被公开的风险，公司的技术、研发是竞争优势所在，商业秘密的保护对于跨国企业是至关重要的。互联网的发展令跨国公司泄露机密的风险大大提升，所以跨国公司越来越多地选择内部贸易，以保持跨国公司的技术优势。跨国公司内部贸易信息透明度很低，信息具有不对称性，技术信息和经营信息很难被跨国公司外部竞争对手所察觉和获取，因此竞争对手无法确定内部交易的正当性以及其对跨国公司带来的利弊，从而为跨国公司通过内部贸易谋取利益创造了有利条件。

(三) 内部贸易采取转移价格的定价策略

相关数据显示，超过90%的跨国公司内部贸易实行转移价格的定价策略。跨国公司内部贸易是商品、服务、技术在公司内部的各部门、各系统之间的流动，不涉及其他外部利益关系。传统贸易中的商品定价通常以商品的生产成本为基础参照市场需求而确定的。而在内部贸易中，可能出现以较低的价格甚至商品的生产成本价进行流通交易。对于整个跨国公司的总体利益来说，价格并不重要，各子公司表面的盈亏也不重要，重要的是整个跨国公司的全球发展战略目标。跨国公司之所以选择转移价格定价策略，有跨国公司内部、外部两方面的原因。

一方面，从跨国公司内部来看，实行转移价格有助于调节和缓和跨国公司母公司与各个子公司之间的冲突。跨国公司根据全球战略实施经营管理，谋求跨国公司的整体经营管理和最佳利益。受经营目标和管理的影响，跨国公司母公司和子公司难免出现利益不一致的冲突，可能在经营过程中出现某个子公司利益受损的情形。在这种情况下，采取转移价格的定价策略不仅能够让跨国公司坚持全球战略目标，而且还能让跨国公司通过公司内部的商品、服务、技术等的流动，适度、合理地调节各子公司之间的内部利益关系，保持母公司和子公司利益的一致性，从而对整体经营和发展产生良性影响。

另一方面，从跨国公司外部来看，跨国公司实行转移价格的定价策略有很多好处，不仅能规避整个贸易市场的缺陷，而且能减轻跨国公司的税收负担，从而实现公司整体利益的最大化。由于跨国公司内部贸易的产品和服务的价格是以成本为基础的，是由跨国公司的内部利益决定的，外部市场供求量并不是关键因素。在这种情况下，公司往往通过低于市场价格或者高于市场价格的定价方法实现内部价格转移，逃避外汇管制、逃避过高税收、规避汇率风险。例如：跨国公司以低于市场的价格向子公司转移原材料、中间品，降低子公司生产成本，从而使其在东道国市场增强竞争力，当子公司成功排挤其他竞争对手、垄断市场的时候，再提高产品价格，获得超额利润和规模经济；若东道国实施标准更高的税收政策，跨国公司子公司以高于市场价格购入母国的设备、原材料等产品，则子公司产品的生产成本高，这样可以有效冲减利润，避税效果明显；当东道国外汇汇率波动，货币面临贬值时，母公司可以通过提前或推后付款将子公司的利润和资金及时转出，以减少外汇损失。

（四）内部贸易不转移或不完全转移标的物的所有权

跨国公司内部贸易也是国际贸易形式的一种，虽然各种交易的数据也要计入各国的对外贸易统计，同时内部贸易也会对母国和东道国产生不同的经济效应，但是，跨国公司内部贸易虽然是在传统国际贸易的基础上发展的，双方在某些方面依然显示出不同的特点。传统的国际贸易主要是指各跨国公司之间商品和服务的交换，一旦发生贸易关系，意味着标的物的所有权也发生了改变。跨国公司的母公司通过完全控股、部分控股实现对子公司技术上、资金上的管理控制，这些联系表明跨国公司的众多子公司在某种程度上受母公司管辖控制。跨国公司内部贸易中产品或技术在母公司、子公司和关联公司之间流动，这种情况下，产品、技术是在同一公司内部由一个分部转到其他分部，所有权没有发生改变，不被视为传统贸易。因此，尽管跨国公司子公司之间存在不同程度的独立经营和独立会计核算，他们之间确实发生了全球范围内产品、技术的互联互通，但跨国公司内部贸易中的产品或技术不转移所有权或不完全转移所有权。

（五）贸易的内部化率与跨国公司所在国的经济发展水平相关

跨国公司在选择进入方式时会考虑当地经济水平，即跨国公司选择对外直接投资、许可证交易或者出口的决策取决于公司所在地的经济发展与人民生活水平。郭秀慧（2013）认为经济发达的国家往往采取对外直接投资和内部贸易方式来进行国际化经营，而经济不发达的国家往往更多地采用对外直接出口的方式。因为跨国公司是进行国际直接投资的投资主体，也是内部贸易的行为主体，两者配合、协调程度高，这使得国际直接投资与内部贸易的地理流向相同。

一方面，经济水平较高的发达国家拥有购买力较强的市场、不断优化的营商环境和基础设施，拥有显著的区位优势，能够吸引对外直接投资。而发展中国家的区位优势相当薄弱，各方面发展相对落后，公司拥有较小的所有权优势。只有以新加坡、韩国等为代表的少数新兴工业化国家区位优势较强，能够成为国际直接投资集中的地区。另一方面，发达国家投资环境障碍和风险少，是跨国公司实现公平竞争、长期稳定发展的前提，便于跨国公司下属子公司之间的分工以及互相沟通、协作。经济发展水平越高，该国家或地区的跨国公司数量越多、规模越大，越有可能采取效率更高的内部贸易的交易方式。因此，经济发展水平和市场购买力无疑应该成为一国吸引外资的重要因素，与跨国公司贸易内部化率成正比。

三、跨国公司内部贸易的分类

（一）按内部贸易主体分类

（1）母公司向海外子公司的销售。它是指跨国公司母公司将产品、原材料、技术与服务以非市场价格销售到海外子公司。

（2）海外子公司向母公司的销售。它是指跨国公司子公司将产品、原材料、技术与服务以非市场价格销售到母公司。

（3）同一母公司控制下的子公司之间的交易。它是指跨国公司子公司将产品、原材料、技术与服务以非市场价格销售到其他子公司。

（二）按内部贸易性质分类

（1）投资性内部贸易。它是指专用技术和相关设备被折价并以资本的形式注入海外分支机构和投资项目，输送资金，实现互惠互利，这些被当作资本使用的贸易客体一般是技术及相关设备和物品。

（2）经营性内部贸易。它是指出于满足跨国公司内部成员的日常经营活动需要所进行的贸易客体的跨越国界的流动。如果某子公司在生产某种产品时缺少设备或材料，则它可以报备到总公司，总公司根据实际情况安排母公司或其他子公司将该材料或者设备配送到该子公司，同时通过生产经营活动获取一定利润。

（3）管理性内部贸易。它是指跨国公司内部开展的有关跨越国界的会计、法律、宣传等活动。跨国公司进行内部贸易，母子公司之间产生特殊的权益关系。具体而言，跨国公司在东道国当地成立的子公司（即现地法人），开展经营管理活动需要遵循当地的法律制度和经济政策，并且使用当地的货币和会计准则。

（三）按内部贸易产品特点分类

依照跨国公司内部贸易产品特点，内部贸易可分为有形贸易和无形贸易两大类。

（1）有形贸易。它主要是指原材料、生产设备和中间品等可以看得见的有形实物在公司内的交易，该类型贸易主要是通过物流配送实现的。

（2）无形贸易。它主要是指劳务或其他非实物商品在公司内的交易，包括运输、保险和使用专利特许权等。

四、跨国公司内部贸易的理论基础

（一）内部化理论与跨国公司内部贸易

英国学者巴克利、卡森与加拿大学者拉格曼以发达国家跨国公司为研究对象，于1976年在《跨国公司的未来》一书中提出内部化理论（Internalization Advantage Theory）。内部化是指原来的市场交易变成企业内部的交易，内部化理论详细解释了跨国公司为何要进行直接投资和内部贸易。随着生产力和科技的发展，企业经营模式和内容发生了变革，不再拘泥于传统的生产、销售，扩展到研发、员工的培训等，产品不仅包括有形实物商品，还包括知识、信息等无形产品。由于交易成本受外部市场影响，公司内部无法控制外部市场，导致交易成本容易提高。因此，在市场不完全的情况下，如果把市场建立在公司内部，当内部市场在两个或两个以上的国家形成时，公司也就满足了跨国经营的要求。通过内部组织体系以较低成本转移最终产品，特别是知识产品、信息产品等中间产品，公司就能合理配置资源，实现利润最大化。该理论的主要内容包括：

1. 外部市场不完全是决定企业内部化的重要因素

如果外部市场是完全竞争的，那跨国公司就拥有了顺利经营的重要因素，在这种情况下，跨国公司没有采取内部贸易方式的必要。而现实情况是外部市场是不完全的，如政府的干预调控、信息的不对称性、大公司对市场的垄断以及有形资产和无形资产的价格不符合市场价格等，这些客观和主观的原因阻碍了跨国公司国际贸易的发展。

具体而言，一方面，政府对市场的干预和调控以及少数大公司对市场的垄断降低了市场的竞争活力，滋生腐败，国际市场内部资源配置效率低，外部交易存在着交易障碍。在市场集中程度较高的行业或部门，少数企业生产产品并供应整个市场，新兴企业与这些垄断企业竞争市场会面临很大的阻碍，因为这些新兴企业很难形成规模经济，同时面临垄断企业的阻碍，因此外部市场是不完全竞争的。而国际市场上贸易保护主义的多样化措施会扭曲市场，致使外部市场存在缺陷。这些干预措施、垄断行为极大地促进了内部贸易的产生。另一方面，国际市场多种交易模式存在缺陷。这主要是指检查费用、鉴定费用等额外成本及操作不当引起的亏损交易。信息的不对称性导致市场交易中会存在制约公司对行业的精确把握、交易"道德风险"以及供给不稳定等市场缺陷，这些缺陷在一定程度上增加了外部交易成本。交易成本不仅包括市场失灵产生的成本，还包括国际政治经济不稳定、跨国公司交易过程中的履约风险和沟通风险所产生的风险成本。全球市场交易面临众多风险使跨国公司增加支出费用并减少预期经济利益，同时削弱了跨国公司的对外扩张能力。

跨国公司把中间产品的生产和交易及其他需要再加工的各个环节内化到公司内部进行，搭建平稳运行的内部交易结构框架，以此来克服外部市场不完全性所带来的市场失灵、贸易壁垒多、交易不稳定等缺陷。跨国公司借助内部贸易所带来的技术利用和管理运营效率的提高来降低营销、研究与开发等部门产生的成本，实现跨国公司总体发展的战略目标，使公司经营活动拥有效率性和计划性，提高企业盈利水平。

2. 知识产品的特性是促使内部化市场形成的重要动力

知识产权包括知识、信息、技术、专利、管理技能和专有技术等。如果跨国公司拥有其核心技术，就拥有了参与市场竞争的能力。知识产品的研究与开发投资大、耗费时间长，对于跨国公司来说先进生产技术是获得差额利润的有效方法，技术创新是公司经济系统的内生变量，管理进步、研发创新既是保证跨国公司拥有竞争优势、能够很好地进行跨国生产和经营活动的关键，也是保持跨国公司持续健康发展不可或缺的动力源泉。跨国公司通过在国际市场扩大生产和经营规模，利用公司独有的先进的核心技术知识，同时利用要素禀赋理论，在全球范围内实现资源的有效配置，并在此基础上获得更有价值的技术以及更广阔的国际交易市场。

总而言之，跨国公司要获得规模经济、实现经营利润最大化的全球战略目标，就必须拥有不易被其他竞争对手模仿的先进知识技术，同时避免通过合资、战略联盟等方式造成先进知识技术的外泄，从而失去对核心技术的垄断和控制。在知识产品如此宝贵的情况下，如果将知识产品提供给外部，就要花费很高的成本才能阻止他人从中获益。知识产品在跨国公司内部转移，不仅能实现有价值的产品、服务在公司内流通，还能保护本公司专有的技术、研发竞争优势，而且转让的是使用权而非所有权，跨国公司内部利益被侵犯的概率大大降低。

（二）交易成本与跨国公司内部贸易

科斯认为企业最显著的特征就是作为价格机制的替代物，因为利用价格机制是有成本的，企业由于节约了交易成本而出现。外部市场存在很多交易障碍，如市场不完全、信息不对称、关税和非关税壁垒、谈判成本等，公司要解决这些交易障碍就意味着会产生额外成本。知识、营销技能、诀窍等中间产品在外部市场交易时得不到保障，无法实现其价值，然而在跨国公司内部实现流通可以降低商品、服务等的交易成本，实现利益最大化的目标。跨国公司内部贸易从多个方面影响着公司的交易成本。

1. 降低了时间成本和资金成本

传统的国际贸易是公司之间进行的商品贸易往来，从寻找匹配的交易方到进行谈判进而签订合同等一系列过程，以及对这些过程进行监督，都需要大量时间和资金的支持才能顺利进行。而跨国公司内部交易可以简化交易过程，通过下达行政命令方式进行产品、服务的转移和有效配置，能够减少相应的时间和资金成本，从而降低交易成本。

2. 降低了机会主义引起的违约风险

当前，受地缘政治和经济环境的影响，国际市场的不确定性加大，跨国公司在贸易往来的过程中存在违约风险，而生产技术、管理模式、运作方法等的交易具有特殊性，与传统的商品交易有很大不同。这种形式的交易面临的违约风险更大，如若不然，须以较高的保险金额来保证交易的顺利进行。如果跨国公司选择内部贸易，则交易双方同属一个利益共同体，双方的投资资金和管理控制使企业新增交易的边际成本近乎为零，也就不存在有利可图的一方违背信用损害另一方利益的情形了。

3. 减少了技术外溢风险

技术、研发是跨国公司的竞争优势，是跨国公司在海外经营中获得高额利润不可或缺的一部分。如果传统国际贸易所涉及的商品技术含量高，则其竞争对手很有可能通过模仿学习获得丰富的知识和创新技术，从而对跨国公司的竞争优势地位产生威胁，所造成的损失将会是不可估量的。在有些国家，知识产权保护意识薄弱、机密信息容易泄露，因此跨国公司在这些市场存在着技术外溢风险，并且如果涉及的是某些技术的再更新、开发，则技术交易双方需要不断接触和反复谈判才能最后达成协议。而这些要求和建议在事前是非常难以被详细规定的。如果跨国公司采取内部贸易，由于交易双方是利益共同体，则技术外溢和技术被模仿的风险几乎为零。研发技术、管理流程和关键劳动力在全球范围内的各跨国子公司内部流动不仅能提高跨国公司产品竞争力，还能使子公司通过交流学习，升级已有的关键技术和无形资产等知识资产，进而也能够在公司内部通过竞争优势获得最大收益。

五、跨国公司内部贸易对国际贸易的影响

（一）跨国公司内部贸易推动了国际贸易的总体发展

1. 内部贸易能够促进国际贸易的增长

跨国公司通过内部贸易克服了外部市场不完全的缺点，跨国公司在组织内部进行资源有效配置和专业化分工，减少了交易成本，提高了跨国公司劳动生产率和经营效率，增强了跨国公司国际竞争力，同时这也符合国际产业升级、技术升级的产业发展趋势。跨国公司通过内部贸易加大对职工知识和技能的培训，尽可能挖掘组织内部员工的创造力、专业技能和凝聚力，提高了员工的综合素质，从而积累了人力资本。从跨国公司长远的发展来看，内部贸

易有利于跨国公司生产和经营效率的提高，跨国公司效率的提高能够促进国际贸易的增长。

2. 内部贸易调整了国际贸易结构，技术贸易日益突出

传统的国际贸易一般以有形商品作为贸易标的物，其商品构成主要分为初级产品和工业制成品两类。由于跨国公司扩大对外直接投资及内部化贸易进程的加快，国际贸易的商品结构发生了重大变化，主要特点是初级产品的贸易比重大幅度下降，而工业制成品的贸易比重大幅度上升。初级产品是部分发展中国家的主要出口商品，在部分发展中国家出口比例中占据大头。而发达国家跨国公司更偏爱在资本密集型、技术密集型行业进行投资，发展中国家为了经济发展和保护环境也在减少对初级产品的投资，转向对劳动和资源密集型制造业的投资，同时跨国公司研究出的能替代初级产品的新型材料在内部贸易中流通，增加了工业制成品和中间品的贸易，从而初级产品在国际贸易商品中的比重就降低了。

技术构成跨国公司的竞争优势，保护技术以防泄密成为跨国公司保持竞争力的主要方式，因此跨国公司在内部转让技术和技术含量较高的产品，这不仅能保护好技术，还能产生经济层面、技术层面的额外价值。

（二）跨国公司内部贸易影响了国际贸易差额

传统的国际贸易顺差是指一国在一定时期的商品或劳务的出口额大于进口额，是一国国际收支、对外开放程度的真实反映。跨国公司内部贸易的发生改变了国际贸易差额，同属一家跨国公司但设在不同国家的分支机构间的贸易往来，表现为国际的贸易关系。例如，美国跨国公司频繁通过内部贸易将原材料、半成品以转移价格从母公司出口到其他国家子公司，而后子公司组装生产出最终消费品并运回美国母公司；在会计账面上，美国会出现巨额的贸易逆差，这成为美国向其他国家施压并实行霸权主义的托词，但事实上这是美国跨国公司通过内部贸易将子公司的产品出口到母公司所导致的，厂商的利润流入到美国却没能计入美国的国际收支。

（三）跨国公司内部贸易加大了东道国制定外贸政策的难度

对于东道国来说，跨国公司内部贸易在一定程度上损害了东道国的利益，比较突出的就是东道国制定对外贸易政策的难度加大。很多欠发达的国家之所以开放本国市场引进外国资本，为的就是希望外来跨国公司能够带动该行业上游公司和下游公司的发展，从而刺激本国的消费市场。而现实往往是跨国公司为了自身的利益，由于拥有对公司的管理权，通过内部贸易，以较高价格向国外关联企业购买东道国国内可以生产的、质量过关、价格低廉的原材料和半成品，从而影响了其他产业。跨国公司通过内部贸易不仅会降低应承担的税负还会转移利润，因此损害了东道国的利益。

第二节 跨国公司内部贸易中的转移价格

一、跨国公司转移价格的含义

转移价格（Transferable Price），也称转移定价、调拨价格、划拨价格、内部价格等，OECD 于 1979 年发表的《转移定价与跨国企业》中定义转移价格是一个中性概念，它是指跨国公司中各相关经济实体（母公司、子公司、其他关联公司）之间进行商品、劳务和技术等有形资产和无形资产在国际上流动转移的一种内部定价机制，是跨国公司为了实现全球战略和全球利润最大化常用的一种经营策略。超过 90% 的跨国公司开展内部贸易，而转移价格是顺利开展内部贸易不可或缺的一部分。国际市场存在多种多样的转移价格确定方法，例如，以成本为基础的转移价格确定方法、以市场为基础的转移价格确定方法和以协商确定转移价格法。不同的跨国公司根据具体情况，采用适合公司的转移价格确定方法，不但能够调整各关联企业的产品成本，还能够调高或调低公司账面的利润水平，使会计报表达到自己期望的水平。

此外，跨国公司内部贸易确定的转移价格与同类商品、服务、技术的市场价格没有必然联系，一般由进货价格、利润和流通费用组成，不需要遵从完全市场竞争原则，但是要遵守基本的全局性原则、公平性原则、自主性原则和重要性原则，因此跨国公司在确定转移价格时可具有较大的空间。由于转移价格可不受市场供求关系的影响，只是反映关联公司各利润中心之间的经济联系且严重偏离市场价格，所以跨国公司利用转移价格来管理利润、平衡税收、有效地分配内部资源。

【案例 5-1】

苹果公司在欧盟的转移价格

2016 年，苹果公司收到欧盟委员会开来的一张高达数十亿欧元的天价税收罚单，苹果缴纳的最终金额视欧盟委员会的终裁主张而定，如果最坏情况发生，苹果可能会被要求以 12.5% 的税率补缴过去十多年总累计利润 1530 亿美元的所得税，即 190 亿美元，这将成为欧盟史上最高的税务罚款。英国媒体称，苹果公司公布，2016 年全年，苹果在英国境内的销售收入约 13 亿美元，但是苹果在英国缴纳的税款约为 1054 万美元。英国企业所得税率为 20%。而若按实际收入计算的话，苹果公司在英国的税率没有达到标准。有部分政界人士表示，苹果通过现金转移以减少税收。

苹果公司最终产品的组装和生产是与代加工厂合作制造完成的，考虑到如今劳动力成本越来越高，苹果所能获得的直接利润也越来越低。从而使位于"避税天堂"爱尔兰的苹果国际销售公司以低价购入在代加工厂生产的最终产品。而后，苹果国际销售公司和美国苹果公司把以低价购入的产品高价销往其他国家拥有销售权的关联交易公司，如此"低进高卖"，苹果公司能够增加其销售利润。由于苹果国际销售公司和美国苹果公司对于产品销售拥有绝对的控制权，所以这两个公司便成为交易的核心，在与各关联方的关联交易定价中占主导地位。通过关联交易，美国苹果公司获得了美洲市场的大部分销售利润，而苹果国际销售公司拥有除了美洲以外的全球所有销售收入。随后苹果国际销售公司和苹果分销公司以分配股息的方式将利润归集到苹果国际营运公司，须注意的是，这三家公司全都位于爱尔兰。美国法律允许美国公司的海外子公司留取通过无形资产取得的收入，无形资产的转让定价，使让存在关联关系的苹果公司的子公司可以随意将利润转移到低税地区爱尔兰，从而避税。

（资料来源：根据中国资金管理网有关资料整理。）

二、跨国公司转移价格的确定方法

尽管转移价格不需要与市场价格相一致，但是转移价格的确定也并非随心所欲、毫无章法可循的，目前跨国公司进行转移价格主要是根据 OECD 发布的转移定价规则确定的。首先，要协调统一母公司的整体利益和子公司的局部利益；其次，转移价格的确定要公平合理，关联公司之间的交易价格避免过大偏差，保证高质高价、低质低价，同时要结合跨国公司的实际经营方式和所遵循的经济环境政策等实际情况；再次，跨国公司的高层不应当对关联公司转移价格的确定干涉过多，转移价格必须被子公司内部所接受；最后，由于进行内部贸易的产品种类过多，如若每种产品都要确定转移价格，则工作量巨大并且没有必要，所以对于频繁使用、价值高的产品要尽量严格计算转移价格，而对于那些不频繁使用、价值低的产品则可以粗略计价。跨国公司确定转移价格的常见方法包括以下方面。

（一）以市场为基础的转移价格

在完全竞争的市场条件下，一般采用以市场为基础的转移价格。在以市场为基础的前提下进行转移价格确认时，商品的供求关系影响着外部市场价格，该种传导机制导致转移价格的范围在供求关系的辐射范围内。该方法以公平交易为原则，受供求关系影响，对比其他的转移定价方法，该方法在取值上实时、客观，更容易被交易双方和外部监管机构认可和接受。但是相对于其他方法，以市场为基础的转移定价价格确认的范围变小，在有权收取的对价金额方面或者规避税收方面的影响不如其他方法，并在一定程度上降低了资源配置效率。但是该方法也有优点，能促使跨国公司子公司提升自身核心竞争力，这符合跨国公司保持长期竞争优势的目的。市场价格相对客观，同时其管理也简便易行，不需要经历报告、论证、计算和磋商等环节。

这种方法又可以分为完全市场价格定价法、市场价格扣减法两种。完全市场价格定价法是指内部转移产品的价格直接使用该商品在市场上的成交价格的定价方法。市场价格扣减法则是指将市场通行的价格减去一定数目的金额作为转移价格的定价方法。其中之所以要减去一定数目的金额作为扣减额，原因在于内部交易不需要销售费、中介费、广告费和其他费用等外部成本。市场价格法是以市价为基准进行转移价格定价，所要求的完全竞争的外部市场条件似乎与现实情况不是完全符合，毕竟完全竞争市场很罕见、几乎不存在，它更多被认为是一种理想的标准状态。

（二）以成本为基础的转移价格

以成本为基础的价格确认方法被称为成本计价法，与公司内部成本有着密切的关系。在中间产品无外部市场或不完全竞争的情况下，以成本为基准的转移定价是非常有效的方法。转移价格可以根据成本直接确定，也可根据成本加成确定。传统上，成本基准有全部成本、变动成本等实际成本和标准成本等预算性质成本，加成是比例系数或是绝对金额。这种转移价格确定方法是基于产品生产环节、提供服务、转移技术等环节产生的实际成本考虑的，因此转移价格的可控制调整性有利于美化会计报表，增强股东的信心，进而促进子公司股价的上升，吸引到更多的投资者。同时，该种方法所需要的数据容易获取，计算方法也较为容易。

但是，成本定价法也有缺点。首先，转移价格计算程序复杂、烦琐，结果不容易被交易双方和监管部门接受。其次，根据选定的计量方法不同，它无法揭示内部贸易的中间产品是如何进行定价的，不能真实反映产品带来收益的能力。最后，该种方法过于简单，仅仅考虑成本，一旦出现跨国公司生产制约经营的局面，这种方法就会显得苍白无力且无法给予指导性意见。

（三）协商转移价格

协商转移价格要同时考虑以市场为基础的转移价格和以成本为基础的转移价格，简而言之，是各利益方在会计计算、政治妥协后按照"谈判价格"确定的价格。跨国公司相关部门，以外部市场价格为起点，本着公平、自愿的原则，公开协商议定一个各方都愿意接受的价格来作为内部转移价格。协商价格同时考虑了市场因素和生产成本因素，能够在一定程度上真实反映各子公司经营业绩；同时充分考虑了公司母公司和各子公司的利益，能够发挥巨大的作用，实现跨国公司全球利润最大化。各利益方根据实际情况，按照各方独立自主制定价格的原则协商确定转移价格，能够对不同的经营环境给予不同的指导，协商价格不仅有利于部门间交易的公平性，而且可以激励员工的积极性，是一种非常可行的方法。但在实践中，由于部门的所获利润、业绩评估与该部门的协商能力有关，而非业务能力，所以会出现本末倒置的现象。协商价格可能高于机会成本，损害了公司的整体利益。由于对外部市场参与度的需要，公司应时常从外部市场买卖一些中间产品，以保证对外部市场供需双方协商过程的参与和影响。

协商转移价格被认为是一个重要的整合机制，适用于市场价格波动幅度大的情况。谈判双方希望对方能给出令自己满意的报价，但是由于彼此收集、处理信息的能力不同，对市场判断的精确度也不同，所以会出现矛盾和疲软状态。崔健波（2013）认为当实际的转移价格与最优价不一致时，公司作为一个整体会受损，因为部门间交易的数量不是最优量。要使协商价格发挥最优作用，高层管理者应采取措施防止利用私有信息掠夺、侵害其他部门利益的行为。例如，母公司在实现利润最大化的基础上，结合市场水平、公司实际业务，建立标准奖励制度。同时，在转移价格涉及的控制环境、风险评估、控制活动和监督等动态过程中，各部门之间要进行有效的信息交换，其中最重要的是管理人员应该拥有良好的道德品质并具备实践经验，能够进行有效的转移价格操作。

三、跨国公司转移定价的动因

各个国家和地区的税收制度、管理方式、经济发达程度、市场状况不同，国际市场的激烈竞争促使更多跨国公司依据多种要素采取转移价格的策略，跨国公司采取转移价格策略的主要动机有以下几点。

（一）避税

转移价格涉及所得税、关税、营业税、增值税、环境税、工资税等几乎所有的税种，但是所得税和关税对跨国公司的影响较大。

利润最大化、获得满意的投资回报是公司的管理目标，通过特定的操作减少跨国公司应缴的税负是其中的一种策略，而这一策略主要通过设计内部交易，人为地进行利润调节来实现。由于各个国家和地区的税率不同，同时税法不完善和税制存在漏洞，所以跨国公司能够利用转移价格策略，将利润转移到税率较低的国家和地区，实现全球范围内公司整体纳税的降低。

1. 减少公司所得税

经济欠发达的国家为了吸引外资和先进技术的流入，会实施税收优惠政策，其征收的所得税税率比发达经济体的要低，例如，印度尼西亚的公司所得税税率为25%，而日本的公司所得税税率为40%。不同国家或地区的公司所得税税率具有差异，而跨国公司拥有价格的控制权，能够通过转移价格操纵交易价格，把税率较高国家的子公司的利润转移出去从而减少所得税。对转入税率较高国家的产品设定较高的转移价格，这样会增加其购买单位的成本，降低购买单位的收益，减少所得税；同时售出单位会有较高收入，并按所在国的低税率纳税，从而得到较高利润。

例如，若甲国的所得税率比乙国的所得税率高，则跨国公司甲国子公司以高价进口乙国子公司的产品，会增加甲国子公司的成本，使甲国子公司利润率低而承担的所得税少。若甲国和乙国的所得税率都较高，则可以将避税港丙地作为中介，甲国子公司将产品低价出口到丙地子公司，丙地子公司将同样的产品再高价出口到乙国，如此一来，甲国子公司由于低价出口，乙国子公司由于高价进口，两者在账面上利润都会减少，进而能同时减少所得税。总之，跨国公司既可用较高的转移价格进口产品、较低的转移价格出口产品的方式，也可以用相反的方法把位于高税率国家的子公司利润转移至低税率国家的子公司，从而达到减少所得税的目的。一般来讲，由于跨国公司将收入由高税率国家转出，因此，税率较高国家的所得税收入将相应减少，而低税率国家的所得税收入将相应增加。从长期看，只要公司所得税率不同，即存在税率筹划的空间，这为借助转移价格进行利润再分配来避税提供了大量机会。

2. 减少关税

关税是影响跨国公司转移价格政策的另一个国际因素。贸易保护主义的抬头令许多国家设置高额的关税，跨国公司若在不同的国家频繁地进行内部贸易就会面临高额的关税，而转移价格能影响从其他国家包括关税在内的进口成本。关税如果实行从价税，则跨国公司如果以低价格转移商品，能够减少关税，增加利润。除此之外，还存在其他方法。一方面，跨国公司会调控产品的价格并进行内部贸易，减少缴纳关税的基数，做到少交或不交关税。跨国公司通常会采用压低产品价格从而把产品出口到关税率高的国家或者相反做法以减少关税。另一方面，关税同盟的优惠政策或其他区域性质优惠政策的存在，使得跨国公司转移价格也能够节省关税。

欧洲自由贸易区内部的一项政策：假如一件产品是在本自由贸易区成员国之外的其他国家生产的，如果这件产品要在欧洲自由贸易区成员国之间流动，就必须缴纳一定的关税；除非该产品 50% 以上的中间品是来自于欧洲自由贸易区，那么，它在成员国之间自由流动可以免除关税。该规定给跨国公司提供了一个机会，即跨国公司控制关联交易价格，千方百计压低产品在自由贸易区外的价格，提高该产品进入自由贸易区后在区内增值部分的比例，使该产品能够免交关税。

3. 减少预提所得税

东道国政府对跨国公司在本国境内取得的利润（股息、红利）、利息、租金、财产转让所得、特许权使用费和其他所得，往往均就其收入全额（除有关文件和税收协定另有规定外）征收预提所得税。从利益最大化的角度出发，跨国公司子公司可以选择压低价格把产品出口到母公司或者提高从母国进口的产品价格，以此来代替所得支付，将股息、利息、租金、特许权使用费含在转移价格之中，并试图通过转移价格，将来源于东道国的所得利润转移出去，尽可能地减少在东道国的税收。

跨国公司内部，母公司与子公司或子公司与子公司之间可以相互约定在出口和采购商品、劳务和技术时所使用的价格，如货物价格、劳务价格、特许权使用费、提供内部贷款费率、租赁费等，控制商品进出口价格、控制固定资产出售价格和使用年限、控制内部资金融通的利率、控制无形资产使用费标准。

【案例 5-2】

某跨国公司转移价格与避税

某跨国公司总部设在 A 国，并在 B 国、C 国、D 国分设了甲、乙、丙三家子公司。甲公司为在 C 国的乙公司提供布料，假设有 1000 匹布料。按甲公司所在国的正常市场价，成本为每匹 2600 元，这批布料应以每匹 3000 元出售给乙公司；再由乙公司加工成服装后转售给 D 国的丙公司，乙公司成本利润率（仅考虑布料成本）为 20%。各国所得税税率水平分别为：B 国 50%，C 国 60%，D 国 30%。该跨国公司为避税，由甲公司以每匹 2800 元的价格将布料卖给 D 国的丙公司，再由丙公司将布料以每匹 3400 元的价格转售给 C 国的乙公司，再由 C 国乙公司按总价格 360 万元在该国市场出售。

下面来分析这种做法对各国税负的影响。

1. 在正常交易情况下的税负

甲公司应纳所得税 = $(3000 - 2600) \times 1000 \times 50\% = 200000$（元）

乙公司应纳所得税 = $3000 \times 20\% \times 1000 \times 60\% = 360000$（元）

则该跨国公司应纳所得税合计 = $200000 + 360000 = 560000$（元）

2. 在非正常交易情况下的税负

甲公司应纳所得税 = $(2800 - 2600) \times 1000 \times 50\% = 100000$（元）

乙公司应纳所得税 = $(3600000 - 3400000) \times 60\% = 120000$（元）

丙公司应纳所得税 = $(3400 - 2800) \times 1000 \times 30\% = 180000$（元）

则该跨国公司应纳所得税合计 = $100000 + 120000 + 180000 = 400000$（元）

比正常交易节约了：

$$560000 - 400000 = 160000 \text{（元）}$$

这种避税行为的发生，主要是由于 B、C、D 三国税率差异的存在为纳税人利用转移价格转移利润提供了前提，减轻来自于东道国预提所得税的税负。

（资料来源：根据华律网有关资料整理。）

（二）避开管制

1. 避开外汇管制

东道国特别是发展中国家为了平衡国际收支，为了能及时从跨国公司子公司取得股息、红利，维护本国经济利益，往往会对汇出的利润实行限制性的政策。跨国公司在其全球经营中，不仅会充分利用众多的金融市场进行融资和投资，还需要在整个公司体系内保证资金均衡、有效地流动，调剂资金的余缺，实现资金的运用，加强资金的集中管理，通过投资获得经济回报。大多数东道国对外汇的流出实行较严格的管制，既包括时间管制也包括数额管制。因此，跨国公司为了避开东道国的外汇管制，可以利用内部交易，尽可能以较低的转移价格交易产品和服务，这样，利润就能以实物形态形式转移，而非拘泥于货币形式，防止外汇管制风险。

2. 避开价格管制

一般而言，东道国为保护本国市场，通常采取反倾销和规定最高定价两种方式来进行价格控制。如果东道国限定最高定价，则跨国公司可以采取调高转移价格的策略，将商品转移到子公司进行销售，这时子公司产品的成本提高了，整个公司的利润收入也得到了提高。但如果东道国限制跨国公司的倾销商品，那么各子公司在进行贸易往来时降低转移价格可以使得本公司以低于竞争对手的价格销售产品，这样也可以增加整个公司的利润。

3. 避开经营限制

东道国鼓励跨国公司把在本国获取的利润和股息留在本国进行再投资。部分国家会有关于外国投资者将从公司分回的利润进行再投资的税收优惠政策，但是对利润和股息汇出境外则实施一定的限制。若跨国公司在本地追加投资的收益率不理想，或预测东道国存在政治经济风险，则跨国公司为了在经营中减少损失，可采取转移价格，使进口产品的价格高于市场价格，转移子公司的利润。

4. 避开资产管制

（1）货币管制风险。某些国家对向母国转移利润以及股利的限制，也会促成公司选择转移价格。如果在东道国经营的子公司利润率较高，东道国会对该子公司将利润或股利转移到母国的行为予以禁止或抑制。跨国公司可以利用转移价格，通过价格的调拨使子公司的年利润率保持在较低的水平。当位于那些有限制的国家内的子公司向其他子公司购买产品时，采用较高的转移价格，即可顺利地向国外转移资金，并且这不违反当地法律。

（2）没收风险。跨国公司在东道国经营会面临政治风险，有可能遭受没收等财产剥夺的风险。这种强制性的行为使得跨国公司子公司的资产转变为东道国的资产，令跨国公司遭受巨大损失。所以，一旦存在财产被没收风险，跨国子公司主体应迅速启动紧急措施，例如，实施"让步策略"、与东道国签订管理合同、利用转移价格的撤退策略。第二次世界大战后，民族主义运动空前高涨，加之发达地区与欠发达地区收入的巨大差异，催生了经济民族主义，其中一些主权国家依据本国法律将跨国公司在本国的财产全部归为本国所有。在这种情况下，跨国公司将易被没收的财产以高于或低于市场价格的交易价格转移到安全的地理位置，以防财产被没收造成巨大损失。

（三）独占或多得合资公司的利润

为了更好地进入东道国市场以及规避风险，跨国公司会与当地的公司签订合作协议。为了在利润分配中占尽好处，母公司利用自己与子公司进行交易的机会，通过转移价格，把子公司的一部分利润转移到自己的账上，合理地减少子公司的账面利润，这样跨国母公司就可以把理应属于合作者的某些利润收入囊中。例如，我国外资立法有实质性要求，即中外合资经营公司的税后利润一般要按照出资比例在中方出资者和外方出资者之间进行分配。外方投资者为了自身利益，更多地选择在母公司所在国多交税而独占或夺得合资公司的利润。外资公司总部大规模向合资公司提供最终产品和中间品，同时提高各项供货价格，合资公司的实际利润被外资公司通过转移价格转移到了中国境外，合资公司本身甚至会出现亏损，而中国公司还必须按出资比例承担亏损。这样，外国投资者在利润分配上满载而归，原本应该是合作双方共同分享利润，后来却变成了外资公司通过转移价格违背信用原则，侵犯了合作一方的利益。这个时候的转移价格对于外资公司是有利可图的。

（四）无形资产易于实施转移价格

跨国公司经常向子公司提供专有商业性无形资产和营销性无形资产的使用权，而这类无形资产的价值却很难被准确估算。商业性无形资产主要包括用于生产产品或提供服务的专利、技术和设计。营销性无形资产包括商标、客户名单、营销渠道以及拥有公司的识别和推广的作用的标志。跨国公司在关联企业之间进行无形资产转移时，可规定价格，从而实现其控制关联企业成本、转移利润的目的。

四、对转移价格的管理创新——预约定价

税务部门管理转移价格存在诸多难题。首先，价格参照标准不易确定；其次，信息材料无法列举完全。一方面，税务当局对纳税人调查取证，需要对方高标准的信息披露；另一方面，纳税人为了自证清白以免税后重新调查，会主动拿出一定数量的资料文件来证明交易价格符合正常价格，但是税务当局标准较高，纳税人可能由于资料丢失或者机密信息不方便披露而难以列举完全。最后，新的双重征税现象难以完全消除。对企业转移价格的调整，增加了被调整企业的应纳税所得额，但是，如果对方关联企业未做相应调整，就会造成新的国际双重征税，引起税务争议。为找到一种征纳双方都能接受的解决办法，为跨国公司转移价格问题提供确定性，预约定价（也称预约定价制）便应运而生。

（一）预约定价的内涵

预约定价（APA）被认为是解决转移价格反避税问题的有效方式。经济合作与发展组织对预约定价的定义是：在受控交易发生之前，纳税人和相关税务当局就转移价格涉及的如利润占比及其适当调整方法和未来事件的临界假设等一系列标准进行事先约定，并达成一致协议，以确定在未来一段时期转移价格的协议，以此作为计征所得税的依据。作为一种新颖的转移价格方法，预约定价拥有其他传统转移价格方法难以企及的优点。从公司角度看，预约定价制增强了跨国交易税收处理的可预测性，有利于税务管理顺利进展，可为纳税人消除不确定性，也可提供有利于投资的税收环境。当传统的转移价格安排不适用时，预约定价对于跨国公司是很好的选择。出于对双重征税的考虑，大多数国家常用双边或多边预约定价，部分国家允许签订单边协议，即在没有其他利害关系的税务机关参与的情况下，一国税务机关与其税收管辖权内的纳税人签订协议。但是，由于单边预约定价不能完全避免双重征税，所以会出现关联方所在国的税务机关对主体进行调查取证的现象。

（二）预约定价在发达国家的发展

随着经济全球化和跨国公司的发展，预约定价制已成为当前许多发达国家常用的解决派生问题的手段，日益受到各国税务机关和跨国公司的关注和运用。美国于 1991 年出台了相关的规章制度，是世界上最早实行预约定价制的国家，也是最有经验的国家。随后，日本、澳大利亚、加拿大、西班牙、英国等也先后开始实行，也具有较为丰富的预约定价制经验。

1. 美国

美国国税局（IRS）于 1991 年 5 月颁布《税收程序 91—22》，正式赋予了预约定价制度的法律地位，也预示着世界预约定价制度的开启。1996 年，美国国税局对预约定价进行修改，详细制定了预约定价更有效率、多方合作的操作流程。2004 年后，税收程序不断完善，包括预约定价收费标准、申请时限、信息披露要求等，将预约定价进一步体系化。美国作为世界上最早实行预约定价制度的国家，发展过程可谓是摸着石头过河，不断总结出经验。近年来，美国预约定价的申请及受理案件越来越多，美国国税局在 2018 年 3 月发布的预约定价安排显示：美国 2017 年度完成的预约定价安排的数量是 116 件，而 2016 年为 86 件。

2. 日本

日本在 1987 年最早公布了预约定价制度的原型，称之为事先确认制度。但是操作流程不规范、内容不详细以及缺乏良好的国际环境，日本的预约定价制度在 20 世纪 90 年代一直

没出现很大的成果。直至 1999 年，日本颁布了《关于认定关联企业间价格的算定方法》《关于处理相互协商申请》等，以此来完善、监督单边、双边以及多边预约定价制。2001 年 6 月，日本颁布了《关于转让定价操作局长指引》（后称《转让定价管理指南》）和《关于相互协商程序的局长指引》（又称《相互协商程序管理指南》）。趋于完善的操作流程和相互协商程序促进了单边、双边和多边预约定价制度在日本的盛行。日本的预约定价审查工作主要由国税局的国际情报课负责，近些年，日本国税局检查部门和双边磋商部门加强合作从而加速了整个预约定价协议的签订过程。预约定价年度报告数据显示，日本完成预约定价协定占比很高，2016 年为 54%，2017 年为 57%。

3. 澳大利亚

澳大利亚在 1995 年颁布的《税收条例 TR95/23》是澳大利亚预约定价安排程序的法律基础。虽然预约定价制度在澳大利亚确定得较早，但直至 21 世纪才得以迅速发展。2002 年，澳大利亚税务局（ATO）对中小公司实行一种新型预约定价安排模式，仅仅要求中小公司回答 56 个问题，从而大幅度减少了中小公司实行预约定价的成本。澳大利亚税务局致力于向纳税人提供合作渠道，用整体思维提升预约定价安排实效。截至 2018 年 8 月，澳大利亚税务局进行的预约定价安排申请有 116 个，其中 105 个项目已经基本谈妥。

（三）预约定价在中国的发展

中国的预约定价起步较晚。在其他国家已经在国内正式推行预约定价的时候，中国的预约定价尚在摸索和探讨中。直到 1998 年，中国才首次引入预约定价安排的概念，将预约定价作为转让定价调整方法中的其他合理方法，并于 2002 年颁布实施《中华人民共和国税收征管法实施细则》，进一步明确了对关联交易的认定，将预约定价由转移定价的一种调整方法上升为一种制度。2010 年，国家税务总局实施了《中国预约定价安排年度报告》，中国成为公开发布预约定价安排综合报告的少数国家之一。该报告主要介绍了我国预约定价制度的内涵以及操作流程，对于广大公司实施预约定价具有指导作用。2016 年，为落实税基侵蚀和利润转移（BEPS）行动计划成果、完善预约定价安排工作流程，国家税务总局颁布实施了《国家税务总局关于完善预约定价安排管理有关事项的公告》（国家税务总局公告 2016 年第 64 号）。根据《2017 年中国预约定价安排年度报告》，该报告统计数据涵盖的时间范围为 2005 年 1 月 1 日至 2017 年 12 月 31 日，截至 2017 年 12 月 31 日，中国税务机关已累计签署 87 例单边预约定价安排和 60 例双边预约定价安排。

【案例 5-3】

预约定价——灿坤与税务机关的五次"牵手"

漳州灿坤是设立在福建省漳州台商投资区的一家大型小家电生产企业，隶属于台湾跨国公司灿坤集团。2014 年，漳州灿坤通过香港的关联企业，在印度尼西亚设立全资子公司灿星网通有限公司（以下简称"印尼灿星"），投资总额 2392 万美元，主要从事小家电制造。

2005 年 12 月 29 日，国家税务总局牵头，上海市国税局、厦门市国税局、漳州市国税局 3 家税务机关，分别与灿坤集团四家关联企业签订了预约定价安排。这是我国首例以联合签署形式签订的单边税收预约定价安排，也是漳州灿坤与漳州国税机关在预约定价安排方面的第一次"牵手"。此后每隔 3 年，税企双方在自愿、平等、守信的原则下准时签订预约定价安排。

12 年来，漳州灿坤先后 5 次主动向主管税务机关提出续签协议的申请，并成功续签单边税收预约定价安排，涉及 4 个国家和地区的关联交易；截至 2015 年度，涵盖关联交易金额共计 3.37 亿元。其中，第 5 次签约在 2016 年 12 月 27 日，发生在《国家税务总局关于完善预约定价安排管理有关事项的公告》（国家税务总局公告 2016 年第 64 号）生效、单边预约定价权限下放新政落地之后，漳州灿坤与漳州台商投资区国税局经过反复协调、磋商，最终达成共识，如期签约，明确了 2017—2019 年漳州灿坤与关联企业之间的货物劳务往来、无形资产等关联交易的转让定价方法、计算依据和关键假设等内容。

2017 年 2 月 27 日，漳州灿坤为降低双重征税风险，向漳州台商投资区国税局提交了双边预约定价安排预备会谈申请，希望通过预约定价安排，规范与印尼灿星关联交易的定价，防范税企双方在业务交易真实性和交易价格合理性方面产生不必要的分歧，稳定公司的生产经营业绩预期，并有效避免双重征税问题。

（资料来源：根据搜狐网（https：//www. sohu. com/a/146068662_611520）有关资料整理。）

（四）预约定价的优点

1. 避免经济上或法律上的双重征税

跨国公司涉及在两个及以上国家进行生产经营活动，转移价格的不合理性会使各国主管税务机关对税务进行稽查和重新测算，跨国公司将面临多重征税的被动局面。双边或多边预约定价需要所涉及的所有国家税务机关都参与其中，税务当局在公开、透明的协商环境下行使自己的税收管辖权能充分减少或消除经济或法律上双重征税的可能性。例如，当预约定价协议涉及在外国的联营公司交易，而该国又同本国订有双边协议时，纳税人可以将已签订的预约定价协议报送主管部门，请求其与缔约国主管部门谈判签订一项协定来作为预约定价协议的平行协定，以利于预约定价协议的执行，从而避免国际双重征税的产生。单边预约定价不一定能避免双重征税，因为单边预约定价没有得到交易双方税务当局的认可，只能保证在签约一方所在国内免于双重征税风险，一旦交易对方所在国税务机关认为该预约定价方法违背公平交易原则，公司仍然面临被调查的风险。

2. 提高工作效率，降低征纳双方管理成本

纳税人在与主管税务当局达成预约定价协议时，只需要保留存管有价值的、与定价方法有关的凭证，只需要较少的人力、物力资源以用于对预约定价安排的后续检查。征纳双方在预约定价时避免了信息不完全性，及时、准确的信息资料能够让双方从一开始就减少审核的烦琐程序，减少征税的直接成本和间接成本，同时提高税务机关自身的工作效率，也不会影响到纳税人的正常经营活动。由于预约定价是事前约定好的价格，过程中涉及的有价值的行业数据和定价方法具有透明性，所以，一旦发现存在问题，人们能够比较容易地找到问题源头并进行处理，否则必须就出现的问题进行时间、成本双高的税务检查和行政复议。由于已经了解到许多信息，所以不需要进行复杂的审计工作，节约了纳税人和税务当局的人力、物力和财力。

3. 有利于构筑纳税人和税务机关良好的合作关系

传统转移价格方法降低了东道国的应收税款，矛盾较大。东道国主管税务当局通常会发布对外贸易政策从而命令跨国公司约束其转移价格行为；跨国公司的转移价格行为也使东道国政府陷入两难境地。直至美国在 1991 年率先使用预约定价方法，情况才得以缓解。预约定价使税务机关和纳税人在较少冲突的环境中进行坦诚、建设性的磋商，最后确定一个纳税人和税务当局都能利益均衡的价格。在这期间，税务当局能放下偏见，在较少冲突的气氛中认真、客观地审视跨国公司提供的信息和数据，做出公正的判断，而跨国公司作为纳税人也会自觉履行双方基于公平、信任达成的协议。预约定价安排过程需要各税务机关之间密切协商和合作，从而使协定各方更密切地联系。从转移价格到预约定价，征纳双方从警惕防范到加强良好的合作关系，这是一个质的飞跃，跨国公司更愿意在东道国进行投资，东道国也会为跨国公司提供更加优惠的投资政策，能够为双方创造更多的效益。

五、政府对内部贸易和转移价格的管理

虽然内部贸易使跨国公司受益良多，但是跨国公司内部贸易是中性概念。该策略是把"双刃剑"，有利，也有弊，它既能促进国际贸易发展，也能阻碍国际贸易发展。全球化是一股不可逆的潮流，跨国公司内部贸易现象只增不减，政府应该作为东道国，趋利避害，积极地采取有效措施促进内部贸易的规范与约束。

（一）监控跨国公司转移价格

内部贸易的运用不仅减少了东道国的税收收入，而且破坏了公平的市场价格机制，给东道国和东道国的公司造成巨大的利益损失。因此，一方面，东道国税务部门需要完善相关的法律法规，监控跨国公司转移价格，例如，中国国家税务总局在 2004 年 9 月发行《关联企业间业务往来预约定价实施规则（试行）》，随后在当年 11 月税务机关重新修改了于 1998 年发行的《关联企业间业务往来税务管理规程》，这意味着我国在监控跨国公司转移价格方面进入到了新的发展阶段。另一方面，各国之间需要克服信息不完全性的缺点，合作收集、统计、分析有关信息（不仅包括有关国际市场各种设备、产品、原料的价格信息，还包括各国的税率、跨国公司的母公司与各子公司的资产额、销售额和利润以及特许使用费等财务会计信息），将其整理成有效的信息数据库，作为处理内部贸易问题的参考。各个国家应该联合起来共同防范转移价格，减少跨国公司通过不合理的转移价格给各国造成的损失。

（二）监管跨国公司对外贸易

内部贸易虽然在跨国公司内部进行，但毕竟跨越了国界，其中的货物贸易部分依然需要通过一国海关进出。由于长期以来由国内税务部门负责转移定价的监控，海关对外资企业内部贸易和转移价格的监管力度较弱、经验也相对不足。对于经常出现进口价格与市场行情背离的外资企业，海关应重点关注，重新核定完税价格，分析该企业是否存在通过转移定价减少缴纳进口关税的可能性。对于有进有出的企业，如果出现"低进高出"或者"高进低出"的现象，更要积极进行排查。由于目前海关对跨国公司的违规行为一般采取补征税款或者罚款的做法，使得部分企业抱有侥幸心理，因此海关有必要加大处罚力度，出台针对贸易环节进行转移定价的海关管理法规。

（三）通力合作进行协同管理

目前我国对于跨国公司内部贸易和转移价格的监管经验还比较缺乏，这要求各相关部门要进行专项合作、协同管理。主要监管部门不仅要熟悉国际通行的会计准则，熟悉跨国公司的财务会计做账方法，同时税务、海关还要与银行、外汇管理局、审计等部门进行数据共享互通，从多个方面对内部贸易和转移价格进行追踪和判断。另外，借鉴西方国家监管的成熟经验和做法，完善涉外税收法律体系，加强国际税务合作，是管理跨国公司转移定价、维护

公平竞争市场环境的必经之路。

【基本概念】

内部贸易 转移价格 预约定价 以市场价格为基础的转移价格 内部化理论 以成本为基础的转移价格 协商转移价格

【思考题】

1. 跨国公司内部贸易的形成原因是什么？
2. 内部化理论的主要内容有哪些？
3. 东道国可以在哪些方面采取措施预防转移价格带来的负面影响？
4. 跨国公司内部贸易对国际贸易产生的具体影响是什么？

【本章参考文献】

[1] 杨青，李仁芬. 国际商务企业理财 [M]. 北京：中国商务出版社，2005.

[2] 王进猛，沈志渔. 内部贸易对外资企业绩效影响实证研究——基于国际分工和交易成本视角 [J]. 财贸经济，2015（2）：74-86.

[3] 崔健波. 企业目标优化考量下的转移定价决策研究 [D]. 大连：东北财经大学，2013.

[4] 徐勤. 跨国公司转让定价反避税研究 [D]. 上海：同济大学，2007.

[5] 郭秀慧. 全球工序分工背景下跨国公司内部贸易利益分配研究 [D]. 沈阳：辽宁大学，2013.

[6] 信玉红，韩诚. 跨国公司内部贸易的研究 [J]. 商业研究，2004（21）：13-17.

[7] 柳雯婷. 跨国企业转移定价策略研究 [D]. 昆明：云南大学，2016.

[8] 叶立新. 根据 OECD 指导方针制订跨国公司的转移定价系统 [D]. 上海：华东理工大学，2014.

[9] 张薇. 跨国公司转移定价行为以及面临的外部监管风险 [D]. 北京：首都经济贸易大学，2015.

[10] 陈美芬. 浅析跨国公司内部贸易对国际贸易的影响 [J]. 商场现代化，2015（17）：12-13.

[11] 胡浩. 我国海关跨国公司转让定价的价格管理研究 [D]. 上海：复旦大学，2013.

[12] 常秀娟. 在华跨国公司避税问题的研究 [D]. 大连：东北财经大学，2013.

[13] 王进猛. 进入方式、内部贸易与外资企业绩效研究 [M]. 北京：经济管理出版社，2013.

[14] 孙国辉. 跨国公司内部贸易研究 [M]. 济南：山东人民出版社，2002.

[15] 龙伟. 跨国公司内部贸易与国际竞争优势 [M]. 武汉：湖北教育出版社，2011.

第六章

跨国公司国际技术转让

【本章重点】

1. 国际技术转让的方式。
2. 国际技术转让的定价和支付。

　　技术是企业的核心资产与关键要素，在跨国公司竞争中，技术竞争已成为最重要的一环。保持技术的先进性、提高技术创新的效率、获得技术转让的最大利益等是跨国公司关注的焦点。目前，技术扩散速度的加快，技术生命周期不断缩短，技术模仿门槛降低，跨国公司的技术创新优势难以长期维持，因此，跨国公司开发出的新技术会加快向位于其他国家的企业转让以提高技术的利用效率，加快占领市场的速度。

第一节　国际技术转让概述

　　技术的创新和变革贯穿人类发展历史，技术的竞争和升级也始终存在。工业革命从蒸汽机开始，历经电气化、信息化，进入了智能化时代。2013 年，德国提出了工业 4.0 概念，意在借助物联网将生产中的供应、制造、销售信息数据化、智慧化，提升制造业的智能化水平。2015 年 5 月，我国也出台了《中国制造 2025》，旨在发展高科技产业，着力掌握关键核心技术，完善产业链条。2019 年 2 月 5 日，德国经济和能源部正式发布《国家工业战略2030》，旨在有针对性地扶持重点工业领域，提高工业产值，保证德国工业在欧洲乃至全球的竞争力。该战略将钢铁铜铝、化工、机械、汽车、光学、医疗器械、绿色科技、国防、航空航天和 3D 打印等 10 个工业领域列为"关键工业部门"。同时，物联网、人工智能、自动驾驶汽车、VR 应用、5G 技术等也已经在发达国家和中国等发展中大国开始了角逐，每个国家都试图抢占先机，在新一轮技术"竞赛"中胜出。在技术发展中，跨国公司始终是技术创新和技术市场交易的主体，同时也成为在国家之间进行技术转让的主体。

一、国际技术转让及相关概念

（一）技术、技术转让和国际技术转让

　　技术一词在不同学科中具有不同的内涵。世界知识产权组织在 1977 年版的《供发展中国家使用的许可证贸易手册》中，对"技术"的定义是："技术是制造一种产品的系统知识，所采用的一种工艺或提供的一项服务，不论这种知识是反映在一项发明、一项外形设计、一项实用新型或者一种新品种中，或者反映在技术情报或技能中，或者反映在专家为设计、安装、开办或维修一个工厂或为管理一个工商业企业或其活动而提供的服务或协助等方面。"这是对技术最全面的解释。

世界知识产权组织的这一定义展现了技术的具体表现形式：一是无形的知识，包括工艺、发明、设计等；二是知识的载体或者成果，包括新品种、新设备等；三是服务和管理过程，包括安装、维修、生产协助等。通常人们所谈的技术，主要侧重于第一种形式，但技术的使用包括了从产品创意、设计到生产整个过程中需要的一整套知识、技能、方法、流程等，因此技术的内涵延伸到了更广泛的层面。技术不仅存在于人类的大脑中，也可以通过图样、计算机程序、配方等有形方式来表现，最后物化为先进的设备、仪器或者新产品，因此技术虽然本质上是无形的，但也是无形与有形的统一。

技术转让，是技术供应方将某项技术及相关权利转让给技术受让方的行为。联合国《国际技术转让行动守则（草案）》中，把技术转让定义为：关于制造产品、应用生产方法或提供服务的系统知识的转让，但不包括货物的单纯买卖或租赁。从该定义中看出，技术转让的对象一般是"系统知识"，属于企业的无形资产，但技术转让通常会连带着生产线、设备等物质载体，尤其是落后企业在引进技术时通常会同时购买先进设备，并要求技术供应方提供安装、调试、培训等一系列服务，因此，技术转让通常包括了一个较长的使用和管理的过程，转让的标的物不仅有无形的"软技术"，还包括物理形态的"硬技术"以及附着其中的管理和服务。

国际技术转让，是技术供应方将技术要素从一个国家转移到另一个国家的行为。根据联合国《国际技术转让行动守则（草案）》第一章"定义和适用范围"，国际技术转让应包括下列内容：

1）一切工业产权的转让、出售及许可；但商标的单独转让的情况不在此列。

2）提供专有技术（Know-how）、技术专家、技术人员以及技术培训。

3）提供为实施工程、安装设备之类所必需的技术情报。

4）经济与技术协作中的有关部分。

国际技术转让的内容宽泛决定了转让形式的多样性和转让过程的复杂性。从两国来看，国际技术转让表现为具体的技术输出和技术输入。技术转让可以是有偿或者无偿的，其中，有偿转让是主要的形式，无偿转让主要体现为技术援助和技术交流。跨国公司是国际技术转让的主要承担者，既可以是母公司（或子公司）向其他国家子公司的内部技术转让，也可以是其向位于其他国家的其他公司进行的完全市场化的技术转让。

（二）技术转让和技术转移

技术转让和技术转移在内涵上具有部分相同之处，同时也存在明显的差异。技术转移是指技术及其他关联要素从一方向另一方传递的过程，不仅包括技术在空间和地理上的传递过程，也包括在不同行业、部门之间的转移。因此技术转移也可被概括为技术从其起源地点或实践领域转而应用于其他地点或领域的过程。

与技术转移相比，技术转让只是技术权利的转让，需要双方以合同为基础进行技术使用权的让渡，而技术转移包含了技术地点的转移和权利的转移双重含义。因此，技术转移包括了技术转让，除了通过技术贸易合同让渡技术权利外，技术转移还可以通过其他经济活动如商品贸易、创办新企业、技术人员的流动等方式向外扩散技术，从而比技术转让具有更广泛的内涵。

（三）技术转让和技术扩散

技术扩散是指由于技术差距的存在，技术由扩散源（技术先进方）向扩散吸收体（技术落后方）进行的空间传播。技术转让是有意识的技术使用权让渡行为，而技术扩散不仅包括有意识的技术转让，也包括无意识的技术传播，既有市场渠道也有非市场渠道。技术扩散如果是无意识的，则不具有明确的对象；而技术转让则是对象明确的一对一行为。对于发达国家或者技术先进企业来说，技术创新后不仅在本国或本企业使用，而且会引起众多的模仿行为。对于模仿者来说，新技术的使用具有正外部性，极大降低了研发成本，这种正外部性也被称作技术溢出。

（四）技术转让和技术引进

技术引进是技术需求方通过一定方式从本国或外国的技术供给方获得技术的行为。这种引进不仅包括各种类型的技术资料，也包括设备和管理方法。技术转让和技术引进是同一活动的两面，即从技术供给方来说是技术输出或技术转让，而从技术受让方来说则是技术输入或技术引进。

二、国际技术转让的客体

国际技术转让的客体主要有两类：专利权和专有技术。两者具有不同的特点。

（一）专利权

专利权是指专利主管机关依照专利法，授予发明申请人或其权利受让人在一定时期内独占使用其发明的权利。获得专利的技术被称为专利技术，非专利权人在专利权人授权或许可后才可以使用专利技术，成为权利受让人。

专利具体包括发明、实用新型和外观设计三种类型。发明是指对产品、方法或者其改进所提出的新的技术方案，包括产品发明和方法发明。实用新型是指对产品的形状、构造或者其结合所提出的适于实用的新的技术方案。实用新型专利只保护产品。外观设计是指对产品外部的艺术设计，包括形状、图案及其结合，色彩与图案、形状的结合等，不包括单独的色彩。

专利权具有以下几方面特点。

1. 排他性

专利权人对专利享有排他的独占权，其他人未经许可不得使用、销售或处置专利权，否则构成侵权。排他性是专利法对专利权人权利保护中最重要的内容。

2. 地域性

专利权具有明确的区域管辖范围，通常在哪个国家申请就由哪个国家授权并进行保护，在其他国家则不具有法律约束力。除非两国之间有双边的专利（知识产权）保护协定或共同参加了有关保护专利（知识产权）的国际公约。不过，专利可以在多个国家进行申请，被授权后可在多个国家受到法律保护。

国际范围内调整专利权的主要是 1883 年 3 月 20 日在巴黎签订的《保护工业产权巴黎公约》（Paris Convention on the Protection of Industrial Property，简称《巴黎公约》）。《巴黎公约》的保护范围是工业产权，包括发明专利权、实用新型、工业品外观设计、商标权、服务标记、厂商名称、产地标记或原产地名称以及制止不正当竞争等。《巴黎公约》的基本目的是保证成员的工业产权在所有其他成员境内都得到保护。

随着技术竞争的日益激烈，技术的使用也日趋全球化，在每一个国家都申请专利较为烦琐。1970 年 6 月 19 日，多个国家在华盛顿签订了《专利合作条约》（简称 PCT），目前成员已经有 100 多个国家和地区。PCT 的宗旨是通过简化国际专利申请的手续、程序，强化对发明的法律保护，但它仅仅是简化了申请阶段，并未包括审查和授权阶段。PCT 不进行"国际专利授权"，授予专利的任务和责任仍然只能由各个国家和地区的专利局或行使其职权的机构承担。

3. 时间性

专利法规定了专利的有效期，有效期内专利权人享受专利权，超过期限后专利权便自动丧失，一般无法续展，专利随之成为人类社会的共同财富。有效期的长短在各国并不统一。有效期的限制既要考虑发明人经费和时间投入后的回报周期，又要考虑专利技术对社会的价值，因此，专利不能永久有效，人们需要找到一个合适的时间平衡点。

4. 人身权和财产权的合一

专利权既包括人身权，又包括财产权，发明人被授予转让专利权、享受专利权带来的回报的权利，所以专利权是两权合一的。

（二）专有技术

专有技术也称技术诀窍，是指那些没有申请专利、从未公开但可以转让的在长期生产实践中积累的经验、专门技术知识、技能、设计等。专有技术具有较强的实用性，涉及范围较广。由于没有申请专利，专有技术主要靠技术所有者的保密措施来使其可以长期使用。

专有技术虽然得不到专利法、商标法的保护，但它作为一种财产应当得到财产法的保护，具有可传授性和可转让性。与专利权相比，两者的明显差异还表现为：专利权存在有效期，而专有技术没有时间限制；专利权必须是书面展示的，而专有技术除了书面形式的图样、磁带、照片等资料外，也可以是实物形式的样品、模型，还可以存在于技术人员的头脑中，以口头传授或操作演示的形式呈现；专利权是静态的，申请后内容固定不变，而专有技术可以是动态的，可以不断积累、调整、变化。在转让专有技术时，跨国公司主要利用保密措施、合同条款、防止不正当竞争法等来保护专有技术。

三、跨国公司国际技术转让的动因

跨国公司是技术的主要创新者和技术垄断者，因此也是国际技术转让的主要供给方。同时跨国公司部分技术转让是面向其他地区的子公司的，所以它又是主要的技术需求方。跨国公司技术转让主要出于以下五个方面的考虑。

（一）实现对外直接投资的重要条件

跨国公司对外投资面临东道国的诸多不利因素和障碍，按照海默和金德尔伯格的垄断优势论的分析，企业对外直接投资是凭借自身拥有的垄断优势，包括规模优势、技术优势、资金优势、组织管理优势等，来克服当地不利因素并能够在市场中占得一席之地。垄断优势是实现对外直接投资的重要条件和决定因素。跨国公司在对外直接投资时，往往并不是单纯输出资金，技术在其中扮演着重要角色，越是资金技术密集型行业越如此。跨国公司的技术往往比东道国同类行业的更先进或者更具有独特性，转让到东道国后能够促进跨国公司站稳脚跟并发展壮大。

（二）提高技术利用效率

技术具有生命周期，从技术创新导入期到技术成熟期，再到逐渐失去先进性、被新技术替代一般经历数年时间。对于技术创新者来说，技术生命周期越长越容易维持技术的市场垄断，能够从中获得较高的回报。但在目前国际市场上，部分高科技行业的技术生命周期在不断缩短，技术从创新到淘汰的时间大大缩短意味着技术创新者的研发风险加大、创新收益降低。在消费品市场中技术周期缩短更加明显，由于需求变化快，技术竞争白热化，一项新技术问世不久就会出现类似的技术或者更先进的技术。为了应对技术周期缩短的不利影响，提高技术利用效率，跨国公司在技术创新后倾向于加快向其他地区子公司转让技术，或者转让给其他企业以获得更多技术创新的回报。另外，由于跨国公司的技术通常具有高度垄断性，所以其转让时往往附加苛刻的限制条件，如搭售昂贵的设备、生产线以及其他硬件，使获利程度更高。

（三）抢占东道国市场

跨国公司在进入其他国家开展国际运营后，同行业竞争表现在多个层面，如市场渠道竞争、人才竞争、公共关系的竞争等，其中技术的竞争成为抢占市场份额的关键。以跨国公司在华汽车投资为例，德国、美国、日本都在中国纷纷设立了子公司，子公司的竞争一方面要依靠在华技术研发，另一方面要依赖母公司源源不断的新技术支持，而母公司研发基础雄厚使得来自母公司的技术转让在子公司发展中非常关键。

在1984年大众集团进入中国成立上海大众时，中国汽车产业刚起步不久，不仅规模小、产能跟不上，更重要的是国产化率低。大众汽车进入中国后，桑塔纳车型售价高、销量大，成为大众品牌的畅销车型。但在2005年后随着汽车市场日益成熟，多家跨国公司带来了更多的新车型，丰田、奥迪、三菱等不断向在华子公司转让整车技术或核心技术，使得桑塔纳市场份额跌跌不休，在2012年跌到最低点1.9%。大众集团也不得不选择向上海大众转让更多汽车生产技术和更多新的车型。2012年10月，上海大众宣布旧版桑塔纳（桑塔纳87）停止生产，并发表"再见，桑塔纳"广告，向世人宣布旧版桑塔纳（桑塔纳87）成为过去。2012年12月16日晚，上海大众全新桑塔纳在北京国家体育馆举行上市发布会。随后新桑塔纳的市场份额开始上升，显示了技术转让的重要意义。技术在母国的研发成本虽然很高，但在东道国使用的边际成本很低，从而可以产生较高的回报。

（四）结合东道国资源创造新的比较优势

按照小岛清的边际产业扩张理论，产业和技术在本国衰落后可以向其他国家转移以重新创造比较优势，因此，在母国处于技术周期成熟阶段的技术或次新技术，可以通过伴随投资的技术转让，结合东道国资源，重新在东道国焕发生机。

（五）借助技术转让建立全球研发网络

跨国公司技术原来主要在母国进行开发，然后往子公司所在的东道国转让。随着技术竞争的加剧以及市场需求的日益多样化，仅在母国研发技术已经远远跟不上时代发展需要。跨国公司开始更多地实施研发国际化，除子公司积极参与研发外，在发达国家和很多发展中大国也建立了研发中心、研究院等多种类型的研发机构，从而构建了全球研发网络。研发网络的建立本身是在技术转让的前提下实现的，网络建立后各机构以及子公司之间的技术转让也日益频繁，大大提高了网络中的技术创新速度和利用效率。

四、影响国际技术转让的因素

技术转让虽然是公司行为，但由于技术是很多国家严格限制的输出对象，所以在国际技术转让中不仅要考虑公司自身因素和市场条件，也要考虑外部管制等障碍。国际技术转让面临诸多影响因素。

（一）技术特性

跨国公司在决定是否转让技术时，技术特性是一个重要的影响因素。技术特性影响国际技术转让，一是表现在技术的先进程度上，二是表现在技术的复杂性上，三是表现在技术的生命周期上。当持有的技术比较先进、在世界市场上没有竞争者时，跨国公司可以从商品出口中获得较高的利润，没有动力向外部转让技术。当技术先进性逐步下降、出口利润逐渐变薄时，跨国公司则会通过技术转让获得更多的回报。从技术的复杂性来说，复杂的技术在被转让后会需要较多的技术指导和培训，可能会影响技术转让的数量。技术生命周期的长短因行业而不同，部分行业如飞机制造业依旧保持着较长的技术生命周期，消费品行业则大多周期较短。周期较短的行业在转让技术方面交易会更为频繁。

（二）东道国市场条件

东道国市场条件对国际技术转让的影响主要表现在市场竞争状况、贸易壁垒的大小、技术吸收能力、市场需求等方面上。如果东道国竞争较为激烈，则跨国公司一般倾向于加快向子公司转让技术来赢得市场，而不会向竞争者直接转让技术。两国之间如果没有贸易壁垒，能够自由贸易，跨国公司会在国际化经营中更重视商品出口。相反，较高的贸易壁垒能够激发跨国公司向东道国转让技术的意愿，尤其是通过直接投资的方式在当地生产和销售可以绕过贸易壁垒。技术吸收能力涉及当地现有的技术水平和员工素质，它们与技术转让方的技术差距越小则吸收能力越强，但若太小则没有必要进行技术转让，太大又无法充分吸收新技术，找到合适的平衡点比较重要。另外，跨国公司还要考虑产品市场需求的大小来测算转让技术未来的收益，并将其与转让成本和技术泄露风险进行比较。同时，技术供给方和需求方的地理距离、文化差异等也会影响技术转让的效率。

（三）跨国公司战略选择

跨国公司在具体实践中，会在全球战略和多国本土化战略中进行权衡。全球战略是指通过在全球范围内合理配置资源，进行集权管理和决策，有效协调和控制全球范围内的生产、研发等活动，提高全球性经营效率。多国本土化战略则很少进行跨国协调，侧重按东道国具体情况进行独立经营。跨国公司虽然可能有众多独立子公司，但如果实施全球战略，则会考虑总体利益最大化而非个别子公司的短期利益，考虑公司全球研发网络的资源配置，当然在公司内部进行技术转让时会综合考虑各国子公司情况和东道国市场的情况。如果某个子公司研发实力较强，它也会成为技术转让的主体。

（四）法律政策

由于技术在一国竞争地位、产业安全中的重要性，母国、东道国以及国际组织都存在不同严格程度的法律政策来管理国际技术转让。

技术供给方所在的国家对技术转让的态度有禁止、限制和促进，它们通常会对科技输出进行较为严格的限制。发达国家由于在技术领域具有领先地位，对技术出口管制更为严格。2018年11月20日，美国商务部工业与安全局提出《"特定新兴技术管制审查"框架方案》，拟针对生物技术、人工智能与机器学习、物流技术、微处理器技术、机器人等14个新兴技术领域加强出口管制，这些新兴技术领域是国际范围内下一轮竞争的焦点，所以成为出口管制的重点对象。这种管制既包括直接的对外技术转让，也包括高科技产品的出口。在这些领域内，跨国公司无论是直接转让技术还是对外贸易均受到限制，无法按照自己的经济利益需要做出技术转让决策。不仅如此，部分发达国家还限制来自发展中国家的先进技术，担心本国同类企业会不敌竞争对手而失去市场。

【案例 6-1】

华为 5G 电信设备受部分发达国家抵制

华为作为国内最早进入网络通信领域的公司之一，从一个代理型的公司转型到自研、自产、自销的世界顶级网络通信公司，一路走来，所取得的成功与其每年对研发的大量投入密切相关。2017 年，华为超过了爱立信、诺基亚、中兴等竞争对手，成为全球电信设备制造领域最大的公司。随着 4G（第 4 代移动通信网络）的逐步成熟，下一代移动通信网络 5G 也在这两年快速发展起来，工信部以及各地政府等出台了一系列支持 5G 发展的政策，争取让国内消费者在 2020 年实现对 5G 网络的大规模商用。国外的很多国家和地区也在积极地建设 5G，谁也不甘落后。

全球各大运营商如华为、三星电子、爱立信、诺基亚等纷纷开始抢占 5G 市场，2018 年，华为的"全球 5G 之路"并不顺利。美国方面一直以安全为由，拒绝华为的通信设备和手机进入美国市场。并且，在禁止华为之后，美国又开始打击中兴，美国商务部工业与安全局决定对中兴发布出口权限禁令，禁止美国厂商向中兴出售元器件、软件和相关技术。2018 年 5 月 24 日，《参考消息》援引外媒消息，加拿大政府 23 日称，以国家安全为由阻止中资公司以近 10 亿美元收购一家建筑公司的交易。6 月 13 日，澳大利亚也以安全为由，不惜从预算中拨出约 2 亿美元，与所罗门群岛签订了一项合约，共同抵制华为参与建造新的岛国海底电缆的计划。日本、新西兰纷纷抵制华为出口的 5G 产品。以美国为首的国家以安全为借口抵制华为的 5G 产品，意图将华为排挤在全球 5G 布局之外，担心华为强大的技术以及快速的市场扩张能力会阻碍其本土电信设备公司的发展。

随着事件的发展，结局却令人扬眉吐气。在从 2019 年 2 月 25 日开始为期 4 天的巴塞罗那通信大会上，美国抵制华为 5G 产品的图谋落空。华为在两天内签署了 30 份 5G 商业合同，其中，18 份在欧洲，9 份在中东，3 份在亚太地区。2 月 26 日，《华尔街日报》网站刊文称，西方国家正在为其 5G 网络部署中的华为设备设置更多障碍，但这不会改变下一代通信网络的根本真相，中国开发的技术将成为中心，中国是 5G 专利和标准提案领域的领导者，中国公司拥有 5G 核心专利的 36%，而美国公司只拥有 14%。

（资料来源：根据搜狐网（https：//www.sohu.com/a/236885616_268980）和《华尔街日报》有关报道整理。）

东道国一般对技术输入持欢迎态度，尤其是发展中国家。许多发展中国家在对外开放的初期，会要求外资进入时转让先进技术。这种要求对拉动发展中国家的技术进步起到了一定作用。当经济发展到一定程度，有些国家会逐渐放松对技术引进的干预，实行市场化的管理模式，甚至会给予国际技术转让特殊的税收待遇。

国际上限制技术转让的主要是巴黎统筹委员会（简称"巴统"）及其之后的《瓦森纳协定》。巴统成立于 1949 年，是西方工业国成立的一个非官方国际机构，其目的是限制成员国对社会主义国家输出战略物资和高新技术，包括武器装备、尖端技术产品和稀有物资等。这一组织在 1994 年 4 月 1 日解散，但 1996 年 7 月，33 国签署了《瓦森纳协定》，继续对技术转让进行管理。《瓦森纳协定》包括了一份军民两用商品和技术清单及一份军品清单。第一份清单中涵盖了先进材料、电子器件、电信与信息安全、传感与激光、推进系统等九大类。这种集团性出口控制机制，虽然不直接干预成员国的技术转让，但要求某国在向非成员国转让技术或拒绝转让时，要在自愿基础上向其他成员国通报信息，以协调控制出口政策。成员国之间也会定期举行会议来审查受控项目清单。2000 年 6 月，欧盟理事会 1334 号法令涉及的 10 大类技术清单与《瓦森纳协议》也比较接近。因此，跨国公司的技术转让行为虽然是市场化行为，但也会受到本国政策、东道国政策以及国际协定的影响，在不同时期对不同国家的技术转让也会有差别。

五、国际技术转让理论

技术转让的重要性引发了许多学者的关注，对国际技术转让理论的研究不断深入，主要包括技术差距论、NR 关系论、技术转让梯度论、技术转让跳跃论。

（一）技术差距论

1961 年波斯纳提出了技术差距理论，分析了技术差距和技术模仿滞后导致的发达国家之间的国际贸易。创新国研发出来的新产品，逐渐被其他发达国家所了解并产生需求，这些国家的企业经历了反应滞后和掌握滞后，并逐渐掌握了这种技术。在模仿国完全掌握这种技术以前，即技术差距存在期间，创新国可以向模仿国出口新产品。技术差距论虽然分析的是技术差距和商品国际贸易之间的关系，但客观存在的技术差距也推动了国际技术转让，尤其是在技术的先进性逐渐降低以后，创新国企业更愿意直接转让技术。

技术差距主要体现在各国高新技术的拥有量、技术水平和技术应用能力上。目前在世界上申请的专利中发达国家占九成以上，而且发展中国家申请的 90% 以上的专利没有应用于生产，这说明发展中国家无论是基础科研水平还是技术应用能力均远远落后于发达国家，这也是技术转让多表现为发达国家向发展中国家转让的原因。就发达国家而言，申请专利数最多的五个国家是日本、美国、德国、英国和法国，其中，英国和美国拥有的突破性技术专利最多，日本拥有的对现有技术进行改革的技术专利最多。

（二）NR 关系论

日本学者斋藤优于 1979 年在《技术转移论》中提出了需求与资源假说（即 NR 关系论），接着于 1986 年在《技术转移的国际政治经济学》中运用这一假说进一步阐述了国际技术转让。所谓 NR 关系，是指一国经济的发展和对外经济活动要受该国国民需求（Need）和该国资源（Resources）关系的制约，需求包括国家需求、社会需求、企业需求、个人需求等多个层次，资源是指该国现有的资本、劳动力、原材料、技术等。

斋藤优认为，一国需求与资源的不适应或者不平衡是国际技术转让的主要原因。需求与资源的不平衡能够促进技术创新，能弥补资源的匮乏，能节约资本、劳动力和原材料，能创造新的原材料或找到原材料替代。技术落后国家不仅需要技术创新，而且需要引进国外先进技术来弥补资源的欠缺。技术先进国家之间、技术相对落后国家之间由于存在需求差异和资源差异，也会发生技术转让，因此需求与资源的不平衡也是国际技术转让的原因。

原本不相适应的 NR 关系在通过技术创新和技术转让加以调整后还会产生新的不平衡，从而会推动新一轮的技术创新与扩散。一国的 NR 关系是动态发展的，能够通过技术创新和技术转让不断改善，同时国民经济也将不断发展。

（三）技术转让梯度论

技术转让梯度论主要分析了发达国家技术转让的方向和技术梯度的一致性。技术转让梯度论把国家分为发达国家、欠发达国家和发展中国家，把技术分为尖端技术、中间技术和基础技术。技术转让梯度是指：在技术转移顺序上，一般是发达国家先转让给欠发达国家，然后再转让给发展中国家。发展中国家一般先引进基础技术和中间技术，企业成长后再引进尖端技术。发展差距较小的国家和地区，梯度差距较小，技术扩散和产业转移较为容易。目前发达国家之间经济、技术等各方面发展差距较小，产业转移和技术转让也就更为频繁。

（四）技术转让跳跃论

技术转让跳跃论认为，技术转让未必一定按梯度进行，处于第三梯度的发展中国家出于某些产业发展的需要，也可能直接从第一梯度的发达国家引进尖端技术，即跳跃性引进技术。目前，在国际技术转让中，梯度转让和跳跃式转让并存。

第二节　国际技术转让的方式和策略

跨国公司非市场化的无偿技术转让主要是国际技术援助或技术交流，而市场化的有偿技术转让才是技术转让的主要构成部分，也是跨国公司重点考虑的。市场化的技术转让又分两种情况：一是在跨国公司内部母子公司之间进行的内部化技术转让，这种方式通常与对外直接投资行为融合在一起；二是跨国公司向其他企业的外部化技术转让，它包括技术许可等多种方式。跨国公司国际技术转让要选择合适的技术转让方式，并制定适宜的技术转让策略。

一、国际技术转让方式

跨国公司国际技术转让方式主要包括以下类型，不同类型适用的情况有所区别。

（一）许可贸易

许可贸易是技术转让双方通过协议将某项技术的使用权以及产品的制造权和销售权进行有偿转让的行为。许可合同通常要就技术的使用权限、时间期限、地域范围、技术服务、纠纷处理方法等进行明确，是规定双方权利义务的法律文件。技术转让的双方被称为许可方和被许可方。前者不仅转让技术资料，还要对被许可方进行必要的技术指导和培训；后者除了缴纳使用费，更要对引进的技术保密以保障双方利益。许可贸易是中小型企业进入国际市场的较好方式，也避开了技术被许可方所在国的商品贸易壁垒，但也存在难以控制目标国家企业的经营状况、培养潜在竞争对手的不利影响。在具体实践中，专利许可经常与专有技术的转移结合起来进行。

许可贸易按照各方权利的差异和授权的范围，可以分为普通许可、排他许可、独占许可、分许可和交叉许可。

1. 普通许可

普通许可是指许可方允许被许可方在规定地区内使用有关技术，同时保留自己使用该技术及再许可第三方使用该技术的权利。制造、使用和销售该技术及其产品的权利可以共享，普通许可是许可贸易中最常见的一种形式。普通许可中被许可方获得的权利较小，相应的费用也较低。

2. 排他许可

排他许可是指许可方在合同规定的期限和地域内允许被许可方利用其技术，并不得再将此项技术转让给第三方，但许可方自己保留利用此项技术的权利。相比较于普通许可，排他许可授予了被许可方和许可方同样的使用权利，并且避免了来自第三方的竞争。

3. 独占许可

独占许可是指被许可方在规定的范围内享有对合同规定的专利技术的使用权，许可方或任何第三方都不得同时在该范围内具有对该项专利技术的使用权，但许可方保留技术的所有权。独占许可授予了被许可方比排他许可更大的权利，承认被许可方在某时某地独自使用技术、销售产品的垄断性，因此许可费用也更高。

4. 分许可

分许可的前提是许可方除允许被许可方享有某项技术的使用权以及产品的制造权和销售权外，还允许被许可方向第三方转让技术的使用权以及产品的制造权和销售权。被许可方向第三方转让的行为被称为分许可，对应的是分许可合同，许可方与被许可方的合同是主许可合同。分许可要受到主许可合同的制约。因此，分许可的有效期不得超过主许可的有效期限，超过期限的部分无效；分许可的有效地域范围不得超过主许可的有效地域范围，超过范围的行为可能构成侵权；分许可规定的使用方式不得超过主许可所约定的使用方式。

5. 交叉许可

交叉许可是指双方互为技术转让方和被转让方，相互转让技术的使用权以及产品的制造、销售权。交叉许可既可以是独占性的，也可以是非独占性的。它一般在特定条件（如合作生产、合作设计、共同研究开发等）下采用。交叉许可是为了促进双方的合作，不是单纯的买卖关系。这种许可极大地降低了技术交易的成本。

【案例 6-2】

智能手机行业的技术交叉授权

2016 年 12 月，诺基亚和小米宣布双方已经签署一份专利授权协议。该协议中包括了两家公司的蜂窝网络标准专利交叉授权，同时，诺基亚还将为小米提供网络基础设施设备。2017 年上半年，两家公司再次达成专利授权协议，同时小米将收购诺基亚的部分专利资产。小米此次与诺基亚达成专利交叉授权合作，除了希望在行动装置、联网设备方面达成专利提升和市场防护的目的，同时将由诺基亚提供网络服务商、数据中心所需的高效能且低功耗的网络基础设备。双方也将携手合作打造用于数据中心之间数据交换的光传输技术，以及基于诺基亚 FP4 网络处理器的 IP 路由技术和数据中心网络技术解决方案。

除此之外，小米还计划与诺基亚持续在物联网、虚拟现实、增强现实甚至人工智慧领域展开合作。

虽然诺基亚此前与手机行业领军企业苹果和三星电子均签署了专利授权协议，但与小米的协议是诺基亚首次与中国厂商达成的专利授权协议。

近年来，技术交叉授权日益普遍，华为与爱立信、华为与高通、苹果与微软、小米与微软也都签署有类似的专利交叉授权协议。芯片龙头企业高通，一方面每年向华为收取高额技术使用费，另一方面又从华为购买大量的技术。从 2015 年 7 月到 2016 年，华为技术及华为终端有限公司陆陆续续向高通旗下子公司 Snaptrack 转让了 145 件中国专利和专利申请。

2018 年 7 月 30 日，高通公开了在中国的蜂窝通信技术标准必要专利清单，清单包括了 2240 项专利和专利申请，但其中相当一部分是从华为、诺基亚、三星等企业购买的技术。

（资料来源：根据搜狐网（http：//www. sohu. com/a/154636847_ 242509）和凤凰网（http：//tech. ifeng. com/a/20171206/44793692_ 0. shtml）有关资料整理。）

（二）特许经营

中国特许经营协会对特许经营的定义如下：特许人将自己拥有的商标、商号、产品、专利和专有技术、经营模式等以特许经营合同的形式授予受许人使用，受许人按合同规定，在特许人统一的业务模式下从事经营活动，并向特许人支付相应的费用。特许经营是转让方（特许人）与受让方（受许人）之间的长期契约关系，由受让方（受许人）自己投资、自己经营。对转让方来说，特许经营实现了低成本扩张，有利于扩大影响力和知名度；对于受让方来说，其看重的是利用现有成熟的技术、商誉和品牌开展经营，能降低经营风险，分享规模经济如采购规模效益、广告规模效益、经营规模效益、技术开发规模效益等，并可以获得转让方多方面的支持和技术培训。很多跨国公司尤其是商业和其他服务业比较多地利用特许经营来转让技术，现在这一方式也逐渐向洗染、冲扩、汽车租赁、维修、家政服务、健身娱乐、美容美发等领域发展。

特许经营的类型较多，按照特许对象的内容分为产品专营、服务专营和营业网点特许经营。产品专营即转让方要求受让方只销售转让方的产品。服务专营是指受让方使用转让方商标并按照转让方的制度和标准提供服务。营业网点特许经营是指受让方不仅使用转让方商标，而且要按照转让方的技术规定和质量标准生产产品，并保持统一的装修风格、服装、管理制度、经营风格等。比较典型的特许经营是麦当劳和肯德基的技术转让。

（三）补偿贸易

补偿贸易是指买方在购进设备和技术时，承诺以投产后生产的全部或部分产品或商定的其他商品或劳务，来偿还设备和技术款的贸易方式。直接产品补偿、其他产品补偿、劳务补偿既可以单独使用，也可以结合使用。补偿贸易不仅要求设备供应方提供信贷，同时还要承诺回购对方的产品或劳务，以使对方用所得货款来还贷款。这两个条件必须同时具备，缺一不可。很多国家在开放初期缺乏外汇时，会倾向于使用补偿贸易以获得先进的技术和设备。

（四）技术协助

技术协助虽然不是直接转让某项生产技术，但却能够帮助被协助方，提供技术选择和具体实施的方案。技术协助包括技术咨询、管理咨询、人员培训、工程咨询、销售和商业服务等。以工程咨询为例，很多工程如水电站建设、石油钻井平台建设等，投资规模巨大、复杂性高，为了保证质量，提高效率，需要请技术协助公司从工程设计到建设、运营的整个过程进行指导。不仅研发技术的公司可以提供技术协助，许多管理咨询公司也可以承担技术协助的工作。

（五）交钥匙工程

交钥匙工程是跨国公司在转让大型设备和复杂技术时常用的技术转让方式，是指跨国公司负责项目全过程并直到安装调试后将项目移交受让方的行为。由于转让标的比较复杂，技术引进方难以完成从土建到安装、调试、使用的全过程，所以转让方会进一步延伸服务环节，相应的收费也涵盖整个过程。我国凯盛集团在向土耳其以及非洲等国转让玻璃生产线时，一般会帮助工厂设计并建设厂房、安装调试设备、培训技术人员，等引进方验收合格、完成交接后，生产线就可以直接进行生产。这种技术转让方式对于技术基础薄弱的引进企业来说，大大节约了项目自建的时间，使生产前的准备时间有效缩短。

（六）管理合同

管理合同是指具有管理优势的跨国公司派出管理人员到另一国的企业承担经营管理任务，并获取一定的管理费的形式。管理人员可以承担全部经营管理工作，例如：派出人员担任总经理，全面负责行政管理、技术、商业等；或者只担任研发、生产、销售某一方面的管理任务。管理费可以是固定数额，可以根据销售情况分摊，也可以是固定数额加分红。

（七）对外直接投资

对外直接投资通常伴随着跨国公司内部的技术转让行为，是跨国公司进行技术转让的主要方式。在对外投资中，资金、设备、部件、管理经验和生产技术被一起转让给了其他国家的子公司，不仅可以帮助子公司迅速扎根市场，也实现了技术使用效率的最大化。

除了上述技术转让方式以外，技术转让还包括合作研发、合作生产、设备租赁等方式，适用于不同的技术需求情况。在一些重大项目和高新技术转让中，技术转让方式的选择可以是复合性的，同时兼顾多种方式。转让复杂技术如高铁技术、飞机技术，需要技术转让方提供技术图样和文件并进行联合设计、合作生产，在引进和消化吸收过程中，还要提供技术培训和技术支持。2018年2月，波音公司首次向我国转让了主流机型高端维修技术，波音公司和南航公司将在维修技术转让、支持项目、管理培训等方面开展战略合作。

在实际选择中，不同的技术转让方式适用的范围不同。以对外直接投资进行的技术转让只在跨国公司内部进行，跨国公司与其他外部公司之间的国际技术转让会选择其他几种方式。目前，补偿贸易使用得不多；技术许可在高科技行业中使用频繁；特许经营多用于商业和其他服务业；技术协助和交钥匙工程多用于转让大型设备和转让复杂技术同时伴随着大型工程建设，但交钥匙工程通常由技术转让方实施，而技术协助方式中除了研发技术的公司还包括专门的管理咨询公司；管理合同多用于国外的宾馆、机场、医院或其他组织提供的较为复杂的管理服务。

二、跨国公司技术转让策略

跨国公司技术转让需要依据内容、方式、时间、区位等因素做出不同的策略选择。

（一）技术转让内容策略

跨国公司技术转让决策的第一个问题就是转让的对象或者内容。跨国公司通常会把核心技术掌握在公司手中，对其他技术则会考虑转让。例如，汽车制造企业有多种型号的整车生产技术和重要部件的生产技术，哪些适宜转让要考虑目前的技术利用情况和未来的计划。以这两个因素作为标准，技术可被分为四类：未使用但准备使用的技术、未使用且不准备使用的技术、已使用且准备继续使用的技术、已使用但准备放弃的技术。跨国公司对这四类技术的转让基于不同的考虑。

1. 转让未使用但准备使用的技术

这时存在两种情况。如果技术是由公司独立完成研发过程的，则公司不会考虑马上转让技术，因为要维持技术垄断地位；如果技术研发成本过高、周期太长，则有可能是多家公司分工进行联合研发的成果，这时各公司相互转让技术，可以使每个公司都能运用整套新技术进行生产。

2. 转让未使用且不准备使用的技术

这种技术通常是公司接受委托为其他公司进行研发所产生的成果，或者本公司生产所产生的附带成果，自己并不打算使用或者没有条件使用。转让这类技术，跨国公司可以进一步巩固技术地位、扩大业务规模和范围。

3. 转让已使用且准备继续使用的技术

正在使用的技术向外转让的成本和风险较小，技术多次向外转让可以极大地增加跨国公司的收益。同时，由于技术转让方还在继续使用，技术受让方也愿意分享共同使用的规模经济，例如，肯德基广告可以被所有的门店共享。

4. 转让已使用但准备放弃的技术

当技术处于生命周期的后期，技术先进性丧失，跨国公司已经利用该技术进行了较长时期的生产时，对外转让该技术尤其向低成本国家转让是多数跨国公司的习惯做法，这样能够延长该技术的使用寿命。

除上述情况外，即使跨国公司以对外直接投资方式转让技术，也会根据子公司所在地选择技术内容。一般情况下，如果子公司位于其他发达国家（和母国市场条件接近），则母公司有可能会转让基础研究性技术，以利用其他发达国家的研发能力。子公司所处的国家经济科技水平越落后，母公司转让的技术越趋于成熟，有时甚至是过时的技术。处于最不发达地区的子公司有可能只进行加工组装，母公司也只对其提供简单的技术培训。

（二）技术转让方式策略

技术转让方式的选择首先是对外直接投资和其他方式的选择。如果在东道国使用的技术不会外泄以致培养竞争对手，同时东道国又对外资进入持比较欢迎的态度，则跨国公司可能会根据自己的需要选择对外直接投资方式。如果不考虑对外直接投资，则在其他方式的选择中要考虑技术性质、受让方的需要等因素。大量的技术转让集中在化学工业、运输设备等资本技术密集型行业，这些转让一般金额较大、技术比较复杂，会比较多地选择交钥匙工程方式。商务和服务业更看重服务标准的统一和店铺经营的一致性，用特许经营的方式容易复制出更多的门店，扩大该品牌的影响力，提高市场份额。同时，大量的技术水平比较接近的公司之间转让技术，会倾向于用交叉许可的方式，这样既可以获得对方先进的技术又减少了技术转让费的支付。技术转让方式需要根据双方的情况和市场条件做出选择。

（三）技术转让时机策略

技术的生命周期包括创新期、成长期、成熟期和衰退期4个阶段。在各阶段推进时技术的先进程度也在不断下降，公司技术转让的获利情况也会有所差别，因此跨国公司也会根据四个阶段选择技术转让的恰当时机。

当技术处于创新阶段时，跨国公司独占技术垄断地位，可以对采用新技术生产的新产品制定较高的价格，跨国公司没有动力进行技术转让。当技术处在成长阶段时，考虑到技术保密的需要，跨国公司会借助对外直接投资这种内部化的方式转让技术给位于发达国家的子公司，同时也开始考虑技术许可等外部化技术转让方式。当技术处在成熟和衰退阶段时，技术先进性下降，类似技术不断出现，技术竞争激烈，除对发展中国家进行直接投资转让技术外，技术外部化的转让也逐渐增多。

技术转让时机的策略还要结合企业本身的市场地位来考虑。企业市场地位可以分为支配、优势、有利、维持和微弱五种情况。通常在技术的创新阶段，无论哪种市场地位的企业都不愿进行技术转让。而在其他三个阶段当中，市场地位越强的企业，技术转让越晚，选择区域和对象也越严格；市场地位越弱的企业，技术转让越早，技术转让的条件也会随技术周期的推进逐步放宽。但有时企业也存在不同的考虑。有些大企业技术成果较多且并不都打算进行成果转化，会考虑出售部分创新阶段的技术。有些科技型中小企业，本身研发实力突出，但缺乏资金进行生产或者不愿生产，以技术转让作为主要的盈利来源，这时也会在技术开发完成后不久就进行技术转让。

（四）技术转让区域策略

技术转让的区域要根据技术转让方式而定。如果技术转让方式是非直接投资方式，则技术转让的区域主要依据技术需求方的区域而定。跨国公司通过对外直接投资可能在多个国家建有子公司，往哪一个子公司转让何种技术，要基于东道国市场发展潜力、竞争程度、技术人员素质等因素来判断。

可以看出，跨国公司技术转让策略的四个方面具有交叉性。例如，在某种转让方式下要考虑区域差别，在选择某个时机转让时要考虑转让方式。因此，技术转让策略是多因素综合的结果。

第三节 国际技术转让的定价和支付

与商品交易不同，在国际技术转让中技术的定价具有特殊性。商品购买者在购买时能够比较准确地判断商品的价值和效用，但技术在出售之前并不完全向购买者公开所有技术信息，造成出售者和购买者的信息不完全对称，相应地影响了双方对价格的期望值。同时，每种新技术研发都会因投入人、财、物的不同而产生不同的成本，而商品在量产后单个产品的成本趋于稳定。国际技术转让的定价相对来说较为复杂，其支付方式也具有多样性。

一、国际技术转让的定价

国际技术转让在定价时，首先要考虑价格的构成，然后要考虑定价的原则。

（一）技术价格的构成

跨国公司在技术转让定价时，要考虑从研发开始产生的一系列的成本和费用以及所期望的利润。总体来看，包括以下几个方面。

1. 研究开发成本

研发成本是价格构成中占比最大的一项成本。跨国公司研发涉及较长的周期和较多的环节，包括调研论证、具体设计、实验室试验、试生产、技术鉴定等。技术研发难度大，这些环节有可能重复多次才会成功。所有这些人财物的耗费加总可以作为技术定价的一个基础，但研发的总成本并不能直接进入技术转让价格，因为定价还要考虑技术转让的次数和技术在生命周期中所处的阶段。

技术转让的次数越多，分摊的研发成本也就越低。但一项技术从研发成功开始到底会转让多少次并不能确定，从而增加了计算技术价格的难度。技术生命周期越长，可能转让的次数就越多。同时技术如果处于技术周期的前期阶段，与后期阶段比先进性更高，则其对应的价格也应该更高。

2. 技术转让税

跨国公司在进行技术转让时，将面临东道国政府和母国政府的征税，当然在部分国家可以申请减免。当无法减免时，这部分税收通常会被提前计算出来、并入技术价格，以转嫁给技术受让方。

3. 产权保护费

技术产权外泄对跨国公司意味着技术优势的削弱和巨大的损失。在技术研发完成后，为防止泄露，跨国公司会在多个国家申请专利保护，为此支付大量的费用。专有技术无法申请专利保护，需要在技术转让合同中特别强调保密条款。跨国公司为技术产权保护付出的是长期的、多次的费用，在单次技术转让中要确定产权保护费的分摊。

4. 交易费用

国际技术转让的整个过程较长，涉及双方的差旅费、调研费、谈判费、咨询费等，这部分费用在技术定价中通常也要被考虑进去。

5. 机会成本

跨国公司技术的转让意味着部分市场的让渡和利益的损失，存在一定的机会成本。有时跨国公司会要求技术受让方进行利润补偿，即从受让方使用该技术所获得的收益中分享部分好处，以补偿自己让渡市场的损失。

6. 利润

跨国公司转让技术的最终目的还是利润最大化，因此在补偿前面所述的成本和费用之后，还要加上一定的利润以作为技术的最终价格。

（二）技术定价的原则

虽然技术价格的构成比较明确，但其中部分内容难以确定，如研发成本分摊次数的估计、转让方的利润估算，因此技术转让双方在价格谈判中逐渐重视受让方使用技术后的利润，新增利润如向分配成为双方关注的核心。

目前国际上一般采用利润分成原则制定技术的转让价格，这一原则即 LSLP 原则（Licensor's Share on Licensee's Profit）。LSLP 原则意味着技术价格是技术受让方在使用技术后获得利润的一定份额。分成的对象可以是销售利润，也可以是销售收入。对应的公式分别是：

$$技术价格 = 销售利润 \times 销售利润分成率$$
$$技术价格 = 销售收入 \times 销售收入分成率$$

无论是销售收入还是销售利润，都要依据引进技术后生产的新产品数量进行估计。引进技术后生产的新产品数量存在最优的规模，即使实际上达不到最优规模，通常也按最优规模来进行估算。同时，也要考虑技术的复杂程度、可替代性、应用范围、成熟度、使用寿命、分成年限等。按照国际上通用的做法，利润分成率一般为16%～27%，但部分高新技术的转让也会突破这一范围，达到30%以上的分成率。销售收入分成率则相应地要低很多，多为2%～7%。

技术定价中，跨国公司不仅要考虑技术价格的6项构成部分，还要从长远角度考虑东道国的未来发展潜力。2004年，西门子就曾经因注重眼前利益、忽视长远利益，在向我国转让高铁技术时错误定价，而被阿尔斯通抢得了先机。

二、国际技术转让的支付

国际技术转让主要有三种支付方式：一次总付、提成支付、入门费加提成。

（一）一次总付

一次总付（Lump-sum Payment）是指在签订合同时一次算清总价，并列明总费用和各类细目，然后一次支付或者分期支付。这种支付的特点是简便易行，不涉及技术转让后通货膨胀等因素的变化。技术转让方可以在规定时间内较快地获得技术转让收益，风险较小，但如果以后受让方凭借新技术获得了较高的收益，技术转让方也不能分享，因此转让费通常低于其他支付方式。对于技术受让方来说，这种方式虽然费用较低，但没有转让方后期的技术协助，需要技术受让方承担较大的市场风险，只适用于技术学习能力较强且资金充裕的情况。

（二）提成支付

提成支付（Royalty）属于事后计价，是指依据技术受让方应用技术后在一定时期内获得收益的比例来计算和支付技术使用费。经济上的使用效果（产量、销售额、利润等）是计算技术使用费的基础。具体来说，提成支付又包括三种方式：①固定提成，即在整个合同期间按固定的提成率或提成费进行提成；②滑动提成，又称递减提成，即随着产量或销售额的不断增加而下调提成率的做法；③限额提成，即不管受让方应用技术的效果如何，确定最低或最高限额的提成费的做法。

提成支付把技术使用费与技术使用效果紧密联系起来，技术转让方为了获得较高的技术转让费会尽量帮助受让方尽快掌握技术并投产，转让方责任增加，受让方风险降低。

【案例 6-3】

高通的 5G 芯片和专利费用

2018 年 12 月，第一个 5G 商用的高通骁龙 855 芯片在美国夏威夷正式发布，这意味着借助 5G 可以完成更复杂的动作，实现更快的网速，获得更低的时延，快速处理更加庞杂的数据。2019 年是 5G 手机商用开始年，但除华为、苹果、三星等少数手机生产商有 5G 芯片外，大多数手机厂商将不得不从高通手中购买核心专利。

高通的 5G 专利收费标准为：

（1）使用高通的核心专利，并且只支持 5G 的手机，高通将会收取 2.275% 的专利费用。

（2）使用高通的核心专利，并且支持 3G/4G/5G 的手机，高通将会收取 3.25% 的专利费用。

（3）使用高通的核心专利加非核心专利，并且只支持 5G 的手机，高通将会收取 4% 的专利费用。

（4）使用高通的核心专利加非核心专利，并且支持 3G/4G/5G 的手机，高通将会收取 5% 的专利费用。

手机厂商每卖出一部手机，就要上交一笔费用，如果每部手机的价格为 3000 元左右，那么高通就能获得 97.5～150 元的专利费用。国产手机品牌除华为已开发 5G 高端芯片外，其他手机要在 2019 年及以后使用高通 5G 芯片制造 5G 手机，则每年将付给高通数百亿元专利费。此外，国内的移动、联通、电信三大运营商若想提供 5G 服务，也要受到美国高通的制约。

（资料来源：根据搜狐网和新浪网有关资料整理。）

(三) 入门费加提成

入门费加提成方式是前两种支付方式的折中方式，是指在合同生效后受让方先支付一笔入门费用，待技术使用投产后再逐年支付提成费的做法。入门费是对转让方提供技术信息、披露技术秘密的补偿，也是约束受让方履行合同的定金，一般占技术转让价格的15%左右。

入门费加提成一般具有前高后低或者前低后高的特点。这种支付方式可使技术供方转让技术的风险减少，也可减少受让方一次总付的风险；用提成方式支付其余的技术使用费，又能使受让方按照技术的实际效果支付费用，并强化了转让方的责任。

入门费的支付未必是一次付清，通常可以分为几个阶段来分批支付，例如，按照合同生效后、技术资料全部到齐、考核验收完毕来分批支付。

【案例6-4】

国际技术转让合同结构示例

专有技术合同 (中文本)
_____产品专有技术合同

合同号

签订日期

合同目录

前言

第一章　定义

第二章　合同的内容和范围

第三章　价格

第四章　支付和支付条件

第五章　资料的交付

第六章　技术资料的修改和改进

第七章　考核和验收

第八章　保证和索赔

第九章　侵权和保密

第十章　税费

第十一章　仲裁

第十二章　不可抗力

第十三章　合同生效、终止及其他

第十四章　法定地址

附件：

一、合同产品的型号、规格和技术参数

二、技术资料内容清单和交付时间

三、对甲方人员的培训

四、乙方派遣专家技术服务

五、产品考核验收办法

六、乙方银行出具的不可撤销的保证函

七、中国银行出具的不可撤销的保证函

八、乙方有关合同产品的专利及专利申请的清单

国际技术转让合同前言部分示例

本合同于二零 　　年　　月　　日在北京签订。

一方为：中国，北京，＿＿＿＿＿＿公司和＿＿＿＿＿＿工厂（以下简称接受方、或甲方、或＿＿＿＿＿＿公司的缩写）

另一方为：＿＿＿＿＿＿国＿＿＿＿＿＿市＿＿＿＿＿＿公司（以下简称许可方、或乙方、或＿＿＿＿＿＿公司的缩写）

鉴于乙方拥有设计、制造、安装、销售＿＿＿＿＿＿产品的专有技术；

鉴于乙方有权和同意向乙方转让上述专有技术；

鉴于甲方希望利用乙方的专有技术，以设计、制造、销售和出口＿＿＿＿＿＿产品；

双方通过友好协商达成协议如下：

（其他章节略。）

（资料来源：根据 110 法律咨询网（http：//hetong. 110. com/hetong_ 13449. html）有关资料整理。）

第四节　国际技术转让的法律政策

国际技术转让虽然是市场行为，但是无论是发达国家还是发展中国家，对技术转让均存在不同程度的管控行为。

发达国家一般多处于技术转让方的角色，在国际技术转让市场上大多处于有利地位，一般没有专门针对国际技术转让的法律。例如，美国虽然在 1986 年出台了《联邦技术转让法案》、在 2000 年出台了《技术转让商业化法案》，但它们都是用于规范国内技术转让的法律。发达国家通常是通过一般性法律如反垄断法、反不正当竞争法等进行国际技术转让管理的，例如，美国的反垄断法具体包括 1890 年颁布的《谢尔曼反托拉斯法》、1914 年颁布的《联邦贸易委员会法》和《克莱顿法》。

发展中国家政府通常会设立专门监管国际技术转让的机构，出台各类专门法规，从而使国际技术转让能够适应经济发展的需要。我国在改革开放进程中，对于技术引进和技术出口比较重视，相关政策法规比较健全，较好地指导了国际技术转让的实践。从国际范围来看，指导和约束国际技术转让的规范零星地出现于各类文件中，专门指导国际技术转让的法律规则的建设还比较滞后。

一、我国的相关法律政策

我国在改革开放初期，对先进技术和设备的需求较大，从 20 世纪 80 年代起，根据经济发展需要，陆续出台了一些与技术转让有直接关系的法规。这些法规主要有两类，一类是外资进入时对外资技术转让有一定的要求的法规，另一类是直接针对技术进出口的法规。这两类法规在调节和管理技术引进方面发挥了重要作用。另外，针对国际上常见的限制性商业条款这种不公平做法，我国技术进出口法规也做了明确要求。

（一）外商直接投资法规中的技术转让要求

1983 年发布的《中华人民共和国中外合资经营企业法实施条例》是我国最早涉及技术转让的法规，它规定合营企业订立的技术转让协议应当经企业主管部门审查同意，并报审批机构批准，同时必须符合七个要件。其后经多次调整，于 2014 年 2 月进行了第五次修改。该条例对合营企业的技术转让做了明确要求。关于出资方式，该条例规定可以用机器设备、工业产权、专有技术作价出资（条例第二十二条），同时规定了技术必须具有的特点（条例第二十五条），并要求提交相关技术资料（条例第二十六条），并进行审批（条例第二十七条）。

该条例对合营企业的技术转让做出的具体要求，详见该条例第四十三条，即

第四十三条　合营企业订立的技术转让协议，应当报审批机构批准。

技术转让协议必须符合下列规定：

1. 技术使用费应当公平合理；

2. 除双方另有协议外，技术输出方不得限制技术输入方出口其产品的地区、数量和价格；

3. 技术转让协议的期限一般不超过 10 年；

4. 技术转让协议期满后，技术输入方有权继续使用该项技术；

5. 订立技术转让协议双方，相互交换改进技术的条件应当对等；

6. 技术输入方有权按自己认为合适的来源购买需要的机器设备、零部件和原材料；

7. 不得含有为中国的法律、法规所禁止的不合理的限制性条款。

随着我国市场制度的逐步完善，尤其是加入世界贸易组织后，我国对技术转让的要求逐渐放宽，相关法律也不断调整，总体方向是越来越市场化。2019 年，第十三届全国人民代表大会第二次会议经表决，通过了《中华人民共和国外商投资法》。《中华人民共和国外商投资法》自 2020 年 1 月 1 日起施行，《中华人民共和国中外合资经营企业法》《中华人民共和国外资企业法》《中华人民共和国中外合作经营企业法》同时废止。目前《中华人民共和国外商投资法》对技术转让只做原则性要求，没有提出过多的细节要求。关于技术转让的主要条款见该法第二十二条，即

第二十二条　国家保护外国投资者和外商投资企业的知识产权，保护知识产权权利人和相关权利人的合法权益；对知识产权侵权行为，严格依法追究法律责任。

国家鼓励在外商投资过程中基于自愿原则和商业规则开展技术合作。技术合作的条件由投资各方遵循公平原则平等协商确定。行政机关及其工作人员不得利用行政手段强制转让技术。

可以看出，目前我国对跨国公司进入的管理遵循 WTO 的基本原则，实行准入前国民待遇加负面清单管理制度，即"在投资准入阶段给予外国投资者及其投资不低于本国投资者及其投资的待遇"，而且"国家规定在特定领域对外商投资实施的准入特别管理措施"。相应地，技术转让作为公司自身经营管理中的重要部分，国家不进行任何干预。

（二）技术进出口法规中的技术转让要求

1985 年，我国发布了《中华人民共和国技术引进合同管理条例》（自 2002 年 1 月 1 日起废止），2001 年，我国发布了《中华人民共和国技术进出口管理条例》（以下简称《条例》），并在 2011 年予以重新修订。《条例》共五章、五十五条，主要内容包括总则、技术

进口管理、技术出口管理、法律责任及附则等。《条例》明确技术进出口包括贸易、投资或者经济技术合作的方式转移技术的行为，具体涵盖专利权转让、专利申请权转让、专利实施许可、技术秘密转让、技术服务和其他方式的技术转移。

根据《条例》，国家鼓励先进、适用的技术进口。属于禁止进口的技术，不得进口。属于限制进口的技术，实行许可证管理；未经许可，不得进口。进口属于限制进口的技术，应当向国务院外经贸主管部门提出技术进口申请并附有关文件。对属于自由进口的技术，实行合同登记管理。《条例》还规定，国家鼓励成熟的产业化技术出口。属于禁止出口的技术，不得出口。属于限制出口的技术，实行许可证管理；未经许可，不得出口。出口属于限制出口的技术，应当向国务院外经贸主管部门提出申请。对属于自由出口的技术，实行合同登记管理。

《中华人民共和国技术进出口管理条例》与《中华人民共和国对外贸易法》相互补充，对技术进出口进行管理。1994 年 5 月 12 日通过、2004 年 4 月 6 日修订、2016 年 11 月 7 日修正的《中华人民共和国对外贸易法》，在第十六条中对于技术进口明确了限制的范围，除关系国家安全、人民健康的方面外，还从加快建立国内相关产业、维持国外市场秩序、国际收支平衡等方面对技术实施进出口的限制，共有 11 个方面。在第十九条中规定，对限制进口或者出口的技术，实行许可证管理。

根据《中华人民共和国对外贸易法》和《中华人民共和国技术进出口管理条例》的有关规定，商务部等部门在 2007 年和 2008 年发布实施了《中国禁止进口限制进口技术目录》和《中国禁止出口限制出口技术目录》，进一步明确了禁止和限制的技术种类。近年来，我国技术发展较快，对外技术转让日益频繁，《知识产权对外转让有关工作办法（试行）》在 2018 年 3 月发布，明确了"在技术出口活动中，出口技术为我国政府明确的禁止出口限制出口技术目录中限制出口的技术时，涉及专利权、集成电路布图设计专有权、计算机软件著作权等知识产权的，应当进行审查"。

（三）限制性商业条款及相关规定

限制性商业条款常见于国际技术转让合同中，是指在国际技术转让合同中由技术转让方向技术受让方施加的，为保障其竞争优势从而获取高额利润的违背公平竞争原则的非法行为，是不合理的条款。1980 年联合国制定的《一套多边协议的控制限制性商业惯例的公平原则和规则》指出："限制性商业惯例指企业的下述行动和行为：通过滥用或谋取滥用市场力量的支配地位，限制进入市场或以其他方式不适当地限制竞争，对国际贸易，特别是发展中国家的国际贸易及其经济发展造成或可能造成不利影响；或通过企业之间的正式或非正式、书面或非书面的协议或其他安排造成了同样的影响的一切行动或行为都叫限制性贸易做法。"

限制性商业条款具体表现为：①单方面的回授条款；②对效力异议条款；③独家经营条款；④对研究的限制条款；⑤对受方使用人员的限制条款；⑥限定价格条款；⑦对技术更改的限制；⑧包销协定和独家代理协定；⑨搭售条款；⑩出口限制；⑪供方垄断性安排；⑫对宣传的限制；⑬工业产权期满后的付款和其他义务；⑭在技术转让合同期满后的限制。

我国在经济发展的早期，大量引进国外先进技术，在技术引进中常常受制于处于技术垄断地位的发达国家跨国公司，技术引进合同中出现了较多的限制性商业条款，对我国公司非常不利。针对这一问题，我国法规对限制性商业条款做了明确规定。

《中华人民共和国技术进出口管理条例》第二十九条规定，技术进口合同中，不得含有下列限制性条款：

（1）要求受让人接受并非技术进口必不可少的附带条件，包括购买非必需的技术、原材料、产品、设备或者服务；

（2）要求受让人为专利权有效期限届满或者专利权被宣布无效的技术支付使用费或者承担相关义务；

（3）限制受让人改进让与人提供的技术或者限制受让人使用所改进的技术；

（4）限制受让人从其他来源获得与让与人提供的技术类似的技术或者与其竞争的技术；

（5）不合理地限制受让人购买原材料、零部件、产品或者设备的渠道或者来源；

（6）不合理地限制受让人产品的生产数量、品种或者销售价格；

（7）不合理地限制受让人利用进口的技术生产产品的出口渠道。

国际技术引进中，技术转让方借助技术垄断地位会要求搭售其他技术或物品，也可能要求受让方不得购买其他类似技术或者限制技术的改进与使用等，这种单方面的权利限制或约束，构成了双方当事人权利与义务形式上的平等和事实上的不平等。尤其是《条例》第二十九条中的（3）和（4）项对应的情况，技术转让方担心技术受让方成长为自己的潜在竞争对手，或者从其他公司购买更先进的技术会挤占自己未来进一步出口技术的利益，因此提出了超出权利范围的不合理要求。对于这些不合理的限制性商业条款，《条例》第二十九条做了针对性的要求，最大限度地保障了我国公司引进技术的利益。

二、相关国际法规

涉及技术、知识产权、技术转让的国际法规分为两个方面，一方面是关于知识产权保护的法规，另一方面是与国际贸易和技术转让有关的法规。

在国际范围内关于知识产权保护的法规主要是《保护工业产权巴黎公约》（简称《巴黎公约》）和《保护文学和艺术作品伯尔尼公约》（简称《伯尔尼公约》）。《巴黎公约》于1883年3月20日在巴黎签订，现行版本是1980年修订的，目前成员已经有177个。调整对象即保护范围是工业产权，包括发明专利权、实用新型、工业品外观设计、商标权、服务标记、厂商名称、产地标记或原产地名称以及制止不正当竞争等。

《伯尔尼公约》是关于著作权保护的国际条约，于1886年9月9日签订，标志着国际版权保护体系的初步形成。截至2018年6月2日，该公约缔约方总数达到176个国家和地区，1992年10月15日我国成为该公约成员。虽然它保护的是文学艺术作品，但实质上也涉及地理学、解剖学、建筑学或科学方面的图表、图示及立体作品等。《巴黎公约》和《伯尔尼公约》一起成为全世界范围内保护经济"硬实力"（指《巴黎公约》）和文化"软实力"（指《伯尔尼公约》）的两个"根本法"。除这两大公约外，1952年9月签订的《世界版权公约》是关于作品保护的国际性公约，1992年10月30日我国成为该公约成员。该公约保护的作品版权主要包括文学、艺术和学术3个方面的作品版权。

上述国际公约是针对知识产权国际保护的一般情况缔结的，虽然没有直接对国际技术转让做出明确规定，但技术转让通常会涉及知识产权问题，因此上述国际公约对于国际技术转让发挥了间接的作用。

随着国家间技术转让的日益频繁，规范国际技术转让行为成为许多国家的需要。《国际技术转让行动守则》应运而生。1981 年 4 月，联合国贸发会议第十七届大会第四次全体会议拟定了《国际技术转让行动守则》草案。该草案由 12 部分组成，定义了国际技术转让的范围以及关于技术转让合同的限制规则、合同内容、适用法律和解决争端的方式。

该草案在第三章关于国家对技术交易的管制条款中，规定了采取措施的行动基础：

（1）承认技术流动同容许和对待这种流动的条件有密切的关系；

（2）为国际技术转让创造良好有利的环境；

（3）公平地考虑到所有当事方的合法利益；

（4）考虑到本守则的原则和目标，鼓励并促进按照彼此同意的公平合理的条件进行技术转让；

（5）考虑到这种交易特有的不同因素，如当地条件、技术的性质，转让的范围等；

（6）符合它们的国际义务。

该草案较多地反映了发展中国家的要求，在一定程度上排除了技术转让交易中的某些不合理规则。但由于该草案包括范围极为广泛，发达国家和发展中国家分歧较大，所以迟迟没有被通过。

1994 年 4 月 15 日，123 个成员在乌拉圭签署了《与贸易有关的知识产权协议》（Agreement on Trade-Related Aspects of Intellectual Property Rights，简称 TRIPs），这是当前世界范围内知识产权保护领域中涉及面广、保护水平高、保护力度大、制约力强的国际协议。这一协议的特殊性在于把技术和知识产权保护与国际贸易相结合，在知识产权的范围上继承了《伯尔尼公约》的部分内容并做了延伸。TRIPs 的部分条款对技术转让做了一定的要求，例如：第一部分第七条规定了 TRIPs 的 5 个目标，即技术革新、技术转让和传播、技术知识的生产和使用、社会和经济福利、权利与义务平衡；第二部分第八节对许可合同中限制竞争行为的控制做了具体规定。但总体来说，TRIPs 依然是以知识产权保护为主要任务的规则，是按照发达国家标准制定的规则，符合发达国家利益，对发达国家具有优势，但知识产权保护标准过高，例如，它将计算机软件按版权标准保护，保护期为作者有生之年外加五十年，完全不符合软件产业发展的现状。相应地，这些过高的标准对发展中国家造成了不利影响。

总体而言，目前国际范围内知识产权保护的规则仍在不断深化，但专门约束国际技术转让的规则还比较滞后。

【基本概念】

国际技术转让　许可贸易　特许经营　管理合同　一次总付　提成支付　入门费加提成

【思考题】

1. 国际技术转让的方式中，许可贸易有哪些类型？
2. 国际技术转让的影响因素有哪些？
3. 国际技术转让的支付方式有哪几种？
4. 选择几个跨国公司对中国转让技术的典型案例进行分析。

【本章参考文献】

［1］陈向东，魏栓成. 当代跨国公司管理［M］. 2 版. 北京：机械工业出版社，2014.

［2］李虹. 国际技术转移与中国技术引进［M］. 北京：对外经济贸易大学出版社，2016.

［3］　袁林. 跨国公司管理［M］. 北京：清华大学出版社，2012.

［4］　黄庆波，李焱. 跨国公司经营与管理［M］. 北京：对外经济贸易大学出版社，2016.

［5］　杨清. 跨国公司概论［M］. 北京：高等教育出版社，2016.

［6］　朱晋伟. 跨国经营与管理［M］. 3 版. 北京：北京大学出版社，2018.

［7］　杨培雷. 跨国公司经营与管理［M］. 2 版. 上海：上海财经大学出版社，2015.

［8］　韩震. 国际企业管理［M］. 3 版. 大连：东北财经大学出版社，2018.

［9］　卢进勇，刘恩专. 跨国公司理论与实务.［M］. 2 版. 北京：首都经济贸易大学出版社，2012.

［10］　任永菊. 跨国公司经营与管理.［M］. 2 版. 大连：东北财经大学出版社，2015.

［11］　王焕祥. 跨国公司经营与管理［M］. 北京：经济科学出版社，2011.

［12］　许晖. 国际企业管理［M］. 北京：北京大学出版社，2015.

［13］　崔凡. 对强制技术转让应有明确界定［N］. 国际商报，2017-08-29（3）.

◀◀◀ 第七章
跨国公司组织管理

【本章重点】

1. 不同类型组织结构的适用情况、优点和缺点。
2. 影响组织结构设计的因素。
3. 组织结构设计遵循的原则和发展动向。

组织是根据既定的企业目标，通过业务活动的划分、管理层次的授权和权责关系的匹配而建立起的框架和结构，其目的是保证企业有效运作，本质上是一种权责结构。合理的组织结构是企业经营战略得以顺利实施的重要因素，高效的决策机制和通畅的信息交流系统能够保证各项经营活动取得尽可能大的成果。国际企业发展过程中存在诸多特殊性。一方面，跨国公司各个分支机构分布于全球不同地区，子公司或者分支机构所在国政治、法律和文化等存在差异，跨国公司的管理较国内企业更加复杂。当一家企业经营范围由国内延伸至国际时，其组织结构必然会发生变动，在组织结构的设计方面更加兼顾协调性和灵活性。另一方面，跨国公司组织结构的多样性决定了不存在一个普遍性的最佳组织结构，这就要求企业管理者在经营过程中要结合企业经营战略、企业自身条件和外部环境因素不断调整企业的组织形式。

第一节　跨国公司组织结构类型

组织结构设置的原则是在保证公司整体管理效率的基础上，提升部门运行效率。跨国公司在国际化经营的过程中，因为业务范围的发展产生了不同的组织结构。跨国公司组织结构与国内公司组织结构类似，以一定的形式确定了公司内部部门和人员之间的分工以及合作关系。根据国内业务与国外业务之间的关系，大体可以分为传统组织结构和全球组织结构。传统组织结构主要包括出口部组织结构、母子公司组织结构和国际业务部组织结构；全球组织结构主要包括全球职能组织结构、全球地区组织结构、全球产品组织结构、全球混合组织结构和全球矩阵组织结构。

一、传统组织结构

（一）出口部组织结构

在国际化经营的初期阶段，由于不具备海外贸易经验，公司通常会选择将其产品委托给经销商。当出口占公司销售的比重不断增加时，跨国公司很难直接接触到消费者，无法及时捕捉国际市场的信息，对出口经营难以实施控制。这时，公司会考虑在营销部下组建独立的出口部，或者设立一个与营销部平级的出口部，由其负责本国之外所有产品的销售和服务。

伴随产品出口量的扩大，公司可以进一步在海外建立自己的销售、服务机构和仓储设施，如图 7-1 所示。

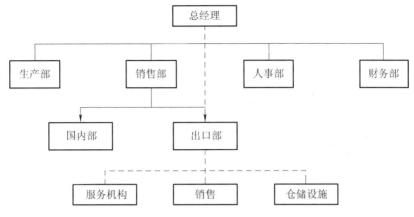

图 7-1 出口部组织结构

出口部组织结构的优点是：结构简单，便于管理；能够通过引导和协调公司的对外经营增加对国际市场的了解，从而扩大出口。

出口部组织结构的缺点是：当前各种关税和非关税壁垒林立，简单的出口部组织结构难以满足综合性业务的要求；当企业出口业务量不断上涨、出口产品种类更加丰富时，还有可能产生本地销售部门与出口部之间产量和技术方面的利益冲突，因此并不适用于国际化程度高、业务规模大的大型跨国公司。

（二）母子公司组织结构

当企业的国际业务由出口拓展为包括出口、许可证贸易和国外投资设厂在内的综合业务时，仅设有出口部便很难解决企业内部各部门之间的利益冲突，企业开始考虑到国外设立子公司，在当地从事生产和经营。

母子公司组织结构是母公司与子公司之间的法律和所有权关系在组织结构上的一种反映，如图 7-2 所示。母子公司组织结构阶段，海外子公司的数量和规模都较小，母公司尚不具备国际生产经营经验，对子公司的控制和干预较少。子公司作为独立法人，拥有较大的自主权，能够以自己的名义开展各项经营活动。在母子公司组织结构中，子公司总经理直接向母公司总经理或董事会负责，而不涉及地区总部或者出口部这样的中间环节。欧洲跨国公司在早期发展阶段中普遍采取这种组织形式。

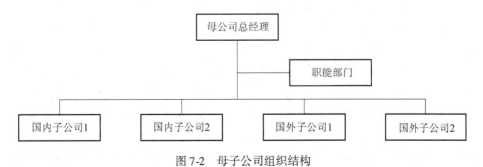

图 7-2 母子公司组织结构

该结构的优点是：海外子公司享有充分的独立性和自主权，可以根据所在国市场和政府要求迅速做出反应，有效增加了管理的灵活性并提高了经营效率，也在很大程度上降低了母公司的经营风险。

该结构的缺点是：由于母子公司组织结构是基于母公司总经理与子公司总经理之间非正式的个人联系，母公司总经理的个人知识和能力也会制约其对海外子公司的有效领导；在经营资源和技术方面，子公司很难得到母公司的及时支持；子公司经营自主权很有可能使子公司在决策时过多地考虑自身的利益而忽略跨国公司总体的经营战略目标，对于子公司而言的最优决策与跨国经营战略之间会产生巨大的利益冲突，这不利于跨国公司全球性经营目标的实现。

（三）国际业务部组织结构

国际业务部组织结构是在国内组织结构中增设一个独立的国际业务部，以统管母国以外的一切业务，如图7-3所示。伴随海外子公司数量的不断增加，子公司之间的利益冲突激增，迫切需要一个专门的部门来协调子公司之间的资源配置。因此，出现了对子公司分权业务进行统一管理的国际业务部。

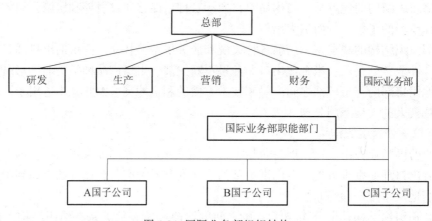

图7-3 国际业务部组织结构

国际业务部与国内其他事业部处于同等地位，由跨国公司副总经理分管并接受总经理直接领导，主要负责建立海外子公司以及协调和评价国际经营中的投资、生产和营销业务。在这一组织形式下，国际业务部行使战略规划、监督和控制的权力。

国际业务部的出现，使母公司之间的联系由非正式的个人联系转变为两者之间的正式接触，从而形成对复杂的国际经营的集权化管理。国际业务部建立后，海外子公司与跨国公司总部之间的联系建立在海外子公司与国际业务部联系的基础上，海外子公司在计划、财务、销售、设计与研发以及人事方面的重大决策均需要通过国际业务部向总公司汇报。

国际业务部组织结构的优点是：国际业务部统一划分国外销售市场，并将其分配到不同的子公司，避免了子公司之间的盲目竞争；海外子公司之间的联系，能够实现情报和信息互通协作；海外子公司能够从国际业务部获得丰富的技术和管理支持，增加了从事复杂经营的可能性。

国际业务部组织结构的缺点是：国际业务部组织结构将国内业务与国际业务分成两个独立的部分，彼此之间信息沟通不畅，在资源、技术与业绩方面可能会产生各种各样的冲突，增加了跨国公司协调管理的难度；各国文化政治状况差异显著，统一决策和战略部署难以适应全部海外公司的发展目标；当跨国公司经营产品种类不断扩大、经营地区更加广阔时，国际部并不能发挥有效的协调作用；管理层次变得更加复杂，信息传递机制延长，海外子公司在面对各类经营问题时，决策的及时性也会受到一定程度的影响。

二、全球组织结构

全球组织结构改变了国内国外市场权力分权的状态，利用全球总部的高度集权，避免了跨国公司内外部利益冲突。从全球角度部署公司生产和销售，集中安排资金和利润的分配，提升了跨国公司经营的协调性。在具体实践过程中，公司根据战略目标的不同，形成了超越国家边界的组织形式。跨国公司为在全球范围内实行组织结构的合理布局，按职能、产品和地区划分出三种基本的组织结构形式：全球职能组织结构、全球地区组织结构、全球产品组织结构。在之后的国际化进程中，组织管理者发现这三种单一类型的组织形式存在协调上的困难且难以充分发挥全球组织结构的优势，进而形成了更加复杂的全球组织结构形式：全球混合组织结构、全球矩阵组织结构。

（一）全球职能组织结构

全球职能组织结构是根据不同职能结构所需管理的业务活动，跨国公司在总部下直接设立研究与开发、生产、营销、财务等职能分部，以控制跨国公司在国内和国外所有机构各类产品的职能活动，如图7-4所示。这样的组织安排将决策权高度集中在跨国公司总部，可以有效避免国内外市场的割裂。在这种组织形式下，母公司统一制定跨国公司全球经营战略，各职能部门分别负责本职能在全球范围内的一切业务活动。

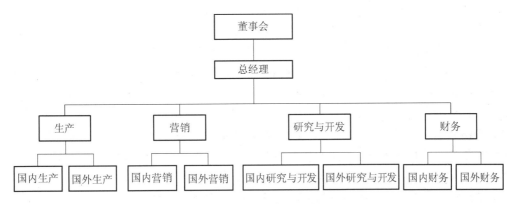

图7-4　全球职能组织结构

全球职能组织结构适用于规模较小、产品标准化程度高且多样性小、地区规模小且经营环境稳定的跨国公司。在特殊情况下，即使跨国公司规模较大，但如果公司内部职能分部的相互依存度较高，那么也适用于这一组织结构。

该结构的优点是：各部门专门从事本部门业务活动，实现了规模经济和成本的节约；总部通过集权管理，将成本核算、利润分配集中于总部，一方面提高了跨国公司总部的权威性和话语权，另一方面避免了各个利润中心之间的利益冲突；同时减少了跨国公司内部的重叠管理。

该结构的缺点是：在面临复杂且多变的外部环境时，这种类型的组织结构难以做出及时调整，并且由此可能会产生效率上的损失，不利于全球战略的实施；总部职能部门在管理中的协作难度会增加。

【案例7-1】

苹果公司：极端职能型组织结构

史蒂夫·乔布斯、斯蒂夫·沃兹尼亚克和罗·韦恩等在1976年创立了美国苹果计算机公司（在2007年更名为苹果公司）。截至2014年6月，苹果公司已经连续三年成为全球市值最大公司。除此之外，苹果品牌在2013年9月超过可口可乐成为世界最具价值品牌；在2014年超越谷歌再次成为世界最具价值品牌。

乔布斯在1985年时曾因为缺乏合作意识被赶出苹果公司。在经历了12年的等待后，乔布斯回到自己创立的苹果公司。面对当时苹果公司相当糟糕的局面，乔布斯选择大刀阔斧改革，这才有了今天影响世界的苹果。在当时复杂的业务线下，同一种计算机就有几十个版本，并且每个版本都有各自的编号。大多数产品不是为了应付领导，就是为了应付经销商稀奇古怪的要求。乔布斯回归后，领导公司砍掉了90%的产品线，之后苹果公司股价翻了8倍多。不仅如此，乔布斯还把以产品为中心的苹果公司成功调整为今天以职能为中心的苹果公司。

在苹果公司内部，并没有一个单独负责iPhone的高级副总裁或者单独负责Mac的高级副总裁。公司只有一个首席设计官、一个软件工程高级副总裁、一个硬件技术高级副总裁和一个硬件工程高级副总裁。这样看来，苹果公司的组织结构是围绕设计、研发、供应链和营销这类具体职能，而不是iPhone、iPad甚至Mac这种产品展开的。苹果的一体化组织结构为组织管理者提供了更广泛的控制范围和更高的统一指挥。正是因为这样，苹果公司的管理者能够有效地在各职能部门之间调动资源，公司能够实现规模经济。高层管理人员能够监督组织内的所有操作，能够更多地强调组织内所有职能部门的战略计划。

苹果公司在高科技公司中以创新而闻名世界。从iPhone产品的升级来看也确实如此，苹果公司非常专注于确保每年推出的新款iPhone从性能、配置或者外观上区别于上一款。然而，在个人计算机市场的份额稳步增长的Mac产品在更新方面却并没有那么积极，苹果公司在2018年发布的新款的Macbook Air足足让"粉丝"等了将近10年。因为在这种职能型组织结构下，苹果公司每年发布的数字和财报都是基于公司整体的盈亏的，往往会忽略哪些产品赚钱、哪些产品亏了多少。试想在过去几年内，如果有一名高管专注于Mac产品线，那么在清晰的问责机制下，打造升级的笔记本电脑似乎并不会太难。

跨产品协作在苹果产品的消费中成为一种再熟悉不过的现象。例如：在同一个账号下，iPhone和iPad照片是可以互通的。这种不同产品和设备之间的协调也在很大程度上得益于苹果公司高度一体化的组织结构。设计团队在研发时可以在很大程度上回避部门间的利益纷争和公司政治，从而更加专注于符合公司长远利益的研发活动。

（资料来源：根据微信公众号（https：//mp. weixin. qq. com/s/ISRWIcJ3f8f_ －TS2b2KnXg、https：//mp. weixin. qq. com/s/2k－JcfvCL10p97pyyjzFqA）有关资料整理。）

（二）全球地区组织结构

全球地区组织结构是以地理位置的空间分布为基础，根据地区间存在的产品和服务需求上的差异，形成的跨国公司统一领导下的各地区分部自主经营的组织安排，如图7-5所示。

跨国公司总部负责总体战略的部署，并对地区分部的战略执行进行监督落实。在这一结构中，地区分部根据当地特殊环境要求，灵活设计当地的生产、运营、财务和人力结构，以满足地区内部产品需求。地区分部作为跨国公司全球生产经营的地区缩影，在地区内部实现生产活动的协调。

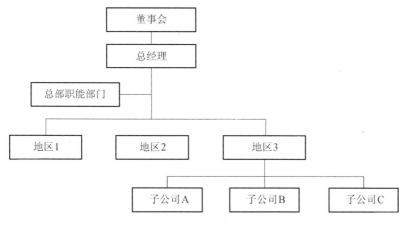

图 7-5　全球地区组织结构

从适用条件来讲，在产品线较少、标准化程度较高、地理分布较广、地区内部市场偏好特征趋同的条件下，跨国公司更适宜采用全球地区组织结构，这样不仅能够避免产品管理方面的不足，又能够有效发挥地区经营的优势。

该结构的优点是：首先，跨国公司总部对地区分部的利润评价，能有效激励地区职能合理化和增强自主经营的能动性，降低总部的管理成本；其次，地区分部不仅能满足地区需求的多样化、采取灵活的营销策略，而且有权根据经营活动需要设立或者裁撤部门；最后，产品生产和销售的经验可以在区域内进行有效共享。

该结构的缺点是：地区经营的独立性会使地区战略与全球战略之间产生巨大的利益分割；同时，地区内部各职能部门均需要配置掌握国际管理能力的人员，而且不同地区职能部门的重复设置会带来不必要的成本压力。

总的来看，全球地区组织结构追求的是一种范围经济，资源配置效果可能不够理想。子公司在实际业务活动中，也需要总部职能部门的支持，子公司产品线的开发对母公司品牌结构有极大的依赖性。

（三）全球产品组织结构

全球产品组织结构是指在全球范围内依据产品类别划分基本组织单位的结构安排，如图7-6所示。其中，使用相同生产技术或者在消费群体上具有相似性的产品被定义为同类产品。产品的特殊性、产品与技术或者不同消费群体之间的联系都有可能支持管理者将职能活动集中服务于该类产品。在全球产品组织结构下，公司整体的经营战略规划由跨国公司总部统一制定，各产品基于营销管理特征差异由产品部门独立组织本部门的生产经营业务。每个产品部门作为一个利润中心由跨国公司进行统一协调管理。

全球产品组织结构在产品多样化、消费市场更为分散和产品技术要求高的跨国公司内部更重要，能够在全球角度发挥这种组织形式的优越性。

该结构的优点是：集中决策和统一部署，一方面能够加强公司总部对产品分部的集中领

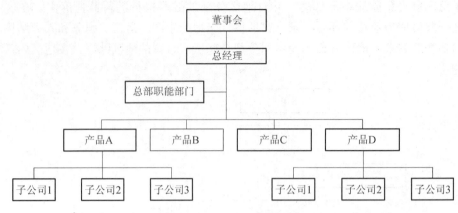

图 7-6　全球产品组织结构

导，另一方面，避免了国内经营和国外业务之间的割裂；根据产品特征来安排研发、生产和运营，增加了部门内部跨职能的协调性；将产品部门作为独立的利润中心，有利于提高经营效率；就每个产品部门而言有利于节约生产成本。

该结构的缺点是：该结构在满足了产品的特殊性要求的同时，也必然需要承担组织结构重叠设置和管理压力；公司可能需要在同一地区根据不同产品的特点，重复设置职能机构；该结构要求管理者既要具备本国国内管理经验，又要能够掌握国际营销知识。

产品的分散经营也弱化了产品间知识和技术的联系。例如，M 地区 A 产品在创新中进行了大量资金投入，而这样的创新正是 M 地区 B 产品所紧缺的，但由于产品线间联系的不足，B 产品部门可能需要为此进行重复投资，从跨国公司整体角度来看，这不利于实现利润的最大化。长此以往，产品总部负责产品环节设计、子公司负责具体职能的执行的分工会加剧子公司对产品总部的依赖，会降低子公司的灵活性和风险应对能力。

（四）全球混合组织结构

全球产品组织结构和全球地区组织结构均具备各自的特点。值得注意的是，全球产品组织结构在满足规模经济需要的同时会带来灵活性的损失，而全球地区组织结构在满足地区差异化需求的同时很难有效降低成本。因此，跨国公司在进行组织结构的设计时，通常不会选择单一的职能、产品或者地区结构安排。复杂多变的经营环境以及日趋激烈的国际竞争要求管理者从地区利益和全球利益双重角度进行考量，从而出现了全球混合组织结构，如图 7-7 所示。

全球混合组织结构的特点是，在跨国公司总部下设置两种甚至三种组织结构——分部，并且不同分部分别管理某一地区子公司。产品部门负责具体产品或服务的生产协调，地区部门负责产品在地区的广告和销售就是这样一种组织安排。

该结构的优点是：集中了单一结构的优点，例如，在产品-地区混合结构中，公司既可以根据各地区异质性需求灵活调整组织结构，又可以适应产品线众多、全球竞争激烈的环境。

该结构的缺点是：把多种单一组织结构纳入一个组织框架中讨论，会增加组织结构的复杂性。

尽管全球混合组织结构尚存在不合理之处，但相比前述几种组织结构形式，仍不失为一种进步。

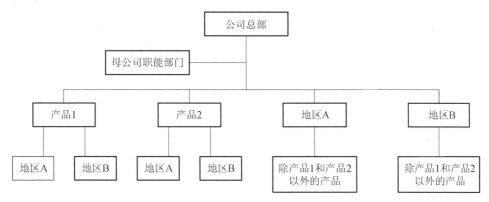

图 7-7　全球混合组织结构

注：该图取自本章参考文献 ［16］。

（五）全球矩阵组织结构

全球矩阵组织结构可以被视为全球混合组织结构的再创新。随着产品系列更加丰富和多样，跨国公司经营规模覆盖数十个国家，部门责任分工的专门化并不能充分发挥地区、产品和职能的整体效率。为了应对这一问题，跨国公司设立了由两类或三类部门共同控制的组织结构，如图 7-8 所示。图中交叉点上的战略事业单位通常需要向两个及两个以上的上级部门汇报工作。同时，每一个战略事业单位也必然包含来自于两个甚至三个部门的员工。

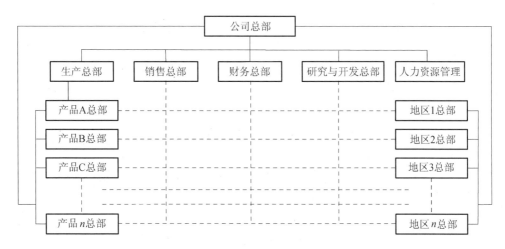

图 7-8　全球矩阵组织结构

注：该图取自本章参考文献 ［5］。

该结构的优点是：跨国公司能够集中全球资源服务于公司产品生产，实现成本节约和利润目标；有利于地区、产品、职能部门的合作协调。

该结构的缺点是：多重指挥导致协调工作量大，造成了管理成本高昂和工作效率低下。

壳牌石油公司在 1995 年就经历了一次重大的组织结构调整。壳牌石油公司长期以来的矩阵式组织结构造成的多头领导问题降低了公司的管理效率，并且公司高层意识到管理如此庞大的组织结构需要付出高昂的管理成本，在油价低迷的商业环境下，公司将无力应对激烈的市场竞争。改组后的壳牌石油公司建立了 5 个核心产品分部，它们分别负责勘探与生产、石油产品、化工产品、天然气、煤炭，由此化解了矩阵结构在实际组织管理过程中的问题。

【案例 7-2】

宝洁：全球化思考，本土化行动

宝洁公司始创于 1837 年，是世界上最大的日用消费品公司之一。每天，在世界各地，宝洁公司的产品与全球 180 多个国家和地区消费者发生着 50 亿次亲密接触。宝洁公司拥有众多深受信赖的优质领先品牌，其中包括帮宝适纸尿裤、吉列、潘婷、汰渍等。通过坚持用细微但有意义的方式美化消费者的每一天，宝洁公司得以在 170 多年中保持持续的增长。宝洁公司将它的成功归结于全球化/本土化的"四大支柱"组织结构。

全球业务单元、市场开发组织、全球业务服务和公司功能部门构成宝洁组织结构的四大模块，并且全球业务单元结构基于产品线划分来分配部门角色，主导全球品牌建立。市场开发组织可以基于本土实际开发市场战略，更加接近最终客户和消费者。全球业务服务提供商业技术和服务，帮助公司更有效率地运营。

宝洁作为一个多品类、多品牌、多渠道的传统企业，其组织架构是矩阵型的。这样的运营结构，需要既具备全球化的思考，又兼顾本土化的行动，并在两者之间取得一种微妙的平衡。

全球业务单元：

运营哲学：全球化思考。

主要角色：创建强有力的品牌权益，通过稳健的战略和持续的产品创新、市场创新建立全球品牌。

服务目标：所属品类成本控制和利润最大化。

主要单元：婴儿护理/家庭护理；美容护理/女性护理；织物/家用产品；食品；健康保健。

市场开发组织：

运营哲学：本土化行动。

主要角色：与顾客交流以确保市场计划能够符合本土实际，在顾客购买的第一时间建立强有力的项目以改变顾客的选择。

服务目标：制定本土市场增长战略，实现本地销售和目标份额。

主要区域：北美；亚洲/印度/澳大利亚；东北亚；大中华区；中东欧/中东/非洲；西欧；拉丁美洲。

全球业务服务部门主要从公司运营角度来提供支撑，目的是促进业务伙伴之间有效率地合作，以及帮助员工提升生产效率，最终赢得顾客和消费者的青睐。公司功能部门是从整体上安排公司研发、财务、人力资源、法律和市场知识等职能活动的职能性部门，从整体上致力于保持公司在本行业内部的领先地位。

宝洁公司多品牌设计保证了组织运作的灵活性、细分市场的行为，又能够在不同品牌产品基础上区分出不同类型顾客的需要。尽管这种结构在组织中最大程度地发挥了公司中技能和经验在完成某一项特定产品和某一特定区域的作用，并且全球化/本土化能够得到有效实施，但对于公司而言，需要更多的管理成本来保证这一管理组织结构的适应性。除此之外，对于这样的公司而言，变革和转型是非常复杂的，在转型之前需要进行自我分析、自我评估，评析自身所面临的机遇和挑战。

（资料来源：根据宝洁中国网站（http：//www. pg. com. cn/）和本章参考文献〔18〕的有关资料整理。）

第二节　跨国公司组织结构设计和选择

组织结构设计的一般性原则是指跨国公司在做出组织结构管理安排时所必须遵循的核心价值观。一个跨国公司的组织结构区别于其他跨国公司的关键在于自身内部条件和外部具体环境的特征。因此，只有在综合分析多维影响因素的基础上并始终坚持一般性原则，才能设计出合理的组织结构，从而保证跨国经营总目标的实现。

一、组织结构设计的原则

伴随市场的发展，国内企业迫切寻求海外发展机遇，逐步成为跨国公司。在跨国公司每个阶段的演变中，都需要组织结构的适应和改进，从而形成组织优势和竞争力。为保证跨国公司经营战略的顺利实施以及各管理层次职权配置和作用的发挥，其在进行组织结构的设计时必须遵循以下原则。

（一）服从跨国经营战略目标

目标原则是管理中的一项重要原则，意味着任何管理过程都需要明确组织的目标。这一原则运用到跨国公司组织中，是指跨国公司在建立组织结构时，首先要明确建立组织结构希望达到的目标，即跨国经营战略目标。跨国公司管理者在确定跨国经营组织结构时要始终围绕这一目标。合理的组织结构形式作为对公司的有效指挥和控制能够保证跨国经营战略和跨国经营目标的实现。

（二）合理划分管理幅度和管理层次

组织结构设计的一个重要目的是实现跨国公司的高效管理和协调。管理层次讨论的是职权等级链上所设置的管理职位的级数问题，反映的是职权的跨度，是一个企业从最高管理者到最底层员工所划分的层级数量。管理幅度是一个广度的概念，是指在管理者精力、知识有限的前提下，所能够直接有效领导的下属人员数量。管理层次的增加意味着沟通难度的增加，同时，管理的复杂性也会随管理层次的增加而提升。管理者的经验和知识水平也决定了管理幅度是有限的。当企业管理幅度设置超过管理者个人能力时，就需要被动增加管理层次来优化组织效率，两者之间存在此消彼长的关系。公司在组织结构设计的过程中，需要不断协调管理幅度和管理层次之间的关系，以选择适合本企业发展的最佳组织结构。

（三）平衡多样化和一体化

跨国公司业务经营地区的多样化会对跨国公司的生产经营产生影响。各国市场环境的差异要求企业在经营过程中充分了解经营地区的产品偏好、政治文化和技术环境，并对此进行灵活性的调整。而跨国母公司及其分支机构需要在其整体战略目标下运行，在全球范围内合理配置资源，从而提高跨国公司整体的竞争力。因此，一体化经营战略在跨国公司组织结构的设计中也是不容忽视的。管理者在进行组织结构设计时要在全球一体化框架中融入地区经营多样化的思考，以保证组织结构设计的高效，最终更好地实现跨国公司经营目标。

（四）动态性和灵活性

组织结构设计需要遵循的原则之一是动态性和灵活性。复杂且多边的外部环境增加了跨国公司组织结构设计的困难，动态调整对于组织结构的设计和组织战略目标的实现具有十分重要的意义。跨国公司的组织结构要能够对外部竞争做出迅速反应，在进行组织结构调整时不需要耗费巨额成本，并且能够进行灵活的自我调整。

（五）集权与分权原则的统一

企业的组织结构设计是集权与分权之间的选择问题。在实际运行中，跨国公司需要在地域分布广泛的下属公司中，利用母公司的集中决策来统一其经营思想。而复杂多变的外部环境又要求各分支机构在经营管理活动中享有自主权。

集权强调的是战略目标的集中管理。通常公司的最高决策机构是董事会，而总经理是董事会意见的具体执行者。集权制会有利于资源的配置和生产经营的协调，但决策信息自上而下或者市场环境信息自下而上的传递，对沟通渠道提出了更加严格的要求。信息传递的真实性和时效性也会影响到跨国公司决策的效率。一般而言，跨国公司在国际化的成熟阶段，并不存在纯粹的集权制组织结构。

分权是跨国公司内部权力分散的一种表现。各个分支机构作为独立的利润中心，从事研发、采购、生产和销售等活动，自行做出经营决策并独立完成成本核算。正是因为这样，子公司经理人员享有更大的权利，有利于其潜力的发挥。值得注意的是，分权制很有可能会引发过度分权和资源配置不经济的问题，母子利益不一致也会影响全球战略目标的实现。

尽管集权和分权分属事物的两面，但在组织结构设计中并不存在绝对的"好"与"坏"。所谓"最佳"只不过是两者之间的一种平衡，以及对特定活动的适应。跨国公司组织管理高层，在进行组织结构设计时，面对的往往不是单个变量。在多重因素的共同作用下，跨国公司能做到的只是在母公司保留足够控制权的前提下，尽可能多地赋予子公司经理人员自主决策权。在经营管理权力划分的具体实践中，母公司与子公司的控制问题仍是需要认真考虑的问题。一般情况下，跨国公司愿景目标设立和关乎公司生存发展的重大决策，仍旧需要母公司统一部署。诸如营销决策这类地区差异性较大的问题，可以由子公司自行决定。由此，便在很大程度上兼顾了总部的权威性和地区人员的积极性。

二、组织结构选择的影响因素

跨国公司组织结构的选择立足于客观发展背景和公司自身条件，诸多因素影响着跨国公司组织结构的类型。概括起来，影响因素主要有以下方面。

（一）公司国际化发展阶段

公司国际化发展阶段直接影响着跨国公司组织结构选择。跨国公司在国际化过程中大体上要经历五个阶段：初期阶段、早期阶段、标准化阶段、多样化阶段和合理化阶段。

在跨国公司国际化的初期阶段，公司产品开始超过本国范围并通过出口进入国际市场。通常，跨国公司会选择组建出口部来管理海外业务，因为对海外贸易业务流程相对比较陌生，跨国公司在这一阶段并不会自营出口，而是将其产品委托给国外代理商来完成出口。例如，华为公司在2017年成为通信设备制造商中实力增长最强劲的跨国公司，但其在大力拓展海外市场的初期阶段，因为语言差异和市场分析的不足，进入俄罗斯的第一单38美元的国际贸易也是通过代理商实现的。

在跨国公司国际化的早期阶段，公司已经开始以投资的形式在海外市场上成立生产单位。为了迅速占领海外市场，有效把握市场机遇，公司往往会对分支机构充分授权。也正因如此，在这一阶段的国内业务和国外业务实现了分离。因为缺乏国际经营经验，所以母子公司结构成为这一阶段最合理的选择。

　　当公司国际业务不断扩大，公司国际经营趋于成熟时，公司的国际化进入标准化阶段。母子公司之间的协调变得重要，国际业务部组织结构是这一阶段实现利益最大化的最佳选择。

　　跨国公司国际化的第 4 个阶段是多样化阶段，主要表现为经营产品种类和地理范围的不断扩大。公司的国际经营超过了国际事业部的能力范围，开始采用全球组织结构。其中，根据公司产品性质和市场特点，公司可以分别采用全球产品组织结构和全球地区组织结构。

　　最后一个阶段被称为合理化阶段。如果跨国公司生产经营业务继续深化，上一阶段的部门管理模式将无法适应如此复杂的经营管理要求。部门之间的沟通和协调变得困难。跨国公司便可以凭借多年积累的组织管理经验，采用更高级的组织形式。当然，合理化阶段在组织管理者能力方面也提出了更高的要求。

　　在此之前的分析只是对跨国公司国际化发展阶段的一般性分析。斯托普福特（Stopford）和威尔斯（Wells）还发现，美国企业在成为跨国公司之前大多都曾经历过国际事业部阶段，而欧洲公司在经历较长时期的母子结构阶段后，在 20 世纪 70 年代大多直接进入全球组织结构阶段。当然，这通常与跨国公司国际化发展速度和外部竞争程度存在密切的关系。因此，跨国公司在进行组织结构设计时，应该与个体企业发展进程相结合。

　　（二）业务复杂程度

　　企业国际业务的复杂程度往往会以企业国外产品销售额、产品销售种类和子公司数量来反映。跨国公司在进行组织结构选择时，企业所经营业务的复杂程度是组织结构设计者必须要考虑的一个重要因素。斯托普福特（Stopford）和威尔斯（Wells）利用 1900—1963 年的 187 家美国企业样本进行分析，指出企业供给国际市场产品的多样性和国际业务在跨国公司全部业务中的份额是影响组织结构选择的两个重要因素。

　　当企业国外经营的产品种类少、国外销售比重小、子公司数量少时，国内业务是企业经营的重点，适合采用出口部或母子公司结构。当国外业务在企业经营中的地位上升时，企业会考虑专门建立国际部来协调和管理跨国公司的国外活动。斯托普福特（Stopford）等人在研究中还指出，国际事业部组织结构下的企业的国外产品多样化程度不超过 10%，国外销售在总体销售中的比重不超过 50%。埃杰尔霍夫（Egelholf）在对 24 家美国跨国公司和 26 家欧洲跨国公司的研究中发现，采用全球产品组织结构的公司的国外生产占总生产的比重平均为 61%，采用全球矩阵组织结构的公司的这一比重上升到 86%。

　　如图 7-9 所示，当企业国外业务比重和国外产品多样性均比较低时，国际业务部组织结构是一种近乎合理的组织选择。在国外产品多样化程度较低、国外生产比重增加时，跨国公司适合采用全球地区组织结构。相反，在国外业务量较少、产品多样化程度较高的情况下，跨国公司适合采用全球产品组织结构。当产品多样化程度和国外销售占比都非常高时，跨国公司就需要根据其业务复杂程度，采用全球矩阵组织结构和全球混合组织结构。一般而言，伴随跨国业务复杂程度的上升，跨国公司势必要对组织结构做出调整，以保障跨国经营战略目标的实现。

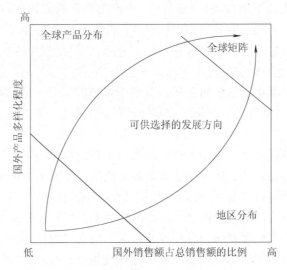

图 7-9 跨国公司组织结构的复杂度模型

注：该图取自本章参考文献 [19]。

（三）公司战略

战略是企业从组织整体利益角度出发，制定的长远的发展目标以及为实现这些目标而进一步细分的方针和策略。战略的制定是针对企业未来发展方向的一种独特性探索。其中，独特性强调战略是企业围绕自身的竞争优势而做出的个性化设计，所关注的是如何反映企业和竞争对手的差异和特点，而探索更加侧重于企业经营思想的创新，强调战略制定者要以突破式的眼光去审视企业的目标原则。当然，在发展过程中，要根据现实情况对战略做出适应性的调整。当新技术出现以及消费者或者市场偏好发生变化时，企业首先在战略上做出反应，可以更加从容地应对激烈的市场竞争并获得更大的收益。

全球战略是国际分工深化、国际生产经营在跨国公司业务中占到一定比重时才可能出现的结果。而在 20 世纪 80 年代后，跨国公司经营战略主要有五种模式：母国中心战略、多元中心战略、地区中心战略、全球中心战略和跨国战略。根据钱德勒（Chandler）在 1962 年提出的"环境—战略—组织"理论，企业应该建立与企业经营战略相一致的组织结构，即战略决定组织结构。所以，一般情况下，为了保证跨国经营目标的实现，跨国公司也会根据战略改变相应调整其组织结构。

1. 母国中心战略

母国中心战略又称民族中心战略，是将母公司研发出的具备竞争优势的产品或服务转移到国外市场上，从而获得利润。在母国中心战略下，跨国公司母公司利用资本或技术的转移达到控制东道国子公司的目的。母公司通常会基于自身利益和价值判断制订经营计划，子公司无条件接受母公司的战略安排。一般来说，跨国公司选择在全球范围内寻求资源，并根据技术成本差异将生产经营活动下放到不同部门。跨国公司价值链中简单的制造活动被分散进行，而核心的研发和技术创新仍留在母国。在该战略下，产品的差异化非常重要，技术的要求较高，在东道国建立的营销职能机构所增加的销售收入也常被用于支持母公司的技术研发和管理服务，从而使母公司取得全球竞争优势。当公司差异化产品在外国市场具有明显的竞争优势时，母国中心战略是最佳的战略选择，与之相匹配的组织结构是国际业务部组织结构。在这一阶段，母国业务仍居于跨国公司的核心地位，国际销售的产品种类多为母国产品的复制。

这种战略和对应的组织结构能够充分发挥母公司的中心调控功能，优化资源配置，但忽视了子公司的自主性和东道国市场的多变性，容易受到子公司的抵制，适合发展初期的跨国公司。

2. 多元中心战略

多元中心战略又称多国战略，主要是为了满足东道国市场需求，及时对需求做出响应。多元中心战略的提出缘于跨国公司意识到不同国家和地区在产品特征和消费偏好上的差异而选择的具有当地适应性的产品和营销管理策略。与母国中心战略不同，在多元中心战略下每个国家都可以作为一个独立的利润中心，既能够获得母公司的技术支持，也可以利用当地研发机构和市场信息独立开发新技术，根据国家的特点提供满足当地需要的产品和服务。一般而言，独立开发仅适用于地区偏好差异显著、技术开发成本较低的跨国子公司，否则，规模经济上的劣势会增加经营成本，不利于业绩目标的实现。

在人员聘用和管理方面，多元中心战略更倾向于让跨国公司子公司使用当地研发人员和熟悉地方文化和市场的当地管理者，因此跨国公司子公司极容易在一国内形成拥有自己内部战略的小规模市场。全球地区组织结构是实施多元中心战略的最佳组织结构，其优点在于重视东道国和子公司利益，有利于充分调动子公司的积极性，能够对当地客户的要求做出及时的反馈，但它同时会带来较高的成本压力。

3. 地区中心战略

地区中心战略又称区域战略，是介于多元中心战略和全球中心战略之间的一种跨国经营战略，是指以地理位置为基础在特定地区内管理设计、研发、生产、营销和售后等一系列生产经营活动的战略形式正是因为这样，跨国公司能够在地区层面上尽可能地保持一定的规模经济，有利于提高管理效率。由于地区差异和区域经济合作的发展，区域战略在很长一段时间内受到欢迎。例如，福特公司就曾采用过北美福特和欧洲福特独立经营的组织结构，以灵活满足美国车和欧洲车在生产和设计上的差异性需求。在这种战略下，跨国公司可以根据本地区特殊的市场环境选择在该地区生产和销售哪些产品。

同样，地区中心战略的最佳组织结构也是全球地区组织结构，而其存在的问题也是地区之间协调较少。福特公司在实施地区中心战略的过程中便发现了类似的问题，在北美地区和欧洲地区的同款车型设计中，零部件却无法共用，这造成了一定的资源浪费和成本压力。

4. 全球中心战略

全球中心战略又称全球战略，是指跨国公司从整体利益角度出发，在全球范围内对有限的资源进行优化配置的战略形式。全球中心战略强调全球范围内低成本原材料的开发以及全球营销战略的采用。重大决策在母公司进行，各国子公司可以自行制订具体的实施计划，有较大的经营自主权，它兼顾了公司总体经营目标和子公司利益。

20世纪80年代后，国内外经济较快发展、国际关税大幅下降以及信息和通信技术的进步为全球中心战略的出现奠定了基础。在全球中心战略下，跨国公司倾向于以标准化的产品供应市场，通常它们会选择到生产成本最低的国家建立工厂，以便在国际竞争中取得价格优势。供应商可能来自于世界上的任何国家和地区。从全球角度协调生产、研发、销售的做法，弱化了母子公司之间的等级概念，由此，跨国公司在内部建立起了一体化生产营销网络。在跨国公司产品标准化程度高、特殊需求少的情况下，全球中心战略是一种合理的选择。在全球中心战略下，最佳的组织结构是全球产品组织结构。跨国公司全球总部统筹各个地区子公司的经营运作，主要特点是在全球范围内实现了规模经济。

5. 跨国战略

跨国战略又称混合战略，是平衡全球协作与本地适应的一种经营战略。前文分析的四种战略各有利弊，而跨国战略因为集中了多元中心战略和全球中心战略的优点，而被认为是跨国公司战略的一种新发展。在激烈的市场竞争下基于成本和效率的区位选择固然重要，但为了维持市场竞争地位，东道国市场需求的特点也不容忽视。跨国战略下，母子公司之间的产品和技术是共享的，并且能够兼顾成本和地区差异。跨国战略是许多成功的跨国公司采取的一种战略模式。实行跨国战略的企业，经营产品种类多且地区分散，全球矩阵组织结构是跨国战略下最合理的组织结构。产品维度关注一体化问题而地区维度聚焦地区适应性问题，但双重管理体制也会带来管理上的压力，执行起来非常困难。

跨国经营战略与对应的组织结构如表 7-1 所示。

表 7-1　跨国经营战略与对应的组织结构

跨国经营战略	跨国公司组织结构
母国中心战略	国际业务部组织结构
多元中心战略	全球地区组织结构
地区中心战略	全球地区组织结构
全球中心战略	全球产品组织结构
跨国战略	全球矩阵组织结构

（四）跨国公司内部管理特点

在跨国公司内部，公司经营风格和管理人员素质都是跨国公司组织结构变革的重要影响因素。其中，跨国公司的经营风格涉及高级管理人员的管理风格和公司自身的风险承受能力。

1. 跨国公司经营风格

组织结构的设计本质上属于跨国公司管理形态选择的问题。当高级管理人员倾向于掌握公司的绝对控制权时，会相对偏好于集权式管理。这类公司往往会采用国际业务部或全球职能组织结构形式。统一指挥和集中领导是这种管理形式的典型特征。如果管理者思想开放，所接受的文化也倾向于民主和自由，则这类管理者领导的通常更愿意采用分权式的组织结构，如全球产品组织结构、全球地区组织结构。

2. 公司抗风险能力

公司看待风险的态度与组织内部集权和分权的程度密切相关。在风险承受能力差的跨国公司中，母公司对子公司自主决策的正确性以及其项目管理、质量监督等会存在诸多不信任，更加追求亲力亲为的管理方式。由此，这类公司倾向于加强总部的集权控制。而风险承受能力强的跨国公司通常会采用分权式组织结构，子公司更接近于独立的经营单位。下级人员会拥有更多权力去安排职责范围内的设计、生产、销售等各种活动。正因为这样，风险承受能力强的跨国公司内部能够形成更有效的激励，这有利于员工能力的开发。

3. 管理人员素质

跨国公司组织结构中一股重要的力量就是"人"。管理人员的经验和能力是组织结构功能能否得以实现的关键。跨国公司在国际化发展进程中,对高级管理人员所必需的国际业务知识和经验的要求也会不断提高。如果跨国公司的管理人员具有开拓精神和丰富的跨国公司管理知识,并具有大量实践经验,则分权式组织结构在公司目标实现方面效果更加明显。当然,对于全球组织结构更高级的形式——矩阵组织结构和混合组织结构而言,高级管理人员的全局观念和协调能力同样十分重要。相反,下属公司或分支机构管理人员的能力若无法支撑其牵头完成海外经营,母公司必然会通过集权管理充分控制当地经营。

组织结构始终处于一种适应性调整的状态。跨国公司所处的外部经营环境不断变化,公司全局战略变化和经营业务范围的扩展都要求组织结构及时调整、灵活应变。在这个过程中,组织结构变革的速度会受到管理人员适应变化的能力的影响。通常,组织结构变化会打破管理人员内心的安全感。他们往往会觉得自身利益受到威胁。管理人员对组织结构调整的适应能力越强,组织结构变革阻力越小,新战略实施越能获得更大的收益。因此,跨国公司必须根据公司经营风格和人才力量做出最合理的组织结构选择。

(五) 国际市场环境

跨国公司所处的宏观环境与组织结构之间同样会存在一定的联系。宏观环境的变迁可能体现为技术的进步和发展,也有可能表现为经济体制的进步。当然,外部市场的竞争程度也属于宏观环境变动的一种。

1. 技术环境

技术环境是跨国公司外部环境中科技要素和科技政策的统称。首先,技术进步能够创造需求。科技的蓬勃发展直接导致产品生命周期缩短,产品更新换代速度加快,传统的金字塔型的组织结构已经无法满足跨国公司组织结构的灵活性需要。手机制造商不断推陈出新,手机产品不断升级,其实质就是满足需求、创造需求的过程。伴随产品线的不断丰富,跨国公司组织结构也会不断地由以地区为主的组织结构演进到更多考虑产品类别的全球产品组织结构或者矩阵式组织结构。其次,技术创新为跨国公司国际化奠定了基础,互联网作为20世纪60年代人类的一项伟大创新,对跨国公司经营环境产生了重大影响。通信技术的进步、计算机技术的发展以及交通工具的便利化,大大降低了信息的传递和交换成本,使公司克服国家边界进行全球化生产经营变得现实。对于跨国公司而言,技术创新意味着更多的国际市场机会,组织结构的全球性和跨国性特征不断凸显出来。

2. 经济环境

跨国公司外部经济环境始终处于不断发展的过程中,因此组织管理者在结构设计中要注重灵活性与适应性。跨国公司在早期海外经营活动中,出于不确定性规避的考虑,采用出口部、母子公司结构以及国际业务部组织结构更加适应这一时期的经济环境特征。随着1985年特·莱维提出"经济全球化"概念,现代经济对全球化经营的要求不断提高。跨国公司组织结构开始向全球组织结构阶段发展。随后,经济全球化在国家和地区特色需求的基础上延伸出经济当地化需要,进一步推动了跨国公司结构向能够更好协调地区、产品和职能优势的全球矩阵组织结构和全球混合组织结构演变。

3. 竞争环境

国际市场的竞争程度不仅影响着跨国公司的多样化经营,还决定着跨国公司组织结构变革的速度。由于空间位置的分割，跨国公司的分支结构主要在一国或地区范围内与其他企业展开竞争。地区市场环境和消费者偏好都会对跨国公司业务产生影响。当然，这同样会反映在跨国公司的组织结构上。在激烈竞争的条件下，适当的分权管理能够节约层层审批的时间，有利于企业及时对市场变化做出反馈。竞争程度越高，市场不确定性越大，跨国公司组织结构调整的速度也越快。例如，在竞争最激烈的时候，全球矩阵组织结构下的双重管理会暴露出弊端。如果不及时处理好组织管理问题，则它极有可能成为跨国公司国际竞争中的绊脚石。

（六）东道国法律和政策

相比国内经营的企业，跨国公司的经营环境更加复杂。由母公司、子公司、分公司所构成的庞大的内部组织不仅会受到母国法律制度的约束，同样需要遵循东道国法律和政策的规范。跨国公司在国外设置组织机构时，首先要考虑东道国法律规定下的登记注册要求。这不仅会影响国外组织形式的选择，而且东道国法律关于股权比重、管理人员国籍限制以及产品内外销分配安排的规定，会影响母公司与附属公司之间的所有权结构。IBM（国际商业机器公司）是全球一流的信息技术和业务解决方案公司。该公司在进行海外扩张时，倾向于以全资拥有形式控制子公司，但在试图进入印度市场时却碰了壁。印度政府要求 IBM 最高只能拥有子公司 40% 的股权。最终，双方谈判未果，IBM 放弃了进入印度市场。由此看来，东道国坚持以合资方式吸收外资的方式并不适用于实施集权化管理的跨国公司。在这一法律条件下，职能型组织结构形式便不具备合理性。

在另外一种情况下，东道国法律制度安排也会对某些类型的组织结构的出现形成一种激励。例如，区域经济一体化安排往往能够促进地区资源的合理配置，打破要素间的流动障碍，从而有利于全球矩阵组织结构的形成。因此，跨国公司在进行组织结构选择时，必须将东道国政策和法律考虑进去，这样才能够保证分支机构优势得到充分发挥，进一步实现跨国公司效率的提升。

第三节　跨国公司组织结构的创新

以信息技术为基础的"新经济"和经济全球化改变了人类从事经济活动的方式。部分旧的组织形式因为不能继续在全球竞争环境中对跨国经营目标形成有力支撑而被抛弃。科学、合理的组织结构变革能为跨国公司在全球竞争中争取到主动权。以网络化、虚拟化等为特征的组织结构发展趋势不断涌现。

一、网络化

20 世纪 90 年代后，信息和交通技术均有了新的发展。跨国公司基于自身利益和各自的战略目标在研发、生产和销售领域开展全面合作，从而形成了介于传统内部组织与市场运作之间的一种组织形式，即跨国公司网络组织。它不仅包括母子公司之间基于股权控制形成的内部网络，还包括跨国公司与供应商、合作伙伴之间非控制性的外部动态联合。当然，二者之间不存在绝对的界限，跨国公司网络组织可以成为一种既包含内部子公司又包含市场中其他公司的现代网络组织。通常情况下，网络结构的中心组织很小，在全球网络组织结构下，全球范围内的组织和附属单位根据产品研发、生产和销售环节中的技术和组织优势划分职能范围并采取一体化经营，以适应日益复杂的外部环境变化。这种以网络经济为主要内容，基于相互依赖关系形成的新型组织结构正冲击着传统的层级组织制度，并不断释放出新活力。

全球网络组织结构作为一种不具备基本形式的跨国公司组织结构，在发展过程中表现出以下特征。

（一）高度依赖现代信息技术

全球网络组织结构内部的联系表现为各网络节点间的联系，而网络节点间的经验扩散和技术转移以及分散的下属单位间的知识共享均需要以信息技术的发展作为支撑。迅速且真实的信息传递能够打破距离和文化间的阻隔，实现不同职能间的有效对接。因此，畅通的信息传递既是网络组织设立的基础，又是组织结构效率提升的关键。

（二）组织间的优势互补

全球网络组织结构中的成员需要具备各自的核心技术优势，从而承担提供国际公司优势的责任。具备创新优势的公司或部门作为产品开发和设计的中心，而具备营销推广优势的组织负责销售环节的处理，中间制造环节交由低成本地区制造公司来处理。当组织中成员仅具备技术优势时，并不足以将整个组织联系在一起。在实现战略目标方面，相比核心优势能否被其他成员利用，组织中成员更加关心自身不具备的优势能否在其他成员那里得到补充。后者更加科学地解释了跨国公司主动寻求组织内部或组织间合作的动机。

（三）动态性和灵活性

相比传统的金字塔型组织结构形式，全球网络组织结构具有极大的灵活性。波音公司在组织 777 客机的设计时，复杂度和研制难度大幅度提高，经济性和安全性要求的上升要求各子系统实现跨系统的协调。因此，波音公司成立了 240 多个建造团队，人员来自生产部门、供应商、工程部门甚至客户。波音公司开始与美国联合航空公司、全日空航空公司、日本航空公司和英国航空公司开展临时性合作，仅美国联合航空公司就有 500 多名员工参与。在这个过程中，团队作为基本的单位，根据市场的需要，迅速有效地组织各种资源。这样看来，全球网络组织结构也需要一个核心企业来扮演领导者，进而协调整个项目或业务的流程，根据外部环境变化组织生产等。

在全球网络组织结构形式下，跨国公司能够跨越企业边界，与其他企业进行合作，从而不需要为巨型公司规模付出大量的管理成本，并且能够根据市场环境的变化灵活调整组织成员和边界，节省大量经营成本。全球网络组织结构的局限表现为难以形成企业总体战略和企业文化。

二、扁平化、柔性化

信息技术和网络技术的普及为信息的收集和处理提供了便利。因此，信息传递效率的提高表现为信息交流的时间成本下降以及信息传递过程中真实性的增强。相应地，组织结构的中间管理层被迅速削减，高层和基层之间信息传递的距离缩短，组织结构呈现扁平化特征。层级型的信息传递和决策方式在跨国公司组织结构设计中逐渐被边缘化，取而代之的是横向联系不断加强，组织结构对内外部环境的适应性不断增强，能够根据现实条件灵活调整组织结构，组织结构中的职权关系呈现柔性化趋势。

扁平化的组织结构更加紧凑。"扁"是指形形色色的纵向结构正在从原来的组织结构中被拆除。"平"是指组织结构中原有的辅助单元被抽离出来，单独形成服务职能部门。20 世纪 90 年代后，一些大型的国际企业意识到精简组织结构的必要性，集中进行裁员，其中包括大批的中层管理人员。1995—1999 年，全球最大的 500 家企业的管理层次平均减少了 3 个左右，这里面就包括 IBM 和通用电气这样的大型企业。

管理层次的缩减意味着管理范围的扩大。基层员工被授予更多的决策自主权。这种发展方向与产品更新速度加快以及外部环境的多样化和复杂化相适应，更加符合国际市场的需要。它表现在现代跨国经营企业的母子关系中，一方面是母公司和子公司之间的关系更加密切，已形成统一的战略系统；另一方面是跨国经营企业倾向于只紧密控制关键的功能公司，如研发机构、销售机构等。

三、虚拟化

跨国公司组织虚拟化是与信息技术发展联系最为直接的一项特征。虚拟企业本身就是建立在信息技术特别是计算机网络基础上，通过数字媒体技术联系起来的无形网络组织。全球化背景下的竞争越发激烈，调动世界范围内的稀缺资源来服务于公司目标成为必然要求。对于跨国网络组织而言，分散式的地理分布使各个区域内员工面对面的交流变得困难，而网络和电话会议、邮件以及即时信息实现了成员之间的联系和沟通。世界各地的专家和技术人员共同组成了并行工作的虚拟团队，所有参与方都能够通过这种依靠信息联结成的网络组织来共享设计、生产和营销信息。

与传统的跨国公司组织不同，虚拟团队没有具体的工作地点，没有正式的组织框架，更不存在多层次的组织结构。信任是来自于不同国家和地区、分属于不同企业和单位、甚至不具备共同语言的人们愿意保持合作、实现一致目标的重要因素。如果成员之间缺乏信任或者感到被利用，则团队可能会遭遇失败。

虚拟化带来了正面效应。一是高度的适应性和灵活性。虚拟企业可以根据市场需要随时组建或者解散，团队成员也可以进行适应性增减。这种形式对快速变化的市场具有极大的适应性。二是有利于竞争能力的培育。虚拟企业成员基于合作形式加强资源共享，成员间的优势互补能够有效降低成本。

但是，虚拟化也会带来成员伙伴单方面获取和利用公司合作伙伴核心技术而不合作的风险。而且，虚拟公司内难以形成统一的发展战略和企业文化。

【案例 7-3】

耐克公司：全球虚拟网络组织

耐克的语言就是运动的语言，作为运动品牌市场上的"后起之秀"，耐克今天的成功代表着成功的典范。1972 年成立的耐克公司是全球著名的体育用品生产商，总部位于美国俄勒冈州，公司经营范围涉及服装、鞋类和运动器材等多个领域。耐克公司在全球拥有许多生产商，它们为其生产各种各样的产品。在经历 20 年的快速成长后，耐克成为世界顶尖的运动品牌。并且在 2018 年 12 月，耐克入选 2018 年度（第十五届）"世界品牌 500 强"排行榜，排名第 8。另外，在《财富》杂志发布的"2019 年全球最受赞赏公司"排行榜中，耐克公司排名第 13。它用自身骄人的业绩印证着创始人比尔·鲍尔曼曾说过的话："只要你拥有身躯，你就是一个运动员。而世界上只要有运动员，耐克公司就会不断发展壮大。"

在美国俄勒冈州，四层楼高的耐克总部里看不见一双鞋，员工们只忙着做两件事：一件事是建立全球营销网络，另一件事是管理它遍布全球的公司。不用自己生产，耐克公司缔造了一个遍及全球的"帝国"。在一双耐克鞋身上，生产者只能获得微薄的收益，而凭借其在全球的销售，耐克公司却能获得几十甚至上百美元的利润。耐克公司没有自己的工厂，而是将订单分解到不同的生产厂家加工，耐克把控着整个供应链的关键环节。耐克公司的经营模式之所以被称为"虚拟经营"，一方面是因为信息通信技术构成了网络成员之间沟通的基础，另一方面是因为平时供应链是不存在的。耐克公司从 1999 年开始，使用电子数据交换方式与其供应商联系，直接将成衣的款式、颜色和数量等条件以 EDI 方式下单，并将交货期缩短至 3~4 个月。同时，要求供应布料的织布厂先到美国总公司上报新开发的布样，由设计师选择合适的布料设计为成衣款式后，再下单给成衣厂商生产。而且成衣厂商所使用的布料也必须是耐克公司认可的织布厂生产的。在整个供应链体系中，耐克公司充当"网络协调员"的角色，不但对各个供应商的生产能力有着全面的了解，而且能够协调各个环节的业务节奏。除此之外，耐克公司与供应商之间建立了长期稳定的合作关系和良好的信誉。正是因为这样，生产厂家才能做到平时各行其是，一旦耐克公司有订单，就立即组织起来构成供应链的各个环节。

在这种虚拟网络组织中，供应链的核心是"轻资产运营"。对于耐克公司来讲，自己不做运输，运输环节是由第三方物流公司完成的。自己承担制造任务，但加工制造环节是分散的生产厂家完成的。这种组织形式的优点在于其巨大的成本优势，耐克公司将从厂房、机器等固定资产投资中节约下来的所有人才、物力、财力等资源集中起来，投入到产品设计和市场营销中去，培育公司的产品设计和市场营销能力。不难发现，耐克价值链上企业创造价值的活动可以分为独立的经营领域，而"微笑"曲线两端便是耐克公司创造价值的地方，也正是其核心竞争能力所在。

（资料来源：根据搜狗百科（https：//baike. sogou. com/v85592. htm？fromTitle = % E8% 80％90％ E5％85％8B）等有关资料整理。)

四、非正式化

近些年来，组织结构在演进的过程中逐渐脱离基本的结构形式。流程团队或者作业小组作为基本的活动单元成为开展工作的主要形式。团队或者小组成员可以由不同部门甚至不同国家的人员组成。在国际化经营竞争不断加剧的环境中，企业部门之间和员工之间的合作，或者跨越企业本身界限与企业外部其他团队的联合很好地适应了灵活性的需要。这种不具备正式结构的合作组织极大地保证了小组成员潜力的发挥。小组成员的工作不再需要与具体的工作时间、固定的工作场所结合在一起，只要能够实现不同生产环节的统一管理和协调，在规定期限内完成工作任务，模块化的非正式联合就不失为一种恰当的选择。

市场的多样性和需求的动态变化，导致团队成员之间没有长期稳定的协作关系。任务成为维系各模块之间关系的一种手段。如果企业只是暂时需要某种技术，则这种短期可变的结合方式有利于短期内集中成员间的优势资源，节省开发成本，最大限度地满足多样化的消费需求。总之，非正式化是指组织成员之间的结合方式由层级制结构模式中的紧凑型转向松散型的一种演进特征。

五、地区总部制度

分工和合作是管理组织设计中所遵循的重要原则。在跨国公司经营管理过程中，二者难免出现冲突和摩擦。分工一方面明确了工作内容和损失的责任界限，有利于生产经营效率的提高，另一方面会增加统一管理的困难，不利于协同作用的发挥。而合作提高了组织的整体效能，但同时会导致权责关系模糊不清。为了适应跨国公司全球化和本地化的需要，从产品需求和地理需求双重角度去平衡国际业务成为必然要求。然而，国际业务部门的横向管理和事业部门在全球的纵向管理之间冲突不断扩大。对称的矩阵结构决策速度慢、协调困难，部分跨国公司不得不放弃这类结构。跨国公司在组织创新中，逐渐下沉管理中心，引入了地区总部制度。

（一）地区总部制度的优点

地区总部制度成为实现"纵向管理"与"横向管理"结合的新的组织形式，即在满足全球经营战略需要的前提下，从区域角度统筹管理区域内数个国家附属公司的各项活动，协调研发、生产、销售等经营环节，同时负责制定跨国公司区域性经营战略。伴随全球化战略不断深入和跨国公司经营范围不断扩大，引入地区总部制度并在世界主要投资区域设立地区总部成为变革的新趋势。瑞士电子设备公司 ABB 就致力于生产线间的技术分享，将当地开发的技术贡献于全球子公司成为 ABB 公司的理想目标，分布于 16 个国家和地区的电子变压器工厂每个月都会通过德国环节"带头人"曼海姆分享绩效数据，并由多家工厂共同攻克同一问题。

日本松下公司也在组织结构上进行了大刀阔斧的改革。在提出"创新 21 计划"后，松下公司将原来总部下的 200 个事业部进行"破坏和再造"，最终成立了 14 个经营海外业务并接受集中管理的业务部门。同时，为了加强横向联系，在全球范围成立了 5 个地区总部，分别为中国东北、东南亚、北美、中南美和欧洲。各地区子公司承揽本地区业务的各个环节，从而实现了地区业务的一体化。

跨国公司地区总部在联结公司总部和海外子公司方面也具有明显的优势。第一，跨国公司地区总部作为地区性网络负责地区性战略制定，在一个地区内部促进资源的合理流动。第二，从跨国公司整体来讲，地区性网络相互联结，构成了区域间网络，经营资源又可以实现全球层面上的高效利用。地区总部作为基本的经营单元，促进了人力资源、物质资源、资本以及技术、管理经验等各种经营资源在地区内的有机联系和区域间的合理利用。因此，跨国公司地区总部作为公司总部与海外分支机构之间联系的桥梁，在跨国公司组织网络中有着重要的地位。

（二）地区总部选址的影响因素

跨国公司在进行地区总部选址时要综合考虑当地的政治、经济和文化习惯等各种因素，诸如此类的因素能通过影响地区总部职能的发挥进一步影响到公司战略的实施效果。

1. 政治环境

在全球化过程中，利益冲突加剧，霸权主义和强权政治因素错综复杂。不稳定因素时刻冲击着跨国公司的组织结构。其中，作为核心机构的跨国公司地区总部成为组织中最敏感的部门。因为地区总部集聚了大量优秀的管理人才、大量资金和关键的研发机构，所以对地区政局稳定性存在更高的要求。正是因为这样，跨国公司在选择地区总部时，非常看重地区政局的稳定性。

2. 基础设施

地区总部设立的目的是制定地区经营战略、管理区域内子公司。其在进行重大决策时，必然需要掌握大量全球经济政治形势的相关信息，并且要不断了解地区子公司的生产经营状况。而且在协调和处理子公司之间关系的问题上，也需要与地区子公司进行大量沟通。因此，通信基础设施条件对地区总部职能的发挥非常关键。除此之外，地区总部作为地区战略的制定者和重大决策者，必然需要大量高素质管理人才，这又产生了对医疗卫生、交通和教育基础设施的需要。基础设施条件是影响跨国公司总部地区选择的又一要素。

3. 法律政策

东道国法律体系和政策环境不但关乎跨国公司地区总部的投资实体在东道国的生存和发展，而且直接影响其职能作用的发挥。例如，市场准入标准决定着跨国公司地区总部能否有效协调地区资金资源。

除此之外，地区位置的中心性、人力资源条件、文化多样性和服务业发展水平等问题也是影响跨国公司决定设立地区总部的重要因素。

【基本概念】

出口部组织结构　母子公司组织结构　国际业务部组织结构　全球职能组织结构　全球产品组织结构　全球地区组织结构　全球混合组织结构　全球矩阵组织结构

【思考题】

1. 跨国公司组织结构的基本类型有哪些？
2. 不同类型的组织结构的优点和缺点是什么？
3. 跨国公司组织结构设计的一般原则是什么？
4. 存在哪些影响跨国公司组织结构选择的因素？这些因素是如何影响跨国公司组织结构选择的？
5. 跨国公司组织结构有哪些新的发展？

【本章参考文献】

[1] 陈向东，魏拴成. 当代跨国公司管理［M］. 2 版. 北京：机械工业出版社，2014.

[2] 邹昭晞，李志新，邓飞. 跨国公司管理［M］. 2 版. 北京：清华大学出版社，2018.

[3] 许晖. 国际企业管理［M］. 2 版. 北京：北京大学出版社，2015.

[4] 杨增雄. 国际企业管理［M］. 北京：科学出版社，2018.

[5] 杨国亮. 跨国公司经营与管理［M］. 3 版. 北京：中国人民大学出版社，2016.

[6] 刘斌. 21 世纪跨国公司新论：行为、路径与影响力［M］. 北京：知识产权出版社，2016.

[7] 董瑾，彭红斌. 跨国公司概论［M］. 北京：清华大学出版社，2015.

[8] 林季红. 跨国公司经营与管理［M］. 北京：清华大学出版社，2015.

[9] 田鑫. 跨国企业管理［M］. 北京：经济管理出版社，2016.

[10] 韩震. 国际企业管理［M］. 2 版. 大连：东北财经大学出版社，2015.

[11] 袁林. 跨国公司管理［M］. 北京：清华大学出版社，2012.

[12] 朱晋伟. 跨国经营与管理［M］. 3 版. 北京：北京大学出版社，2018.

[13] 卡伦，帕博蒂阿. 国际企业管理［M］. 崔新健，闫书颖，译校. 6 版. 北京：中国人民大学出版社，2018.

［14］范黎波，宋志红. 跨国公司研发活动全球化的成因、策略与组织形式选择分析［J］. 国际贸易问题，2004（1）：64-68.

［15］祝影，杜德斌. 跨国公司研发全球化的空间组织研究［J］. 经济地理，2005（9）：620-623.

［16］李凡. 国际企业管理［M］. 北京：经济管理出版社，2012.

［17］卢森斯，多. 国际企业管理：文化、战略与行为［M］. 赵曙明，等译. 7 版. 北京：机械工业出版社，2009.

［18］德雷斯凯. 国际管理——跨国与跨文化管理［M］. 周路路，赵曙明，等译. 8 版. 北京：中国人民大学出版社，2015.

［19］STOPFORD J M，WELLS L T. Managing the multinational enterprise：organization of the firm and ownership of subsidiaries［J］. Harvard Business Review，1972.

［20］EGELHOLF W C. Organization in the multination enterprise，an information processing perspective［M］. Cambridge，Mass.：Ballinger Publishing Co.，1988.

◀◀◀ 第八章
跨国公司外汇风险管理

【本章重点】

1. 外汇风险的类型及构成要素。
2. 外汇风险的管理措施。

随着经济全球化的推进，一国的国内市场和国际市场联系日益紧密，资本要素在各个部门之间充分流动，外汇业务在跨国公司内部迅速发展。2005 年 7 月，我国实施了汇率制度的重大改革，从盯住单一美元改变为有管理的浮动汇率制度。汇率制度的调整使我国的汇率波动更加频繁，进一步加剧了我国企业的外汇风险。汇率波动不仅直接影响跨国公司的外汇业务，还间接影响企业的市场价值和竞争力。因此，外汇风险在企业风险中的地位越来越重要。跨国公司管理者也应高度重视外汇风险控制，并采取适当措施减少公司亏损。

第一节　外汇风险概述

一、外汇风险的概念

外汇风险（Foreign Exchange Risk）即汇率风险，是指一个公司、经济实体、企业组织在一定时期内对外经济、贸易、金融、外汇储备的管理与营运等活动中，以外币表示的资产负债因未预料的外汇汇率变动而引起的价值增加或者减少的风险。

国外学者 Rodriguez 在《Management of Foreign Exchange Risk in the U. S. Multinationals》一文中首次将外汇风险定义为"外币价值改变带来的收益或损失"，即由于汇率波动而使以外币计值的资产、负债、盈利或预期未来现金流量的本币价值发生变动而给外汇交易主体带来的不确定性。随着社会经济的发展，外汇风险的概念也有了一定的变化。Adler 和 Dumas 认为外汇风险是汇率变动给公司现金流以及企业价值带来的影响。Eiteman 和 Stonehill 认为，外汇风险是指汇率变动使公司的获利能力、净现金流量以及市场价值发生的潜在变动。汇率的变动不仅会影响企业的经营，也会影响一国的经济。对于没有发生直接外汇业务的企业，外汇风险依然存在。只要企业的价值由于汇率的变动发生改变，那么企业就存在外汇风险。

外汇风险主要由汇率变动引起，因此引起汇率变动的各项因素对外汇风险的大小产生重要影响。这些因素主要表现为五个方面，下面以人民币为例来具体分析。

1. 国内经济运行

国内经济增长对汇率的影响非常重要。如果经济能够保持稳定增长，则流出资本将在一定程度上得到控制，这将有助于本币保持稳定。目前，我国的经济发展进程相对稳定，政府大力推进结构改革，有利于实现经济的长期可持续发展，有利于人民币汇率的稳定。

2. 国际收支状况

在浮动汇率制度下，市场供求决定了汇率的变化。自 2011 年我国加入世界贸易组织以来，对外贸易的急剧增长以及经常项目和资本项目的长期顺差使人民币承受了升值的压力。然而，近年来，随着贸易顺差的缩小，人民币升值的内部动力趋于稳定，人民币汇率变动的趋势发生了变化。

3. 货币政策

影响人民币未来走向的另一个重要因素是央行货币政策的走向。2015 年，央行倾向于采取宽松的货币政策。2016 年，为了促进我国经济结构调整，央行的货币政策回归稳定状态。

4. 汇率政策

人民币汇率改革一直是影响人民币汇率走势的重要因素。自 2005 年汇率改革以来，中国的汇率制度逐渐从盯住美元转向盯住一揽子货币的浮动汇率制。自央行改革以来，央行已推出人民币汇率指数。因此，人民币汇率不再仅受美元波动的影响，也受其他一揽子货币的影响。

5. 市场预期

市场预期对人民币汇率走势有重要影响，也是导致外汇风险的重要因素。2015 年 8 月 11 日，央行下调人民币兑美元汇率中间价，导致市场预期人民币继续贬值。在这种期望的推动下，企业在积极购买外汇的同时推迟了外汇结算。外汇结算和结汇逆差的迅速扩大导致人民币贬值压力加大。

总之，外汇风险受到国民经济和汇率政策等多种因素的影响，具有较强的时效性和政治性。它受到国家汇率制度的极大影响，跨国公司在进行外汇风险管理决策时，应充分考虑外汇环境，及时调整外汇风险管理应对措施，以应对不断变化的外汇风险。

二、外汇风险的构成要素

（一）本币

一个涉外经济主体在它的涉外活动中所发生的外汇收付，如应收应付账款的收入或支出、货币资本的借入或借出等，均需与本币进行结算，并以本币考核经营成果。本币是衡量一个企业经济效果的价值尺度。

（二）外币

一个国家的外汇资产、外汇储备、企业出口获得的收益、外国资本的借贷及还本付息等，均用外币表示，然后与本币发生结算进行支付，由此带来两种货币的兑换关系。外币是一个国家对外支付能力的体现。

（三）时间

本币和外币之间的因结算和支付带来的兑换关系不一定构成外汇风险，要构成外汇风险还必须有时间差异。从两国之间的交易达成以后，到应收账款的实际收进、应付账款的实际付出、借贷资本的本息的最后偿付等，都有时间期限。在确定的时间内，外币与本币的折算比例可能发生变化，从而产生外汇风险，而时间的长短对风险的大小有直接的影响。时间越长，汇率波动的可能性和幅度就较大，外汇风险就越大；时间越短，汇率波动的可能性和幅度就较小，外汇风险相对就越小。

这三个因素必须同时具备才能形成外汇风险。在国际经济交易中，如果只以本币计价结算，不发生本币与外币之间的兑换，就不会产生汇率风险。相反地，只以外币计价结算，同样不会产生外汇风险。同时，在国际经济往来中，应收账款的收进、应付账款的付出等都会受到时间因素的影响。而汇率变动是在一定时间间隔的条件下形成的，没有时间的变化，将不会形成外汇风险。

三、外汇风险的类型

（一）交易风险

交易风险（Transaction Exposure）是指一个经济实体在其以外币计价的跨国交易中，由签约日和履约日之间汇率不同导致的应收资产或应付债务的价值变动的风险，是一种流量风险。

交易风险是跨国公司遇到的最常见、最主要的外汇风险，存在于应收款项和所有货币负债项目中。只有进行不同货币之间的交换才会产生外汇风险，因此开办买卖业务的商业银行会面临大量的外汇交易风险，涉及国际结算的跨国公司以及买卖外汇的个人也不例外。

跨国公司的交易风险相对于一般涉外企业具有数额巨大、外币种类多的特点，并且跨国公司在海外都设有子公司，母子公司相互之间存在大量经常性支出，当汇率变动时，对某种货币的交易风险在公司内部表现为双向性：某些子公司或母公司因汇率变动受益，而其他子公司则出现汇兑损失。因此，跨国公司的交易风险需要从公司整体角度出发，综合考虑各个子公司以及母公司的风险。

交易风险的产生方式主要包括3个方面。

1. 外汇买卖业务风险

跨国公司在外汇买卖中的敞口头寸是直接受险部分。在外汇买卖中，从签约日到交割日，汇率会发生变动。

2. 国际借贷业务风险

在外币债权债务关系中，债权人承受到期收汇贬值的风险，债务人承受到期偿还货币升值的风险。

3. 进出口业务风险

在进出口业务中，进出口商承担进口支付货币的升值风险，或者出口获得收入时的货币贬值风险。

（二）折算风险

折算风险（Accounting Exposure），也叫作会计风险，是跨国公司在进行会计处理以及进行外币债券与债务决算的时候，通常会碰到如何以本国货币评价这些对外经济活动的价值和效益的问题。母公司通常会在会计年末将子公司的财务报表与母公司的进行合并，由于海外子公司的财务报表采用所在国当地货币作为记账单位，所以母公司在以本币记账的会计报告合并时，就会出现交易日的汇率与折算日汇率不一致的情形，从母公司的角度看，海外子公司按照国外当地货币计量的资产、负债的价值也将发生变化，是一种存量风险。

折算风险是跨国公司最明显的一种外汇风险，折算损益的大小取决于两个因素：一是暴露在汇率变动风险之下的有关资产和负债项目相比的差额；二是汇率变动的方向，即升值或贬值。

关于跨国公司在折算风险中的损益，这里通过一个例子来说明。假设某跨国公司 A 在美国的子公司有存款 100 万美元，按照 2019 年初的市场汇率（1 美元 = 6.7223 元人民币），折合人民币 672.23 万元。年底编制财务报表时，如果汇率为 1 美元 = 6.7123 元人民币，则该存款只能折合人民币 671.23 万元，公司账面价值就少了 1 万元人民币，在折算风险中受损；如果汇率为 1 美元 = 6.7323 元人民币，则可折人民币 673.23 万元，公司账面价值就增加了 1 万元人民币，在折算风险中受益。

折算风险的受险项目是各子公司按现行汇率折算的外币资产和负债。一般来说，折算方法不同，折算损益的金额和处理也不同。胡奕明（1998）认为，外币折算的四种方法主要包括流动和非流动项目法、货币性与非货币性项目法、时态法和现行汇率法。

1. 流动与非流动项目法

这种办法先将国外子公司资产项目表中的项目区分为流动项目和非流动项目两种。流动项目分为流动资产和流动负债。其他项目属于非流动项目。流动项目在折算时按照报表日的现时汇率计算，非流动项目在折算时按照历史汇率计算。

2. 货币性与非货币性项目法

该办法先将资产项目表中的项目区分为货币性项目和非货币性项目。货币性项目是指在汇率变动时母公司报告货币等值发生变动的项目，如现金、短期和长期的应付应收款等。货币性项目在折算时采用现时汇率，非货币性项目在折算时采用历史汇率。

3. 时态法

时态法是货币性与非货币性项目法的进一步发展，两者在以现时成本计价的非货币项目的折算处理上有所区别。具体的折算方法详见表 8-1。

表 8-1　折算汇率选用比较表

折算项目	多种汇率方法			单一汇率法
	流动与非流动项目法	货币性与非货币性项目法	时态法	现行汇率法
现金	C	C	C	C
应收账款	C	C	C	C
（存货）按成本	C	H	H	H
（存货）按市价	H	H	H	H
（投资）按成本	H	H	H	H
（投资）按市价	H	H	H	C
固定资产	H	H	H	C
无形资产	H	H	H	C
应付账款	C	C	C	C
长期负债	H	C	C	C
实收资本	H	H	H	H

注：C 代表现时汇率，H 代表历史汇率。

此表说明了跨国公司在年底编制财务报表时，使用不同的外币折算方法应当按照哪种汇率（现行汇率或历史汇率）进行折算。

4. 现行汇率法

现行汇率法注重的是母公司对子公司投资净额上的汇率风险。在折算时，所有的资产和负债项目均采用期末的现时汇率，只有股东权益中的实收资本采用历史汇率。

（三）经济风险

经济风险（Economic Exposure）是指预测之外的汇率变动，通过影响企业的生产数量、价格、成本而使企业在未来一段时间内的收益和现金流量减少的一种潜在损失。它对公司的影响是长期和复杂的。

经济风险的度量是基于企业未来的经济活动，受险部分是企业的长期现金流量，因此对跨国公司来说，经济风险相较于其他风险更为重要。跨国公司经济风险涉及母公司和子公司在其所在国的投入、产出及销售区域选择等因素，而母子公司所在国的汇率制度、利率水平和采购成本存在差异，因此公司在生产投资时选择筹资方式、筹资币种以及交易货币的复杂性非一般涉外企业可比。

第二节 跨国公司外汇风险的识别与计量

一、外汇风险识别的任务

风险识别是进行风险管理的第一步，只有了解外汇风险在什么样的情况下出现、有什么样的表现形式以及会造成什么样的后果，才能找出一个适当的管理方式。外汇风险识别主要有四个方面的任务。

（一）甄别风险事件

在企业所有的涉外和跨国经营中，并不是每项活动都存在外汇风险暴露问题，这就涉及风险事件的甄别问题。甄别风险包括判断业务是否有外汇风险以及有哪些外汇风险。

（二）确定受险时间

汇率是随时间变化的，外汇风险就是因不同时间点上的汇率不同而产生的，因此它的影响必定与期间有关。确定受险时间也是外汇风险识别的重要任务之一。

（三）分析风险原因

尽管外汇风险产生的根本原因是未预料到的汇率波动，但是外汇风险在具体情况下的表现形式却大相径庭。分析风险原因，不应只考察汇率变动的直接原因，还应充分考虑它的间接原因，考虑间接作用传递的机制、作用的要素及作用程度等。

（四）估计风险结果

对风险结果的估计可以从定性和定量两个方面来进行。定性估计主要是对外汇风险结果类型的判断。例如，判断其是"两面性"风险还是"单方面"风险，是否对公司未来经营能力有实质性影响等。这种定性的估计有时是很重要的，因为它是整个风险管理决策的基础。风险的定量估计，是指采用一些数量方法对风险可能造成的结果进行估测、计量。对风险进行定量估计，可以做到从量上把握风险。

二、风险识别的一般方法

风险识别有许多方法，一般方法如分解法、故障树法、头脑风暴法等。

（一）分解法

一种经营活动可能具有多种风险，这些风险的成因及规律各不相同。分解法是按事物自身的规律，结合分析人员的经验，将这种经营活动的总体风险分解成若干风险。这种方法的运用可以帮助人们对风险整体进行认识和了解。下面以对国际资金市场筹资行为的风险分析为例，将它分解为 4 个方面来考虑。

（1）汇率风险。所筹资金以外币标价，到偿还时汇率与借款时不同，因而债务人在偿还外债时有可能需要支付更多的本币。汇率风险是总体风险中的主要组成部分。

（2）利率风险。所筹资金如果是浮动利率，则有可能在市场利率上升时加重利息偿付负担。

（3）信用风险。企业进行国际资金市场筹资的合作伙伴的信用非常重要，若以包销形式发行本票来筹资，且银行违约，则筹资就有可能失败。

（4）偿债风险。以债务形式筹集资金，会影响到公司的资本结构。当负债权益比超过一定比率之后，公司有可能发生财务危机，丧失偿债能力。

（二）故障树法

故障树法的基本原理是利用图解方式，将大的故障分解成各种小的故障，或对各种故障起因进行分解，形成一个树枝分叉式图形，以简单直观的方式把各种故障及原因表示出来。

（三）头脑风暴法

头脑风暴法是一种专家调查咨询方法，它主要的特点是集思广益。这种方法可以广泛收集各学科专家的意见。它可采取小组会议的方式。在小组会议上，与会人员可以畅所欲言、相互激励、相互启发。

三、外汇风险分类计量

（一）交易风险的计量

跨国公司在日常经营中有大量的应收应付款，它们构成公司未来的现金流入量或现金流出量。这些现金流量往往由多种货币组成，在未来进行实际交割或收付时，不同货币的汇率波动就会造成现金流入量或流出量的货币价值发生波动，有可能会增加，也可能会减少。一般地，计量交易风险需要两个步骤：一是确定各外币预计的流入量或流出量；二是确定这些货币的总体风险。在计算交易风险时，某一时点的净现金流量才是计算交易风险的对象。同一种货币应收款和应付款的方向相反，只有两者相互抵销后的净额才是公司真正受到汇率波动影响的部分。

跨国公司一般较为关注短期的交易风险，只有在短期内，货币的现金流量才能够被合理地、准确地预测。计算净现金流量的要求是：跨国公司的每一个子公司要对其业务中涉及的每一种外币分别计算净现金流量。跨国公司将各子公司净现金流量进行汇总，编制合并的现金流量表，得到跨国公司总的净现金流量。在评估跨国公司的交易风险时，估计合并的现金流入量净额是非常有价值的第一步，因为它有助于确定跨国公司在每种货币中的总头寸。

跨国公司交易风险计量见下例。

现有跨国公司 A，在加拿大和瑞士设立子公司 B 和子公司 C。2019 年两个子公司的预期现金流量如表 8-2、表 8-3 所示。2019 年跨国公司 A 以人民币表示的合并净现金流量如表 8-4 所示。2019 年跨国公司 A 的净现金流量的可能范围和预估的交易风险如表 8-5 所示。

表 8-2　2019 年子公司 B 的预期现金流量

货币名称	流入量	流出量	净流入或净流出
加拿大元	C＄2000000	C＄4000000	C＄ - 2000000
欧元	∈7000000	∈11000000	∈ - 4000000

注：该表改编自参考文献［11］。

表 8-3　2019 年子公司 C 的预期现金流量

货币名称	流入量	流出量	净流入或净流出
加拿大元	C＄4000000	C＄6000000	C＄ - 2000000
欧元	∈15000000	∈7000000	∈8000000
瑞士法郎	SF2000000	SF7000000	SF - 5000000

注：该表改编自参考文献［11］。

表 8-4　2019 年跨国公司 A 以人民币表示的合并净现金流量

货币名称	总流入量	总流出量	净流入或净流出	预期对人民币汇率	净流入或净流出
加拿大元	C＄6000000	C＄10000000	C＄ - 4000000	5.1	￥ - 20400000
欧元	∈22000000	∈18000000	∈4000000	7.5	￥30000000
瑞士法郎	SF2000000	SF7000000	SF - 5000000	6.7	￥ - 33500000
总计	—	—	—		￥ - 23900000

注：该表改编自参考文献［11］。

表 8-5　2019 年跨国公司 A 的净现金流量的可能范围和预估的交易风险

货币名称	净流入或净流出	期末对人民币汇率的可能范围	预期净流入或净流出的可能范围	不确定的现金流
加拿大元	C＄ - 4000000	5.0～5.2	￥ - 20000000～￥ - 20800000	￥ - 800000
欧元	∈4000000	7.4～7.6	￥29600000～￥30400000	￥800000
瑞士法郎	SF - 5000000	6.6～7.0	￥ - 33000000～￥ - 35000000	￥ - 2000000

注：该表改编自本章参考文献［11］。

从这个案例中可以看出，在进行跨国公司交易风险计量时，首先需要将两个子公司的预期现金流量进行合并，得到关于各货币的总的净现金流量，如表 8-4 所示。然后对年末各相关货币的汇率进行预测，给出相应的预期汇率。通过预期汇率可以计算出跨国公司 A 年末以人民币表示的现金流量。其中，表 8-4 反映出该公司 2019 年涉及加拿大元的业务预计支出人民币 20400000 元，涉及欧元的业务预计收入人民币 30000000 元，涉及瑞士法郎的业务预计支出人民币 33500000 元。年末跨国公司 A 预计净流出人民币 23900000 元。

任何汇率预测都与实际汇率存在一定的偏差，仅用一个确定的预期汇率来预估年末的现金流量是不准确的。因此，表 8-5 的第 3 列给出了期末汇率的可能范围，这样跨国公司 A 年末预期的人民币净现金流量就被确定在一个相应的范围内。相比单点预测，范围预测更加容易。这个范围越大，表明年末净现金流量的不确定性越大。用汇率的可能范围乘以每种货币的净现金流量，就可以计算出以人民币表示的流入量和流出量的可能范围。

在表 8-5 中，加拿大元的预期净流出量为 4000000 加拿大元，年末预期汇率可能出现的范围是 1 加拿大元兑换 5.0 ~ 5.2 元人民币，由此计算出预期的净现金流出量最低为人民币 20000000 元，最高为人民币 20800000 元，不确定性金额即交易风险为人民币 800000 元。同理，欧元的不确定现金流为人民币 800000 元，瑞士法郎的不确定现金流为人民币 2000000 元。同时从表 8-5 可以看出，不同的货币汇率波动范围有差异，瑞士法郎波动范围明显大于加拿大元，跨国公司 A 在瑞士法郎兑换人民币方面面临的交易风险明显高于加拿大元兑换人民币。因此，对于跨国公司管理者来说，选择在币种汇率稳定的国家设立子公司相对会减少公司面临的交易风险。

在跨国公司 A 的案例中，每种外币的净流入量或净流出量是已知的金额，只有期末汇率是不确定的。在现实中，每种外币的净流入量或净流出量往往也是不确定的，因此，跨国公司 A 还应该预测每种外币的可能净流入或净流出范围，而不是仅进行汇率预测。在这种情况下，各外币交易风险的计量将变得更为复杂。

（二）经济风险的计量

汇率带来的经济风险是指汇率波动对企业未来现金流量现值的影响程度。跨国公司有不同类型的业务，一些业务的现金流量有较大的经济风险，而一些业务的现金流量几乎没有什么经济风险，因此，人们首先需要确定哪些业务可能存在经济风险。

汇率波动的经济风险如表 8-6 所示。该表列出了跨国公司一些典型的、其现金流量有经济风险的国际业务，将这些国际业务分为影响公司本币流入量和影响公司本币流出量的业务，同时还列出了本币升值或贬值对这些业务的影响。这些国际业务，有的影响公司本币流入量，如本国销售（与本国市场上的外国竞争者相比）、以本币标价的出口、以外币标价的出口、对外投资的利息收入等，本币升值对这些交易的影响均为"减少"，贬值则相反。而影响公司本币流出量的业务分为以本币标价的进口、以外币标价的进口、应付外债的利息，本币升值对这些交易的影响并非一致。

表 8-6　汇率波动的经济风险

现金流量有风险的 国际业务		本币升值对 业务的影响	本币贬值对 业务的影响
影响公司本币 流入量的业务	本国销售（与本国市场上的外国竞争者相比）	减少	增加
	以本币标价的出口	减少	增加
	以外币标价的出口	减少	增加
	对外投资的利息收入	减少	增加
影响公司本币 流出量的业务	以本币标价的进口	不变	不变
	以外币标价的进口	减少	增加
	应付外债的利息	减少	增加

注：该表改编自参考文献 [11]。

表8-6的第3列揭示了本币升值对跨国公司各项业务的影响，第4列揭示本币贬值对其各项业务的影响。下面将选取表格部分内容，讨论本币波动对跨国公司业务的影响，从而评估其现金流量的经济风险。

1. 本币升值的经济风险

本币升值带来的现金流量的经济风险如表8-6第3列所示。

（1）本币升值对影响公司本币流入量的业务的经济风险。影响公司本币流入量的业务即是跨国公司作为出口商销售产品的业务。本国销售收入（与本国市场上的外国竞争者相比）会因本国货币升值而减少，原因在于来自外国的竞争越来越激烈。一旦本币升值，本国货币对外国商品的购买力将高于对本国商品的购买力，国内消费者将更便宜地购买外国的替代产品。国外产品竞争力越强，国内销售收入的经济风险越大。同时，本币升值意味着外国进口商需要支出更多的本国货币购买这些产品，因此，对本国商品的进口量会大幅降低。跨国公司以本币计价的出口收入的减少程度取决于外国进口商的进口需求弹性，该弹性越大，以本币计价的出口收入的经济风险就越大。

（2）本币升值对影响公司本币流出量的业务的经济风险。本币升值给跨国公司的现金流出类业务带来的经济风险，基于同样的原因分析，正好与现金流入类业务相反。如果本国货币升值，公司以外币标价的进口品的成本就会减少。此外，在本国货币升值的情况下，按本国货币计算的应付外债利息将减少。

通过上述分析，可以看出本币升值会同时导致跨国公司现金流入量和流出量的减少，因此，很难判断其未来的净现金流量究竟是增加还是减少。评估本币升值对跨国公司净现金流量的经济风险，关键在于比较现金流入类业务和现金流出类业务哪一类受到的影响更大。

本币贬值带来的现金流量的经济风险如表8-6第4列所示。在本币贬值的情况下，跨国公司各类业务的现金流量受到的影响刚好与本币升值情况相反。

2. 具体的计量

在分析了跨国公司可能面临的经济风险之后，就是对经济风险的不利影响进行估计，并以此为据确定风险管理策略。下面主要从两个方面来计量跨国公司的经济风险：一是汇率对利润的影响程度，二是汇率对现金流量的影响程度。

（1）汇率对利润的影响程度。计量利润对汇率的影响程度的方法是将现金流量体现为不同的损益表项目，确定基准汇率预测值，并确定与此汇率对应的损益表中每个项目的数值。然后，再确定几个可能的汇率值，按照这些汇率值算出损益表中各项目的预测值。通过观察先前由基准汇率确定的利润额如何随汇率波动而改变，跨国公司就可以确定某种货币币值变动对其利润及现金流量的影响。如果跨国公司损益表中的成本项目和收入项目随汇率波动而调整的数值大致相同，就可以认定该跨国公司基本上规避了经济风险。

跨国公司经济风险计量见下例。

某跨国公司A在中国和加拿大同时开展业务。该公司在中国的销售收入以人民币计价，而在加拿大的销售收入则以加拿大元计价。跨国公司A的预测收入与费用如表8-7所示。汇率波动对跨国公司A的国内销售收入的影响如表8-8所示。

表 8-7 跨国公司 A 的预测收入与费用

项目名称	中国业务（百万元）	加拿大业务（百万加拿大元）
销售收入	4000	50
销售成本	1000	200
毛利	3000	−150
营业费用	—	—
固定费用	500	—
变动费用	270	—
息税前利润	2230	−150
利息费用	30	10
税前利润	2200	−160

注：该表改编自本章参考文献［11］。

表 8-8 汇率波动对跨国公司 A 的国内销售收入的影响

加拿大元对人民币的可能汇率	预计在中国的销售收入（百万元）
5.1	3709
5.5	4000
6.2	4509

注：该表改编自本章参考文献［11］。

首先，跨国公司 A 需要判断其在中国的销售收入和成本是否会受人民币汇率变动的影响。由于存在来自国外的竞争，在人民币汇率波动时，该公司在中国的销售收入也会受到间接的影响。当加拿大元走弱时，公司在中国的销售收入预计减少 29100 万元［4000 − 3709 = 291（百万元）］，当加拿大元走强时，公司在中国的销售收入预计增加 50900 万元［4509 − 4000 = 509（百万元）］。由于该公司中国业务的销售收入受汇率变化的影响程度取决于相关外币的竞争力，一般可以通过历史数据分析来确定以往中国销售收入受汇率影响的程度，进而预测未来其中国销售收入受汇率影响的数值，表 8-8 反映了人民币汇率变化情况下对中国销售收入的预测。

除了销售收入之外，人们也可以通过三种可能的汇率，算出其他的收入和费用。只有通过对公司损益表各项目的汇率敏感性分析，才能确切地估算公司的经济风险。还需要注意的是，人们在分析跨国公司 A 的经济风险时，只考虑了一个期间该公司发生的利润变化，公司可以采用完全相同的方法来估算未来几个期间的销售、费用，计算它们在不同时期受汇率影响的经济风险。

（2）汇率对现金流量的影响程度。人们还可以采用计量经济学的方法，利用历史数据进行回归分析，建立模型，计算并确定跨国公司的现金流量对某种货币汇率的敏感性。该方法的基本模型的公式为：$PCF_t = a_0 + a_1 e_t + u_t$。

式中，PCF_t 表示第 t 期以企业本币计量的、扣除通货膨胀后的现金变动率；e_t 表示第 t 期外币汇率变动率；u_t 表示随机误差，而且有 $Eu_t = 0$；a_0 表示截距，是不受汇率影响的现金流变动部分；a_1 表示斜率，是汇率波动与企业现金流量波动之间的相关系数。

实际上，跨国公司的经营涉及多种外币，而不是一种外币，要计算多种外币汇率变化对跨国公司现金流量的影响，必须对上述公式进行修正，建立多元回归模型，将影响公司现金流量的每一种货币都作为解释变量，则每一种货币对企业现金流量的影响将由各自的回归系数估计值来计量。

（三）折算风险的计量

1. 折算风险的重要性

跨国公司在编制合并报表，对子公司财务报表进行货币折算时，即使发生价值的波动，也只是账面中的变更，并不会影响跨国公司的现金流。因此，一些分析人士认为，折算风险对跨国公司的正常运营没有影响，与其业务活动无关。实际上，一些跨国公司也认为子公司的利润不一定转换为母公司所在国的货币，因为在子公司所在国的货币贬值的情况下，子公司可以完全保留利润。如果子公司保留利润并且控股公司实际上并未增加现金流量，则将子公司的利润折算为已经升值的本国货币将不可避免地扭曲子公司的真实业绩并降低其账面利润。

但是，跨国公司与外国子公司的综合利润确实受到折算风险的影响。利润直接影响股票价格，它是股东和投资者评估公司业务状况的核心指标，因此折算风险可间接影响公司的价值。跨国公司尤其是上市跨国公司必须高度重视折算风险。

2. 决定折算风险的因素

跨国公司的折算风险大小取决于 3 个因素，即国外运营的程度、外国子公司的所在地以及所使用的会计方法。

（1）国外的经营程度。跨国公司的外国子公司在总营业收入中所占的比重越大，其财务报表折算的风险就越大。例如，若一些跨国公司主要以出口形式从事涉外业务，外国子公司业务比例较小，则这些跨国公司的综合报表不会受到汇率波动的极大影响，它们可能面临更高的风险交易和经济风险，但折算风险很小。

（2）国外子公司的所在地。每个主权国家都要求其境内的企业使用该国的法定货币进行财务核算，因此该跨国公司的子公司需要使用当地国家的货币来编制财务报表。不同的货币汇率在不同的历史阶段会呈现不同的波动性，因此，子公司的所在地将影响折算风险的程度。

（3）所使用的会计方法。在合并财务报表数据时，折算中使用的会计制度和会计方法将极大地影响跨国公司的折算风险。例如，美国跨国公司需要根据 1981 年 12 月发布的《财务会计准则公告第 52 号——外币折算》（FASB - 52）编制合并报表，其条款是跨国公司折算风险的重要来源。

第三节 跨国公司外汇风险管理选择

一、外汇风险管理原则

外汇风险是跨国公司经营中不可避免的一种风险，因此外汇风险管理成为公司管理的重要组成部分。外汇风险管理的主要目标是尽量降低公司价值和金融价格之间的相关性，使公司的价值最终由公司核心业务所决定，充分利用有效信息，减少汇率波动带来的现金流的不确定性，控制由汇率波动带来的不利影响。外汇风险管理有以下五个原则：全面重视原则、主次分明原则、管理多样化原则、收益最大化原则、战略与战术相结合原则。

（一）全面重视原则

全面重视原则要求跨国公司对自身在经营中所遇到的不同外汇风险都给予高度重视。外汇风险有不同的种类，不同的风险对公司的影响也有差异。因此，跨国公司需要对所遇到的外汇风险保持清醒的头脑，避免顾此失彼，要从总量上进行控制，也应站在整个公司的角度思考问题。不能仅仅进行单独项目的管理，要做到各组成要素的相互配合，达到最优配置。

（二）主次分明原则

跨国公司在外汇风险管理过程中应当做到主次分明，按照管理的类别进行区别管理。不要对所有的风险一视同仁，这样会造成资源的不合理配置、管理的重点不突出、最重要的风险得不到有效管理。

（三）管理多样化原则

管理多样化原则需要跨国公司灵活多样地进行外汇风险管理。这个原则和主次分明原则分别从正反两个方面说明：在外汇管理的过程中应当做到具体情况具体分析，寻找最适合自身风险状况和管理需要的外汇风险战术和具体的管理办法。没有一种管理方法可以应对各种外汇风险。在选择风险管理办法时，人们需要考虑相关外汇管理政策、公司的发展战略、金融市场的发展程度等各项因素。同时，公司的外汇管理方法也不应当是一成不变的，随着时间的推移，旧的方法可能会不适用新的情况，因而管理应当做出相应的调整。

（四）收益最大化原则

外汇风险管理从根本上来说是一种经济行为，必须遵循经济学最基本的假设：理性人假设。管理者做出的决策都应是利于公司发展的，使收益最大化。若想使收益最大化，就必须从成本和收益两个角度考虑。如果某项管理的成本高于收益，那么从经济学的角度来说，就不应当进行这种管理行为。跨国公司在进行外汇风险管理的过程中需要精确核算成本和收益，在确保实现风险管理预期目标的前提下，争取支出最少的成本，获得最大的利益。外汇风险管理的本质是风险的转移，其出发点应当是公司利益最大化。外汇风险管理所支付的成本越小，获得的收益就越大，同时公司对风险进行管理的积极性就越高，从而形成良性的循环。

（五）战略与战术相结合原则

战略与战术相结合原则要求跨国公司在进行外汇管理的过程中要做到战略管理层和战术管理层的良好配合。战略管理层在做好战略分布后就将计划分配到战术管理层执行，同时做好战略实施过程中的领导、协调和监督工作。战术管理层在执行战术规划时，还应做好各个计划之间的衔接工作，使公司的管理层形成有机统一的整体，更加有效地完成风险管理工作。

二、外汇风险管理战术

外汇风险管理战术是外汇风险管理原则的具体实施。跨国公司通常可以采用三种外汇风险管理战术。

（一）全面套期保值战术

全面套期保值战术是指跨国公司在面临外汇风险时，一律进行套期保值，强调绝对安全，避免任何汇率不稳定性带来的损失。具体的措施为，不管汇率走势如何，也不论货币品种，公司在外汇市场上对手中的外汇头寸全部进行抛补。采取这种管理战术的公司属于风险厌恶者，意图规避所有可能产生的风险，将所有精力放在生产经营中。无论汇率波动与否，都与该公司无关。完全套期保值战术是三种战术中成本最高的，公司不仅需要支付高额的保值费用，也牺牲了从汇率波动中获益的可能性。这种战术适合对稳健性经营要求高的公司，如商业银行。对于一般的公司来说，这种战术耗费的成本巨大，并不适合。

（二）消极保值战术

消极保值战术是指公司管理者对所面临的外汇风险不采取任何措施进行控制或规避。采取这种战术的公司实际上是在谋求汇率波动为公司所带来的收益。其弊端是，一旦汇率波动不利于公司，那么公司将要承担风险带来的所有损失。与全面套期保值战术相反，采取这种战术的公司多半为风险爱好者，他们采取这种战术有以下几点原因：①它们对自己把握市场行情的能力足够自信，认为可以获得足够多的信息，分析市场对自己是否有利，尽可能地获取收益；②它们相信市场的作用，汇率波动无法影响公司的实际经营，因而采取措施进行保值就是无效的；③当外汇风险不大时，其对公司所造成的损失可以忽略不计，但是套期保值的成本明显大于风险所造成的损失，不采取任何措施反而花费更少。

（三）积极保值战术

积极保值战术是指跨国公司有选择地对外汇风险进行套期保值，保留那些可能产生收益的外汇风险以追求利益最大化、避免更多的损失以及获取更多的收益。这种战术介于前两种战术之间，属于折中的选择。大部分公司都会选择积极保值战术，对外汇风险采取部分弥补、部分保留的策略。积极保值战术的关键在于公司对成本、收益进行精确的核算。一旦公司判断失误，做出相反的举措，就会面临更大的风险。

无论采取哪一种外汇风险管理战术，公司都应当对自身有充分的了解。最优的外汇风险管理战术不一定是适合自己的，公司要结合自身的业务特点做出选择。

三、外汇风险管理策略

无论跨国公司类型如何，其公司价值都受汇率波动的影响。即使生产、供应和营销都在同一个国家，但由于公司受汇率影响，以外币计价的资产价值不确定，所以也会面临外汇风险。因此，提高风险意识、改变经营理念、找到适合自身的风险管理策略是公司管理的重要组成部分。

国外学者 Srinivasulu 将外汇风险管理分为两个主要的管理策略：金融性套期保值策略和经营性套期保值策略。

（一）金融性套期保值策略

该策略是指通过使用金融衍生工具来调整公司的风险敞口水平。公司可以利用金融市场持有一个相反的头寸来抵消公司在未来可能面临的交易风险。金融性套期保值主要用于短期内管理外汇风险，即交易风险和折算风险。目前，金融衍生品市场发展迅速，公司在风险管理上有多种多样的产品选择，如期权、期货、掉期等。

（二）经营性套期保值策略

该策略是指跨国公司使用除金融工具以外的其他办法来进行风险管理。经营性套期保值策略用于应对外汇风险分类中的第 3 种风险，即经济风险。相比交易风险和折算风险，经济风险影响公司长期的经营状况和竞争力水平，金融性套期保值策略对经济风险所产生的对冲效用有限，因此，经营性套期保值策略更多与公司的运营战略相关，适用于长期外汇风险，以减少公司未来长期现金流量引起的公司经济风险的不确定性。经营性套期保值的主要实现方式是在不同地区分配公司资源，同时在生产、营销、研发等机构方面进行相互转换，以最大限度地降低不同市场的生产成本，在不同市场中套利。

这种策略主要适用于跨国公司分散化的经营，它使费用和收入处于同等的风险中，消除了不利影响，也牺牲了潜在的收益，减少了现金流整体的波动性，从而减少了外汇风险。

经营性套期保值策略包括生产策略、营销策略和融资策略。其中，生产策略包括进口来源的多样性、工厂之间的生产转移、工厂选址以及生产效率的提高。营销策略包括市场选择、定价策略等。融资策略包括可转换票据、贷款、债券等。

四、外汇风险管理程序

跨国公司在确定外汇风险管理的原则、策略后，有必要明确外汇风险管理程序，为每个程序安排相应的任务，应用具体的管理方法并加以实施。外汇风险管理程序包括以下关键程序：风险识别、风险计量、风险管理方法选择、风险管理实施、监督和调整。

（一）风险识别

风险识别是指识别可能降低公司价值的各种外汇风险。不同的公司面临不同的风险，跨国公司必须根据其业务活动确定可能的风险条件，因地制宜确定其管理办法。公司在识别交易风险时，一般采用外汇头寸分析方法，根据交易活动计算公司的现金流入和流出量，然后确定具有外汇风险的公司的现金流量、货币和业务。

（二）风险计量

风险计量是指外汇风险导致的潜在损失的概率和程度。企业在确定可能面临的外汇风险类型后，下一步要做的就是预测所涉及的不同外币的未来汇率波动，然后计算和评估不同类型的外汇风险。由于外汇风险对企业的影响是双向的，所以最重要的是估计外汇风险损失的概率以及可能对企业价值造成损失的程度。通过风险计量，公司可以更准确地了解企业外汇风险造成的近似损失，给管理者一定的心理预算，为下一步管理措施的实施奠定基础。

（三）风险管理方法选择

风险管理方法选择即选择合适的风险管理方法，实现公司预定的外汇风险管理目标，降低企业面临的风险。外汇风险的增长趋势催生了一系列的外汇风险管理方法，每种方法各有利弊，需要企业根据自身的风险状况进行分析和筛选。不同的外汇风险管理策略也在一定程度上决定了不同的风险管理方法。

（四）风险管理实施

风险管理实施是指在前三个步骤后通过具体的安排，实施既定的风险管理措施。在外部方面，跨国公司需要寻找合作伙伴、交易对手，并签订外汇条约等；在内部方面，公司需要进行业务调整、资金调整、币种调整，并实施风险转移和控制。

（五）监督和调整

监督和调整是指监督和评估实施外汇风险管理措施的效果，并根据每种方法的评估结果做出一定的调整。外汇市场变化很大，没有一种方法可以一劳永逸，因此对外汇风险管理措施进行监督和调整尤为重要。公司应不断监督外汇风险管理措施和策略的实施情况，并根据市场和自身情况及时实施调整策略。只有合理的策略和严格的监管相互配合，才能最大限度地降低公司面临的各种外汇风险。

不管是何种外汇风险的管理，也不管选用哪种外汇风险管理策略或战术，以上的程序和步骤都适用。

五、外汇风险管理手段

外汇风险管理手段可分为三大类：外汇风险控制、外汇风险融资、内部外汇风险抑制。外汇风险控制和内部外汇风险抑制通常包括为提高公司价值而做出的各种投资决策。外汇风险融资是指为弥补亏损而做出的各种融资决策。因此，外汇风险管理手段与公司的投融资管理方法基本相同。它们与公司的其他方面的投资决策和融资决策具有相同的概念。

（一）外汇风险控制

外汇风险控制是指通过降低风险损失概率和风险损失程度来减少损失风险的各种行为。通常，风险控制手段主要分为风险防范手段和风险降低手段。风险防范手段主要是指降低损失概率的行为，风险降低手段主要是指降低损失程度的行为。例如：公司积极减少涉外经济活动，减少公司可能出现的外汇收入和支出，这是一种风险防范手段；当汇率波动对公司现金流产生不利影响时，公司采取措施对冲外汇风险头寸并减少公司亏损，这种情况是降低风险的一种手段。许多风险控制手段不仅能够降低损失的可能性，还能降低损失的程度，因此不能严格区分这两种手段。最常见的风险控制手段包括两种方法，即减少外汇风险业务和提高外汇风险防范能力。

第一种，跨国公司可以通过减少外汇风险业务的数量来降低风险。例如，减少使用外币的金额和数量，或者不持有外币净头寸。控制风险行为的数量主要是为了降低风险发生的概率。这种方法的极端情况是将风险行为的数量减少到零，公司不从事任何外币活动，或者公司从事任何业务都以当地货币结算。这种方法可以避免所有外汇损失，但它也会失去外汇风险业务可能带来的好处。

第二种，提高防范外汇风险的能力。一些跨国公司认为，应根据市场需求和业务发展计划开展海外业务，不应该完全避免风险业务、减少风险业务的数量，更重要的是要提高自身防范外汇风险的能力，通过提高外汇风险业务的安全性，降低外汇风险的损失概率和损失程度。

（二）外汇风险融资

外汇风险融资也称损失融资，是指获取资金并用于支付或弥补外汇风险损失的各种手段。根据风险补偿的来源，外汇风险融资可有三种方式：自留、购买保险合同、套期保值。这些方法并不完全相互独立，公司经常根据风险补偿的实际需要将它们结合起来。

1. 自留

自留意味着公司本身承担部分或全部外汇风险损失。自留通常被称为自我保险。许多大型跨国公司在其财务和资金管理方面都有正式的亏损融资计划。一些公司会建立外汇风险防范基金，一些公司会按一定比例提取外汇风险准备金。有些公司没有自己的资本保留计划，而是用自己的资金来弥补运营中的外汇风险造成的损失。在自留融资方式下，公司可以利用内部和外部资源来弥补损失。其中，内部资源包括：正常生产活动产生的现金流量，自由流动资金和风险融资流动资产投资等。外部资源包括外部借款和发行新股。利用外部资源弥补损失最终是公司自身利润的风险补偿，因此也是一种自留方式。

2. 购买保险合同

通过购买保险，公司可以将外汇风险损失转嫁给保险公司。世界上有许多保险公司提供与外汇风险有关的保险，如汇率波动保险和利率波动保险等。采购相关保险对于跨国公司来说是一种省时省力的方法，但对于我国和其他发展中国家来说，这种情况并不明显。我国的保险市场仍然不够发达，没有足够的保险险种来分担公司的外汇风险。因此，在我国，跨国公司不能仅仅依靠使用保险来弥补外汇风险的损失。

3. 套期保值

在外汇交易中使用金融衍生工具可以在一定程度上降低外汇风险，常用工具包括：远期合约、期权合约和掉期合约。它们可以作为典型的外汇风险管理工具，因为它们可以预先根据一定的远期价格确定不确定的汇率，公司只承担商定的远期价格与当前现货价格之间的差价风险。

（三）内部外汇风险抑制

内部外汇风险抑制是指公司通过内部业务、管理调整来降低外汇风险的各种手段。内部外汇风险抑制主要有以下两种方法。

1. 分散化

公司的经营活动充满各种风险。从分析外汇风险成因以及衡量外汇交易风险中可以了解到，如果跨国公司采用货币多元化、特别是在业务中注意使用相关性较低的货币，并注意分散化，公司整体的风险头寸的波动性就会明显降低。因此，公司可以通过持有各种外汇头寸的方式来降低风险。分散化不仅包括国别币种的分散，还包括币种的波动性和相关性的分散。

2. 信息投资

充分占有信息并具有较强的处理和分析信息的能力，是公司提高外汇风险管理水平的先决条件。绝大多数对外交往比较频繁的公司都会投入一定的人力、物力和财力进行外汇趋势的分析、预测及相关管理工作。通过信息的搜集和研究，跨国公司可以对未来汇率的走势做出比较准确的分析，以此为根据决定自己的外汇头寸，这样不仅可以避免汇率波动带来的损失，而且还可以从中获利。因此，信息投资是公司进行内部风险抑制的重要手段之一。值得注意的是，由于国际业务的复杂性，公司需要委托专业的投资或咨询公司进行信息收集和处理分析。

第四节　跨国公司外汇风险管理措施

一、外汇风险的内部管理

王梓烨（2017）认为，外汇风险的内部管理是指经济主体在双方的经济交易中，通过贸易合同的商订和合同履行方式的选择来避免外汇风险。

（一）交易风险的内部管理方法

1. 提前错后法

当进口交易所产生的外币负债的计价外币预期升值时，公司便可利用提前清偿的方法避免交易风险损失。此种外汇避险的成本，是提前清偿日至到期日间的利息费用。其可能遇到的主要限制为：公司自身清偿资金不足；进口国家政府禁止提前清偿外币债务；出口国家或贷款国家的外汇管制法规禁止提前收回外币。提前错后法的具体做法如表8-9所示。

表8-9　提前错后法的具体做法

交　　　易	预期外币贬值时的做法	预期外币升值时的做法
出口商（收进外币）	提前收汇	推迟收汇
进口商（支付外币）	推迟付汇	提前付汇

2. 平衡法

平衡法是指公司在安排涉外业务时，通过使外币收付数额达到或者接近平衡，消除或减少汇率风险的管理方法。其具体做法是创造一个与存在风险具有相同货币、相同金额、相同期限、相反方向的外汇流动，这样，外汇资金有进有出，轧平了外汇头寸，从而避免了外汇风险。例如，某公司进口一批价值100万欧元的货物，合同约定6个月后付款，为了避免遭受欧元升值的损失，该公司可销售一笔6个月后付款、价值100万欧元的任意商品来进行平衡，进而在结算时用所收入的外汇货款支付进口所需外汇货款，以达到规避风险的目的。当然，这种完全相吻合的外汇规避风险业务是难以实现的。

3. 组对法

组对法是指收入和支出的货币不是同一种，但这两种货币的汇率通常具有固定的或稳定的关系。也就是说，如果某公司具有某种货币的外汇风险，它可创造一个与该种货币相联系的另一种货币的反方向流动来消除该种货币的外汇风险。组对的两种货币，常常是由一些金融机构采取钉住政策而绑在一起的货币。例如，澳大利亚元和英镑的汇率变动非常相关，不仅同方向变动，而且幅度相近，若公司同时持有澳大利亚元应收账款和英镑应付账款，便可将这两种风险暴露互相抵消。

（二）经济风险的内部管理方法

此方法主要是指跨国公司实际经营风险的管理方法。

1. 价格调整法

价格调整法是指跨国公司通过改变子公司当地销售价格，或者进出口商通过在贸易谈判中调整进出口商品价格，将外汇风险分摊到价格中去，以减少使用外币结算所带来的外汇风险的管理方法。价格调整法按照其定义有两种：一是改变子公司的当地销售价格，二是改变出口或进口价格。

（1）改变子公司当地销售价格。跨国公司为规避子公司当地货币贬值所造成的不利影响，唯一的方法是在贬值前提高销售价格。这种方法特别适用于子公司所在地没有外汇期货市场或所在地借款利率很高的情况。在当地货币贬值前提高销售价格，可以保护子公司报表的盈余及未来的股利。当然，在提高价格前仍需考虑当地市场的情况与顾客的需求弹性，此时需要营销部门的配合。

（2）改变出口或进口价格。跨国公司提高出口价格来补偿外汇风险的损失，必须考虑市场的因素，因为市场的竞争不仅来自国内，更来自国际。当跨国公司出口的应收账款以可能贬值的外币计价时，选择性的提高价格将对未来外币的收益有所保障。当母国公司进口的应付账款以可能升值的外币计价时，买方可要求卖方降低价格以弥补可能的损失。在具体的实际业务中，出口商往往采用加价保值法，进口商往往采用压价保值法。需要注意的是，改变进出口价格不能消除外汇风险，只能转嫁外汇风险。另外，运用这种方法必须将市场供求因素、商品质量以及双方的购销意图结合起来考虑，在双方共担外汇风险的前提下，提出适当的进出口价格。

2. 选择计价货币

在预期本国不会发生通货膨胀的情况下，跨国公司在签订进出口合同时，若采用本国货币计价结算，就不需要买卖外汇，也就不用承担汇率变动的风险。跨国公司在出口收汇时尽量选择硬货币（Hard Money）为计价货币，在进口付汇时尽可能选择软货币（Soft Money）作为计价货币，可以避免在汇率波动中处于不利地位。选择计价货币也称货币选择法，指公司通过对合同货币的选择或搭配来减少外汇风险的管理方法。

（1）选择本币计价。选择本国货币计价，不存在结算时外币与本币的兑换问题，无论汇率如何变化，承担风险的总是对方，从而完全避免了外汇风险。因此，进出口商一般均争取以本国货币计价。

（2）出口选硬货币，进口选软货币。在国际收支中，硬货币是指汇率比较稳定且具有升值趋势的货币；软货币是指汇率波动幅度大且具有贬值趋势的货币。

（3）选择可自由兑换货币。在我国的国际贸易结算中，一般外币计价应以美元、欧元、日元、英镑等作为计价货币。一方面，公司在预测汇率变动对己不利时，可以迅速将其转换成有利货币，从而有助于转移外汇风险；另一方面，这些货币市场流动性好，便于结算、调拨与运用。

（4）软硬货币搭配。在浮动汇率制度下，汇率波动频繁，某种货币在某一特定时期，表现为硬货币，但在另一时期又会表现为软货币。因此公司需要衡量汇率波动情况，选择恰当的货币搭配。

3. 订单调整

订单调整法是指即时调整订单的大小、接单与否、下单与否以规避风险的管理方法。当计价的外币汇率持续下跌时，通常不接大额订单；当计价的外币汇率持续上升时，通常不下大额订单。对单价太低或利润太小的订单，为避免风险，可不接订单；对单价太高或利润太小的交易，可不下订单以规避风险。

（三）折算风险的内部管理方法

折算风险的内部管理方法主要是指资产与负债管理方法。若某外币有贬值的可能，则公司可以减少该外币资产（如现金、短期投资、应收账款等）或增加该外币负债。例如，在美元有贬值倾向时，在美国的子公司可能收到指示，即在与厂商维持关系的前提下，尽可能提前收回应收账款或缩短应收账款的期间，并且尽量将美元转为其他货币的持有或投资。减少净流动资产的效果，亦可通过增加跨国公司子公司间以弱势货币计价的流动负债来达成。相反地，当某外币呈现强势时，则可以增加该外币资产或减少该外币负债。

二、外汇风险的外部管理

外汇风险的内部管理，主要是通过跨国公司营销策略和各项买卖执行条件的改变，以及跨国公司内部资产、负债的调整来完成。而外汇风险的外部管理是指经济主体通过在外界的国际金融市场上签订合同，进行外汇市场交易来避免外汇风险。

（一）远期外汇交易

远期外汇交易（Forward Exchange Transaction）也称期汇交易，是买卖双方在约定的时间，以约定的汇率购买或出售约定数量的某种货币的协议。在外汇市场预购或预售远期外汇，是传统的避险方法。例如，某公司有一笔三个月后到期的欧元应付账款，可利用欧元的远期外汇市场，按一定的汇率买进三个月后交割的欧元，届期即可按原约定汇率买进欧元，以清偿到期的欧元应付账款，而不需担心欧元汇率的任何变动。

（二）外汇期货

外汇期货（Futures）是指交易双方在金融市场上以约定的时间、价格买卖某些投资化金融工具的合约。其合约的标的物不是实物商品，而是金融商品，如外汇、债券和股票指数。外汇期货交易的避险方法是采用对冲方式，利用期货交易的利益弥补现货发生外汇风险的损失。操作方法是通过集中交易所依标准化契约（如买卖金、交割日期等）而公开竞价决定。外汇期货交易的避险，要考虑上述成本与外汇风险可能损失的大小，当前者小于后者时，是值得采用的。但其受政府期货法令的限制，如子公司所在国未开放期货市场或开放市场规模过小而无法使用外汇期货交易进行避险。

【案例8-1】

某公司用外汇期货交易规避外汇风险

某外贸公司 A 与美国进口商签订了100万美元出口合同，约定交货时间为3个月后。由于国际市场汇率波动严重，A 公司希望通过使用金融工具有效规避汇率风险。假定在签订合同时美元兑人民币的汇率为1:6.80，为避免收汇时美元下跌、人民币升值，A 公司进行两笔外汇交易。第一笔，签合同时卖出100万美元期货合约，汇率为1:6.70；第二笔，A 公司收到货款时外汇现货市场汇率为1:6.60，该公司于是买入100万美元期货合约进行平仓，此时外汇期货市场汇率为1:6.50。这样，A 公司在现货市场显示亏损20万美元，而在期货市场显示盈利20万美元，经过对冲，外汇实现了保值。

（资料来源：根据百度文库（wenku.baidu.com/view/1fa6c8a00029bd64783e2c73.html）有关资料整理。）

（三）外汇期权

外汇期权（Options）是一种选择性契约，它赋予契约买方在契约到期日或期满之前以预先确定的价格买进或卖出一定数量的某种外汇资产的权利。外汇期货合同的买卖方都需要缴纳保证金，且双方必须履约，但外汇期权合同不同，只有期权合同的买方才需要缴纳期权费，而且不管期货合同是买权或卖权，期货合同的买方都有履约或不履约的选择权利。外汇期权交易避险，通常是站在买方立场采用买权或卖权进行，其避险成本没有期货交易的保证金成本一项，而为期权费。外汇期权交易的避险，也要考虑避险成本与外汇风险可能损失的大小，当前者小于后者时，才值得采用。但此项操作，也受一国开放期权市场的程度和规模以及相关法令的限制。

【案例 8-2】

海尔跨境收购利用期权组合有效管理汇率风险

海尔作为最早走出国门并成长为中国举足轻重的跨国公司之一，业务遍及世界各地，面临多达 19 种货币的汇率风险。2016 年海尔收购 GE 旗下家电业务部门，高达 54 亿美元的交易将由海尔自有资金和并购贷款共同完成，但自有资金有一部分来源于人民币，这就产生了人民币与美元之间的汇率风险。因此，在并购资金交割前能否有效管理汇率风险，成为海尔本次跨境并购交易必须解决的棘手问题。

为此，海尔成立专门的外汇管理公司——海云汇，为集团公司提供外汇方面的服务。海云汇团队深入市场，提出三个不同的方案，并最终决定使用期权组合锁定汇率，为海尔在本次并购案中节省了上亿元的财务费用。

海云汇判断出 2016 年上半年离岸人民币兑美元汇率虽然会继续下跌但幅度会收窄，预计汇率较大可能会在 6.4～6.8 之间波动。因此，海云汇选择了买入美元价格为 6.60 的看涨期权，同时卖出美元价格为 6.80 的看涨期权的期权组合产品。

该组合有两个优点：一是成本低，期权组合成本仅为 0.78%，远低于远期锁汇的 1.2%；二是区间避险，如果期权到期，人民币兑美元低于 6.6，则海尔可放弃行权，按照有利的即期汇率购汇。这种期权组合不仅可有效锁定人民币兑美元汇率 6.6～6.8 的汇率风险，而且万一人民币升值，客户也可用更低的即期汇率购汇。

案例启示：首先，在制定外汇风险管理目标时，要考虑到同行业其他公司的做法和自身的特性。海尔正确方案的选择正是基于于对于市场以及自身的正确认识和把握。其次，外汇风险管理方法的选择要介于保守、激进和动态的方法之间，应当是公司在理性评估风险损益后的谨慎选择。再次，还需充分考虑到成本和会计核算，以减少经济不确定性。最后，外汇管理最重要的地方还是需要有专业的判断和专业的外汇管理人才。在具有了对外汇市场的基本判断后，选择正确和恰当的金融工具来实现外汇管理目标。

（资料来源：章砚柏，《海尔并购中的汇率风险管控》，中国外汇，2017 年第 16 期。）

（四）外汇掉期交易

外汇掉期交易（Foreign Exchange Swap Transaction）也称互换交易。是通过两笔相同数额、不同交割日期的外币交易来达到避险的目的。例如，即期对远期的外汇交易包括：卖出即期外汇并买入远期外汇，借以减少现在外币资产和增加将来外币资产；买入即期外汇并卖出远期外汇，借以增加现在外币负债和减少将来外币负债。它可以使现在资产与将来到期资产、现在负债与将来到期负债轧平，把某种外币计价的资产或负债转换为另一种外币计价的资产或负债，达到规避汇率风险、降低融资成本的目的。

外汇掉期交易的避险成本，主要为两种货币交换的利息差异。例如，即期对远期的货币互换的避险成本为外币利息高于本币利息的部分，因为卖出即期外币、买进远期外币的同时买进即期本币、卖出远期本币，是牺牲外币利息、获得本币利息的过程；同理，远期对即期的货币互换的避险成本则为本币利息高于外币利息的部分。

【案例 8-3】

TCL 公司运用多种金融工具管理外汇风险

创立于 1981 年的 TCL 集团股份有限公司，是全球化的智能产品制造及互联网应用服务公司。产品畅销 80 多个国家和地区，业务遍及全球 160 多个国家和地区。由于国际市场遍布全球，比起一般公司，TCL 公司管理外汇风险尤其重要。目前，TCL 公司采取"组合拳"、利用多种外汇衍生工具管理风险取得了较好的效果。

TCL 公司 2017 年半年报显示，TCL 公司期末合约金额超过 171 亿元，占期末净资产的 72.61%，而这其中，远期外汇合约占期末净资产的 33.62%，利率掉期占 23.96%，货币掉期（互换）占 13.74%，期权占 1.29%。报告期内合约增加量为 36 亿元，损益为亏损 5004 万元。粗略计算，亏损率约为 1.39%，TCL 公司汇率管理效率较好。

TCL 公司重视外汇风险的控制，组建专门的金融部门进行金融产品交易，以控制各类外汇风险。TCL 公司进行外汇管理的方法主要是通过将国际市场走势与经营状态相结合进行分析，从而选择合适的金融工具。一方面，对于外币资产、负债及现金流，采用远期外汇合约、期权、利率掉期等方式以控制风险。另一方面，对于经营和融资，选择用远期外汇合约、利率掉期合约、期货合约等手段来控制风险。TCL 公司通过外汇风险的控制，可以较好地为主营业务保驾护航。

（资料来源：根据搜狐网（https://www.sohu.com/a/194372801_679543）有关报道整理。）

【基本概念】

外汇风险（Foreign Exchange Risk）　交易风险（Transaction Exposure）　折算风险（会计风险，Accounting Exposure）　经济风险（Economic Exposure）　远期外汇交易（Forward Exchange Transaction）　外汇期货（Futures）　外汇期权（Options）　外汇掉期交易（Foreign Exchange Swap Transaction）

【思考题】

1. 简述外汇风险的类型。
2. 简述外汇风险管理原则。
3. 简述外汇风险管理手段。
4. 简述外汇风险的内部和外部管理措施。

【本章参考文献】

［1］SMITH S W, STULZ R M. The determinants of firms' hedging policies ［J］. Journal of Financial and Quantitative Analysis, 1981, 47 (5): 391-405.

［2］DHANANI J F, GROVES A M. Corporate risk management ［J］. Financial Markets, Institutions and Instruments, 2001, 79 (5): 279-324.

［3］EITEMAN M. Short-term foreign exchange risk management: zero net exposure models ［J］. Journal of Management Science, 1978, 47 (3): 249-256.

［4］吴晓，谢赤. 汇率风险管理的套期保值方法 ［J］. 财经窗, 2003 (12): 10-14.

［5］李巧巧. 外汇风险策略管理分析 ［J］. 事业财会, 2004 (2): 65-66.

［6］黄邦定. 跨国公司外汇风险管理研究 ［J］. 全国商情（经济理论研究），2016 (03): 80-82.

［7］吴燊. 论我国企业外汇风险问题及其管理策略［J］. 时代金融，2014（24）：107-110.

［8］刘艳. 经济全球化背景下我国企业外汇风险问题研究［J］. 中国商论，2015（4）：99-101.

［9］胡奕明. 外汇风险管理［M］. 大连：东北财经大学出版社，1998.

［10］刘晓宏. 外汇风险管理战略［M］. 上海：复旦大学出版社，2009.

［11］涂永红. 外汇风险管理［M］. 北京：中国人民大学出版社，2004.

［12］杨小舟. 公司治理、内部控制与企业风险管理［M］. 北京：中国财政经济出版社，2006.

［13］张新杰，都红雯. 跨国经营企业汇率风险研究［M］. 杭州：浙江大学出版社年，2009.

［14］卢侠巍. 当代金融衍生工具交易风险控制案例教程［M］. 北京：经济科学出版社，2011.

［15］陈晓莉. 中国企业外汇风险度量与管理研究［M］. 北京：经济科学出版社，2016.

第九章

跨国公司营销管理

【本章重点】

1. 国际目标市场营销策略。
2. 国际市场产品策略、价格策略、渠道策略、促销策略。

跨国公司在全球市场竞争中，不仅要关注国内市场营销，更要重视国际市场营销管理。与国内市场相比，国际市场环境更加错综复杂，因此国际市场营销具有更大的挑战性和难度，面临更多的影响因素和困难，跨国公司需要在深入调研的基础上进行市场细分，并采取不同的营销策略。组建专门的国际市场营销队伍，选择适合国际市场的营销方式，并根据市场外部条件和自身情况进行营销组合，是跨国公司营销管理的主要内容。

第一节　国际市场营销概述

按照美国科罗拉多大学营销学教授菲利普·R. 凯特奥拉（Philip R. Cateora）等人在《国际市场营销学》中的定义，国际市场营销是指对商品和劳务流入一个以上国家的消费者或用户手中的过程进行计划、定价、促销和引导以便获得利润的活动。从定义中可以看出，营销的对象是商品和劳务，营销的地区是多个国家构成的国际市场，营销的过程包含了计划、定价、促销等一系列活动。与国内营销相比，国际市场营销的地区明显不同，营销对象和营销过程则可能按照国际市场特点进行了较大的调整。跨国公司在进行国际市场营销活动中，需要了解国际市场的独特性，针对潜在市场进行多方面的调研，从而找到适合公司进入的细分市场。

一、国际市场调研

跨国公司进入国际市场时，面临的是具有较大未知性的新环境，势必会遇到较多的影响因素。这些因素中的不利方面有些可以通过事先充分准备加以克服，有些则是在进入当地市场进行营销的过程中才会显现出来，从而给跨国公司国际市场营销设置了较多的隐性壁垒。同时，某些市场可能也存在较大的市场需求等有利因素，对跨国公司国际市场营销会产生积极的推动作用。影响国际市场营销的因素较多，跨国公司如果贸然进入一个陌生市场，则可能意味着失败。对国际市场进行专业而深入的调研，是国际市场营销之前的必要环节。

（一）调研机构

跨国公司可以组建自己的调研部门，专门进行信息收集、市场调研、结果分析，为公司开拓新市场打下基础。但进入一个新市场进行调研，仅靠自己的调研部门具有较大的局限性，不少跨国公司会委托专门的调研公司、咨询公司、广告公司或者其他组织进行上述工作。

1. 市场调查公司

市场调查公司的主要职能是接受客户委托，对某一市场的综合因素或某一行业某一产品进行深入的专门性调查，从而评估市场机会、衡量营销方案效果或者预测市场发展情况。调查公司中起步较早的是 1923 年在美国成立的 AC 尼尔森（A. C. Nielsen）公司，目前在全球各主要区域均设立了区域业务中心，分析市场动态，诊断并解决营销问题。世界知名调查公司中另一个具有代表性的是美国盖洛普公司，创立于 1935 年，是著名的民意测验和商业调查咨询公司，因 1936 年创始人乔治·盖洛普成功预测富兰克林·罗斯福当选总统而闻名。公司业务涵盖商业和管理调查、研究、咨询和培训的全套服务，客户涉及能源、通信移动、日用消费品、耐用消费品、汽车、金融保险、房地产、酒店、医疗、零售等多个领域。近年来，我国的一线城市也集中了较多的本土市场调查公司，如央视市场研究公司（CTR，前身是央视调查咨询中心）、零点调查分析公司等，与国外调查公司同台竞技。另外，有些公司在专项调研方面尤其突出，例如，在电视收视率调查方面比较著名的市场调研公司有日本的电通公司、英国的 TNSOFRES 集团、中国的中国广视 – 索福瑞媒介研究（CSM）等，这种调查对于衡量电视广告效果具有较大价值。

2. 管理咨询公司

管理咨询公司的业务范围本身较广，一般中小型管理咨询公司业务范围包括企业管理咨询、商务咨询、会务服务、企业形象策划、公关策划、展览展示等咨询服务，而大型咨询公司能够提供战略管理、流程管理、人力资源、供应链、财务税务、研发等多领域智慧咨询服务。但就市场调研和营销管理这部分服务而言，国际性管理咨询公司同样也比较擅长。世界一流的咨询公司包括麦肯锡咨询公司（McKinsey & Company）、波士顿咨询公司（BCG）、贝恩公司（Bain & Company）、罗兰贝格公司（Roland Berger）、埃森哲咨询公司（Accenture）等。

值得一提的是，目前部分市场调查公司也逐渐往多领域咨询公司演化，与管理咨询公司的业务形成交叉和部分重叠。还有些著名会计师事务所、律师事务所也分化出市场调查部门或者管理咨询部门。比如德勤咨询公司由德勤集团的咨询部门发展而来，由于业务发展迅速、成长较快，在 2002 年 2 月脱离德勤集团成为独立的咨询公司。类似的情况还有毕马威战略公司（KPMG Global Strategy Group）。

3. 广告公司的市场调查部

广告公司在进行广告设计时不可避免地要进行相关市场信息调研，一般由广告公司的市场调查部进行市场信息收集和调研，也可能对接专业调查公司进行业务外包。国际著名广告公司包括美国的奥姆尼康公司（Omnicom Group）和 Interpublic 公司、英国的 WPP 集团及其下属公司奥美公司（Ogilvy & Mather，O&M）和伟门汤逊公司（Wunderman Thompson）、法国的阳狮集团、日本的电通公司等。有些跨国公司作为这些广告公司的老客户，会直接委托广告公司进行新市场的相关调研。

除上述机构以外，国际市场调研还可以借助各种商会、贸促会等社会组织的力量，甚至有些政府机构和研究部门也会参与到调研中来。

（二）调研步骤

市场调研有助于客观评判市场机会，为跨国公司开拓新市场、开展国际市场营销提供准确依据。跨国公司无论是自己调研还是委托其他专业公司进行调研，都要遵循一定的规律，使用科学的研究方法，按照一定的流程来进行。

1. 确定调研目标

国际市场调研的主题可以是多方面的，既有国际市场宏观环境方面的调研，涵盖政治环境、经济环境、地理环境、社会环境多个层面，也可能具体到微观层面，包括消费规模、增长趋势、消费特征、产品、价格、竞争者行为等。具体到某一个跨国公司来说，需要调研的目标必须是明确的、可执行的。开拓新市场之前进行的市场调研和已经进入市场运营后进行的调研会有明显差别，前者通常需要进行综合性调研，后者往往只针对某一方面出现的问题进行调研以解决问题。因此，调研目标要根据公司需求和实际情况来确定，不宜过宽或过窄。

2. 梳理调研内容

目标确定后，可以进一步明确需要调研的具体内容。首先列出调研项目，然后根据项目重要性进行排序，结合信息资料来源来确定最终调研内容。发育比较成熟、透明度高、价格机制完善的市场，将为跨国公司的国际市场营销创造良好的运行条件。而在处于发育初级阶段的市场内进行国际营销，将会面临诸多的不确定性，例如：行业垄断性可能较高，对新进入者会进行围堵；当地相关管理部门"吃拿卡要"，干扰跨国公司的正常活动，给跨国公司带来了高额的计划外支出。有些跨国公司的商品会在东道国市场上遭遇品种繁多的非关税壁垒，如技术标准、绿色壁垒、行业规定等。

跨国公司市场调研内容可以分为多个方面。

跨国公司在国际市场营销前，会首先评估该市场的政治环境和政治风险，优先选择那些政治稳定的市场进入。例如，委内瑞拉本来有一半的原油出口到美国，但在委内瑞拉政治局势紧张后，2019年1月28日美国宣布对委内瑞拉国家石油公司——PDVSA实施制裁，使该公司无法出售石油至美国，委内瑞拉在未来一年内将损失110亿美元的石油出口收入。这种政治环境的变化难以预测，对于跨国公司而言属于难以控制的外部障碍，需要提前收集与政治风险相关的信息，从而才能对未来趋向做出准确判断。

其次要调研行业的竞争情况。无论是在本国还是在海外市场，竞争对手的行为对于跨国公司营销非常关键。竞争对手的存在一方面可以产生"鲶鱼效应"，激发整个行业的活力，另一方面也有可能制造障碍，在目标市场中产生恶性竞争。在欧盟，谷歌遭遇来自竞争对手的阻力。2013年4月9日，欧盟反垄断机构收到Fairsearch Europe针对谷歌Android移动操作系统的正式投诉。Fairsearch Europe是由谷歌竞争对手组成的一个行业组织，成员包括诺基亚、微软和甲骨文。由于涉嫌滥用其Android移动系统排挤对手，2018年谷歌在欧洲被罚款43.4亿欧元。

再次要调查国际市场的文化特征。国际市场本身涵盖了多国家多民族和多种文化及风俗习惯，既有欧美这样的多元文化市场，也有众多移民较少的单一文化市场。例如，从文化相似性的角度来看，对于一家澳大利亚跨国公司来说，进入美加市场可能比进入中国市场更为容易，因为澳大利亚、美国、加拿大不仅同为英语国家，而且都具有类似的多元文化特征，熟悉移民文化，在满足多元文化的市场需求方面具有较多经验。而在进入中国市场时，早期许多跨国公司迷惑于中国的"酒桌文化"和"关系"，不习惯这种"潜规则"，也感受到了文化和习俗带来的较大障碍。在应对这些文化与习俗障碍时，有些跨国公司认真研究当地市场特点，改进商品和服务，选择了合理的营销策略。

最后，跨国公司在海外市场中，还需要考虑各种宗教习惯和文化禁忌。例如，多个伊斯兰国家都有斋月，不仅包括阿拉伯国家，还包括非阿拉伯国家，涉及中东、中亚、东南亚、非洲、欧洲等多个区域。斋月期间伊斯兰国家的政府和企业都将调整工作时间，包括海关、港口、货代、仓储等部门和企业，这时进出口业务可能陷入接近停滞的状态。在此期间在上述地区开展营销活动显然是不合适的。同时，较多的礼仪禁忌、图案文化禁忌也必须被认真对待，例如，在中东地区销售商品时，产品包装设计和图案不能出现十字架、六角星等，服装类商品要保守、简洁、大方。

有些文化传统和节日习俗则是积极促进了跨国公司的产品销售。春节是我国最重要的传统节日，2019 年 2 月 4 日至 10 日期间，全国零售和餐饮企业实现销售额约 10050 亿元，比 2018 年春节黄金周增长 8.5%。国美发布消费数据显示，彩电品类在年终销量集中爆发，国美渠道夏普（SHARP）LCD - 80X818 大屏彩电在春节期间销量破千台，对于跨国公司而言，节日消费带来的巨大商机不容忽视。

除上述方面以外，跨国公司市场调研的内容还包括很多，如人口规模、人口结构、经济总量、经济增长速度、产业结构变化、经济模式转型等。

3. 选择调研方法

市场调研方法包括不同的类别。按照方法属性可以分为定量研究和定性研究。按照调研的具体对象可以分为渠道调研、媒介和广告调研、产品调研、价格调研。按照信息资料的来源可以分为文案调研和实地调研，前者主要是分析二手资料，后者主要是获得一手资料的过程，又包括询问法、观察法和实验法。

询问法包括访谈和问卷调查等方法，其中，问卷调查又可分为电话访问、邮寄调查、入户访问、街头拦访等形式。观察法是直接或通过仪器观察、记录被调查者行为和表情以获取信息。例如，在实验室中借助某些设备观测调研对象在面对某些信息刺激时的反应，通过观测网络聊天室、网站点击情况等估计消费者对产品服务的态度。实验法是通过小规模的营销活动来调查关于某一产品或某项营销措施执行效果等信息的方法，常用于新产品的试销和展销。

当采用问卷调查进行市场调研时，问卷的设计关系到最终的调研结果，设计者要根据被调研对象的受教育程度等来设计问题，同时问题要简单直接，注意问卷设计的科学性和合理性，并注重保护被调研者的隐私。同时要考虑各个国家的社会文化差异，例如：在北美地区，通过邮政系统分发问卷并回收是常用的问卷调研方式；而在我国，目前邮寄信函已经不常用，问卷调查借助互联网专业调查平台如"问卷星"进行可能效果更好，当然问卷邮寄和互联网调研的群体会有所不同。

（三）调研结果分析

对于调研获得的问卷或者相关数据，工作人员必须进行科学评测和分析。有些国家统计工作发展较慢，在公开的数据资料中，数据缺失或者数据矛盾都有可能出现。同时，还会出现统计口径不一致带来的统计偏差。收集这些信息后，调研者需要对其进行甄别和勘误，并结合其他方面数据来源进行分析。值得注意的是，一般来说欠发达国家的政府统计准确性相对发达国家要低一些。

对于统计问卷结果，工作人员同样需要进一步处理，剔除无效问卷，判断问卷的稳定性和有效性，然后结合其他资料来源对最终结果进行分析。在分析结果时，还要根据所处市场的商业习惯、社会习俗来对调研结果进行修正，这就需要当地人员的参与，以避免出现以无意识的个人经验和知识即自我参照标准来进行决策所带来的误判。

二、国际市场细分

国际市场细分是指在市场调研基础上结合一定的细分标准，把国际市场划为多个子市场，公司根据自身情况和外部条件选择其中一个或多个市场作为目标市场。国际市场涉及范围广，需求多样，跨国公司无法满足全球各个市场的需求。对于跨国公司来说，在进入市场前首先要进行市场细分，以找到适合的营销空间。要在市场调研的基础上，结合大量信息整理，进行市场的宏观细分和微观细分，最终才能选择适合自己的目标市场。细分市场有利于跨国公司整合营销资源进入需求较大的市场，从而提高营销的效率。

（一）国际市场细分标准

国际市场细分，不仅要关注区域、国家等宏观市场特征，也要关注消费者年龄、收入、信仰等微观特征，因此细分市场具有多个标准。国际消费品市场细分标准包括以下层面。

1. 地理标准

国际市场既包括全球性的大市场，也包括以洲为单位划分的大区域市场，还包括下面划分的更小的层次。通常所说的北美市场、西欧市场、拉美市场、东南亚市场等即是按照地理标准中的区域市场进行细分的。某个区域内的市场，通常具有类似的气候与自然环境，更重要的是具有类似的生活习惯、比较接近的语言和宗教信仰等，因此对于商品的需求差异相对较小。

第二次世界大战以后，在经济全球化迅速推进的同时区域经济一体化也在蓬勃发展，在世界范围内组成了较多的区域经济组织，如东南亚国家联盟、欧盟、北美自由贸易区等。由于区域内推进自由贸易，商品可以自由流动，同时区域内不同国家的对外贸易政策和法律趋于接近，经营环境具有较多共性特征，所以跨国公司在选择目标市场时，更倾向于以区域组织为单位进行市场细分。有些国家和地区虽然没有组成区域一体化组织，但由于需求差异不大，也会吸引跨国公司设立区域营销中心。

从一个国家内部来看，人们依然可以按照地理标准划分更小的细分市场。我国南方和北方的气候差异和其他因素造就了市场特征的明显差别。例如，湾仔码头的水饺进入市场时会更重视北方市场，云贵高原、海南、两广、福建等地区显然也不会是空气净化器的主要市场，多数南方地区对干衣机和抽湿机的需求更大。

2. 经济标准

经济标准是国际细分市场中主要的标准之一。衡量的常用指标是人均国内生产总值（人均GDP），这一指标直接反映了一国经济发展程度以及对应的消费结构和生活水平。按照这一指标，人们一般把国家分为发达国家和发展中国家两大类，有时也称为北方国家和南方国家。联合国按照工业化程度把国家分为较发达国家、欠发达国家和最不发达国家。2018年4月17日国际货币基金组织公布的2017年人均GDP数值中，超过50000美元的有11个国家和我国澳门地区，其中卢森堡以105805美元位居榜首，而我国内地以8643美元排名第71位。由于人均GDP这一指标会受到汇率波动的影响，同时用于界定国家发展程度也不够全面，所以自1990年开始，联合国开发计划署的人类发展指数（Human Development Index HDI）成为衡量国家发达程度的重要指标，即以"预期寿命、教育水平和生活质量"三项基础变量，按照一定的计算方法得出的综合指标。即便如此，一些国家在人均 GDP 和 HDI 都很高的情况下，依然不能被界定为发达国家。通常认为，发达国家不仅具有较高的人均 GDP，还具备较为先进的工业体系和服务业、完善的社会保障制度、高度发达的教育水平以及可持续的科技创新能力。对于跨国公司来说，对高端产品和服务的营销通常集中于发达国家和地区，而新兴工业化国家和中等发达国家也成为近年来跨国公司关注的重点。

另外，细分市场的经济标准还包括市场化程度、对外开放程度、经济结构、经济增长率等指标。

3. 人口标准

作为消费者的人是营销的主要对象，人口的统计特征会直接影响消费者的需求特征，因此在国际消费品市场中常用的标准还包括人口标准，具体来说包括人口数量、年龄、性别、受教育水平、收入水平、家庭规模、宗教、民族等特征。对于跨国公司来说，国际市场按照人口标准进行细分时，往往不是按照其中一个指标，而是兼顾多个指标，如某种商品的销售既考虑年龄也考虑家庭收入和家庭规模。

4. 心理和行为标准

心理标准包括消费者的价值观、生活方式、性格特征等，行为标准包括品牌忠诚度、购买习惯、购买频率、购买数量等。以生活用品和食品的购买为例，我国顾客习惯于小批量、多频次购买，而欧美顾客更喜欢大批量、低频次购买，因此，沃尔玛（Walmart）山姆会员店在进入中国市场开设实体店后，受到顾客购买习惯和网络购物等多重因素的影响，较难呈现出在北美的火爆场面。开市客（Costco，又译"好市多"）在 2014 年入驻天猫开设旗舰店，试水多年后才于 2019 年夏季在上海开设中国大陆首店，也是为了通过大数据掌握顾客消费习惯后再实现线上线下一体化运营。

需要注意的是，有些国际细分市场是多种标准的综合。许多跨国公司都比较重视大中华区市场。文化因素对文化产业的影响更为典型。在 20 世纪 90 年代华语流行音乐的全盛时期，宝丽金唱片公司、滚石唱片公司等跨国公司和众多音乐产业参与者共同打造了大中华区的音乐盛宴，在东南亚市场甚至欧美市场发行华语唱片，推出演唱会、音乐节等多种类型的音乐表演形式，1990—2000 年期间，仅我国台湾省的音乐产值每年就能达到百亿元新台币。

除消费品以外，工业品由于面对非个人用户，市场细分会更关注用户性质（如生产企业、中间商、政府部门、各类团体和组织等）、用户规模（大企业、中小企业等）、用户要求（经济型、质量型、方便型）以及购买方式（购买频率、支付方式等）。地理位置也是工业品市场细分常用的标准。总体来说，细分市场要保证各细分子市场之间具有明显的差异性，即市场间差异要大，市场内差异要小。

（二）国际市场细分的原则

在国际市场细分时，除要考虑上述标准界定的各市场差异外，还要遵循一定的原则。

1. 可衡量性

可衡量性是指细分的市场能够通过相关指标预测出市场的潜在购买力。如果通过市场调研和市场细分无法预测未来的销售趋势，则该市场不具有跨国营销的意义。

2. 可进入性

可进入性一方面要考虑跨国公司的自身资源和营销经验，另一方面要考虑消费者的禁忌、购买意愿和购买能力等因素。若公司和消费者双方条件匹配或者经过培养能够匹配，则这个市场是可以进入的。

3. 可收益性

营销的重要目的是收益。可收益性不仅是指目前进入能够获得收益，也指在预测市场潜力和培养顾客习惯后未来能够获得收益。许多跨国公司进入一个新的市场后，要投入较长的时间进行营销才能最终获得收益。

4. 可持续性

在细分市场时，公司需要考虑市场发展的稳定程度和未来发展的趋向，要保证该市场是可以持续发展的，从而便于公司制定中长期营销策略，便于分配营销资源。如果该市场已经进入成熟期或者衰落期，则意味着市场剩下的机会已经不多。如果市场变化太快，公司需要不断调整营销策略，则营销成本上升、风险加大。

【案例 9-1】

传音手机在非洲

在智能机已经广泛进入人们生活的今天，消费者对华为、小米、OPPO 等国产智能手机已经非常熟悉，但有一家手机制造商是"墙内开花墙外香"，在新兴市场上闯出了一片天地却不为国人熟知，这就是传音手机。传音公司成立于 2006 年，是一家专业从事移动通信终端产品研发、制造、销售的高新技术企业，主要生产销售手机等移动通信及数码产品。成立之后传音走了一条不同寻常的海外市场开拓之路。2017 年，传音在全球销售了将近 1.3 亿部手机，出口量居中国手机企业第一。2018 年，传音被脸书和毕马威评为"中国出海领先品牌 50 强"之一。

目前，传音的全球销售网络已覆盖非洲、中东、东南亚及南亚 50 多个国家和地区，其中包括尼日利亚、肯尼亚、坦桑尼亚、埃塞俄比亚、埃及、阿联酋、印度、巴基斯坦、孟加拉国等。非洲市场是传音手机的主市场，据 IDC 数据统计，2017 年传音旗下各品牌手机在非洲的市场总份额排名第一，市场份额达到 30%，在全球市场的手机销量排名第 4。

非洲市场虽然经济落后于其他区域市场，但人口较多，手机市场具有较大发展潜力。传音在成立时看到，一方面非洲市场没有多少手机厂商进入；另一方面自己起步晚，技术成熟度低，在中国包括其他成熟市场上竞争力弱，因此选择非洲作为自己的主打市场。

传音公司自成立以来，始终坚持"本地化创新"，基于对本地市场需求和消费者痛点的深刻洞察，为用户打造适合当地市场的产品，让消费者能拥有融合最新科技趋势、本地化的产品和服务，享受到更美好的生活。早期非洲市场人均收入低，注重通话功能，传音公司从功能机开始做起，针对当地市场需求开发出超大铃声、多卡多待、待机时间长的手机，广受消费者欢迎，一下子打开了销路站稳了脚跟。手机市场逐渐成熟后，传音逐渐推出智能手机，并根据非洲人面部特点开发出具有特殊美颜功能、用牙齿和眼睛来定位面部的拍照技术，深受非洲顾客的喜爱。

为了满足全球新兴市场消费者的多样化需求，传音公司的多品牌战略应运而生。目前，传音公司不仅拥有手机品牌 TECNO、itel 及 Infinix，并开发出适应新兴市场用户需求的系列生态链，包括售后服务品牌 Carlcare、智能配件品牌 Oraimo 以及家用电器品牌 Syinix。在市场"深耕"中，传音公司也注重新型零售终端的变革。2017 年 9 月，涵盖专业导购、智能手机体验、售后、配件服务、休闲互动为一体的 TECNO 超级体验店在坦桑尼亚盛大开业，改变了当地消费者心目中传音公司仅仅是手机厂商的传统印象。传音公司旗下三大手机品牌（TECNO、itel 和 Infinix）均入选非洲商业杂志《African Business》（2018 年 6 月版）2017/2018 年度 "最受非洲消费者喜爱的品牌" 百强榜单，分别位列第 7、第 16 及第 28 位。其中，TECNO 连续多年位居其中的中国品牌之首。在非洲市场站稳的同时，传音公司逐渐拓展南亚、中东等市场，在当地成为知名的手机、家电品牌和优质服务提供者。

经过 10 余年的发展，传音公司现已成为全球新兴市场手机行业的中坚力量。未来，传音公司将在既有优势的基础上，进一步发展移动增值服务和智能终端产品等业务，持续拓展产品组合和业务生态，打造集软硬件、服务、内容为一体的移动互联网生态链。作为中国品牌 "出海" 的杰出代表，传音公司致力并见证了 "中国制造向中国创造转变、中国速度向中国质量转变、中国产品向中国品牌转变"。

（资料来源：根据传音公司官网有关资料整理。）

（三）国际目标市场营销策略

在经过市场调研和市场细分后，跨国公司会选择适合自己的销售市场作为目标市场，并为目标市场选择相应的营销策略。

1. 无差异营销策略

无差异营销策略是指企业认为各市场消费需求比较接近，用单一的标准化产品和同样的营销方案来向全球销售。这种策略的优点是，同质产品的生产节约了生产成本和储运成本，同样的营销方案极大地节约了广告成本、其他促销活动的成本等，有利于打造品牌形象。其缺点是忽视了可能存在的差异化需求，在竞争激烈时将处于不利地位。这种策略适合需求无差异或差异较小的产品市场，包括农产品、矿产品、初级产品和规格比较统一的原材料及工业品。就消费品而言，相对难以采用这种策略。在 20 世纪 60 年代以前，可口可乐曾以统一的价格和包装、单一的口味、同样的广告主题进行无差异营销，但后来由于饮料市场的竞争激烈，可口可乐不得不放弃这一策略。

2. 差异性营销策略

差异性营销策略是指公司重视个性需求，针对每一个细分市场制定一套独立的营销方案。该策略的优点是针对性强，满足了不同市场的需求，有可能扩大市场占有率提高总销量，也避免了对某个市场的过度依赖，分散了市场风险。其缺点是，面向不同市场的小批量多品种的生产提高了生产成本，每个市场运用不同的营销方案也提高了营销成本。另外，储运成本和管理成本都随之上升。因此，公司运用这种策略需要有能力较强的营销团队和雄厚的经济实力作为支撑。

3. 集中性营销策略

上述两种策略均是以整体市场作为营销目标。集中性营销策略是指企业集中力量进入一个或几个细分市场，实行专业化生产和销售。该策略的优点是，在少数市场集中营销，能够降低成本。其缺点是，如果市场环境发生变化则风险加大。海尔集团采取集中性营销策略比较成功。在海外市场拓展中，美国和日本是海尔集团最重视的两大市场。在美国市场海尔取得了 "家电品牌知名度全美第一" "烹饪家电品牌全美第一" "首创烹饪家电系列全美第一" "首创声控家电全美第一" "首创智慧物联家电全美第一" 等 7 项冠军头衔。在日本市场海尔集团开发的个人洗衣机，也成为日本家庭购买洗衣机的首选。这种成就的取得主要在于，海尔进入市场后高度重视当地需求，开发了适合不同群体的个性化产品，逐渐发展为海外市场的引领者。

第二节　国际市场营销组合策略

跨国公司在确定目标市场后，针对一个具体的市场开展营销活动，要制定营销组合策略。美国密西根大学教授杰罗姆·麦卡锡（E. Jerome Mccarthy）于 1960 年在其第一版《基础营销学》中，第一次提出了著名的"4Ps"营销组合理论，即产品（Product）、价格（Price）、渠道（Place）、促销（Promotion）。20 世纪 80 年代，菲利普·科特勒（Philip Kotler）在"4Ps"的基础上增加了公共关系（Public Relationship）、政治权力（Political Power），形成了"6Ps"理论。在跨国公司营销组合中，"4Ps"依然是关注焦点。

一、产品策略

产品的构成具有多层次性，除使用价值这一核心部分（第一层）外，产品还包括第二层形式产品（载体及质量、品牌、包装等具体表现形式）、第三层附加产品（不仅包括运送、安装、调试、维修、咨询等，甚至还包括产品带来的心理感受如荣誉感、满足感等）。在市场竞争中，竞争方向逐渐从第一层向第二、第三层推进，而部分欠发达国家公司对于产品附加服务的提供还比较薄弱。从产品分类上看，产品具有多种类型，例如，产品可以按形态分为有形产品和服务，按最终用途分为消费品和工业品。除部分产品具有标准化特征外，多数产品具有差异化特点以满足国际市场需求的多样化。因此，跨国公司产品策略要依据不同的市场、不同的产品类型来进行选择和设计。

（一）新产品开发和原有产品的市场延伸

跨国公司在进入新市场时，面对与本土市场和其他旧市场不同的市场环境和需求，往往会开发新产品来满足新市场的需求。新产品具有多种类型。开发全新产品意味着风险大、成本高，但有巨大的潜在收益，而开发其他类型新产品则可能相反，因此，需要进行充分论证和慎重决策。

1. 新产品开发

新产品具有较广的内涵，既包括创新产品，也包括革新产品、改进产品、仿制产品等不同类型。

（1）创新产品。它是指基于新技术、新材料开发出的具有新结构、新功能的产品。该新产品在全世界首次出现，能开创广阔的新市场。这类产品一般投入巨大、周期较长、风险较大，但如果成功收益也较大。

（2）革新产品。它是指技术更新换代产生的新产品，如计算机 CPU 的不断更新。在这类新产品产生后，原来低档次的产品往往还会继续销售。

（3）改进产品。它是指面对消费者不断变化的需求，对老产品进行结构、功能、品质、花色、款式及包装上的改进。这类新产品比较容易开发、周期较短，在国际市场上较为普遍。

（4）仿制产品。它是指对市场上现有产品进行模仿生产，然后冠以自己品牌的产品。这类产品成本低、推出速度快，成为许多企业的选择，但也容易产生知识产权争议。

在新产品的开发方式上，跨国公司会采用独立研发、引进技术、引进和创新相结合等不同方式。

开发新产品不仅要考虑新市场的容量和潜力，还要考虑自身条件、竞争对手反应等。基于竞争因素考虑的新产品开发策略包括以下类型：

（1）领先策略。企业在充分市场调研后判断某个新产品具有较高市场潜力的前提下，加速生产新产品并投放市场，从而领先竞争对手、占领市场。例如，"齐刘海"显示屏的苹果手机进入市场后，成为手机外观的领先者，也成为其他手机厂商竞相模仿的对象。

（2）跟随策略。当领先者的产品比较畅销后，其他企业会在此基础上加快模仿和创新，迅速进入新产品市场。与领先者相比，有些企业由于模仿和创新的能力较强，反而有可能后来者居上，产生后发优势。

（3）合作策略。为了较快地适应某个新进入的市场，跨国公司有时会寻求当地同类型企业进行技术合作，共同推出某类新产品。这样企业缩短了进入新市场的适应时间，从而能够较快地融入新市场。

2. 原有产品的市场延伸

把原有产品直接延伸到新市场进行销售也是跨国公司常见的产品策略。适宜采用这类策略的主要有：①资源性产品，如巴西的铁矿石、中东的石油、古巴的蔗糖等；②区域特有产品，如苏绣、景德镇陶瓷等；③技术性较强的工业性产品，如汽车发动机、机床等；④具有独特优势的产品，如华为 5G 折叠手机 Mate X。在消费品中，上面第四种情况比较常见，因为比东道国同类产品技术更先进，或者口味比较独特又难以替代的产品，可以保持较长时间的优势，在这段时间内企业会维持在东道国内销售与本国同样的产品。

（二）产品标准化与差异化策略

在产品策略中，跨国公司要重点考虑在进入某个市场后，选择提供标准化产品还是提供差异化产品。这种选择要考虑多个因素。

1. 产品标准化策略

产品标准化策略是指以统一的、标准化的产品供应国际市场的策略形式。典型的产品是麦当劳的牛肉汉堡和薯条、微软的 Windows 操作系统等。这些产品一经推出，就在全球主要市场广受消费者欢迎。这一策略的优点是企业生产的规模经济和低成本，产品质量稳定可控，营销难度小，并且能够深入人心打造牢固的品牌形象。但如果竞争者增多，消费者需求变化较快，则产品标准化策略可能不再适用。

当某个行业市场需求较低时，跨国公司需要培养顾客习惯，带动潜在需求。例如，中国人长期以来习惯喝茶而对咖啡了解较少，星巴克在进入中国市场后，通过成立咖啡俱乐部、开设咖啡教室等方式讲授咖啡知识、培养顾客品尝咖啡的爱好，从而带动咖啡市场的消费意识成长和销售额上升。

2. 产品差异化策略

产品差异化策略是指为适应不同市场的差异化需求而向各市场提供不同产品的策略形式。市场环境的构成因素千变万化，消费者需求的多样性是普遍存在的。为各个市场量身定做适合需求的产品是许多跨国公司的选择。这一策略的优点是有利于占领更多的市场，扩大知名度和影响力，但相应地提升了生产、营销等各方面的成本。

产品标准化策略和产品差异化策略的选择主要基于多个因素的调研和测度，其中主要包括：消费者需求差异性的程度；公司自身技术水平、成本因素和营销能力；竞争产品的情况。另外，产品标准化策略和产品差异化策略并非是完全对立的，而是经常被跨国公司组合使用，例如，笔记本电脑的主要部件是标准化的，但外观却经常是差异化的。

二、价格策略

在产品进入国际市场后，跨国公司往往要根据成本、贸易壁垒、当地政策规定和企业目标等因素确定新的市场价格，这一价格可能高于或低于国内价格，也可能等于国内价格。在国际市场，随着各种条件的变化，价格也可能调整。在确定价格时，跨国公司一般首先要明确定价目标，然后综合目标和其他因素进行定价。

（一）定价目标

1. 生存目标

当跨国公司经营状况不佳、产能过剩严重、市场份额下跌严重等状况出现时，生存目标成为跨国公司定价的首要考虑因素。这时跨国公司为了维持生存，往往会大幅下调产品价格，以维持跨国公司在某个市场的继续销售。

2. 当期利润最大化目标

利润是跨国公司的终极目标，因此也就成为一般情况下跨国公司定价的目标。利润最大化需要企业充分估计成本、需求、供给等变量，经过一定的测算来确定合适的价格。

3. 市场最大化目标

市场最大化目标与利润最大化目标具有相关性，当市场占有率达到最高时往往也实现了利润最大化。但市场最大化往往是个长期过程，为实现这一目标企业有可能通过低价占领市场，通过牺牲当期利润来追求长期利润。以低价方式来换取市场，需要该产品在目标市场上具有较大的需求价格弹性，并且竞争对手不会使用同样的手段进行竞争。

4. 产品质量领先目标

跨国公司利用部分消费者"高价高质"的认知，通过较高的市场定价传达产品高质量的信号。同时，已经获得市场美誉度的商品往往本身具有较高的质量，也可以通过定高价强化消费者对质量领先的认知。企业一旦确定了质量领先目标，就需要把此目标贯彻到企业运营的整个过程中。

除上述目标以外，有些跨国公司在定价中还会考虑投资回报率、销售额等目标。与在国内市场不同，跨国公司的定价目标有时还包括避税目标，这时公司会采用脱离正常市场价格的转移定价来进行跨国公司内部贸易。

（二）定价方法

在具体定价时，跨国公司需要考虑多种因素如成本和市场供求。主要定价方法包括以下几种。

1. 成本加成法

成本加成法是把单位成本加上一定比例的利润作为产品价格。单位成本包括生产成本以及运输、保险、关税等国际营销各个环节产生的成本，加成率则是根据经验确定的一个大致固定的比率。该定价法简单易行，但由于没考虑市场供求和竞争情况，有时定价可能偏离合理水平。

2. 边际成本定价法

这种定价方法确定的价格高于产品的边际成本或可变成本，因为价格只要高于变动成本，企业就可以获益，并弥补部分固定成本。边际成本定价法一般在市场竞争较为激烈时使用，进入新市场或者驱逐现有市场的竞争对手，这样可以提高竞争力，从而以短期的低利润甚至亏损获得长期的市场占有率。当企业定价目标是市场最大化时，可以采取此定价方法。

3. 差别定价法

差别定价法又称歧视性定价法，是在市场分割并且不同市场的需求弹性有差异时企业常采用的定价方法。常见的类型包括季节性差别定价、顾客差别定价、产品类型差别定价等。

【案例 9-2】

高端奢侈品的中国市场定价策略——以香奈儿箱包为例

近年来，随着生活水平的提高，中国的奢侈品消费增长显著。在国内消费上升的同时，出国旅游日益增多也带来了海外奢侈品消费大增的局面。2018 年，中国人全球奢侈品消费额达到 1457 亿美元，增长 7%，占全球奢侈品市场的 42%。其中，境外消费 1073 亿美元，增长率为 4%；境内消费 384 亿美元，增长率为 17%；约有 74% 的奢侈品购买发生在中国境外。

奢侈品的购买多发生在境外，主要是因为奢侈品价格在国内外存在巨大的价差。价格差异较大产生的原因包括：一是进口关税，二是国内流通环节多增加了成本，三是奢侈品定价中的特殊规则，即经济越不发达地区定价越高，从而造成差别定价。中国市场的奢侈品定价往往比欧洲市场、美国市场的定价高得多，从而造成消费外流。

香奈儿在高端奢侈品市场中一直备受追捧，箱包在中国定价一贯高于欧美，引发了大量的代购行为，对市场造成了一定冲击。2015 年 4 月，香奈儿为打击代购，在下调中国市场价格同时上调欧美市场价格。2015 年香奈儿箱包调价后境内外价格对比如表 9-1 所示。

表 9-1　2015 年香奈儿箱包调价后境内外价格对比　　　　　（单位：万元）

型　　号	中国内地	中国香港	欧　　洲	欧洲现金退税后	欧洲信用卡退税后
Boy chanel 中号	2.6	2.39	2.46	2.21	2.16
2.55 经典款	2.98	2.66	3.24	2.91	2.85
11.12 经典款	3	2.73	2.82	2.54	2.48

可以看出，调价后内地市场价格依然高于其他市场，但即便如此仍引发了消费者的快速反应，他们在多个香奈儿门店均排起长队进行抢购。价格高出其他市场却依然受到追捧，这是因为我国目前还处于奢侈品消费初期，消费心理并不成熟，尤其是在年轻人当中奢侈品购买主要是一种炫耀性消费。香奈儿与其他奢侈品品牌正是看重消费者这种心理，实施差别定价策略。

（资料来源：根据亿邦动力网（http://www.ebrun.com/20190116/317164.shtml）和人民网（http://sn.people.com.cn/n/2015/0323/c229804-24246532.html；http://sn.people.com.cn/n/2015/0325/c349214-24271073.html）有关报道整理。）

4. 跟随定价法

这种方法是跨国公司将产品价格与行业价格水平保持一致。茶叶、棉花、小麦、石油等初级产品由于具有同质性，一般都有国际通行价格即交易所价格，如果定价高于这个水平则很容易丢失市场份额。

除了这些常用的定价方法，有时跨国公司还会采取以低于平均成本或者低于市场价格的价格进行倾销定价，目的是取得更高的市场份额或者进行季节性清仓。这种定价对目的市场的正常价格产生干扰，破坏市场竞争秩序，容易受到反倾销法的制裁。部分跨国公司出于避税或者利润最大化的目的，会在母子公司或者子子公司之间采取内部转移价格，这种价格不受外部市场供求关系的影响，可能高于或者低于正常市场价格。

（三）定价策略

在明确定价目标和定价方法后，跨国公司需要根据市场具体情况来确定产品价格。

1. 新产品定价策略

新产品进入市场时，定价具有较大的灵活性，常见的新产品定价策略有三种。

（1）撇脂定价策略。撇脂定价策略是指新产品上市时定价很高，以在短期内获取较高的利润，尽快收回投资的策略。这种产品的特点主要是技术较为先进、性能高，或者极具特色和创新性，并且短期内难以被模仿。

这种定价策略的优点是：树立高价高质的形象，扩大影响力；以高价销售快速回笼资金，弥补前期高额的研发投入；后期调价仍有空间，具有较大的灵活性。其缺点是：高价格不利于开拓市场，而且一旦打开销路，其高利润又极易引起竞争者的模仿与跟随。

（2）渗透定价策略。渗透定价策略是新产品以低价格迅速占领市场的定价策略。这种定价适用于产品需求弹性较大的情况，低价格能快速增加销售量，规模效应明显，销量增加后生产成本和营销成本下降较快。

这种定价策略的优点是能快速获得较大的市场份额，阻碍竞争者的进入。其缺点是投资回收周期拉长，价格调整余地小，并且不利于打造突出的国际品牌形象。

（3）温和定价策略。温和定价策略是介于高价和低价之间的一种中间定价策略，其定价比撇脂定价低，比渗透定价高。这种策略的目的是规避撇脂定价策略和渗透定价策略的缺点，试图找到一个适中的价格来兼顾企业和消费者的利益。但如果市场变化较快，这种定价则比较保守，难以抓住市场机会。

2. 心理定价策略

消费者心理是企业定价的一个重要影响因素，心理定价策略是迎合消费者心理感受而采取的定价策略，主要包括以下几种形式：

（1）尾数定价策略。尾数定价策略通常对低价格产品定价取尾数而不取整数，从而让消费者感觉比较便宜。这种定价策略在欧美比较流行，常见于超市、快餐店等，标价如6.99元、9.99元等。相反，昂贵的礼品等通常采用整数定价法。

（2）声望定价策略。名牌产品、奢侈品等的消费一般会更容易给消费者带来满足感。部分消费者会以名牌产品来显示自己的身份和地位，或者期待社会的认同。这部分产品通常保持较高的价格，以满足消费者较高的期望。在商品产生过季库存时，部分奢侈品服装宁可销毁，也不会轻易降价销售，以免降低产品声望。

（3）招徕定价策略。此定价策略利用部分消费者喜欢便宜商品的心理，选择几种商品定出超低价，以吸引顾客前来购买。部分消费者会由此产生冲动购买，客观上推动了其他商品的销售。超市和餐馆经常会推出当日特价品并在醒目位置贴出广告，在吸引关注的同时能够留住一部分顾客。

（4）分档定价策略。有些公司会把商品分为多个档次并对应不同的价格，以满足不同消费者的需求。有的消费者首选质量，不重视价格，有的消费者相反，还有的消费者倾向于价格居中、档次居中。例如，智利车厘子按直径大小分为 6 个等级，其中，最大的果粒直径 32mm 以上，被定为 XXXJ 级（俗称 4 勾）；果粒直径 26mm ~ 28mm 的，被定为 J 级（俗称单勾）；最小的果粒直径 22mm ~ 24mm，被定为 L 级。这种档次划分配合不同的价格，满足了消费者不同的心理需求，其在进入中国市场后成了畅销产品。

3. 折扣定价策略

有时公司为了刺激购买或者提前回款会采取减让商品价格的策略。折扣定价策略一般包括几种形式：季节折扣，即淡季时公司打折甩卖的情况；数量折扣，如超市大包装商品往往比小包装商品更划算；现金折扣，如公司在国际贸易中为了提前收款会根据付款时间给货款总额一定比例的折扣。

三、渠道策略

商品由生产者到消费者要经过多个环节，借中间商的力量来完成。在国际市场营销中，多数跨国公司需要借助批发商、代理商、零售商等多种中间商来完成商品销售，从而构成跨国营销不同的渠道类型。在交易中，产品的所有权至少发生一次转移，中间商借助充分的信息资源、市场交易的丰富经验等优势，沟通了市场的供给和需求，极大地促进了商品的国际销售。

（一）渠道的类型

1. 按是否有中间商或者中间环节，分为直接分销渠道和间接分销渠道

直接分销渠道即一般由公司销售人员通过邮购、展销会、互联网、上门推销等多种方式直接向消费者介绍推销商品的渠道。其优点是企业直接面对用户，有利于及时了解市场需求变化，流通时间短，并能够提供及时的售后服务。服装、化妆品、计算机都有直销的例子，它对用户少、批量大、技术性强的工业品和原料更为适合。但自己组建营销部门进行国际直销，也存在较大的市场风险。

间接分销渠道常见的类型是经销商/代理商渠道。经销商是获得某种商品所有权后进行跨国转售以获得利润。代理商则是接受企业委托进行销售，获得佣金作为报酬，不取得商品所有权。在具体销售过程中，经销商往往承担了更多的环节，如仓储运输、配送、售后服务等；而代理商由于不存货，也就相应地不涉及过多环节。间接分销渠道的优点是开拓新市场较快，风险较小，费用低；缺点是过度依赖中间商，难以控制国际市场销售，对东道国市场信息也难以及时捕捉。

间接分销渠道按照中间商的层次，又可以分为一级渠道、二级渠道等。层次多的渠道又称长渠道，反之称短渠道。按同一层次中中间商的数量，多个中间商的渠道称宽渠道，反之称窄渠道。

2. 按渠道成员是否有联合经营，分为传统跨国营销渠道和现代跨国营销渠道

传统跨国营销渠道是指生产企业和中间商各自独立运营，进行松散合作。

现代跨国营销渠道则强调联合经营，主要分为垂直一体化渠道和水平营销渠道。

垂直一体化渠道包括三类：①公司式垂直一体化渠道，即跨国公司设立生产、批发、零售等独立子公司，完成从制造到销售所有工作。②合同式垂直一体化渠道，即生产企业和其他销售企业通过合同组成联合销售系统。③管理式垂直一体化渠道，其联合比较松散，是制造企业与中间商在促销、定价、折扣、展销等业务方面进行管理与协作。

水平营销渠道则是两个或两个以上同级制造商或者中间商进行短期或长期的联合经营，以实现优势互补。

渠道类型具有多样性，企业在选择渠道时会受到多种因素的制约，需要进行综合评价以选择适合的营销渠道。

（二）渠道选择的影响因素

跨国公司选择营销渠道主要依据六个因素，包括成本（Cost）、资金（Capital）、控制（Control）、覆盖面（Coverage）、特点（Character）和连续性（Continuity），简称"6C"。

1. 成本

成本包括渠道建设成本和渠道维护成本。渠道维护成本包括销售人员开支、中间商的报酬佣金、仓储运输、售后服务等多方面成本。公司在选择渠道时，会倾向于尽量节约成本。

2. 资金

资金投入是营销渠道选择时难以避免的重要因素。选择自建营销渠道会造成比较大的资金压力，投资最大，适合于企业现金流充裕的阶段。选择中间商进行营销，特别是分销商渠道，则主要是由分销商承担渠道投资并进行渠道建设和维护，但生产企业有可能要承担初期的启动资金，为中间商提供部分贷款。

3. 控制

如果渠道较短、公司参与营销活动较多，则公司控制越强；若渠道越长越宽、中间层次越多，则对价格、销售方式等方面控制越弱。但控制强的渠道一般资金投入大、成本高，因此，不能片面追求渠道控制力的大小。

4. 覆盖面

覆盖面是企业销售的市场区域和市场份额。要使产品覆盖范围广泛、市场占有率高、渗透率高，就需要企业根据时间和地点做出渠道调整。

5. 特点

特点涉及多个方面。①产品特点，如技术先进性、时尚性、价值大小、体积等。产品特点会影响渠道的长短，鲜活产品、时装、需要频繁服务支持的工业品等都要求渠道短。②需求特点，如顾客数量、分布密度、购买习惯等。③企业特点，如企业的规模、影响力、营销能力、服务能力等。④环境特点，如政策法规、社会习惯、经济环境等。

6. 连续性

在各类中间商中，经销商由于前期渠道建设投入资金较高，往往不会轻易解除与生产企业的合作关系，具有较高的忠诚度。但代理商相对来说关系松散，一旦产品难销便有可能更换代理产品。生产企业要注意维护与中间商的关系，保持渠道的稳定性。

（三）渠道的选择与管理

渠道的选择，是在综合评估六种影响因素的基础上对渠道类型、渠道组合和渠道成员的选择。公司可以选择直接渠道或者间接渠道。如果公司确定采用间接营销渠道，则还要选择经销商或代理商，选择渠道的长度和宽度，即中间商的层次和数量。公司的渠道不局限于某一种类型，在不同的市场上可以同时使用多种渠道类型。例如，既采用直销也借助中间商销售。渠道成员的选择要考虑中间商的类别、所在区域、规模、声誉等。

【案例 9-3】

优衣库在华渠道建设

优衣库等国外快时尚品牌近年来在我国发展迅速，门店数量和销售量都取得了不错的成绩，其中，优衣库的渠道建设具有突出的特点。

优衣库所属的迅销（中国）商贸有限公司成立于 2006 年，进入我国后一直选择直销渠道。一开始选择自建门店和官网销售，截至 2019 年 3 月已经在我国开设 695 家门店。优衣库在我国的千店计划已敲定了时间表，在 2020 年以前公司将全力冲击这一门店数。优衣库门店销售的突出优点是品种更新快、品类齐全、陈列摆放合理，价格在同类产品中比较实惠，打折比较频繁，对于喜欢简洁日系风格、不愿花太多时间进行选择比较的消费者来说，愿意重复多次购买，因此，优衣库直销门店在我国一开张就吸引了大批消费者，快速培养了顾客的品牌忠诚度。

在早期销售中，实体门店销售是优衣库业绩的贡献主体。随着消费者购买习惯的改变，网络销售成为优衣库同样重视的渠道，并开创了多种线上销售渠道。除了优衣库官网销售，天猫优衣库旗舰店成为近年来销售的线上主渠道，从 2016 年到 2018 年天猫"双 11"销售中，优衣库销售额破亿时间分别是 2 分 53 秒、1 分钟、35 秒，成为天猫最畅销服装品牌之一。除此以外，优衣库还通过掌上旗舰店 APP、掌上旗舰店微信小程序、优衣库官方微信、优衣库网络旗舰店微信等终端进行在线销售。

线上线下渠道建立后，多渠道互相引流成为优衣库重视的渠道融合策略。门店通过广告招贴、收银前刷码领红包、刷码注册会员等形式引导顾客关注微信公众号或者其他网络销售渠道。在线上销售中，门店自提的选项不仅让顾客节约了运费和时间，而且顾客到附近门店试穿时还会带动店内其他商品销售。由于目前门店销售量依然占据八成，而在线上流量中天猫官方旗舰店又"一枝独大"，因此，线下往线上的引流、天猫旗舰店往其他线上渠道的引流成为渠道优化的主要任务。目前天猫优衣库旗舰店没有通往其他在线渠道的接口，可以考虑通过优惠券发放、节日活动、邮寄包裹中放置宣传页等方式引导消费者关注其他在线渠道。从购买便利性上看，其他在线渠道也还要继续优化，只有提高消费者体验才能培养顾客购买习惯、产生购买黏性。

（资料来源：根据优衣库官网有关资料整理。）

渠道建立后，在具体运营中由于理念差异、目标差异、信息不对称、利润最大化等原因，渠道各部分之间往往产生矛盾，即渠道冲突。渠道冲突包括生产企业与中间商之间的垂直冲突，例如，空调企业和大零售商在定价、促销方式等方面的意见不一致，有可能导致空调企业转而实施直销模式。渠道冲突也包括中间商之间的水平冲突，例如，在一个地区布局多个经销商的情况下，某个经销商一旦挑起价格战就可能会引发其他经销商的强烈不满和竞相降价。渠道的管理，是公司在渠道建立后出于稳定渠道、促进销售、降低成本等多个目标而实施的过程。

渠道管理包括以下几方面：

1. 激励

激励的主要方式是物质激励和精神激励。对于渠道成员来说，激励产生正向反馈作用，可以带来较长期的动力。许多制造企业年底都会召开经销商大会，对表现好的经销商进行表扬，并给予一定的物质奖励。这种方式对于建立良好的合作关系、激发销售潜力具有明显的作用。

2. 协作

制造企业与渠道成员之间存在重要的利益关系，因此，相互协作成为常态。为了打开产品在某个新市场的销路，制造企业可能会给中间商提供贷款、提供营销建议和培训，也会鼓励不同的中间商之间进行协作。

3. 评估

对渠道成员进行评估是为了保持渠道的效率。评估不限于销售额、市场占有率、库存周转率、回款率等业绩指标，还兼顾销售声誉、销售潜力、与其他中间商之间的关系、服务质量等其他指标。

4. 终止

当通过评估发现某些中间商的表现差强人意又没有扭转局势的可能性时，或者外部环境变化需要取消某些中间商时，跨国公司要及时根据协议终止合作。跨国公司在选择中间商之前就要关注东道国法律政策规定，以在终止协议时尽量避免较高的赔偿。

另外，由于外部环境和内部条件经常变化，所以渠道需要进行动态性调整，尤其是在市场竞争加剧后，为生存、维持或扩大市场，应迅速改变渠道的类型、中间商等。例如，在互联网销售方式普及后，很多制造企业不再只看重实体店，而是通过跨境电商平台开设店铺直接销售，渠道选择可能就会在直接销售增大的同时缩减间接销售渠道。又如，随着对东道国市场的熟悉程度提高，跨国公司在积累了丰富的营销经验以后，对于中间商的依赖也会下降，有可能减少渠道层次或中间商数量。在条件变化后，终止渠道、优化渠道或者重建渠道成为跨国营销渠道的多种可能。

四、促销策略

促销是企业为了扩大市场、提高销售额常用的沟通买家和卖家之间信息的手段。国际市场中的促销策略与国内市场类似但更复杂，包括国际广告、国际人员推销、国际销售推广和国际公共关系四个方面。

（一）国际广告

广告的主要功能是向消费者传递关于企业和产品的信息，企业信息包括行业地位、声誉、经济实力等，产品信息包括外观、性能、效果、价格等一系列信息，从而激起消费者购买欲望，或者塑造品牌形象以培养消费者选择该产品的习惯。在国际市场投放广告，有国际标准化广告和国际差异性广告两种策略。

1. 国际标准化广告

企业在不同的国际市场上投放主题相同、信息相同的广告，即为国际标准化广告。早期麦当劳广告的金拱门形象深入人心，即是采用了国际标准化广告。这种策略的好处是节约了广告宣传促销的费用，提高了广告宣传效果，并且树立了统一的品牌形象。其缺点是忽视了各国市场的特殊性，包括文化禁忌、法律规定等，这种特殊性使某些广告虽然在某些国家深入人心但在其他国家可能并不适用。

2. 国际差异性广告

跨国公司根据东道国市场环境，定制个性化、差异化的广告，向消费者传递不同的信息，即为国际差异性广告。这种策略的优点是迎合了当地市场的需求，针对性强，有利于进入当地市场。其缺点是成本高，不利于树立全球统一形象。

跨国公司对于标准化广告和差异性广告各有取舍。为了兼顾成本节约和市场差异，多数跨国公司会采取标准化广告为主、差异性广告为辅的策略，即主题统一，但部分细节可能有差异性调整。

国际广告无论是哪种类型，设计都要主题突出，能够抓住注意力，并传递给顾客可能带来的收益信息。广告投放还要考虑媒体选择。目前，微博、微信等互联网新媒体逐渐成为人们的信息获取主渠道，年轻消费群体浏览计算机和手机的频率远高于看电视和读报纸的频率。跨国公司广告投放媒体的选择要考虑传播速度、传播范围、受众特点、投放费用等因素。目前新的广告服务也应运而生，例如，有赞广告投放系统将广告投放到微信公众号、微信朋友圈、QQ 等各类流量媒体渠道。

在国际广告投放中，多数广告是进行独立投放的，突出自己的产品或公司特点。近年来随着零售终端公司的实力增强，部分国际广告会出现国际企业与东道国零售商合作的联合广告投放方式。

【案例 9-4】

首次投放联合广告，苹果公司为何选择苏宁公司？

2017 年 6 月，一则苹果公司联合苏宁公司投放的广告出现在大街小巷，内容更是史无前例地以"在苏宁购买 iPhone 有很多好理由"为主题。这是苹果公司在中国境内第一次推出联合广告，尤其面临年终大促，此举颇值得玩味。在天猫、京东、苏宁等多个电商平台均增长强劲的背景下，苹果公司为什么选择与苏宁公司合作投放联合广告？ .

苹果公司与苏宁公司深度合作时期较长，2010 年苹果公司联合苏宁在 10 个城市进行平板电脑首次销售，取得成功。2016 年全年度，苹果品牌在苏宁公司全渠道销售数量超过 350 万台，销售规模超百亿元。在 2017 年春季的"苹果超级品牌日"，苹果公司更是将其境内与渠道商合作促销首秀献给了苏宁公司。长期合作的成功，加上双方对未来深度合作的意愿持久，人们便不难理解联合广告投放中苹果公司对苏宁公司的青睐。

苏宁公司与其他大电商平台相比，选择了独特的 O2O 模式，除了打造苏宁易购、苏宁易购天猫旗舰店等电商平台外，在全国开设了数千家苏宁易购家电手机卖场，并进一步打造了手机潮品店等新卖场模式。相对于纯电商平台，能够为用户带来沉浸式场景化购物体验。在拥有了强大的线上、线下双线融合的新零售、物流、售后及会员大数据支持外，消费体验持续升级，苏宁易购将拼商品、拼实惠、拼服务、拼体验、拼增值的"五拼"模式，具化为急速达、以旧换新、手机管家、分期购等多项服务，打通了线上、线下双线渠道。这些独特优势与体验式营销，对于苹果手机销量增长大有好处。

苹果公司与苏宁公司的合作以及广告的联合投放，正是制造公司与零售商相互借力、强强联合的表现。在目标市场中一贯"高冷"的苹果公司，在电子产品竞争日益激烈的背景下，也主动寻求合作，以求达成在目标市场的营销目标。

（资料来源：根据搜狐网（https：//www. sohu. com/a/149441409_118784）有关报道整理。）

（二）国际人员推销

人员推销是面对面介绍宣传产品以促进购买的方式。虽然互联网发展迅速，但在国际市场中人员推销在改变顾客认知、打开市场销路、提升市场占有率、提供咨询与售后服务以及获得市场信息方面依然有效。销售人员可以是跨国公司派到目标市场的人员，也可以是当地的经销商或者代理商。后者比较熟悉所在国经营环境，没有语言障碍，与本国顾客沟通更为便利。销售人员在拜访客户之前，要对自己的产品、同类产品以及顾客的情况有充分了解，要能够结合本产品的独特优势有针对性地向顾客介绍，在打动顾客后要运用高超的谈判技巧争取以比较合适的条件达成交易。

国际人员推销在进行分工时，根据情况可以分为按产品类别分工、按市场区域分工、按客户特点分工、按综合因素分工的不同类型，从而组建不同的销售队伍。

（三）国际销售推广

国际销售推广是指在国际目标市场上除广告、人员推销和公共关系以外，为了促进销售而采取的激励与促销措施。这些措施一方面为了吸引新顾客、回报老顾客，另一方面也部分抵消了竞争者的促销活动。销售推广的效果一般比较直接，对价格敏感的消费者会在促销时期内明显地增加购买。同时这种促销方式灵活多样，比如结合节日设计促销主题、结合季节变化进行促销等。国际销售推广形式按照对象可以分为三类。

1. 直接面向消费者

面向消费者的销售推广主要是为了培养顾客的消费习惯和忠诚度，大多采取直接的优惠购买和免费方式以引起消费者的关注、刺激消费者的购买欲望。具体方式包括免费赠送、免费试用、优惠券、打折、抽奖、分期付款、有奖竞赛、现场表演等。例如，在妇女节到来前，女性服装、化妆品一般都会采取多样化的促销方式（如护肤品小样的赠送等），这很容易赢得顾客好感，产生多次回购。这种促销方式如果运用得当，就会见效很快，能够快速拉起一波销售额的增长。

2. 直接面向中间商

企业为了激励中间商、提高其销售积极性经常采取促销措施。这些措施包括推广补贴、货位补贴、广告补贴、销售竞赛、合作广告、帮忙设计橱窗、举办展销会等多种方式。例如，为了让中间商在超市货架中拿到醒目的位置、提高消费关注度，跨国公司可以根据中间商缴纳的超市进场费给予一定比例的货位补贴。面向中间商的销售推广在企业产品进入新市场的初期尤其重要，通过鼓励中间商增加进货、增加产品宣传等可以加快提高知名度、占领新市场。

3. 直接面向推销人员

推销人员的工作动力部分来自个人兴趣和成就感，但更多来自组织认同和激励。企业可以采取推销竞赛、提成、奖金、表彰、免费培训等方式激发销售人员的积极性。

跨国公司在进行国际销售推广时，要注意目的市场的特殊规定、经销商的合作态度、竞争对手的反应等影响因素，要注意观察当地常用的销售推广方式和效果。在具体决策时，要综合考虑促销规模、推广时机和期限、推广对象、推广途径等之后再确定最终推广方案，以达到效益最大化。

（四）国际公共关系

在进入国际目标市场后，为与各方面建立良好关系，跨国公司会开展一系列活动，以树立企业形象、增加公众了解和信任。公司通过不同的活动方式、通过传播媒介把信息传递给公众，这包括政府部门、消费者、中间商、竞争者、相关服务行业、新闻界等。具体来说，国际公共关系策略包括三种策略。

1. 宣传策略

宣传策略即利用各种媒介进行企业形象宣传，不仅利用新闻报道、新闻发布会、人物专访等方式进行新闻宣传，也可进行以宣传企业形象为主要目的的广告宣传，还可以由公司进行自我宣传，包括公开演讲、派送企业刊物、商品目录、纪念册等。

2. 社交策略

社交策略即通过各种社交活动来促进企业与公众的良好关系建立，例如，通过举办各类联谊会、参与公益活动、节日拜访等方式来扩大社会影响力，树立有社会责任感的、正面积极的形象。

3. 危机公关策略

当面临质量投诉、法律诉讼、谣言等负面事件并对企业声誉造成严重影响时，企业必须紧急应对，以改善企业形象，避免更大的后果。例如，当产品质量造成顾客健康损害时，企业要及时召开新闻发布会，坦诚应对，提出处理方案和补偿措施等。

第三节　国际市场营销计划、执行与控制

在跨国公司开拓国际市场时，由于复杂的国际环境，其营销活动的实施需要计划先行，在设定目标后进行深入的市场分析，设计适当的营销组合策略，并通过营销控制来保证营销计划实施的顺畅和营销目标的达成。

一、国际市场营销计划

国际市场营销计划是指跨国公司对一定时期内要达到的营销目标以及实现方法和手段的决策。营销计划为营销活动的执行提供了依据，对于推进营销目标的实现进行了充分的可行性分析，并制定了详细的实施方案。营销计划会因执行期限、执行主体而有差异。

（一）国际市场营销计划的种类

1. 按执行期限长短，分为年度计划和长期计划

年度计划一般由企业的中高层管理人员制订和执行，具体包括年度营销目标、区域营销目标、产品营销目标以及其实现方法和手段。

长期计划一般由企业高层制订、执行和控制，可分为 5 年计划、10 年计划甚至更长时期的计划，是企业战略规划中的重要部分。长期计划具体包括长期营销目标、成长计划和竞争计划等以及其实现方法和手段。

2. 按制定和执行主体，分为母公司计划和子公司计划

母公司计划主要是战略规划，决定公司总体营销目标，指导具体计划的执行和实施。子公司计划主要是具体的经营计划，从属于母公司计划。

（二）国际营销计划的制订

营销计划制订围绕两个主要内容展开，一是营销目标，二是实现方法和手段。营销计划的制订主要包括以下方面：

1. 评估目标市场状况和公司条件

公司首先对目标市场进行详细分析，然后评估自身条件。此时常用SWOT分析方法，即从优势、劣势、机会和威胁几个层面来分析与竞争对手的对比、市场的有利和不利因素，从而为设定营销目标做准备。

2. 制定营销目标

营销目标是整个营销计划的核心和执行的依据，一般包括销售目标、市场目标、品牌目标、企业形象目标几个类别，具体又可分为销售额、利润率、市场占有率、市场增长率、渠道覆盖面、行业渗透率、投资回报率等。在设定营销目标时，公司不仅要考虑计划期的利润率等指标，更要考虑长期的知名度、美誉度的形成。营销目标的制定，一般不宜直接通过成本加上利润简单确定，而是要在市场充分调研的基础上，结合企业过去几年表现和资源评估，运用一定的模型推算出增长的合理范围。

3. 制定营销战略

营销战略是在分析市场形势的基础上识别市场机会，进行市场选择、市场进入的综合考量，具体包括市场细分策略、目标市场策略、市场定位策略、市场进入方法选择和市场进入时间策略等。

4. 制定营销组合策略

营销组合策略的制定主要是细化产品、定价、渠道、促销中的内容。产品上要考虑开发全新产品还是针对目标市场进行原有产品的调整。定价上要考虑运输成本和费用、码头相关费用、关税、批发零售加成或折扣、公司毛利等。渠道上要考虑直接销售还是间接销售，后者要考虑选择代理商还是经销商。例如，在零售商的选择中，要考虑零售业态种类和数量，每种业态零售商的规模、经营方式、加成幅度等；在促销的四种方式中，也要分析每种方式中相应的成本与费用、信息传递有效性、促销力度与效果、公共沟通与长期关系建立等，从而确定具体策略。

5. 编制营销预算

跨国公司围绕营销组合，需要做出总营销预算并在各营销环节之间进行预算分配。营销预算通常有销售收入预算、销售成本预算、营销费用预算三个部分，其中主要是营销费用预算，即整个销售过程中所产生的费用，如广告费用、推销费用、促销费用、市场研究费用、订单处理费用、运输费用、仓储费用、顾客投诉处理费用等。

6. 资源要求与分配

资源主要涉及本公司营销所需要的资金、人员、生产能力等，这些资源是否能与营销计划的实施相匹配，将直接影响计划的实施进度和实施效果。营销资源要合理分配，考虑时期、区域、各种策略并形成合理结构。

（三）母公司和子公司的营销计划

跨国公司营销计划包括母公司计划和子公司计划两个层面，涉及战略计划和经营计划两种类型。

1. 母公司营销计划

母公司营销计划主要从宏观层面把控公司整体发展，指导、协调子公司的营销计划并制订整个公司的长期战略计划。

母公司在子公司营销计划的制订中发挥以下作用：提供指导宗旨和相关信息；帮助子公

司设立营销目标；帮助子公司建立完善的计划作业系统；为子公司提供营销的战术技巧。

母公司在制订营销战略计划时，主要考虑以下问题：

（1）公司任务。它包括服务对象、社会责任、公司定位、公司业务范围等。

（2）前景预测和确定目标。前景预测是对未来全球经济、技术、需求等做出综合判断，预测对公司产品的需求变化。预测后是确定产品、技术、市场等方面的具体目标，其中要注意核心目标与次要目标、短期目标和长期目标、地区目标和全球目标等的协调。

（3）目标市场与公司自身条件分析。它包括市场环境、机会与威胁，自身的优势与劣势、财务能力等。

（4）确定战略业务单元（Strategy Business Unit，SBU）。SBU 即一个自成一体的系统，可以是一个部门、一条生产线或者一个品牌、一个产品。SBU 需要满足五项条件：该单元有一项具体任务；由一个或多个相关单元组成；有明确的外部竞争者；有一位专门的管理者，自主制订实施本单元的战略计划；盈利可用实际收入衡量，而不是用分支机构间代表转移支付的名义货币来衡量。组建 SBU 可以灵活调整公司的战略目标。例如，2018 年底福特做出重大战略调整，将福特中国全面升级成为独立业务单元，其直接向公司全球总部汇报，战略调整的原因在于福特 2017 年和 2018 年在中国汽车销售的明显下滑，母公司意图扭转颓势。

战略业务单位或产品的分类和评估，常用波士顿公司提出的波士顿矩阵（BCG Matrix）。它把产品按照增长率和市场占有率分为四类：销售增长率和市场占有率双高的明星产品、双低的瘦狗产品，销售增长率高而市场占有率低的问题产品，销售增长率低和市场占有率高的现金牛产品。这四类不同的产品由于发展趋势的差异，需要公司制定不同的战略，选择发展、保持、收割还是放弃。

（5）确定战略和战术。它是实现目标的行动方案和步骤。

（6）监督、控制与调整。

2. 子公司营销计划

短期经营计划是子公司主要的营销计划。子公司经营目标必须服从母公司整体经营目标，子公司计划要纳入总计划，并按统一标准进行设计，经母公司审核后，经过修改流程得到母公司批准后，在下一年度实施。子公司短期经营计划主要是销售计划，要在分析往期目标达成情况、预测未来市场变化的基础上确定销售目标，并设计具体的营销组合策略来具体实现，同时还要考虑财务预算和资源配置。子公司经营计划通常包括：产品管理计划、品牌管理计划、细分市场计划、定价计划、国际渠道计划、国际促销计划等。

长期战略计划只有很少的子公司涉及，因为一般来说子公司缺乏顶层设计的能力。子公司尽管没有自己的长期战略计划，但却经常会参与母公司长期战略计划的制订过程。

二、国际市场营销计划的执行

国际市场营销计划在具体执行中需要多部门协作、营销计划分解、过程管理和计划动态调整等多个环节。

（一）多部门协作

营销计划在具体执行中，虽然营销部门是主要执行者，但营销过程涉及产品改进、产品投放量、资金支持等环节，所以要跨国公司的研发部门、生产部门、财务部门等其他关键部门的配合。这一配合需要相应的制度保障，以明确各相关部门在营销计划执行中的角色，对营销部门提供人、财、物的支持。

营销部门除与跨国公司内部其他部门协作外，还要与外部各机构保持紧密联系，借助调研公司监控市场变化趋势，借助东道国中间商完成各区域或者各产品的销售任务，借助东道国媒体或者广告公司进行产品和公司宣传。良好的外部合作关系是营销计划执行的助力器。立足东道国实际情况，与各相关机构的良好合作是营销计划执行的润滑剂。

（二）营销计划分解

跨国公司营销计划往往是一定时期内的营销总计划，这一计划在具体落实中需要按各种标准分解和细化，从而便于操作，也容易看到阶段性实施效果，有利于推进下一阶段工作。

营销计划分解具有不同的标准，除常用的时间标准和区域标准外，按产品分解和按渠道类别分解也比较重要。无论是按产品分解还是按渠道类别分解，都要结合东道国市场潜力、市场竞争情况、产业发展阶段等具体情况来进行。

按产品分解营销计划主要包括三种情况。①按产品类别分解，例如，华为在欧洲市场上可以按手机、平板电脑、可穿戴设备等类别分解营销计划。②按新老产品进行分解，老产品知名度高，但未来销售额可能会下降，因此要把握新老产品的比例，不断推出新产品。③按产品贡献和增长趋势进行分解，这样利润贡献大、上升快的产品会被分配更多的营销资源，例如，在波士顿矩阵中，明星产品往往要被分配更多的营销任务，而瘦狗产品则相反。

按渠道分解营销计划，要考虑经销商、代理商或者批发商、零售商不同的性质和层次，还要考虑它们的规模实力与以往业绩。在对重点中间商多分配任务的同时，也要注意集中优势资源对其进行扶持。

营销计划的分解要层层落实，最终分解到最小单位，如分解到周计划、最小区域计划、各个销售小组计划等。

（三）过程管理

在计划执行中，为了准确把握进度、评价效果，跨国公司一般需要对营销全过程进行实时管理，并评测效果。销售会议、销售培训是过程管理中常见的方法，便于及时发现营销中的问题，对营销人员提供帮助和支持，使销售人员抓住工作重点、掌握销售技能以提高营销效率。销售报表通过各阶段、各渠道、各产品的数据采集，便于掌握计划进度，了解营销目标完成情况。同时公司也通过报表中的相关销售数据进行分阶段比对来发现问题，并结合市场秩序、价格体系、公共关系等其他指标进行综合评价。

（四）计划动态调整

在营销推进中可能会出现市场行情的突然变化，如竞争者采取了激进的营销策略来占领市场、消费需求发生了重要变化、政府某些规定的出台使原有产品达不到新的要求。类似情况发生后，原有营销计划如果没有充分考虑这些因素的干扰，就需要及时做出反应，调整营销目标和实施方案。跨国公司面对的东道国市场环境如果比较复杂、经营风险较高，则计划调整的频率也会更高。

三、国际市场营销控制

国际市场营销控制是为保障营销目标的实现而对营销计划执行过程进行检查和监督以纠正偏差的管理活动。国际市场营销控制是国际营销管理的关键职能。在复杂的国际营销环境中，由于母公司与子公司之间存在地域距离、时差、环境差异等因素，子公司各自所处环境差异也较大，各自推进的营销计划在具体执行中难以避免出现偏差。制度性的营销控制能够保证营销计划执行的方向、节奏、力度、指标增长速度比较合理，防止实施中出现较大的失误，保证营销目标的实现。国际市场营销控制包括三方面内容：国际市场营销控制内容、国际市场营销控制程序、国际市场营销控制的影响因素。

（一）国际市场营销控制内容

1. 销售额控制

销售额是营销计划的核心目标，是企业发展和效益提高的前提，因此销售额控制至关重要。销售额的控制主要包括三方面：①按时间控制，汇总每周、每月、每季度的销售额并与预期销售额进行比较，如果明显低于预期就要找出原因并讨论解决方案。②按区域控制，比较同期各区域市场的销售额，判别出哪些市场比较活跃、销售潜力大。③不同产品的销售额对比，分析出哪些产品销售更有利以及未来的扩大生产的方向。销售报告不仅要报告本公司销售状况，还要关注同类型其他公司的销售份额和变化，以便公司及时掌握市场动态并做出反应。

2. 产品控制

跨国公司的产品控制包括：①必须严格执行统一的产品质量标准；②要建立各层级质量控制部门，经常进行产品质量检验；③要监控中间商的服务质量，包括售前和售后质量；④要建立信息反馈系统，收集消费者、各中间商、各关联部门的产品意见和建议。

3. 价格控制

各国市场内部的因素差异较大，跨国公司难以确定唯一的价格标准，可以为各子公司确定一个价格范围，在此范围内定价和调整价格都是可行的。

4. 渠道控制

渠道控制主要是控制中间商各环节执行情况，控制各渠道销售额、售后服务效率、不同渠道之间的冲突等。

5. 促销控制

促销控制主要是控制广告、人员销售、销售推广等各促销形式的目标，使其与公司统一的国际营销目标保持一致。

6. 人员控制

人员控制主要是对下属机构营销经理和主要营销人员的考核与评价，公司一般按业绩指标进行考核，然后进行奖励或处罚。

7. 利润控制

利润控制是把财务报表中的利润分摊到地区、产品、渠道、顾客等因素上，进而衡量每个因素对公司最终盈利的贡献大小。利润控制有两个方面：①控制公司的盈利水平，为此要分析各子公司的利润表，了解成本支出和经营状况。②控制利润的来源国别，各子公司分别建立成本中心、销售中心、利润中心等并规定不同的考核标准，各中心要相互合作来促成企业总利润目标的实现。

8. 销售能力控制

销售能力的控制是对不同产品、不同市场、新老客户比例、新老产品比例以及市场份额的控制。企业使用多种指标进行营销工作的监督检查，以促进销售效率和目标完成。

（二）国际市场营销控制程序

国际市场营销控制包括多个步骤，这些步骤按照顺序不断重复进行并逐渐提升到更高的层次。

1. 设立控制目标和控制标准

控制目标不仅包括控制活动本身要达到的目标，也包括企业营销计划的目标。控制本身的目标是保证企业政策得以执行、企业能够有效运转。企业营销计划的目标必须是详细具体的、可操作的，便于对各层次各部门进行直接监督和控制。企业营销计划的目标通常又被作为控制活动的标准，公司在具体控制中还要考虑当地税收、金融、汇率等因素，并兼顾企业的某些抽象目标，例如，进入某市场是为了实现全球战略因而并不过于看重营销目标。

2. 明确控制对象

国际营销控制一般按照重点原则和经济性原则，针对关键环节、关键项目进行控制。主要的控制对象包括销售的主要指标（如销售成本、收入等）、销售的主要策略（如广告投放的效果等）、销售的主要执行者表现（如中间商行为等）。

3. 选择控制方法

控制方法有直接控制和间接控制。直接控制主要是让母公司有关管理人员直接参与子公司经营管理，这种方法虽然能够直接控制子公司的发展方向，但却可能会损害子公司的积极性。间接控制主要是通过下达指令、指标、制度、政策等方式，以杠杆方式干预调节子公司的营销过程，有时还通过签订合同来控制子公司的部分行为。

4. 责任人指定

国际营销通常是多个部门相互合作，不便直接分配责任，但要指定控制的责任人。公司总经理及中央职能部门是最高控制者。国际业务部、地区部或产品部的副总及各职能部门是中间层次，既是被控制者也是控制者。子公司或下属机构的经理及职能部门是最下层被控制者。责任人的指定要按照责权利相结合的原则，明确控制对象和职责范围，同时给予其相应的命令、批示等权力。

5. 绩效评估

它是指比较控制标准和被控制单位的实际营销业绩，找出差距，并结合当地市场经营环境的变化分析其对经营绩效的影响，对被控制单位绩效进行综合评估。

6. 纠正偏差

控制最根本的目的是纠正营销过程中产生的偏差，提高营销的效率和业绩。如果营销业绩远远没有达到营销计划的目标，则除市场环境影响外，还要分析内部原因。第一个可能是营销目标太高，导致实现难度较大，这时要重新制定合适的营销目标；第二个可能是相关主体执行不力、策略失误或者没有发挥积极主动性，此时应协助相关业务单位查找原因，及时调整策略来实现营销目标。纠正偏差成为这一轮控制周期的终点，但由于营销控制是一个循环往复的过程，因此纠正偏差也成为下一轮控制周期的起点。

（三）国际市场营销控制的影响因素

国际市场营销控制受到内外不同因素的影响，从而会表现出控制的差异性。具体来说，影响因素有以下方面：

1. 母子公司距离和交通通信水平

早期跨国公司在进行营销控制时，由于距离较远，交通和通信技术均比较落后，对子公司的营销控制比较困难，可能导致很多的决策延误，控制能力较弱。目前距离因素相对淡化，因为借助互联网的发展，即时通信技术发达，视频会议可以随时进行，母公司对子公司的营销控制及时而便捷，国际市场营销控制得以加强。

2. 国内营销控制方法

跨国公司习惯于把国内营销控制方法推广到国际营销控制中。国内营销控制方法往往已经比较成熟和标准化，根据外部情况修改后可以用于对子公司的营销控制。母公司一般要求各子公司提交标准化的经营报告，这有利于比较各子公司经营状况。

3. 产品性质

产品性质的差异较大。技术复杂的产品如计算机、机床设备等可以采用统一的国际营销控制方法，适宜由公司总部集中统一控制。许多日用品由于规格品种过多，所以一般采取分权式的控制方法。

4. 环境因素

环境因素方面主要包括：母子公司所处环境的差异性大小，子公司所处环境的稳定性。母子公司所处地区不同，由此带来文化、经济、政治等多方面的差异。差异越大，母公司对子公司控制越小、授权范围越大。子公司所处环境变化越快、越不稳定，母公司对子公司的控制越小，子公司自主经营权越大。

5. 子公司绩效

当子公司能够多年顺利完成营销计划时，母公司会给予子公司更大的自主权，控制会减弱。反之，则会逐渐加强控制。

6. 国际业务比重

国际业务比重越大，母公司对子公司的营销控制越强，配备的职能管理人员也越多。

【基本概念】

国际市场营销 国际市场细分 集中性营销策略 撇脂定价 渗透定价 温和定价 直接营销渠道 间接营销渠道 垂直一体化营销渠道 水平营销渠道 国际销售推广 国际营销计划 国际营销控制

【思考题】

1. 国际市场细分的原则是什么？
2. 国际目标市场营销策略有哪些？
3. 国际市场营销中定价方法有哪些？新产品如何定价？
4. 跨国公司选择营销渠道主要依据哪六个因素？
5. 选择一家跨国公司，分析其国际市场营销策略。

【本章参考文献】

[1] 凯特奥拉，吉利，格雷厄姆，等. 国际市场营销学 [M]. 赵德银，等译. 17版. 北京：机械工业出版社，2017.

[2] 阿姆斯特朗，科特勒. 市场营销学 [M]. 赵占波，译. 11版. 北京：机械工业出版社，2013.

[3] 袁林. 跨国公司管理 [M]. 北京：清华大学出版社，2012.

[4] 袁晓莉，雷银生. 国际市场营销学 [M]. 北京：清华大学出版社，2007.

[5] 谭力文，吴先明. 跨国企业管理 [M]. 4版. 武汉：武汉大学出版社，2014.

［6］朱晋伟. 跨国经营与管理［M］. 3 版. 北京：北京大学出版社，2018.

［7］杨培雷. 跨国公司经营与管理［M］. 2 版. 上海：上海财经大学出版社，2015.

［8］韩震. 国际企业管理［M］. 3 版. 大连：东北财经大学出版社，2018.

［9］袁晓玲. 国际市场营销学［M］. 西安：西安交通大学出版社，2018.

［10］张言彩. 国际市场营销理论与实践［M］. 北京：北京大学出版社，2016.

［11］陈宏付. 国际市场营销理论与实务［M］. 北京：北京理工大学出版社，2018.

［12］朱雪芹，成爱武. 国际市场营销学［M］. 北京：机械工业出版社，2017.

［13］董飞. 国际市场营销学［M］. 北京：北京大学出版社，2013.

［14］朱金生，朱畅，邵李津，等. 国际市场营销学［M］. 南京：南京大学出版社，2016.

［15］任永菊. 跨国公司经营与管理［M］. 2 版. 大连：东北财经大学出版社，2015.

［16］王焕祥. 跨国公司经营与管理［M］. 北京：经济科学出版社. 2011.

［17］许晖. 国际企业管理［M］. 2 版. 北京：北京大学出版社，2015.

［18］陈向东，魏拴成. 当代跨国公司管理［M］. 2 版. 北京：机械工业出版社，2014.

第十章

跨国公司人力资源管理

【本章重点】

1. 跨国公司人力资源管理模式。
2. 跨国公司人力资源管理环境。
3. 跨国公司的招聘、培训流程。
4. 跨国公司的绩效与薪酬管理方法。

国内的人力资源管理提供了国际人力资源管理发展的基础，但当人力资源管理跨越国界时，国内的人力资源管理在多大程度上被转移至他国，怎样更好地适应跨国环境的变化和需要，这中间有很多问题值得思考和探究。为适应跨国公司跨国管理的需求，人力资源管理必须发展出许多新的职能领域，以确保在跨国经营中更多不同的群体在更加复杂多变的环境下的顺利运作。

一般的人力资源管理职能可分为人力资源规划、组织设计与工作分析、员工招聘、培训开发、绩效考核、薪酬激励、人力退出等。但是，跨国公司人力资源管理至少还需要包括另外两个方面的内容：关注外部环境的多变性，例如国与国之间文化的冲突等相关因素；关注内部条件的差异性，例如雇员之间在国籍种群、需求类型等方面的多样性因素。

跨国公司人力资源管理和一般人力资源管理之间的差异性，要求公司必须克服在不同环境下进行人力资源管理的困难，要求公司在国际运营上实行更有效的人力资源战略。在跨国多元化的环境下，国际人力资源管理需要对当地的语言、文化、政治和法律的差异保持高度敏感，及时地制定出不同的政策来适应不同族群以及不同文化的需要；尤其当跨国公司在不断地扩张边界时，要求跨国公司具备更加开阔包容的胸怀和灵活多变的手段来发挥各种人力资源的作用。

【案例 10-1】

沃尔玛的人力资源管理

1993 年以来，国际零售业巨头沃尔玛一直以销售额年均增长 30% 的业绩雄踞世界十大零售商排行榜首，成为"不沉的航空母舰"。沃尔玛取得的巨大成功，引起人们的关注和探讨。山姆·沃尔玛有 10 条商业经营理念，其被总结为沃尔玛成功的 10 大法则，其中有 7 条之多谈到了人力资源管理方面的内容。山姆·沃尔玛和他的继任者一再强调人对沃尔玛的重要性，始终将员工视为最大的财富，通过不懈努力搭建起"留住人才、发展人才、吸纳人才（keep，grow，get）"的人力资源管理平台。

首先，沃尔玛在人才的招募上，对于每一位应聘人员，无论种族、年龄、性别、宗教信仰、是否残疾等，都为他们提供平等的就业机会。每一位被录用者都必须经过基本技能测试，例如英语、计算机、专业知识考核及两位以上管理人员的面试评估。通过科学的招人方法，沃尔玛可以录用到适合相应岗位的人才。

其次，沃尔玛采用薪酬管理的多元化体系，员工薪酬主要由三部分组成，即基本工资、年终红利和长期福利。沃尔玛的工资标准由劳资双方代表谈判并签订集体合同而成。员工们的工资一般由基本工资和浮动工资组成。基本工资是根据岗位测评和市场风险确定的相对稳定的报酬。浮动工资包括激励性工资和福利性津贴。附加福利包括年金计划、医疗保险、人寿保险、病假工资以及其他有关职业安全的健康项目。附加福利的基本结构是：31%用于休假和休息期间的工资，17%用于社会保障捐款，16%用于医疗保险和人寿保险，14%用于退休年金，8%用于圣诞红包、建议奖励和其他奖励。

最后，沃尔玛制定了股票期权激励和绩效奖励计划，通过股票期权实现对管理人员尤其是高层管理人员的激励。其中的三个计划分别是利润分享计划、雇员购股计划、损耗奖励计划。1971年，沃尔玛开始实施第一个计划，保证每个在沃尔玛公司工作了1年以上以及每年至少工作1000个小时的员工都有资格分享公司利润。运用一个与利润增长相关的公式，把每个够格的员工工资的一定百分比归入这个计划，员工们离开公司时可以取走这个份额，或以现金方式，或以沃尔玛股票方式。之后，又推出了雇员购股计划。雇员购股计划的内容就是让员工通过工资扣除的方式，以低于市值15%的价格购买股票。现在，沃尔玛已有80%以上的员工借助这两个计划拥有了沃尔玛公司的股票。另外，损耗奖励计划的目的是通过与员工共享公司因减少损耗而获得的盈利来控制偷窃的发生。损耗或者偷窃是零售业的大敌，沃尔玛对有效控制损耗的分店进行奖励，这使得沃尔玛的损耗率降至零售业平均水平的一半。

在职位晋升方面，沃尔玛提供了跳跃式职位晋升。他只要是人才，能在工作中做出成绩，证明自己的能力，很快就能得到提拔。同时，职工在刚进入公司时，不一定非得从基层做起，受教育程度高的人可以被安排到比受教育程度低的人更高的位置。

沃尔玛还关注每个员工的成长，公司在每个关键环节都会组织员工进行与岗位或职位相对应的培训。从新员工的入职培训，到普通员工的岗位技能培训和部门专业知识培训，到部门主管和经理的基础领导艺术培训，再到卖场副总经理以上高管人员的高级管理艺术培训、沃尔顿学院系统培训等。培训采用寓教于乐的方式，把教育和培训作为投资，为员工提供了大量的培训课程。培训采用的主要是经验式培训，以生动活泼的游戏和表演为主，训练公司管理人员"跳到框外思考"。

在员工绩效考评方面，沃尔玛将评估分为试用期评估、周年评估、升职评估、转职评估等。在沃尔玛，业绩指标符合SMART原则：具体、可衡量、定时间、上下一致的大局观念、以竞争对手为标杆、从客户角度考虑。绩效考评应用于人力资源管理的各个方面，如薪酬等。沃尔玛公司实行管理人员与销售业绩挂钩的年薪制度。商店经理收入与该店的销售业绩直接挂钩，年薪5万美元左右，业绩好的商店经理可以超过区域经理的收入。区域经理以上的管理人员的年薪9万美元左右，与整个公司的业绩挂钩。

沃尔玛完善的人力资源管理体系保证其在世界范围的业务的顺利开展，并取得了卓有成效的业绩。

（资料来源：根据新浪网2016年2月有关报道整理。）

第一节　跨国公司人力资源管理概述

随着国际经济一体化，人力资源管理也遇到了新的挑战。跨国公司的人力资源管理面临着国外员工的招聘、培训、绩效和薪酬管理以及工作生活质量等方面的特殊问题。

一、跨国公司人力资源管理的定义和特征

（一）定义

跨国公司人力资源管理是跨国公司招聘、培训和开发管理人员和劳工，以保证跨国公司经营活动正常进行，实现公司既定目标的活动过程。实际上，跨国公司人力资源管理的基本框架与国内企业人力资源管理相比没有改变，国内企业人力资源管理与跨国公司人力资源管理研究的基本内容都是关于招聘选拔、培训开发、绩效评估和激励酬劳等内容的管理。但是，在对这些内容管理的过程中，跨国公司人力资源管理又有其特殊性，只有清楚地认识到这种特殊性，才能在跨国公司人力资源管理过程中使管理更具针对性，从而促进管理的有效性。

（二）特征

跨国公司人力资源管理与国内一般人力资源管理相比具有其特殊性，主要有以下特点：

1. 国际人力资源管理需要有效管理环境复杂性

经济、社会、自然环境的不同，使得跨国公司面对的环境更加充满不确定性。跨国公司应该充分了解当地环境，有针对性地调整管理思想和改进实践方法，提供差异化的跨国公司人力资源管理，使得跨国人力资源管理能够因地制宜，更好地创造经济效益。例如，跨国公司在政治环境不是很稳定但市场前景看好的国家中选择建立合资企业，必须根据当地习惯提供招聘、培训、考核等不同的做法。

2. 国际人力资源管理需要巧妙处理文化多元性

文化多元性是跨国公司在国际经营中面对的重大问题，因此巧妙地处理文化多元性的问题至关重要。这时跨国公司处理的主要问题是如何在使用原有的、已经被证明有效的人力资源管理实践以保证公司绩效的基础上，更好地适应当地文化，以此来降低文化冲突的风险。例如，跨国公司对于女性任职、雇员民族化等问题必须遵守当地的习俗传统。

3. 国际人力资源管理需要谨慎权衡目标多重性

虽然跨国公司只是一般企业的特例，从人力资源管理职能来看，也执行人力资源计划、招聘、培训、绩效考核和薪酬管理等职能，但其环境复杂性和文化多样性会影响到人力资源管理的目标。例如，有些跨国公司的培训不仅仅是为了提高雇员技能、增强岗位适应性，还是对东道国征收工资税的一种回应。

4. 国际人力资源管理需要明智应对雇员多样性

跨国公司的雇员可能来自母国、东道国或第三国，可能涉及多种多样的种族，这就使跨国公司人力资源管理产生了一系列的新问题，如外派经理的选拔与培训、绩效考核、薪酬设计、跨国调动及海外遣返等，这对跨国公司人力资源管理是一个严峻的挑战。

二、跨国公司人力资源模式

与公司全球化战略及发展阶段相对应，跨国公司人力资源配置模式也丰富多样，外派人员的类型和数量也各不相同。在不同的国际化经营阶段，对于公司的关键岗位（如管理、技术等），跨国公司人力资源配置大致有四种模式：全球中心、多元中心、民族中心、混合模式。

（一）全球中心

在全球中心的管理模式中，公司总部与各个子公司构成一个全球性的网络，这种全球性的网络被看作是一个经济实体，而不是母公司与各个子公司的简单集合。全球中心模式下的人力资源管理政策服务于整体最优化的目标，因此既有普遍适用于整个网络的政策，也有适用于局部的政策。人力资源管理和其他管理工作可以由最适合的、任何国家的员工担任。在地区中心模式和全球中心模式下，子公司的人力资源经理都需要在整体的人力资源战略要求与当地具体的人力资源管理政策之间进行平衡。

（二）多元中心

在多元中心的管理模式中，跨国公司的母公司与子公司之间几乎是相互独立的，各个子公司根据当地特定环境制定适合的人力资源管理政策，并且由当地员工担任人力资源管理人员。在这种情况下，子公司的人力资源经理有很大的自主权，因此工作起来就比较简单。

（三）民族中心

民族中心即母国中心。在民族中心的管理模式中，跨国公司将本国母公司中的政策与工作方法直接移植到海外的子公司中，这些子公司员工由母公司派出的本国员工管理，同时母公司对子公司的政策实行严密控制。因此，子公司的人力资源经理就需要在公司总部的规定与东道国当地员工可以接受的政策之间进行协调，工作的难度比较大。

（四）混合模式

公司总部主要雇用母国人，国外的子公司尽可能雇用东道国人员，但其关键的高层管理职务仍然由母国人担任。在存在地区性组织的情况下，公司可选择母国人、东道国人或第三国人担任不同的地区性职务。

【案例 10-2】

观致引进三位日籍高管

汽车行业具有较高的门槛，接手一个有研发实力、有车型在售、有资质的企业比"白手起家"造车更省心。2017 年 12 月 21 日，宝能集团以 66.3 亿元战略投资观致汽车。2018 年 3 月 2 日，在观致汽车的经销商大会上，姚振华承诺，从 2018 年开始宝能集团每年将投入 100 亿元用于观致汽车的新车研发，连续投入 5 年。2019 年 1 月 8 日，观致的外方股东量子公司宣布，宝能集团以 15.6 亿元从观致汽车的外方股东 Kenon Holdings 手中收购 12% 股份，累计持股升至 63%。

虽然宝能集团在入主观致汽车之后，多次向观致汽车注入大量资金，加大研发投入。但与地产行业不同，汽车行业前期需要投入高额资金用于研发、渠道建设和品牌推广，却很难在短期内见到回报。观致汽车发展得并不好，品牌力较弱、营销能力欠缺，尽管几款产品颇受好评，但始终未能打开市场。

2019 年 2 月 21 日，观致汽车宣布，基于全球化战略的需要，前日产—雷诺联盟全球新能源车总监矢岛和男将接替宝能汽车常务副总裁李峰，担任观致汽车 CEO。同时，观致汽车还将引进前日产—雷诺联盟车辆互联互通技术全球总监长原巨树担任观致汽车 COO（首席运营官）、前英菲尼迪全车系开发总负责人平井敏郎担任观致汽车 CO-CTO（联席技术官）。三位日本高管全部都有研发背景。按照观致汽车的说法，此次引进日本团队是希望通过引入日本汽车工业的"工匠精神"和精细化管理理念，进一步提升观致汽车的国际化水平、技术研发能力、体系建设能力和经营管理能力。

观致汽车缺的是运营与销售，中国汽车市场又极为特殊，而这些日本人并不熟悉市场情况。造成的结果就是市场打不开、产品单一化、经销商和供应商缺乏信心。

同时，虽然地产企业带着巨额的资本投身造车，但投资新能源整车制造项目的金额庞大、回报周期长。这与房地产的商业逻辑存在根本性差异：房地产行业在拿地之后，商业前景就已经很明朗了，但汽车产业需要大投入、长周期，即便投入大量资金推出了产品，也不一定能够卖得出去。另外，汽车产业是需要管理科学的，管理团队不能简单粗暴地下命令，而是要管住人心，要敬畏汽车产业，这对跨界的人来说都是一种挑战。

总之，文化与观念上的差异，很容易让地产企业与整车制造的团队在合作的过程中产生矛盾，最终导致企业业绩无法提升。

（资料来源：根据《21 世纪经济报道》2019 年 2 月有关报道整理。）

三、跨国公司人力资源环境

人力资源战略规划的首要步骤就是对企业的内外部环境进行分析，并做出合理的评价。在进行环境分析时，必须仔细考察企业内部和外部环境，以获取可能对企业未来人力资源管理产生影响的信息。企业环境分析主要包括两个方面，即外部环境和内部环境。

（一）外部环境

一般意义而言，外部宏观环境可以用 PEST 来概括。所谓 PEST，即 Political Legal（政治及法律）、Economic（经济）、Socio-cultural（社会文化）、Technological（科技）。

1. 政治环境

政府的政策会影响跨国公司的运营。政府政策是一个国家未来发展方向的依据，对于产业结构的发展与劳动力市场变化有非常大的影响。最常见的例子是政府对于污染产业投资的态度。当某个国家或地区想要减少这方面的产业投资时，国家的政策与法律就会倾向于严格限制这方面产业的进入。但对于高科技行业，由于其能带动国家技术水平的提升，所以许多政府在政策上较为宽松。

另外，一国政府对跨国公司活动的限制或鼓励、政局是否稳定以及政府机关的办事效率等也都是影响因素，东道国政府法令对国际经营活动的影响不仅包括对跨国公司行为加以约束，同时也包括为跨国公司提供维护自身利益的保障。

一国政府对跨国公司的经营活动采取鼓励或限制性措施的出发点是国家利益，虽然国家利益在国与国之间大相径庭，但通常都包括自我保护、安全、繁荣、声誉及意识形态等五个目标。一般来说，东道国十分关注跨国公司内部制度是否有利于当地员工，例如，跨国公司对当地员工是否采取自由开放的政策，对当地员工有无优厚待遇或培训计划等。

多数跨国公司都会监测东道国的政治风险。当政治风险变高，通常派遣至该国人员的津贴会增加；当政治风险超过标准，母国的外派人员有可能会撤离。例如，2002年美国攻打伊拉克前，许多英美公司纷纷撤回了派驻在当地的母国人员。另外，在办理核发工作签证方面，由于各地政府规定不同，公司应随着当地政府的政策而调整，这也会影响公司在派遣人员时的处理情况。

2. 法律环境

任何国家的公司都必须遵守该国的法律与风俗民情，跨国公司除了必须遵守母国法律外，还必须遵循所在东道国的法律。这些法律不仅会影响公司在人员雇用、劳工安全、工作保障和所得税等方面的成本，还会随着国家的不同而有差异。

与东道国的法律和跨国公司人力资源管理有最直接关系的，莫过于跨国公司在当地的纳税及员工招募环节。就当地政府的角度而言，尤其是发展中国家政府，为提高当地的就业率，可能会出台相关法令条文或优惠政策来鼓励跨国公司多雇用当地劳动力。此时，跨国公司必须遵守其规定，以免因违反当地法规而遭受损失。

另外，在新经济与全球化来临之际，网络科技加快了各国经济发展的速度，也促进了全球化人才争夺战的展开。为争取科技等领域的优秀人才，各国相继出台了吸引人才的移民政策。例如，美国扩增外国技术人员移民数量；德国为了吸引欧盟以外国家和地区的优秀人才前往该国工作，对于外国优秀人才给予签证发放的便利；英国从2002年开始实行新的人才移民计划，希望能让英国公司更容易地从亚洲招聘科技人才；上海市自2000年起，每年由市政府主办大型人才招募活动，以吸引全球人才；一向重视人才本土化的日本，也制定了吸引外国人的"高级人才优遇制度"，引进"积分制"，鼓励国外人才到日本工作。目前为了在全球范围内争夺高素质人才，很多发达国家纷纷放宽移民政策与工作签证政策如美国、澳大利亚、加拿大等国都有明确的技术移民规定，欢迎高科技产业人士前往。

21世纪的人才危机与竞争已经成为一种持续的现象。对于正处于经济转型期的中国而言，全球化的潮流推动着中国与国际接轨。这体现在许多人力资源管理制度中，许多高科技人才与管理人员的薪酬与福利已经逼近甚至超越国际水平，大大拉开了与当地一般劳动力薪酬的差距。全球化的人才竞争促使国与国之间的经济水平差距拉大。经济发达、生活富裕的国家和地区相对容易吸引优秀人才；而经济落后、生活贫穷的国家和地区的优秀人才正在被吸引到发达国家。人才素质的整体差异更大，这些国家经济与生活条件的落差，产生了"富者恒富，贫者恒贫"的现象。

3. 经济环境

一个国家经济的强弱取决于产业结构的发展、劳动力市场的变化以及该国劳动力素质与技术层次。国家处于不同的经济发展阶段，对国际投资的需求也不尽相同。一般来说，当东道国经济发展处于较低阶段时，其人均收入相对较低，劳动力成本也较为便宜，跨国公司给员工的薪酬也相对较低。当东道国经济发展处于较高阶段时，其人均收入相对较高，劳动力成本较为昂贵，跨国公司给员工的薪酬相对较高，可着重投资于较大而节省劳动力的生产设备，倾向于资本密集或技术密集的产业，较不适合发展劳动力密集型产业。

此外，经济发展情况与人力资源派遣也有关联。相关实证研究结果显示，外派人员的失败率与东道国经济发展有关。派遣至发达国家的失败率为25%～40%，派遣至发展中国家的失败率则在70%左右。一般而言，跨国公司对派遣到发展中国家的人员会给予较好的津贴补助，以提高其前往派驻地的意愿。

经济景气状况会影响人力资源的供给与需求。当经济景气时，公司业绩提升，有较迫切的人力需求，此时社会的失业率下降，薪酬也会水涨船高。同时，公司的财务状况良好，对于员工的薪酬福利也有提升的效果，公司也会较乐意实施教育培训制度。当经济不景气时，社会失业率上升，公司财务状况不佳，对人力资源管理的支持就会减少。因此，经济景气对公司组织有着极大的影响力。

另外，在劳动力市场上，劳动力供给与需求的交互作用可以决定劳动力的数量与价格。从组织的角度来看，在一定期间内所需要的员工数量与种类反映了该组织的劳动力需求。一般而言，劳动力供给的变化不仅会受到劳动总人口数变动的影响，也会随着劳动参与率、劳动力素质的变动而增减。

最后，各国的通货膨胀率和汇率的变动也将影响跨国公司薪酬调整的幅度。在通货膨胀率稳定的国家和地区，薪酬调整幅度较小；而在通货膨胀率相对较高的国家和地区，薪酬调整幅度较大。通常外派人员较无意愿前往通货膨胀率偏高或本地货币疲软的国家和地区，以避免薪酬福利缩水，解决方案之一是公司以母国货币支付薪酬。2008年，美国的金融风暴引发全球经济的萧条，这导致全球经济的关联性越来越密切，也加大了公司经营的风险。

4. 社会文化环境

东道国的社会文化环境是人力资源外在环境很重要的一个方面，它是指一个社会的文化、意识形态、价值观、宗教、风俗、语言、教育、社会结构及道德观等。当跨国公司慢慢将自己的"版图"拓展到更大的领域时，会发现组织内外的文化差异更为明显。除了语言沟通的障碍外，还有价值观等思维模式、生活方式的不同，在某一国家可接受的社会文化到另一国家可能会被认为是不适宜的，这些都对国际人力资源管理工作造成了许多困难和挑战。

社会文化涉及层面很广，对于跨国公司的影响可以说是庞杂与广泛的，甚至有些情况相当矛盾，若是处理不好则可能产生文化上的冲突，容易导致人力资源管理上的失败。这些原因可能包括：

1）自我文化中心主义：总认为本国的文化最优越、自己国内的方法最好。

2）漠视文化差异：对于文化差异视而不见或不敏感。

3）相互的沟通与了解不足：因缺乏沟通与相互了解以致对彼此的文化与行为有所猜忌和怀疑。

国际人力资源管理者对文化差异应避免以上情形，并且要多加关心与重视，因为在东道国的种种人力资源活动，包括招募选拔、晋升及奖励等，都可能遇到文化差异的问题。

除此之外，外派人员到新的国家任职，难免会产生文化不适应的情况。根据一项针对美国80多家跨国公司的研究，在半数的公司中有10%~20%的外派经理因无法有效执行任务而被遣返回母公司或被解雇。这些原本在母公司表现优异的外派经理失败的主要原因，就是"管理者无法调适不同的心理或文化环境"与"管理者的家人无法适应不同的心理或文化环境"。另一项调查也显示，35%的高层经理人认为文化差异是跨国并购中最困难的。

在全球化发展的趋势背景下，跨国公司发挥着越来越重要的作用。如何在不同的文化环境下进行有效的跨文化人力资源管理成为了跨国公司日益关注的问题。跨国公司存在的文化差异，给内部管理特别是以人为本的人力资源管理带来了巨大的影响，这使得来自不同地域的企业呈现了不同的企业管理特色。

从文化和社会原因分析，西方国家的管理注重形成制度，按照统一且明确的规则来进行组织管理，如麦当劳。并且，西方国家的企业成熟度比较高，经过多年的管理实践，在管理上积累了大量经验，具有明确的操作性。而在我国，一方面在传统上中国企业没有形成"制度化"的思维模式，往往更善于利用灵活性，重视随机应变；另一方面我国公司起步晚、缺乏经验，即使借鉴外国的先进经验，也需要一定的理解和消化过程。

5. 科技环境

生产技术会直接影响跨国公司的产品开发与设计、销售与管理。科技环境不只受到东道国的科技发展状况和相关技术水准的影响，而且还会受到世界科技发展水平的影响。

从国家层次的科技环境因素考虑，科技水平高的国家一般可降低国际经营活动的技术风险，对属于较高技术产业的跨国公司而言，东道国的专业人才供应较多，且具有多样性。

科技的发展更决定了组织结构与成员的构成，在一个自动化程度较高的公司内，会减少低技术工人的数量，而工程师与其他科技人才的人数比例却会上升。科技发展也影响了人们跨越国界的工作方式。计算机和互联网的普及使集中式的经济形态转化成全球经济，许多知识工作者可以在他国作业完成后再将成品通过网络传到本国公司，甚至可以通过视频会议开会协调，打破了以往地域的限制。公司甚至会基于成本的考虑，通过国际分工的方式，在他国任用薪酬较低的工作者来从事文书、绘画、编辑、翻译等工作，而这也使母国的就业机会大大减少。例如，由于印度拥有廉价、高水平的软件工程人员，所以美国运通公司（American Express）将全球信息维修中心设在印度。

另外，科技的发展也影响着人力资源管理具体事务的运作，如招聘网站取代传统招募方式、在线教学替代部分教育训练课程等，人力资源信息系统（Human Resource Information System，HRIS）也取代了部分以往依靠人工的行政工作，且其所占比例将随着科技的发展而不断提高。由此可知，这些信息技术的进步，不仅使人力资源的管理信息在全球范围快速流通，更使人力资源管理可以在全球范围内运作。

（二）内部环境

内部环境包括企业的研究与开发、制造、市场销售、人力资源和其他对企业绩效产生影响的方面。另外，还包括企业内部不同部门之间的决策行为，如资源分配、制定规划、管理能力开发和客户服务等流程。企业内部的资源包括资本、知识、技术、人力资源等，也是企业进行内部环境分析时必须仔细考虑的问题。此外，企业的结构、文化、员工等也是企业内部环境的重要组成部分。

1. 全球经营类型

全球经营类型与跨国公司所处的产业有关。迈克尔·波特在其所著的《竞争优势》（Competitive Advantage）中提到，若将国际竞争模式视为一个连续的光谱线，那么它的一端是全球型产业，追求最低的全球经营成本，从事这种产业的公司在一个国家的竞争地位会明显被它在其他国家的竞争地位所影响，如商用飞机制造业、半导体业和复印机产业等；而另一端是多国产业，追求因地制宜地在各国采取差异化竞争，从事这种产业的公司在每一个国家独立展开竞争且与它在其他国家的竞争没有关联，如零售业、分销业和保险业。

这样极端不同的跨国经营竞争形式，会导致人力资源全球转移程度的不同，对于全球型产业的经营者，跨国公司许多既有的人力资源可以跨越国界分享。在光谱线的另外一端，具有专业技术的产品可能以非常不同的广告面向不同国家的不同消费者，在这样的案例中，可能只有一些甚至没有专家是跨领域的，人力资源的共享性就会受到某种局限。

另外，如果跨国公司投资多国产业，人力资源部门的角色很有可能在结构和导向上更倾向于符合当地要求，公司需要更多的国际性服务，因而有时需要外派较多的总公司人员，但也可能借助外部顾问或临时人员来代替，以便在东道国内部市场开展竞争。如果跨国公司投资全球型产业，人力资源部门的职能则是为跨国公司国际价值链的各项基本活动提供支持。

2. 国内资源的集聚程度

跨国公司在国内的资源集聚程度会影响子公司对母国市场的依赖程度。通常来说，跨国公司优先在国内公司组织基础扩张活动，在遇到扩张的瓶颈后，公司才会考虑发展跨国经营，而这样的过程将导致跨国公司在本国当地资源的不断累积。根据邓宁评估一些大公司在海外的分支机构的资产比例的结果，全世界13家大型非石化公司在1989年的海外分支机构（以净资产排名），其主要资产都倾向集中于本国。例如，欧洲很多公司（ICI、Hoechst、Renault、Peugeot和Fiat）的海外资产倾向都较低，除非它们的本国市场较小，如荷兰、瑞士、比利时及瑞典等国的公司。相比较而言，美国的跨国公司由于其国内市场较大，海外员工数占员工总数的比率大体来说是较低的。

国内资源的集聚程度对国际人力资源管理会有何影响呢？跨国公司若是在国内资源集聚程度较高，母公司就会处于支配的地位，并直接影响着公司各项人力资源管理活动，例如，跨国公司较可能以设立国际分部的方式来组织其国际人力资源管理业务的活动。

3. 高层主管的态度

母公司高层主管对国际经营管理的态度也会影响国际人力资源管理的运作。高层主管若缺乏强有力的国际经营意识，则在制订公司长短期目标或公司政策时，就可能会忽视国际经营管理的重要性，仅仅将国内人力资源管理移植到海外，而忽略它们的差异性。

造成高层主管对国际经营管理的态度有所偏差的原因，可能来自其自身的民族优越感、对海外信息的缺乏以及缺乏国际化视野。因此，重视国际导向的公司，大多要求其高层主管有海外工作的经验，有的公司甚至会规定外派的最低年限，或者规定至少要曾被派驻三个国家以上，以拓展其个人国际视野，使其不局限于本国的文化观点。

4. 跨国公司发展阶段

跨国公司的国际化发展是循序渐进的，主要体现在两方面：一是市场范围的扩大；二是经营方式演化的过程。一般而言，这两方面呈现的是正相关的关系。

处于初级发展阶段的跨国公司一般以本国为中心，采取将其母公司的生产和经营平行地扩展或转移至海外的横向发展模式。这主要是因为公司处于国际化初期，尚需借助母公司现有的生产技术与经营管理经验。

处于中期发展阶段的跨国公司则倾向以多中心模式为主，较多采取母公司和子公司分工但紧密联系的纵向发展模式。其原因在于：公司在国内业务较为稳固，并且有一定程度的海外经营经验与基础，有充足的条件向相关部门和行业发展；由于海外事业的发展，母公司倾向给予子公司更多的自主权，并且公司开始关心东道国文化，会根据当地环境特点实行管理分散化。

处于长期发展阶段的跨国公司一般选择混合中心模式、地区中心模式或全球中心模式，并进行地区或全球范围的资源配置，以地区文化或全球性文化为公司的文化特征，公司在任用人员时不论国籍，唯才是用。总之，国际人力资源管理随着跨国公司的发展与扩张，会渐渐采取更为自主、去国籍化的运作模式。

5. 子公司自主权

子公司在成立初期仍需母公司的支持，但经过一段时间，当其经营顺利、有了较多的盈余，甚至在公司全球营业额中占有一席之地时，子公司被母公司授权的程度会更高，子公司的独立运作能力也更强。此时，子公司对其内部的人力资源管理就会与母公司有较多的差异。

根据资源基础论的观点，组织的内部资源、技术和能力在产生持续竞争优势的过程中扮演了比外部环境更重要的角色。当这些资源、技术和能力在母公司和子公司的层级都已建立时，一般会以母公司的一套模式来管理子公司，尤其具有战略地位的子公司人力资源管理更是如此。由于子公司必然面对海外市场的竞争者和当地响应的压力，所以也必然要用更多管理上的差异来加以应对。

（三）供求状况

1. 人力资源供给预测

人力资源需求预测是对企业未来所需员工的数量以及类型进行的预测。在人力资源管理中，不仅要进行需求预测，而且要关注以下几个问题，即所需员工来自何处？是来自企业内部、还是外部劳动力市场？所需各类员工的能力和水平能否满足企业的需求？企业如何根据不同岗位、不同部门的人员流动情况进行人员的配置？这时就需要进行人力资源供给预测。

（1）内部劳动力市场分析。

1）组织战略与内部劳动力供给。公司内部劳动力市场的可供给程度首先取决于组织发展战略。例如，组织准备实施收缩战略，超过 50 岁的员工要考虑提前退休，但结果发现公司有大批高中层经理的年龄均在 50 岁以上，让这些经理提前退休将会使组织失去大批有经验的管理人员，这时企业内部劳动力市场就会出现断层。

2）组织结构与内部劳动力供给。随着组织纵向层次的减少，管理层数减少，员工跨层升迁的机会也就有所减少。如果同一级别的人员供给相对过剩，则横向的职位变迁（在某些同级工作部门中调换不同的岗位）将受到欢迎。因此，学习新的技能、熟悉部门内其他新的职位工作、培养员工技能的多样化将增大内部劳动力供给的强度。

3）公司人员流动率与内部劳动力供给。在收集和分析有关内部劳动力供应的数据时，企业内部人员流动率对劳动力供给有重大影响。查明人员流动率很高或很低的原因对内部劳动力供给分析非常有益。人员流动率较高的原因可能是竞争者为其提供了更好的条件和福利，或是员工对现在的部门有种种不满。

（2）外部劳动力市场分析。

1）人口因素。人口结构影响着劳动力的外部供给。例如，现在有些国家人口老龄化日趋严重，那些招聘年轻人然后通过培训使其感受组织传统和文化的企业深受影响。

2）社会和地理因素。人们不可能给劳动力市场划一个明确的地理界限。如果有必要，雇主会在很远、很广的地区范围内招聘所需的员工。从求职者的角度来看，从一个地区的劳动力市场到另一个地区的劳动力市场将会受到很大的限制。

3）员工类型及其具备的素质。利用企业内部资源作为劳动力供给资源相比于外部供给而言更具有优势，因为组织的现有员工对组织的行为方式和各部门的协同工作有很好的了解，也适应了组织的文化属性。企业如果希望对原有的企业文化进行变革，则一般倾向于从外部招聘员工，这样可以使员工树立与理想企业文化相适应的价值观和工作态度。

2. 人力资源需求预测

人力资源需求是指一个企业按照发展规划，为了生产一定数量的产品或服务而需要招聘的员工数量和类型。人力资源需求预测是依据组织的发展前景、组织能力及岗位要求，综合考虑各种因素，对未来所需员工的类型（含数量和质量）进行估量的活动。人力资源预测是人力资源战略规划中一个非常重要而又具有很大难度的环节。企业的人力资源既取决于外部的宏观环境，又与本企业的战略规划、经营状况、管理水平、现有员工的素质密切相关。

劳动力市场是随时变化的，这就会引起一个企业对劳动力需求的变化。东道国劳动力市场的变化对跨国公司来说尤为重要。跨国公司只有对劳动力市场进行分析，才能够准确地进行人力资源需求预测。例如，我国在高层次人力资源方面，研究型、理论型人才不多，应用型人才更为缺乏，因此，我国外资企业的人力需求规划中，开发设计人员会在母国或者第三方国家选择，而生产和销售人员会在中国选择。

公司战略是影响人力资源需求的重要因素，公司的战略目标规划为公司规定了发展的方向，决定了其发展速度，决定了公司发展需要什么样的人。由于战略的实现一般需要较长的时间，所以在制订公司战略时，既要考虑现有的人员状况，也要考虑为未来储备人才。因此，战略规划和组织计划制约和规定着人力资源战略规划，会对人力资源需求预测提出要求。

组织的经营效率也是影响人力资源需求的重要因素。高效率的组织为了满足企业高速扩张的要求，可能需要的人员数量要求较少但是质量要求较高。组织若经营效率低下，则需要分析现有人员的配备是否合理，甚至考虑减员问题。

人力资源需求预测其实不仅仅是为了预测未来所需的人才，更是为了合理使用现有的人力资源，需要考虑现有的人员能否满足企业增加产量、提高效率的需要，能否适应市场竞争的需要。

人力资源需求预测技术包括定性预测法（零基预测法、自上而下预测法、德尔菲法、驱动因素预测法）和定量预测法（回归分析法、趋势外推法、计算机模拟预测法）。

【案例 10-3】

大批跨国药企裁员 "瘦身"

跨国药企通过 "瘦身"、抛弃边缘部门来集中力量发展核心业务，已经成为越来越多的跨国药企的选择。美联社消息，阿斯利康将关闭位于美国科罗拉多州的两家生物制剂工厂。阿斯利康发言人 Michele L. Meixell 表示，两地业务的关闭是为了提高该公司全球生物制剂供应链的效率。同时，阿斯利康决定削减英国麦克尔斯菲尔德工厂的人员配置，裁掉近 100 个工作岗位，预计将于 2020 年流程结束时完成。麦克尔斯菲尔德当地工会称，此举将会对英国制造业造成巨大冲击。跨国药企的战略调整倾向是有目共睹的。以艾伯维为例，它将 178 个职位列为 "永久性裁员"，而资料显示，2016 年这家公司的员工总数为 240 人，仅从数字上看，该公司大部分员工都被裁撤了。

在艾伯维、阿斯利康裁员消息之前，2018 年，拜耳、诺华、GSK 等多家跨国药企已经启动了裁员计划。拜耳全球范围内裁员 1.2 万人；诺华计划在总部瑞士削减 2200 多个岗位；GSK 在美国裁减 650 个职位。山德士也处在被诺华部分或完全剥离的边缘。在这些频繁的裁员和战略调整的背后，是医药行业格局激烈的动荡。近年来，与越来越多专利药过保护期同步，新药研发的成本逐年攀升，成功率却逐年下降，这也是导致裁员的主要原因之一。2018 年 1 月，制药巨头辉瑞公司表示将停止阿尔兹海默症和帕金森治疗药物的发现和研究，认为这种行为徒劳且成本昂贵，并为此裁员约 300 人。而在 Mateon Therapeutics 2017 年 9 月的公告中，由于终止了用于铂抵抗卵巢癌新药 CA4P 的研发工作，60% 的员工被裁掉。

　　另外，政策、市场变化倒逼企业战略调整，也是裁员的主要原因。优时比已经向员工宣布剥离力蜚能（Niferex，多糖铁复合物胶囊），并交由优锐医药推广。优锐医药表示，可以接受优时比铁剂团队大部分人员。优时比铁剂团队有 200 多名员工，此前，这一团队另一产品维乐福推广业务已被剥离。2019 年 1 月 9 日路透社消息，辉瑞宣布将关闭两间生产厂房。这两间工厂主要生产青霉素等非专利注射药，涉及约 1700 名员工，约占辉瑞全球生产线人手的 6%。另据路透社消息，1 月 8 日，美国制药公司礼来宣布，将以"自愿离职计划"的形式，在其位于法国东部的一处工厂裁撤约 250 个工作岗位，从而减少在该工厂的工资支出，涉及该工厂约 20% 的雇员。

　　上述背景下，跨国药企将会面临着更大规模的裁员。

　　（资料来源：根据健识局 2019 年 4 月有关报道整理。）

第二节　跨国公司人力资源的招聘

　　跨国公司往往跨地域、跨文化运作，海外分支机构的技术与管理人员在跨国公司人力资源构架中的地位举足轻重。因此，本节在描述跨国公司人员招聘一般操作的基础上，着重讲述国际人力资源的职位分析、招聘特点以及招聘流程等。

一、国际人力资源的职位分析

（一）职位分析的主要内容

　　国际人力资源职位分析的内容包括国际公司各类岗位的工作范围、职责、所需技能、工作强度、环境、工作心理及岗位在组织中的关系。在职位分析的诸多对象中，主要的分析内容包括工作职责分析、工作流程分析、工作权限分析、工作关系分析、工作环境条件分析、任职资格条件分析等。

　　国际人力资源职位分析从 6W1H 展开，即 Who（责任者）、What（工作内容）、When（工作时间）、Where（工作岗位）、Whom（为了谁）、Why（为什么这样做）、How（如何操作）。职位分析形成的结果是工作说明（工作描述）和工作规范（任职资格说明）。

1. 工作职责分析

　　工作职责分析不仅包括对工作任务范围的分析，还包括对工作职责重要程度的分析。分析的内容有：资金、设备、仪器、工具、材料的使用与保管；完成任务的数量、质量；市场开发、产品设计；监督管理他人以及被监督管理等。

2. 工作流程分析

工作流程是指公司成员为了完成某一特定任务，需要做的一系列相关的工作。国际公司人力资源管理人员必须明确各工作岗位需要完成相关工作任务的流程，因为清晰的流程有助于管理者清楚地认识到工作是如何完成的、为了达到所设定的目标需要完成哪些任务以及如何提高企业或部门的工作效率。

3. 工作权限分析

工作权限分析是指根据工作所需完成的任务，依据权责对等的原则，对工作任职者的权限进行分析。若权大于责，则可能造成滥用职权；若权小于责，则可能无法顺利指挥。这两种情况都应尽量避免。

4. 工作关系分析

各个岗位都具有其独特的职责和功能，但各个工作岗位彼此间存在不可分割的联系，因此必须明确各个岗位之间的协作关系。人们通过工作关系分析可以了解到本岗位在企业中的地位以及在运作流程中所承担的作用。

5. 工作环境条件分析

工作环境条件是指员工从事劳动生产的外部环境条件。对工作环境条件的分析主要考虑工作环境中对劳动者的劳动生产率和身心健康有影响的因素。人们通过对工作环境中各种有害因素的测定和分级，可以确定岗位工作环境条件对劳动者的劳动生产率和身心健康的影响程度。

6. 任职资格条件分析

对任职者的资格条件分析一般主要涉及经验、技能、教育、培训、心理及生理因素等。社会发展越来越快，分工越来越细，人们所掌握的知识和技能越受工作经验的局限，工作经验越受到重视。因此，在任职资格条件分析中，在受教育程度项目之外对工作经验的分析也是非常重要的一部分。

（二）职位分析的基本流程

跨国公司职位分析的基本流程主要包括准备阶段、实施阶段、结果形成阶段和应用修订阶段。职位分析的准备阶段又可细分为确定职位分析的目标和侧重点、制订总体实施方案、收集和分析有关的背景资料、确定欲收集信息及收集信息的方法、组织及人员方面的准备。职位分析的实施阶段可细分为与有关人员的沟通、制定实施计划、实际收集和分析工作信息。职位分析的结果形成阶段可细分为与有关人员审查和确认信息、形成职位说明书。职位分析的应用修订阶段可细分为职位说明书的培训与使用、职位说明书的反馈与修订。

1. 职位分析的准备阶段

（1）确定职位分析的目标和侧重点。要想使国际人力资源职位分析顺利进行，首先必须明确进行此次职位分析的目的，即进行职位分析所要解决的问题是什么，获取的职位分析信息的用途是什么。职位分析的目的之所以如此重要，是因为职位分析的不同目的决定了收集信息时的不同侧重点。如果分析的目的是解决空缺职位的招聘问题，那么职位分析的重点就是该职位的工作职责和任职者的规范要求等；如果职位分析的目的是确定绩效管理的考核标准，那么其侧重点就应该是衡量每一项工作的任务标准，并在完成每一项工作任务的时间、数量、质量、效率等方面予以明确。

（2）制订总体实施方案。公司在职位分析的目标确定以后就要制订总体实施方案。一般的总体实施方案包括以下内容：职位分析的目的及意义；职位分析需要收集的信息内容；职位分析所提供的结果；职位分析项目的组织形式及实施者；职位分析实施的过程与步骤；职位分析实施的时间和活动安排；所需要的背景资料及配合工作等。

（3）收集和分析有关的背景资料。在职位分析当中，有些资料的收集是非常必要的，如国家职业分类标准（DOT）或国际职业分类标准，又如所研究组织的组织机构图、工作流程图、部门职能说明等。

（4）确定欲收集信息及收集信息的方法。公司到本阶段已经收集到了关于工作的一些基本信息，但更为详细的信息需要去实地收集。在收集信息中一般要注意以下几个方面：根据职位分析的目的，确定收集哪些信息；根据对现有资料的掌握，找出需要重点调研的信息；按照6W1H的内容，思考在哪一方面需要收集信息。

收集方法的选择没有统一的标准。每一种工作信息收集的方法都有其独特之处，也有其优点和缺点，各自适应的环境及条件也不相同，因此不存在一种普遍适用的方法。职位分析必须根据具体的分析目的、具体的企业情况选择一种或几种方法，才能取得比较良好的效果。

（5）组织及人员方面的准备。在组织及人员准备方面主要有两方面的工作。一方面是要成立职位分析的专门组织——职位分析小组。此小组主要包括公司的高层管理者、人力资源部经理、专业咨询顾问、主要的部门经理等人员。另一方面就是要注意获取高层管理者的支持。没有高层管理者的大力支持，往往无法有效地完成职位分析的最初目标。

2. 职位分析的实施阶段

（1）与有关人员的沟通。因为职位分析涉及每一个具体的岗位，所以在执行这项工作任务中需要与许多任职者接触并进行简单的沟通，得到他们的理解与支持是非常重要的。沟通可以让有关人员充分了解职位分析的目的及意义，让参与职位分析的人员了解职位分析所需要的时间、进度以及可能用到的职位分析方法等。

（2）制订实施计划。在工作准备阶段粗略实施计划的前提下，细化出具体的时间表，并明确在每一个时间段内每个参与人的具体职责及所要完成的具体任务等。

（3）实际收集和分析工作信息。这一阶段是整个职位分析过程的核心阶段。这一阶段的主要任务是按照事先确定的职位分析计划及工作信息分析、信息收集方法，根据既定的操作程序收集与工作有关的信息，并对信息进行描述、分类、整理、转换和组织，以最终形成包含有工作描述和工作规范的职位说明书。

3. 职位分析的结果形成阶段

职位分析的结果通常是形成每个职位的职位说明书。在结果形成阶段，需要对收集上来的信息做进一步的审查与核实。

（1）与有关人员审查和确认信息。对于通过各种方法收集上来的工作信息，必须请工作任职者、任职者上级主管进行审查、核实及确认。一方面，这样可以修正初步收集来的信息的不妥之处，从而使信息更加完善；另一方面，工作任职者和其上级主管是职位分析结果的主要使用者，请他们来审查有助于其对分析结果的理解与认可。

（2）形成职位说明书。职位说明书是对工作目的、职责、任务、权限、任职者等基本条件的书面描述。职位说明书来源于对从书面材料、现场观察及与基层管理者和任职人员的谈话中获得的信息，进行分析、归类后最终写出的综合性工作说明和工作规范。这一阶段的工作相当繁杂，需要大量的时间对材料进行分析和研究，必要时还需要适当的分析工具与手段；职务分析者在遇到问题时，还需随时得到基层管理者的帮助。

4. 职位分析的应用修订阶段

（1）职位说明书的培训与使用。在职位说明书完成以后，公司还需要对使用职位说明书的人进行培训。一方面要让职位说明书使用者了解职位说明书的意义和内容，理解各个部分的含义；另一方面要让使用者了解如何使用职位说明书。

（2）职位说明书的反馈与修订。职位说明书的使用并不是一劳永逸的，因为随着组织环境条件的变化，一些任务会消失，一些新的任务可能会产生，工作的流程、性质、内涵和外延也有可能发生变化。因此，公司要经常对职位说明书进行反馈与修订，不断修改与完善，以适应组织的需要。

（三）人员外派与国际员工

1. 外派人员的内涵及作用

（1）外派人员的内涵。所谓外派人员，是指跨国公司随着公司的扩张而在海外设立的分公司或子公司为了满足管理和控制的需要，从母公司调派至海外分公司或子公司执行管理或业务的具有管理能力或专业技术的人员。他们一般是母公司任命的在东道国工作的母国公民或第三国公民（包括在母公司工作的外国公民），以在东道国工作的母国公民为主。外派人员对跨国公司形成竞争优势及促进子公司的发展发挥着重要的作用，其工作绩效的好坏直接影响跨国公司全球战略的实施及其子公司的发展。

（2）外派人员的作用。

1）可以加强对海外子公司的控制。母国通过直接任命外派人员为子公司的高层管理者，可以对子公司的生产和经营活动进行有效的控制，便于母公司的整体统筹规划。

2）可以加强对先进技术和管理经验的垄断。先进技术和管理经验是跨国公司重要的竞争优势，然而在生产经营过程中，先进技术和管理经验由于扩散效应会存在被泄露的风险。跨国公司通过外派人员可以在一定程度上规避这种风险，从而保持其对先进技术和管理经验的垄断优势，降低生产经营的风险。

2. 外派人员的职业生涯规划

职业生涯是个人心理、社会、教育、体能、经济和机会等因素综合形成的一段职业发展历程，包含时间、广度和深度三方面。职业生涯发展既包括在职业生涯发展中获取的个人综合能力、社会地位及荣誉的总和，又包括在职业生涯中所经历的职业角色（职位）及获取的物质财富的总和。

职业生涯规划是个人在职业生涯的不同阶段，对职业、组织以及职位一连串选择的过程。根据时间长短可将职业生涯规划分为：①人生规划，即整个职业生涯的规划，时间为40年左右，主要设定整个人生的发展目标；②长期规划，即5～10年的规划，主要设定较长远的目标；③中期规划，主要设定2～5年内的目标与任务；④短期规划，即2年以内的规划，主要规划近期完成的任务。跨国公司外派人员主要是管理人员和专业技术人员，所以其职业生涯规划可以参考这两类人员的职业生涯规划，同时考虑职业的国际环境因素。

外派人员职业生涯规划始于自我认知和环境认知。

自我认知是指个人对自己的了解和认识，包括认识自己的优点和缺点，认识并调整自己的情绪、意向、动机、个性和欲望，以及对自己的行为进行反省等。准确的自我认知是个人职业选择的基础和依据。

环境认知包括对社会环境的认知和对组织环境的认知。

1）社会环境认知。社会环境包括宏观环境和行业环境。宏观环境包括：社会政治趋势、经济发展趋势、社会文化状况、技术发展状况及热门职业分布、职业需求状况和所选职业的社会地位。行业环境包括该行业的总体发展状况和竞争态势，包括竞争者、替代者、潜在加入者、供应者和消费者等。这些因素都会对职业发展产生重要影响。

2）组织环境认知。组织环境包括：组织特色，如组织规模、组织结构、组织文化、人员流动等；经营战略，如总体战略、竞争战略和职能战略等；人力资源管理，如需求、升迁、培训招募、薪酬和福利等。

职业生涯管理是组织和员工对职业生涯进行设计、规划、执行、评估和反馈的一个综合性的过程。通过员工和组织的合作与共同努力，每个员工的职业生涯目标与组织发展目标保持一致，员工与组织能够获得同步的发展。职业生涯管理一般包括两个方面：一是员工的自我管理，员工是自己职业生涯发展的主人；二是组织为员工规划其生涯发展，并为员工提供必要的教育、训练、轮岗等发展机会，促进员工职业生涯目标的实现。在过去相当长的时期，所有的组织、管理者以及员工本人，一般都认为职业生涯管理是员工个人的事情。现在，随着社会的发展，职业生涯管理成为人力资源管理的一个重要环节，员工被看作公司最重要的一种资源，企业广泛实施以人为本的管理思想与管理技术。人们逐渐认识到加强员工的职业生涯管理实际上是与企业的发展目标一致的，是实现企业目标的有效管理手段。正因如此，职业生涯管理已成为组织提供的用于帮助组织内正从事某类职业行为的员工的一个必要过程，职业生涯管理成为了企业人力资源管理的重要内容之一。

从20世纪60年代末至70年代，员工职业生涯管理的重心一直与员工个人的理想和目标联系在一起。到了20世纪80年代，重心发生了变化，职业生涯管理的重心已经从个人发展到了组织。在整体改善企业外部条件的商业要求中，有组织的职业生涯管理已经成为一种必要的手段。20世纪90年代以来，员工职业生涯管理的重心在个人和企业两者之间达到平衡。

所谓有组织的职业生涯管理（Organizational Career Management，OCM），是指由组织实施的旨在开发员工潜力、留住员工、使员工能够实现自我的一系列管理方法。员工的职业生涯规划不仅仅是培训的问题，还包括了对员工的使用、考核、薪酬、晋升等一系列活动，它是一个完整的体系。

一般而言，职业生涯规划的首要目标是保证企业人力资源的持续供给，尤其是核心人力资源的供给。同时，职业生涯规划要满足员工的发展需要，使之对员工产生薪酬外的激励效果。近年来，发达国家企业对于员工的规划，已经进入"职业生涯规划"阶段，员工职业生涯规划成为现代组织用人和长期发展的战略性任务。

3. 外派人员的有效激励

外派人员是跨国公司一类独特的人力资源，是其获取国际竞争优势的主要途径。他们不仅将跨国公司成功的管理模式和技术优势复制到海外，而且还以完成外派任务为载体为跨国公司参与国际角逐集聚核心能力。但并非所有外派人员都能够圆满、高效地完成外派任务。其主要原因是激励不足、外派薪酬制度设计缺陷等。因此应该基于科学的理念和方法对外派薪酬制度进行设计与优化，这样才能有助于提升外派人员激励水平，改进其工作绩效。

【案例 10-4】

华为员工外派制度

华为近些年强势崛起，在通信设备领域做到了世界第一，手机终端也做到了世界第三。华为为全球 50 强电信运营商中的 45 家服务，靠的是奋斗在全球各子公司一线的华为员工。

对于外派员工，华为有两种方式：一是自愿，二是工作需要。

跨国管理导致管理难度大大增加，因此华为采用了特别措施。一名外派印度员工曾介绍，在基本待遇一样的情况下，华为公司会付给海外工作员工额外补贴，不同国家的补贴标准不一样，但基本上是在每天 10～70 美元之间，印度是 30 多美元一天。另一个外派到墨西哥的员工曾讲，公司会安排最好、最安全的住宿公寓。闲暇之余还有乒乓球台、国内购置的电影光碟等，另外，已婚员工的家属要来探亲的话，来回的机票费用都是能报销的，来回墨西哥一趟机票费用 12000 元左右，公司全付。

丰厚的待遇只是一方面，能学到更多东西、开阔见识、增强能力才是外派员工最大的财富。例如，华为员工被外派到印度的时间为半年或一年，当地的研究所设在有"印度硅谷"之称的班加罗尔，这里云集了众多的 IT 企业。印度人擅长软件开发和项目管理，而中国员工则擅长系统设计和体系结构，中外合作让自己接触到在国内无法真正接触的先进技术，回国后，这些技术人员往往能成为华为技术公司软件开发和管理的骨干。"以项目带动技术骨干轮流赴海外工作"的制度使华为的员工个人素质不断提高。

在墨西哥，一方面，华为完全按照本地的节假日休息，过生日等都会按照当地的习俗，塞车严重就允许员工上班迟点；另一方面，拉美的日常生活比较自由，勤劳的中国人到国外，当地员工也受其影响，更加卖力工作。

在印度，华为的研究所每月选定一天为"公开日"。这一天大家可以对自己的上级主管和各级领导提意见。刚开始印度人过于谨慎，但是在中国员工的带动下，印度员工逐渐有了改变。

跨国公司为了经济效益，对海外机构的员工大都以激励为主，但很多海外机构出现了财务过松、成本上升和腐败滋生的问题。华为的做法是一视同仁。华为连接了国内所有机构及海外机构，30 多个分机构的管理全部基于公司统一的管理平台，华为员工绝对不能在公司网上发私人邮件。据墨西哥员工透露，公司网由信息安全部监控，同时，关于技术资料，每个人只能接触自己的部分。华为的企业文化更是在无形地约束着每一个员工的行为。即使远在海外，来自华为总部的管理风格也没有丝毫消减。

（资料来源：根据中国经营网 2017 年 5 月有关报道整理。有改动。）

二、国际人力资源招聘的特点

与一般组织一样，跨国公司通过招聘活动为人力资源的新陈代谢和优化配置提供基本支持。然而，相对普通企业，跨国公司的人员招聘理念更新、范围更广、信息化程度更高，更重视人员的学习与适应能力。

（一）招聘理念更新

招聘理念更新，在强调组织文化的同时更强调对人的重视。招聘理念是指导整个招聘过程和活动的思想以及智慧，是站在比招聘本身更高的角度来看待招聘的原则。许多跨国公司都已经认识到，确定一个好的招聘理念对设计和组织更高效的招聘工作有至关重要的作用。跨国公司在招聘过程中，为了让应聘者适应和同化于本企业，呈现出越来越严格、花费时间越来越长的趋势。例如：丰田公司面试和评价的时间前后加起来达 20 个小时以上；通用电气公司前总裁杰克·韦尔奇认为通用电气公司所做的一切就在于把宝押在所选择的人身上，所以总裁本人的全部工作就是选择合适的人才，而他本人更是身体力行；IBM 公司早在第一次面谈时，就把公司的哲学灌输给"准员工"，公司招募有可塑性的年轻人，并提倡内部提升制；英特尔公司招聘的人才也许并不是那些学历最高、成绩最好的，但一定是适合本公司的人，是那些价值观与本公司价值观一致的人；总部设在美国的 EDS 公司在招聘时，首选那些课程和学生与公司文化相容的大学为招聘的目标学校，对年轻的大学生更是"情有独钟"。

（二）技术人才和高层管理人才全球化，招聘范围更广

当前跨国公司全球化人力资源配置的一个显著趋势就是由母国化转向全球化。跨国公司已经越来越多地在全球范围内配置人力资源，其董事会或经理层往往聚集了许多不同国籍的高层管理人才。同时，随着跨国公司研发活动的国际化，对国际化科技人才的竞争也越来越激烈。美国一直处于吸引人才的领先地位，全世界科技移民总人数的 40% 到了美国。另外，许多跨国公司纷纷在海外设置研发机构。西门子公司仅在国外设立的研发机构就达 15 个；飞利浦公司在 5 个发达国家设立了 7 个研发中心；日本跨国公司在欧美建立了数百个研发基地，雇用当地研究人员近万人。这种大面积的高管和研发人员国际化的现象是现代跨国公司人才国际化最显著的标志。

（三）海外子公司人员本土化，以招聘本地员工为主

与核心技术人才、管理人员全球化配置策略相对应，跨国公司海外子公司的全部或大部分重要职位都逐渐由东道国的本地人才担任，在海外设立的研发中心也大量雇用本地的科技人才。普华永道发布的人才本土化研究报告称：成本将不再是企业在选择本地人和外籍人时主要考虑的问题，取舍标准将完全回归到能力素质。例如：当开发美国以外的市场时，微软宁愿启用当地人，也不愿从总公司派人，因为微软认为只有当地人才了解当地人的价值观、工作方式，更清楚人们如何使用技术、谁是主要的竞争对手；雀巢公司非瑞士籍员工数占 97%；西门子公司（中国）的超过 21000 名员工中，仅有 1% 左右的外籍员工。

（四）重视软实力

跨国公司在国际人才竞争中相对国内企业具有更大的优势，因此获取所需知识和技能的各类专业人才相对更容易。然而，随着国际人力资源管理理念的发展，跨国公司逐渐开始关注人员的"软实力"，包括人员的个性特征、能力、价值观等，"创造力"也是重点关注的素质。与传统的专业至上的理念不同，跨国公司更加青睐"通才"。例如，索尼公司的策略是先录取新职员，然后再观察他们的不同特点，考虑如何发挥他们的最大专长，之后再把他们放在最合适的工作岗位上。具有开放的思维模式和国际化的管理经验、具备强的学习能力和跨文化适应能力，已成为跨国公司对员工的基本要求。

（五）招聘手段多样化，评价中心等得到更多应用

跨国公司往往是各种管理新理念、新工具、新方法应用的先行者。跨国公司的工作环境多样、人员结构复杂，对不同的人员需要有不同的甄选手段与之对应。标准化的心理测试评价中心等现代人员测评方法，最早就是在跨国公司中得到应用和推广的。目前，几乎所有跨国公司的招聘过程都有面试、心理测试等环节。每年，仅美国的跨国公司以评价中心选拔的管理人员就达数十万人。

（六）虚拟招聘成为趋势

虚拟招聘指的是应用现代信息技术、借助新型媒介进行的招聘，如网络招聘、远程招聘等，其方便、快捷的求职方式和招聘模式越来越成为应聘者和招聘者的首选方式。信息化技术加快了跨国公司国际化人才招聘策略的实现，跨国公司使用分布式数据库和互联网络招募人员并对其进行甄选已经很普遍和规范化了。以网络平台进行海外人才招聘，跨越了时空界限；在线简历系统与智能化搜索引擎技术相配合，为跨国公司迅速积累人才数据提供了有力支持；多媒体通信技术和决策支持系统使现代甄选技术变得更加高效，电话访谈和网络面试在提高效率的同时极大地降低了招聘成本，被跨国公司广泛使用。

三、国际人力资源招聘的流程

人员的招聘与甄选的国际化，不仅是指人员对象的国际化，而且是指选聘方式的国际化。尽管不同的国家有不同的文化，不同的企业有不同的做法，各个跨国公司的选聘标准和方式也不尽相同，但他们的目标却是一致的，即招聘到最优秀的人才。因此，不同之中又包含着许多相同或相似。

跨国公司招聘高级管理人员的工作，一般注重以下三个程序。

1. 初步面试

初步面试通常由公司的人力资源部主管主持进行，通过双向的沟通，使公司方面获得有关应聘者的学业成绩、相关培训经历、相关工作经历、兴趣偏好以及对有关职责的期望等直观信息，同时，也使应聘人员对公司的目前情况及公司对应聘者的未来期望有一些大致的了解。面试结束后，人力资源部要对每位应聘人员进行评价，以确定下一轮应试人员的名单。具体操作是：①就应聘者的外表、明显的兴趣、经验、合理的期望、职务能力、所受教育、是否马上能胜任、过去雇佣的稳定性等项目从低（1分）到高（10分）打分；②就职务应考虑的优缺点如对以前职务的态度、对生涯或职业期望等做具体评议，应聘者提供的书面材料也供评价参考。

2. 标准化测试

标准化测试由公司外聘的心理学者主持进行。公司通过测试进一步了解应聘人员的基本能力素质和个性特征，既包括其基本智力、思维方式、内在驱动力等，也包括管理意识和管理技能技巧。

3. 仿真测验

这是决定应聘人员是否入选的关键。其具体做法是：应聘者以小组为单位，根据工作中常碰到的问题，由小组成员轮流担任不同角色以测试其处理实际问题的能力。整个过程由专家和公司内部的高级主管组成专家小组来监督进行，一般历时两天左右，最后专家小组对每位应试者做出综合评价，提出录用意见。仿真测验的最大特点是应聘者的"智商"和"情商"都能集中表现出来，它能客观反映应聘者的综合能力，使公司避免在选择管理人才时"感情用事"。

第三节 跨国公司人员的培训与开发

培训与开发是人力资源管理工作的关键模块，通常情况下人们会将培训与开发看作是一个统一的整体，但在实际操作中它们是两个相互区别的概念。

人力资源培训（Human Resources Training）是指企业为了使培训对象（这些对象包括总经理、部门主管和一般员工）获得或改进与其职务相关的知识技能、动机、态度和行为，从而提高企业绩效，最终使企业与员工共同发展的一种成本与投资因素兼有的活动。

人力资源开发（Human Resources Development）是指在结合员工个人发展目标的基础上，组织向员工提供持续不断且有阶段性重点的有计划的培训、发展或教育等活动，对人力资源的磨损进行补偿或使员工获得或改进与工作有关的知识技能、动机、态度和行为等，以提高自身的绩效，达成自己的目标。因此，人力资源开发是从长远角度来考虑的人力资本投资。

从总体上讲，人员培训与开发既相互区别又相互联系。培训是指与现在具体工作有关的活动；而开发是指与未来可能从事的具体工作或个人专业相联系的活动，重点在于开发员工的潜能，以适应企业的动态发展以及岗位需求的变化，最终使员工个人价值观与企业价值观达到和谐统一。同时，从培训与开发的概念上可以看出，培训与开发是相互联系的，人力资源培训是实现人力资源开发的重要途径，人力资源开发是人力资源培训的重要导向。

一、培训与开发的方法

人力资源培训与开发的方法多种多样，内容也十分丰富。选择适合组织内受训人员特点的培训方法，是人力资源培训与开发的重要原则。国际人力资源培训与开发是以传统的培训方法为基础的，但随着人力资源理论和实践的发展，传统的培训方法已不能完全适用于跨国公司的人力资源培训与开发，因此国际人力资源培训与开发的方法又有其自身的特点。

（一）传统培训方法

传统培训方法包括演示法、传递法、团队建设法等。

1. 演示法

演示法是指将受训者作为信息的被动接受者的培训方法，包括讲座法和视听法。

（1）讲座法。讲座法是指培训者用语言向受训者表达传授内容的方法，主要是从培训者向受训者单向的沟通。讲座法是成本最低、最节省时间、可面向大批受训者、有效传递大量信息的培训的方法。它还可作为其他培训方法如行为模拟和技术培训的辅助手段。例如，讲座法可被用在培训前向受训者传递有关培训目的、概念模型或关键行为的信息，以提高培训的效率。

讲座法的不足之处：缺少受训者的参与和反馈及与工作实际环境的密切联系，从而阻碍了学习和培训成果的转化；不易长时间吸引受训者的注意力，因为它强调的是信息的聆听；很难迅速有效地把握受训者的理解程度。为了克服这些问题，讲座法常常会附加问答、讨论和案例研究。总的来看，讲座法是最基本的方法，但存在着单调、单向的缺陷，对启发学员创新思维来说作用有限，因此，在差异化公司培训中，应作为辅助方法。

（2）视听法。视听教学包括采用投影胶片、幻灯片或录像，视听法是最常用的方法之一。它很少单独使用，通常与讲座法配合使用。

使用视听法的主要优点是：

1）可灵活调整培训内容。因为录像可重播、快放、慢放。

2）直观。可让学员直观理解不易说明的问题和事件。

视听法相比讲座法来说，形式更活泼一些，但作用仍局限于一般知识的传递。

2. 传递法

传递法是要求受训者积极参与学习的培训方法，包括在职培训、自我指导学习、师带徒、仿真模拟、案例研究、商业游戏、角色扮演、行为示范和参与管理。这些方法有利于开发特定技能，有利于理解技能和行为在工作中的应用，可使受训者亲身经历一次任务的完成过程或学会处理工作中发生的人际关系问题。

（1）在职培训。在职培训是指学员通过观察并效仿同事及管理人员执行工作时的行为来进行的学习，适用于培训新员工、缺乏经验的员工、需技术升级的员工、岗位或职位晋升的员工。

与其他方法相比，在职培训投入的材料、资金和时间较少，且专家、同事都可以作为指导教师。但在职培训缺乏结构化，在传授技能的同时也容易传授不良习惯，从而使产品或服务质量不稳定。使用在职培训培训实行产品差异化战略的企业员工，应重点培养学员的观察力，鼓励学员以"局外人"的身份发现问题，勇于打破常规。

（2）自我指导学习。自我指导学习是指员工自己负责自己的学习，按自己的进度学习预定的培训内容。培训者只是辅助者，只负责评估员工的学习情况并回答其所提出的问题，不控制或指导学习过程。

自我指导学习的优点是：

1）受训者自行制订学习进度并接受有关学习绩效的反馈。

2）只需少量的培训人员，培训成本较低。

3）使多地点培训成为可能。

其不足之处在于：受训者必须自愿学习；从公司的角度来讲，自我指导学习会导致较高的开发成本。

自我指导学习对于培养学员独立思考、系统思考的能力很有好处，在差异化企业中，应鼓励学员特别是乐于创新的学员进行这种学习。

（3）师带徒。这是一种既有在职培训又有课堂培训的方法，大多被用于技能培训，如木工、机械加工等的培训。其优点是较好地解决了理论联系实际的问题；缺点是培训内容狭窄，学员只能学习一种技能。在德国和丹麦，师带徒是最重要的培训制度之一。由于学员是在一种不对等的环境下仅对某项技能进行的学习，学员重在模仿师傅，创新能力不被强调。这种培训方式不适于实行产品差异化战略的企业。

（4）仿真模拟。仿真模拟是指让受训者在一个人工模拟的环境下进行决策的培训方法，常被用来传授生产技能、加工技能及管理技能、人际关系技能。其优点是受训者不用担心被错误决策影响，有助于其增强信心，这对开始有意识地培养创新很有帮助。但模拟的仿真程度往往成为培训成功与否的关键。建立仿真模型、使用仿真模拟，是适用实行产品差异化战略的企业的一种培训方法。

（5）案例研究。案例研究是指围绕一定的培训目的，把实践中的真实情景加以典型化处理，形成供学员思考分析和决断的案例，并通过独立的研究和相互讨论的方式，提高学员分析和解决问题的能力的方法。

案例研究具有情节真实、理论综合、结论开放的特点，很适合小组讨论，是在学习型组织中使用较多的培训方法。实行产品差异化战略的企业应鼓励使用案例研究，以提高学员的应变能力。

（6）商业游戏。商业游戏是指利用计算机商业游戏软件进行学习的方法。游戏可模拟出商业竞争环境，调动参与者的积极性，寓教于乐。参与者在游戏中仿照商业的竞争规则，做出涉及管理活动方方面面的决策。但聪明的参与者能很快发现赢得游戏的"秘诀"，使得游戏的学习和培训价值降低。实行产品差异化战略的企业可以利用这样的游戏，培训员工发现"秘诀"的能力，即分析问题、归纳方法的能力。

（7）角色扮演。角色扮演是指受训者在被设计的某一事件中分别扮演不同的角色，以体会、学习、综合运用新知识的方法。它与模拟是有区别的：模拟注重于物理反应，而角色扮演注重人际关系反应，它为受训者进行换位思考和系统思考提供了机会。

通过这种方法，学员能够掌握问和听的技巧，学会如何达到目标和寻求订单等。

（8）行为示范。行为示范是指向受训者提供一个演示关键行为的模型，然后提供机会让受训者来实践这些关键行为的方法。它适合于学习某一技能和行为。

（9）参与管理。参与管理是指通过成立一个由受训者组成的参与管理层，让其对整个公司的政策或某一具体问题提出建议，为受训者提供分析和解决组织问题实践机会的培训方法。这种方法多被用于培训组织中有发展前途的中层管理人员。

3. 团队建设法

团队建设法是用来提高团队绩效的培训方法。团队建设法让受训者共享各种观点和经历，建立群体统一性，了解人际关系的力量，审视自身及同事的优缺点，强调合作。在组织日益团队化的今天，团体建设培训法对树立团队精神、强化团队组织和提高团队绩效是非常重要的。实行产品差异化战略的企业要想实施差异化，寻求创新，就应立足于团队，而不是依赖于某一个人的智慧。要把培养"创新人""合作人""复合人"作为重中之重，只有团队化的创新，才是持久的创新。团体建设法包括探险学习、团队培训和行动学习。

（1）探险学习。探险学习，也称野外培训或户外培训，是指利用有组织的户外活动来开发团队协作和领导能力的方法，最适用于开发与团队效率有关的技能，如自我意识、问题解决、冲突管理、风险承担等。

（2）团队培训。团队培训是指通过协调在一起工作的单个员工的绩效从而实现共同目标的方法，它包括交叉培训、协作培训和团队领导技能培训。交叉培训是让团队成员熟悉并实践所有人的工作，以便在有人离开团队后，其他成员可介入并取代他的位置。协作培训是指对团队进行的如何确保信息共享和承担决策责任的培训，其目的是实现团队绩效的最大化。团队领导技能培训是指团队管理者接受的培训，培训内容包括如何解决团队内部冲突、协调团队活动等。

（3）行动学习。行动学习是指给团队或工作群体一个实际工作中面临的问题，让他们合作解决并制订出一个行动计划，然后由他们负责实施这一计划的培训方式。一般团队包括 6～30 名雇员，队员构成可不断变化，有时包括一个有问题需要解决的顾客，有时包括涉及同一个问题的各部门代表，有时包括各有问题的多个职能部门。

（二）新技术培训

新技术培训运用电视、多媒体、网络、卫星、全球教室等培训手段和方法。电视早已成为重要的培训手段。多媒体、网络培训就是运用计算机和网络技术（互联网、局域网、CD-ROM、卫星、PDA、手机等）来进行管理及传递信息、数据、知识等。在计算机普及率高的地区，网络培训方便、效率高、可满足多种行业要求，通过跨地区、跨国联网，可使受训者较容易地获取各种新的知识和信息，同时能降低培训费用。

学习平台有三个层次。①内部网，内容有人力资源信息、财务信息、产品设计计划文件等。②外部网，它是与有关的客户、经销商等连在一起的网络，内容有产品目录、销售工具等。③公众网，主要内容有新闻、职业培训等。原来培训者与学员是同步的，现在可以不同步；原来培训是与工作独立的，现在是通过学习管理系统与工作结合在一起的；原来培训是以教室培训为主，现在是与网上教学相结合的。

新技术培训只是在学习手段和形式上有了革命性的改变，培训方法仍遵循传统方法，但它迎合了快速、多变的时代要求，成本低廉，时效快，是越来越多的公司鼓励采取的方式。

二、培训与开发的流程

培训过程一般包括确定培训需求、制订培训计划、培训的组织实施以及培训效果的评估几个步骤。

（一）确定培训需求

确定培训需求就是对公司未来发展、任务的内容以及员工的个人情况进行分析，从而确定培训需求。培训需求通常在组织、任务和人员三个层次上展开调查。

（二）制订培训计划

制订培训计划要依据培训需求调查的结果，具体地确定培训的对象、形式、内容，制订预算、编制课程。培训计划要立足于创新，激发学员的学习热情，让学员在创新的培训环境中参加学习。

培训计划需要考虑的问题很多，包括一些细节，如教室座位的摆放等。传统的"教室型"摆放有利于学员集中注意力倾听演讲；"扇形"摆放却有利于学员小组讨论，有利于培养团队精神和领导能力；"会议形"摆放则更适合无须发言、强调小组讨论的情形；"马蹄形"摆放则适合"击鼓传花"式的教学，有利于每个学员按顺序发言。

（三）培训的组织实施

培训的组织实施是指按照先前的培训计划进行培训的过程。在实施过程中，组织者应关注学员等方面的反馈，及时对计划进行必要的调整，同时，注意发现具备较好创新素质的人才。

（四）培训效果的评估

培训效果的评估是依据目标，运用科学方法，获得各种信息来判断培训效果，以作为改进和决策参考的过程。它根据评估进行的时间长短，可分为即时评估、中期评估和长期评估；根据评估层次不同，可分为反应层评估、学习层评估、行为层评估和结果层评估。在不同时间进行的不同层次上的评估，都是培养和发现各种创新人才的机会。

第四节　跨国公司的绩效管理和薪酬管理

一、跨国公司绩效管理

绩效评估被许多公司视为获得卓越经营（Business Excellence）的关键途径。与国内公司一样，跨国公司的人员绩效评估是其绩效管理闭环过程中的一个环节。一般来讲，虽然各子公司在地域、文化等方面存在差异，但是除了在管理理念及实施模式方面体现跨国公司的特性之外，其内部人员的绩效评估和管理与国内公司并不存在本质不同。对于跨国公司来说，其真正的挑战在于对外派人员的绩效评估和管理。

（一）绩效评估的模型

1. 跨国公司人员绩效管理情景模型

该模型阐明了绩效评估是如何在为公司战略目标服务的同时，又为其他与人力资源有关的活动如人员培训与开发及绩效薪酬等提供重要的信息来源的。一方面，跨国公司外派人员绩效管理，就是根据跨国公司的战略目标，制定出绩效规划，形成跨国公司的绩效期望说明，构建外派人员绩效期望值和绩效评估体系。为了促进外派人员实现跨国公司制定的绩效期望值，跨国公司需要对他们进行培训和开发，利用绩效报酬等方式鼓励外派人员提高绩效水平。另一方面，受国内情景、国外情景和组织情景等的不稳定性影响，外派人员的工作环境也不稳定，从而影响其绩效目标的执行和实现，因而它需要高层管理者的支持，需要公司为外派人员提供信息交流和沟通的渠道。同时，跨国公司必须通过日常管理，将外派人员绩效评估结果用于公司人事决策和其他管理参考，为以后的绩效管理奠定基础。

在情景模型中，组织情景包括工作性质、组织结构标准的绩效管理系统、高层管理的支持、接收单位（子公司）的大小、经理与子公司人员的工作作风和技能等因素。这些因素中的任何一个，根据它与其他因素之间关系的远近，会有不同的协同效应。情景模型还显示，明确对绩效的期望是将公司战略目标与绩效评估联系起来的重要因素。不是所有的工作都要求制定个人目标，但是对绩效的期望可以通过非正式的途径表达。同样，日常管理这一概念也就成了组织范围中的重要成分。例如，该公司从事客户项目的外派人员，更倾向于依靠指导、绩效回顾和反馈以及接受实时的、非正式的辅导而不是用标准化的绩效管理系统。

2. 跨国公司人员绩效评估的过程模型

跨国公司的人员绩效评估是人员绩效管理的一个环节。一般来说，绩效管理都是建立在系统化的工作分析的基础之上的。对于外派人员来说，公司在做出外派决策之前，该员工的目标工作（职责、任务）及其成果预期就已经基本确定，虽然根据实际工作情况，一切都可能会有调整，但至少假设是这样的。公司会对外派人员的工作行为、过程与结果进行实时（或定期）的追踪，并动态地与其交换信息，提供工作指导或者资源支持，以保证外派人员的绩效状态符合预期。如果人员绩效持续不能达到要求，则外派人员可能面临相应的处理，如提前召回；如果绩效保持良好状态，则外派人员会得到相应的奖励。公司会根据人员绩效实现情况，持续地调整绩效目标，并展开新一轮的监控与评估，形成一个闭环的循环过程。

与本地经营的公司不同，跨国公司的外派人员任期一般相对较短，虽然绩效监控与反馈会持续进行，但公司对其进行的绩效考核往往集中在回任阶段，对短期指派或基于项目指派的人员尤其如此。对于海外子公司经理人员，其绩效评价一般通过对子公司的经营绩效评估来进行。这个过程中的一个重要内容是提供评价过程和结果的即时反馈。这在很多文献中被认为是评估的后续环节，而不属于绩效评估。绩效评估所获的数据常常被用来作为决定人员的报酬、晋升及培训和开发需求的依据，是人力资源决策的重要信息来源。

（二）绩效评估的方法和流程

由于跨国公司的绩效评估与管理存在一定的特殊性和复杂性，在操作上需要注意其文化背景、地域发展、人员素质结构等变量的差异，所以绩效考核方法有些与众不同的特点。但是随着全球化的发展，跨国公司的绩效考核方法渐趋一致，科学规范的绩效考评技术的运用已成为跨国公司绩效管理的核心。传统的绩效评估方法与系统的绩效管理体系结合运用，已成为跨国公司人员绩效评估的新特色。

1. 人员绩效评估的一般方法

一般而言，常用的人员绩效评估方法包括业绩报告、比较、行为与个性特征考核等，每类方法又有具体的实现方式。

（1）业绩报告。业绩报告有自我报告和业绩判定两种形式。前者是被评估者自陈绩效表现，而后者则一般由直接主管给出判定。这种方法的实现形式比较灵活，可以反映较全面的信息，但是信度和效度很低。由于文化差异，该方法在欧美公司的应用效果比亚洲公司的要好。

（2）比较。比较即依据既定的评估标准，将一个员工的工作绩效与一个或多个其他人员进行比较。这是一种相对的衡量方法，通常有排序法、强制分布法和配对比较法三种。排序法就是将人员绩效按一定顺序进行排列，有简单排序和交替排序两种实现手段。强制分布法要求评估者将员工编入预先划定的诸如"优秀""良好""较差"之类的次序中，要求各类人员数量满足一定的比例。配对比较法则是对所有员工进行两两比较，建立比较矩阵以对所有人员进行绩效评价和排序。配对比较法的信度和效度都不高，一般仅作为一种辅助评估方式。

（3）行为与个性特征考核。行为与个性特征考核包括品质评定和行为评定两大类。其中，品质评定的典型方法有图尺度评价法，而行为评定的典型方法为关键事件法和行为锚定等级评价法。图尺度评价法是一种最古老也最常用的绩效评估方法，它列出一系列绩效因素，并给定相应的评分尺度，评估者基于表中的每一项给出对人员的评分。图尺度评价法设计简单、操作方便，并且便于定量分析和比较，但是缺乏具体标度描述，信度较低。关键事件法将注意力集中在一系列能够区分有效工作和无效工作的关键行为上，评估者记下一些具体但能说明员工所做的是特别有效果或是无效果的事件（即关键事件），通过关键事件序列可以对员工的工作行为做出整体评价，并让员工明确期望的或不期望的行为。行为锚定等级评价法综合了关键事件法和图尺度评价法的主要要素，即考评按某一序列数值尺度对各项指标打分。不过，其评分项目是某人从事某项职务的具体行为事例，而不是一般的个人特制描述。

2. 跨国公司人员绩效评估方法

相对来说，跨国公司更加注重从战略层面对人员的绩效进行评价，通过考察人员的行为过程与公司战略的一致性，对人员进行绩效引导与激励。目前，跨国公司中存在几种非常流行的员工绩效管理模式，如关键绩效指标法（KPI）、平衡计分卡法（BSC）等。这些模型都将公司的使命、核心价值和愿景与个体人员的绩效相联结，每一种评价方法都有自己的侧重点，不同的模式和方法又都有各自的局限性和适用条件。

（1）关键绩效指标法。关键绩效指标法是一种战略性的绩效管理工具，其基本思想是依据公司的战略与发展规划，对内部各层级部门、流程及岗位的工作重点与核心任务进行明确量化，以便进行实时的跟踪、评估与控制。所谓关键绩效指标（Key Performance Index，KPI），就是可以量化描述组织与个人的关键成功因素的状况的指标，其主要作用是描述对应控制变量超过或者低于预定目标的程度。公司各个层次的 KPI 存在内在的相互联系，下层 KPI 是上层 KPI 的分解与实现，它们具有明显的层次关系，从而使得绩效问题分析与追踪成为可能。关键绩效指标法实施的关键就在于 KPI 体系的设计。

有效获取 KPI 有两种基本策略：内部导向法和外部导向法。所谓内部导向法，就是基于公司的愿景与战略，分析其关键成功因素，然后对关键成功因素进行描述与分解。彼得·德鲁克认为，企业应在市场定位、创新、生产率、实物及金融资产、利润、管理人员的表现和培养、工人的表现和态度、公共责任感八个方面制定目标。外部导向法主要是在公司之外寻找特定的标杆企业作为基准和借鉴，以此为引导建立相关的 KPI 体系。对于跨国公司来说，由于其现实复杂性，往往更多地采用内部导向法，其基本实现途径是目标分解与流程分析相结合，在具体分析过程中，因果分析图（鱼骨图）是常用的工具之一。需要说明的是，KPI 在强调关键的同时，也考虑了绩效的全面性和均衡性，但并不是说 KPI 设置越多越好。对个人和部门来说，一般设立 5~6 个 KPI 就足够了。

对得到的 KPI 指标，管理者需要审核其合理性。除了基本的 SMART 原则（即目标具体、可衡量、可以达到、有相关性、有明确的截止期限）之外，KPI 指标必须与公司整体战略相一致，而且是可信、可操作、可控制的。这可以通过回答下列一系列问题来检验：

1）所得 KPI 是否与特定的战略目标相联系？

2）这些指标如何支持战略目标的实现？

3）指标描述的结果是否有直接的责任归属？

4）绩效结果在多大程度上受被评估者日常工作行为控制？

5）是否有稳定的数据来源支持指标的评价？

6）数据处理是否导致绩效指标计算结果失真？这些数据能否被人为操纵？

最后，合理的 KPI 指标还要能低成本获得。

（2）平衡计分卡法。平衡计分卡的框架体系包括四个视角（或称四个维度）：财务视角、客户视角、内部流程视角、学习与成长视角。财务视角的目标是解决"如何满足股东的利益"的问题，客户视角关注"客户如何看待我们"，内部流程视角明确"我们擅长什么"，而学习与成长视角则回答"我们是否在进步"。平衡计分卡的核心思想是通过四个视角之间相互驱动的因果关系，来展现组织战略轨迹，实现绩效考核、绩效改进、战略实施、战略修正的目标。其中，学习与成长解决企业长期生命力问题，是提高企业内部管理素质与能力的基础；公司通过管理能力为客户提供更大的价值；客户的满意导致企业良好的财务效益。

平衡计分卡强调平衡的理念。所谓"平衡"，是指在长期目标与短期目标之间、外部指标（财务/顾客）和内部指标（内部流程/学习与成长）之间、财务指标和非财务指标之间、所求的结果和这些结果的驱动因素之间、强调客观性测量和主观性测量之间，均要追求并保持平衡。

虽然平衡计分卡法越来越多地被跨国公司应用，但是需要指出的是，它实质上是一种战略管理工具，更多地被用于公司和部门绩效的评估，而且往往与目标管理、KPI 法及其他方法相结合。

二、跨国公司薪酬管理

企业的薪酬管理要解决公平和激励两个问题，完善的薪酬体系设计能够增加员工的工作满意度和工作积极性，激发员工创造力，提高其工作绩效，从而促使员工为组织创造更大的财富。薪酬可分为外在薪酬和内在薪酬两部分，内在薪酬的激励作用越来越重要。

由于跨国公司劳动力比较多元化，同时需要面对不同国家的社会文化与法律制度背景，所以其薪酬管理具有复杂性和多样性的特点，在薪酬设计方面应该更加体现战略意识。

（一）跨国公司薪酬管理的特点

以在华跨国公司为例，根据薪酬管理模式的不同，可以将跨国公司分为两类：欧美跨国公司和韩日跨国公司。这两类跨国公司的薪酬管理模式也是当前国际上最具代表性和借鉴价值的。

1. 不同跨国公司薪酬管理的不同特点

欧美跨国公司受市场经济的影响较为深刻，自工业革命起便被烙上了市场经济的印记。公司内部注重业绩，强调个人能力和利润。跨国公司的薪酬管理模式也参照和延续其母国公司的管理特点，大多借助专业咨询公司的调研，分析其人力资源和我国行业内部的人力价格，并在公司内部依据个人的岗位、绩效、能力等指标体系来决定员工的薪酬水平。欧美跨国公司一般会维持本公司在行业内的薪酬水平处于一个较高的位置，并根据能力的不同维持薪酬的内部平衡。它们会根据本行业内同类岗位的即时薪酬水平来自主确定本公司相应职位的工资水平，而当劳资双方在薪酬方面出现较大分歧和争议的时候，则会通过劳资谈判，确定双方共同接受的新的工资价格水平。有在欧美跨国公司工作经历的人一般会有这样的感受：欧美公司更加注重个人的业绩表现而非工作年限，因此在公司内部，高层管理者和基层人员、优秀业务员和普通业务员的工资相差几倍、几十倍甚至上百倍的现象非常常见。

韩日跨国公司由于受东方文化的影响，公司内部更加重视和谐、团队和人际关系，注重公司的长期稳定发展。受这种文化的影响，公司大多数采取年功序列工资制，即根据员工的工龄长短和职级高低来决定公司员工的薪酬水平。很多日本公司甚至在公司内部实行终身制，即员工从进入公司的那天起就与公司签订了终身劳动合同，将个人命运与公司发展紧密地联系到一起。公司内部的"家庭"氛围比较浓厚，他们主张根据员工的工龄长短来确定晋升和加薪，并认为这样可以剔除许多不公平因素，因此在公司内部，相同职级间、相同工龄间的员工薪酬水平一般相差不大。

以上是目前国际上两种比较有代表性的跨国公司类型的薪酬模式的区别，但作为以营利主要目标的跨国公司，它们采取的薪酬战略都是为了公司的发展，或短期快速发展，或长期稳定发展，二者在很大程度上也有相同点。

2. 不同跨国公司薪酬管理的相同点

（1）跨国公司一般都设计有完善的增资制度和总量控制机制。不论是公司的工资总量，还是一定时期的工资增长量都是在预算范围内的，包括基本工资和浮动工资，它们都有事先约定好的上限，如果想要突破这个上限，则必须寻求更高的职位级别。

（2）薪酬福利的多元化、制度化倾向明显。一直以来，跨国公司的高薪资、高福利都是吸引众多求职者的重要因素，其福利模式涵盖内容丰富，金额较高，并且随着市场福利制度的不断完善，其涵盖范围越来越广，越来越"人性化"，如"过节费""庆生红包""探亲费"等。虽然本土公司的福利待遇一般在项目类别上没有太大差别，但是在数额上却有一定的差距。

（3）不同类型员工的薪酬待遇差别较大。跨国公司中的员工一般可以分为三类：第一类是由母国公司外派过来的人员，这些人员一般担任跨国公司的高层管理者或核心技术人员；第二类是第三国人员，这类人员一般具有很强的专业技术水平，与外派人员一样担任着公司的重要职务；第三类是本土员工。这三类人员的工资水平逐渐降低，并且在福利待遇上也存在很大的区别。

（二）跨国公司薪酬设计方法

跨国公司的国际薪酬设计方法主要有三类：资金平衡法（母国体系法）、现行费率法（东道国体系法）及其他方法。其中，资金平衡法在跨国公司的薪酬设计中最为普遍，也最具代表性。

1. 资金平衡法

资金平衡法也称母国体系法、资产负债表法，是指根据跨国公司母公司所在国家的生活水平和薪酬标准确定公司外派人员的工资水平的薪酬体系。例如，日本跨国公司的外派人员的工资水平将按照日本公司的工资标准来确定。这种薪酬设计体系的主要目的是平衡外派人员与母公司员工的薪酬水平，使外派人员与国外能够享受到与母公司相同的工资待遇，并且还对外派人员进行额外补贴，以补偿其在外国任职时所产生的额外费用而不至于遭受经济上的损失。

资金平衡法的主要特点如下：

1）根本目的是保持外派人员与母国相同的生活水平，同时增加财政奖励以激励外派人员接受海外任职。

2）本国的支付款和福利是这一设计方法的基础。

3）外派人员在驻地的额外支出由母公司承担。

4）以增加物质激励的方式使薪酬计划更具吸引力。

值得指出的是，资金平衡法主要是根据住房及其他公共支出费、商品和服务费、固定收入与税收四部分费用在母国和驻地之间相比较后的差额，确定外派人员的经济补偿。补偿可为正，也可为负。如果上述费用超过了国内的支出水平，则外派人员将得到相应的经济补偿；反之，则不能得到补偿，但多出的部分公司一般也不会削减，而是作为奖金。通常来说，外派人员在国外的支出水平都要比母国高，如外派人员的住房、用车、旅游等高档消费，各类消费的合计成本一般会比母国同类人员的高出 $1\sim4$ 倍。因此，目前很多跨国公司都采取了限制外派人员高档消费的制度，对于这类高档消费都采取了规定限额的措施，尽量在有效激励外派人员的同时合理控制外派人员的支出成本。

资金平衡法的基本计算公式为：

$$K = M + \Delta I + T + P$$

式中，K 表示某外派员工在驻地的实际薪水；M 表示其在母国的标准薪酬；ΔI 表示该外派员工的母国薪水与驻地薪酬的差额；T 表示其在母国获得的福利水平；P 表示母国为外派员工而给予的奖金。

例如，假设日本丰田汽车公司向中国天津丰田汽车有限公司（丰田在华建立的子公司）派遣了一名部门经理。其在日本担任该职位时的薪酬为 10000 元/月，而在中国相同职位的市场薪酬水平为 8000 元/月，在日本的福利折合为 8000 元/月，日本丰田汽车公司对于中层管理者在华外派奖金统一为 2000 元/月（以上数字皆折合为人民币）。则该名员工在中国的实际薪酬为：

$$K = M + \Delta I + T + P = 10000 + （10000 - 8000）+ 8000 + 2000 = 22000 （元/月）$$

由计算可知，正是因为日本丰田汽车公司采取在驻地的薪酬高于本国水平的薪酬设计，才能激励员工接受公司的外派，赴他国工作。

2. 现行费率法

现行费率法也称东道国体系法、薪酬本土化法或市场费率法等，即按照跨国公司外派人员驻地的市场费率标准来支付外派人员的工资。现行费率法的主要特点如下：

1）外派人员的工资标准以驻地的市场费率和调查比较结果为基准。

2）有利于外派人员由低收入水平国家向高收入水平国家流动，而相反方向的流动则需在基本工资和福利之外进行额外支付补偿。

3）对外派人员薪酬的不同组成采取差异化管理等。

现行费率法的基本计算公式为：

$$K = M \times (1 + r) + T + P$$

式中，K 表示某外派员工在驻地的实际薪水；M 表示其在母国的薪酬水平；r 表示该外派员工在驻地的市场费率（主要为各种税率叠加）；T 表示其在母国获得的福利水平；P 表示母国在外派员工基本工资和福利之外给予的奖金。

为方便比较，仍以上述日本丰田汽车公司向中国天津丰田汽车有限公司派遣一名部门经理为例。假设中国的市场费率为 10%，在母国的福利折合为 8000 元/月，奖金为 2000 元/月（以上数字皆折合为人民币）。则该名员工在华的实际薪酬为：

$$K = M \times (1 + r) + T + P = 10000 \times (1 + 10\%) + 8000 + 2000 = 21000（元/月）$$

由上可知，薪酬计算方法不同，外派员工最终得到的实际薪酬也不一样。因此，母国公司一定要充分考虑公司自身的实际情况和外派员工驻地的收入水平，科学合理地进行员工薪酬设计，最大限度地激励外派员工。现行费率法的优势在于：有助于减少母国原有的薪酬体系存在的同等职位间薪酬不公的现象，有利于不同来源国的外派人员间的合作，规避本国汇率及税法的调整，有效降低外派成本。但这种薪酬设计方法同样也有不足之处，其不足之处主要在于这种设计方法容易使外派人员之间相互攀比，大家只愿意由低收入国向高收入国流动，相反的流动比较困难。

3. 其他方法

随着跨国公司的不断增多，公司也在探索更加有效的薪酬设计方法，如取高法、区域化法、全球化法等，这些都是目前跨国公司采取过的设计方法。这些方法都在一定程度上解决了跨国公司面临的薪酬管理问题。但必须承认，以上设计方法都有其针对性，并没有一种"放之四海而皆准"的薪酬设计方法，因此，跨国公司或母国公司在进行外派人员薪酬设计时，一定要结合公司本身的薪酬实际和外派人员驻地的支付水平综合考虑，以制定出最合理有效的薪酬方案，在有效激励外派人员的同时最大限度地降低公司成本。

美国跨国公司外派人员国际薪酬的基本框架类似于其在本国的薪酬结构，主要包括基本工资、绩效薪酬、补偿性薪酬和一些固定的福利待遇等。公司人力资源部门在设计外派人员的总体薪酬方案时主要考虑外派人员的工作年限、人员的流动性、薪资的对照人群和文化差异等因素。一般来说，工作年限越长，薪资待遇及相关福利也会越高；对于流动较为频繁的人员，公司则会更多地采取货币激励和其他利于流动的措施，而非住房、购车等长期性消费。

（1）基本工资。美国跨国公司在进驻他国后，将借助专业咨询公司对已有的薪酬方案进行比较，并在此基础上制定出适合外派人员的薪酬方案。同时，考虑到当地货币的稳定性及通货膨胀率等经济因素，公司一般将基本工资的购买力作为外派人员工资水平的衡量标准，以保证员工的生活质量与本国员工保持一致甚至略高于本国同类职位员工。

（2）绩效薪酬。在大多数情况下，美国跨国公司外派人员的薪资调整和奖金金额是根据员工的绩效及工作业绩来确定的。然而公司内部采取的薪酬系统不同，在确定绩效薪酬时应该有所区分。假如外派人员的基本工资是以母国为标准的薪酬体系所确定的，那么其绩效薪酬也要根据母国的比例来确定，以保持一致性。例如，员工的最高奖金在东道国是基本工资的20%，而在母国则是基本工资的40%，若某外派人员的奖金使用率是60%，那么他将能得到24%（即40%×60%）的奖金，而不是12%（即20%×60%）的奖金。基于此，公司的基本工资也要及时根据母国的薪酬系统进行调整。

（3）补偿性薪酬。一般而言，母公司为激励员工接受外派，都会对外派人员进行一定的物质奖励，并提供比在本国更加优惠的条件。这既是一种奖励，也是对外派人员在生理或心理上的补偿。

目前，在美国跨国公司中普遍存在以下三种形式的补偿性薪酬。

1）国际酬金。它是指母公司为了激励外派人员和其家庭接受公司外派任职而设置的固定的一般性奖励和补偿。

2）艰苦津贴。这部分薪酬是公司以补偿的形式对外派人员到比较艰苦的地方工作所发放的补助津贴。通常情况下，艰苦津贴是以薪资的一定比例（如10%）进行支付，具体的比例大小要结合艰苦程度、当地政府和专业咨询公司提供的信息来确定。

3）流动津贴。它主要是指对外派人员变换工作地或工作性质的一种奖励。

（4）福利待遇。福利一直是外派人员薪酬结构中的重要组成部分。公司为员工提供各类福利待遇的目的就是为了更好地吸引和留住外派人员，使其在派遣地积极工作，增加其和家庭的安全感和满意度。福利待遇主要包括标准福利和额外福利。标准福利是指与母公司一致的福利项目，如医疗保险、退休金和基本的假期、培训计划等。额外福利是指标准福利之外的其他福利，如生活费用津贴、住房津贴、探亲津贴、子女教育津贴、搬家津贴、税收减免等。

【基本概念】

人力资源培训　人力资源开发　演示法　传递法　团队建设法　资金平衡法，KPI法

【思考题】

1. 跨国公司人力资源管理与一般人力资源管理相比，具有哪些特征？
2. 跨国公司人力资源环境包含哪些方面？

3. 跨国公司职位分析的基本流程有哪些？

4. 跨国公司人力资源招聘有哪些特点？

5. 跨国公司人力资源培训与开发的方法主要有哪些？

6. 举例说明跨国公司的国际薪酬设计方法。

【本章参考文献】

［1］赵曙明，道林，韦尔奇. 跨国公司人力资源管理［M］. 北京：中国人民大学出版社，2001.

［2］林新奇. 跨国公司人力资源管理［M］. 北京：首都经济贸易大学出版社，2008.

［3］赵晓霞. 跨国企业人力资源管理［M］. 北京：社会科学文献出版社，2011.

［4］赵曙明. 国际企业：人力资源管理［M］. 4 版. 南京：南京大学出版社，2015.

［5］罗帆. 跨国公司人力资源管理［M］. 北京：清华大学出版社，2016.

［6］晏景荣. 基于企业战略的人力资源规划流程及方案探析［J］. 中国人力资源开发，2006 (7)：55-57.

［7］李航. 基于案例的跨国公司文化差异对人力资源管理的影响浅析［J］. 文化创新比较研究，2018 (14)：136-137.

［8］谢劼. 石油企业外派员工薪酬制度设计与优化——"平衡表法"的应用及其深化［J］. 石油化工管理干部学院学报，2018，20 (3)：1-5.

［9］葛腾. 企业人力资源的需求预测［J］. 统计与决策，2013 (24)：185-187.

［10］苏方国. 跨国经营与国际人力资源战略研究［J］. 现代管理科学，2014 (8)：54-56.

［11］刘绍涛. 当代跨国公司人力资源管理的特点与启示［J］. 企业导报，2013 (10)：206.

［12］梁廷辉. 试论如何做好企业的人力资源规划［J］. 人力资源管理，2014 (6)：132.

［13］梁丹. 基于战略的人力资源规划［J］. 人力资源管理，2014 (6)：77.

［14］格特里奇. 有组织的职业生涯开发［M］. 李元明，吕峰，译. 南开大学出版社，2002.

［15］格林豪斯，卡拉南，戈德谢克. 职业生涯管理. 王伟，译. 3 版. 北京：清华大学出版社，2003.

［16］杨育谋. 超级招聘：跨国公司如何挑选未来领袖［J］. 人力资源，2008 (10)：67-69.

［17］刘桂素. 跨国经营企业外派管理人员甄选方法探析［J］. 天津财经大学学报，2008 (10)：43-47.

［18］范露峰. 浅析跨国公司人员配置本土化［J］. 中小企业管理与科技，2010 (36)：31-32.

［19］董贺新. 跨国公司员工多元化的招聘管理［J］. 产业与科技论坛，2011 (8)：227-228.

［20］道林，费斯廷，恩格尔，等. 国际人力资源管理［M］. 赵曙明，程德俊，改编. 5 版. 北京：中国人民大学出版社，2009.

［21］李秀兰. 跨国公司外派人员绩效管理研究［D］. 哈尔滨：哈尔滨工程大学，2007：12-13.

［22］彭翠莲. 跨国公司绩效管理研究［D］. 青岛：中国海洋大学，2006.

［23］FERRIS G R, ROSEN S D, BARNUM D T. Handbook of human resource management［M］. Cambridge, Mass.：Blackwell，1995.

［24］MORRALL A. The survivor loyalty factor［J］. Human Resource Development Quarterly. 1999, 10 (1)：95-99.

［25］MORRALL A. A human resource rightsizing model for the twenty-first century［J］. Human Resource Development Quarterly. 1998, 9 (1)：81.

［26］DOWLING P J, WELCH D E. International human resource management：managing people, in a multinational context［M］. London：Thomson，2004.

［27］JANSSENS M. Evaluating international managers' performance：Parent country standards as control mechanisms［J］. International Journal of Human Resource Management，1994 (5)：853-873.

［28］BRISCOE D R, SCHULER R S. International human resource management［M］. 2nd ed. London：Routledge，2004.

中国对"一带一路"直接投资

【本章重点】

1. "一带一路"的主要内涵与意义。
2. "一带一路"的总体规划及建设成果。

　　自改革开放以来我国经济快速发展，作为经济发展动力之一的对外直接投资，其规模也屡创新高。"一带一路"倡议为我国对外直接投资提供了新的机遇。我国公司积极进行对外投资与经济合作，对沿线国家的投资和贸易额在总体上不断增长，推动了沿线国家和我国的发展。

第一节　"一带一路"的基本内涵

　　"一带一路"倡议是我国提出的一个跨洲的区域经济带建设倡议，是经过二三十年经济飞速增长、一跃成为世界第二大经济体的中国，在经济全球化和新的世界政治、经济格局背景下，提出的宏大构想。本节着重阐述了"一带一路"的主要内涵和基本定位。

一、"一带一路"的主要内涵

　　"一带一路"是指"丝绸之路经济带"和"21世纪海上丝绸之路"，是我国为推动经济全球化深入发展而提出的国际区域经济合作新模式。"带"浓缩了我国40年改革开放的经验，"路"源于180年来中国走出符合自身国情的发展道路，"一"折射"道生一，一生二，二生三，三生万物"的五千年文明智慧，集中展示了传统中国、现代中国和当代中国的三重魅力和中国共产党为人类进步事业而奋斗的天下担当。

　　"一带一路"是开放性、包容性的区域合作倡议，而非排他性、封闭性的"小圈子"。能否发现新机遇、抓住好机遇、主动创造机遇关键要看能否深入开放。"一带一路"倡议就是要同世界各国一起发现新机遇、抓住好机遇、共同创造机遇。在这种愿景的指引下，"一带一路"以开放为导向，期望通过加强交通、能源和网络等基础设施的互联互通建设，促进经济要素有序自由流动、资源高效配置和市场深度融合，开展更大范围、更高水平、更深层次的区域合作，打造开放、包容、均衡、普惠的区域经济合作架构，以此来解决经济增长和平衡问题。可以说，"一带一路"倡议区别于其他区域性经济倡议的一个突出特点就在于它的包容性。

　　"一带一路"是务实合作平台，而非我国的地缘政治工具。"和平合作、开放包容、互学互鉴、互利共赢"的丝路精神既是我国的精神财富也是人类共同的财富，"一带一路"就是对这一宝贵精神的延续。相关国家的交流合作在不断加强，各国发展的比较优势凸显出来，彼此形成利益共同体、命运共同体和责任共同体，最终达到互利共赢。在这一机制中，各国都是参与者、贡献者和受益者。因此，"一带一路"从提出时就是一个平等的、和平的倡议。我国一直以来都坚持平等的国际准则，"一带一路"建设的关键基础也是这一国际准则。合作要想持久、互利就必须以平等为基础。"一带一路"倡议之所以得到各国的支持就是因为它具备了平等包容的特征，这将有助于提升共建效率，有助于国际合作真正"落地生根"。同时，"一带一路"建设离不开和平安宁的国际环境和地区环境，和平是"一带一路"建设的本质属性，也是保障其顺利推进所不可或缺的重要因素。这些就决定了"一带一路"不应该也不可能沦为大国政治较量的工具，更不会重复地缘博弈的老套路。

"一带一路"是共商共建共享的联动发展倡议，而非我国的对外援助计划。"一带一路"建设是双边或多边联动基础上通过具体项目加以推进的，是在进行充分政策沟通、战略对接以及市场运作后形成的发展倡议与规划。2017 年 5 月，《"一带一路"国际合作高峰论坛圆桌峰会联合公报》中强调了建设"一带一路"的基本原则，其中就包括市场原则，即充分认识市场作用和企业主体地位，确保政府发挥适当作用，政府采购程序应开放、透明、非歧视。可见，"一带一路"建设的核心主体与支撑力量并不是政府，而是企业，根本方法是遵循市场规律，并通过市场化运作模式来实现参与各方的利益诉求，政府在其中发挥构建平台、创立机制、政策引导等指向性、服务性功能。

"一带一路"倡议是与现有机制的对接和互补，而非替代。"一带一路"建设中相关国家的发展要素各不相同，在比较优势上有明显的差异，各国发展优势互补性很强。有的国家能源资源富集，有的国家劳动力充裕，有的国家市场空间广阔，有的国家基础设施建设需求旺盛。经过几十年的发展，我国经济规模仅次于美国，外汇储备规模则是世界第一，产业优势、基础设施建设经验优势愈发明显，在装备制造上不仅能力强而且质量好，具备资金、技术、人才等综合优势。因此，我国与"一带一路"相关国家能够实现优势互补，惠及各方。"一带一路"倡议的核心内容就是要促进基础设施建设和互联互通，对接各国政策和发展战略，以便深化务实合作，促进协调联动发展，实现共同繁荣。

"一带一路"建设是促进人文交流的桥梁，而非触发文明冲突的引线。"一带一路"跨越亚、欧、非三大洲，沿线文化、信仰丰富多彩，但它带来的不是文明冲突，而是不同文明的交流和繁荣。"一带一路"建设也将"民心相通"作为工作重心之一。通过弘扬丝绸之路精神，开展智力丝绸之路、健康丝绸之路等建设，在科学、教育、文化、卫生、民间交往等各领域广泛开展合作，"一带一路"建设民意基础更为坚实，社会根基更加牢固。法国前总理德维尔潘认为，"一带一路"建设非常重要，是政治经济文化上的桥梁和纽带，让人民跨越国界更好交流。"一带一路"建设就是要不断加强不同文明之间的交流，推进不同文明之间的百花齐放，为不同民族之间的交流搭建起桥梁。

二、"一带一路"的基本定位

"一带一路"的基本定位是开放的国际性区域发展。在国内，区域经济发展有经济带或自贸区，如京津冀经济带、长江经济带、河南自由贸易试验区等，国内区域经济发展迅速，为地方经济崛起起到重要作用。"一带一路"是区域经济发展的国际化，而且是开放的，既对沿线国家开放，也对沿线以外的国家开放。

（一）经济外交新内涵

一国经济外交，一般是指通过贸易、投资、金融等经济交往合作，扩大和加深与相关国家经济一体化联系，从而在提升本国资源配置和运营效率同时，维护和改善外部经济、政治、安全环境。"一带一路"建设通过进一步扩大开放，推进与沿线国家的务实合作，改善我国与沿线各国经济发展的外部环境，为实现和平发展提供良好的外部环境。

"一带一路"建设，将扩大开放和新外交方针结合起来，将合作共赢理念和共谋发展的行动结合起来，做到睦邻安邻、帮邻富邻，用中国方式来讲述中国的和平发展理念。

"一带一路"经济外交具有广泛的新内涵。首先，对外开放政策对象在不断拓展，内容在不断提升。"一带一路"倡议在提出之初侧重的是对发达国家的开放，但现在已经转变为发达国家和发展中国家并重的开放策略，甚至在大量的务实合作领域是以沿线广大发展中国家为主的。这体现了我国全方位对外开放的重要思想。其次，对广大发展中国家经济外交的内涵在不断演变。"一带一路"建设包含"五通"合作重点，将政策、基建、贸易、投资、金融等方面合作内容有机结合起来，形成更为系统与完备的经济外交内容组合和顶层设计。最后，经济全球化深化与现行国际金融经贸治理结构基本框架存在不相适应的现实矛盾，依托共建"一带一路"合作发展的务实要求，建立亚投行、金砖银行等机构，有助于推动对现行国际金融体制架构的增量改革。

（二）全球经济增长新空间

进入 21 世纪以来，全球经济增长格局与我国经贸环境发生转折性变化，集中表现为双重"重心转移"。全球经济增长重心发生了转移，从发达国家转向新兴经济体和发展中国家。我国和广大发展中国家对全球经济发展的作用在不断提高。我国与广大发展中国家在各方面特别是在经济方面的联系在不断加强。我国的对外经贸增长重心从发达国家转向发展中国家。发展中国家在经济发展上仍存在很多阻碍，其中最主要的两方面是基础设施不足和体制政策的局限性。我国提出的"一带一路"倡议为沿线国家和全球经济可持续发展提供了中国的解决方案。

国家主席习近平于 2014 年 11 月 8 日发表题为《联通引领发展 伙伴聚焦合作》的重要讲话，指出："如果将'一带一路'比喻为亚洲腾飞的两只翅膀，那么互联互通就是两只翅膀的血脉经络。"共建"一带一路"是破解我国和沿线发展中国家发展瓶颈的最好方法，加强沿线国家在经济和各方面的交流，对经济较快增长提供助推力。以合作双赢的基本理念为指导，形成平等、务实、互利的良性互动新形势，我国携手沿线国家共同实现较快发展。在双重"重心转移"背景下，共建"一带一路"有助于培育全球经济新增长点，更好地实现后危机时代全球经济可持续增长目标。

（三）结构调整新助力

过去几十年我国在经济发展上取得的成绩被世纪各国所认可，人均收入从 20 世纪 80 年代初的 200 多美元逐步提升到 2014 年的 7000 多美元，达到了国际中等水平。现阶段我国在经济上定了"双中高"的目标，要实现这个目标还需要继续深化改革。当前经济发展的关键是要全面深化改革，形成健全的、开放型的市场经济体制架构。处理好市场和政府的关系，让市场机制起决定性作用，更好发挥政府作用。继续坚持结构调整，包括产业结构调整、技术调整。"一带一路"倡议将为我国经济结构调整提供更为广阔的平台和全新的环境，成为未来结构调整的新助力。

（四）"一带一路"下的文化交流

丝绸之路文化是我国文化的组成部分，是中华民族精神的重要体现之一，丝绸之路是古代中国与西方世界交流的走廊，是了解世界的重要通道。

无论是过去还是现在，我国的很多习惯和用品都在世界上受到欢迎，如茶、戏剧、服装等。我国经济在不断发展，实力在不断增强，世界上很多外国人开始学习汉语，有的通过孔子学院学习，也有很多外国人来中国留学，学习中国的文化和知识。这些都在加强中国与世界的文化交流。

第二节　"一带一路"的历史背景

我国提出的"一带一路"倡议是对"丝绸之路"精神的延续，我国人民与世界各国人民一样渴望全球范围内自由贸易、各国一起合作共赢。"一带一路"倡议就是要建立一个新的自由贸易和合作共同体，实现资源的横向互换、能力的优势互补，用历史的延续与传承，共同推动双边和多边发展。"一带一路"源自历史，服务现在，要想把"一带一路"建设得更好，人们必须了解历史背景，追根溯源。

一、"一带一路"的古代背景

丝绸之路是起始于古代中国，连接亚洲、非洲和欧洲的古代陆上商业贸易路线，最初的作用是运输古代中国出产的丝绸、瓷器等商品，后来它成为东方与西方之间在经济、政治、文化等诸多方面进行交流的主要道路。1877 年，德国地质地理学家李希霍芬在其著作《中国》一书中，把"从公元前 114 年至公元 127 年间，中国与中亚、中国与印度间以丝绸贸易为媒介的这条西域交通道路"命名为"丝绸之路"，这一名词很快被学术界和大众所接受，并正式使用。其后，德国历史学家郝尔曼在 20 世纪初出版的《中国与叙利亚之间的古代丝绸之路》一书中，根据新发现的文物考古资料，进一步把丝绸之路延伸到地中海西岸和小亚细亚，确定了丝绸之路的基本内涵，即它是中国古代经过中亚通往南亚、西亚以及欧洲、北非的陆上贸易交往的通道。

丝绸之路按照运输方式的不同主要分为陆上丝绸之路和海上丝绸之路。陆上丝绸之路，起自中国古代都城长安（今西安），经河西走廊、中亚国家、阿富汗、伊朗、伊拉克、叙利亚等而达地中海，以罗马为终点，全长 6440km。这条路被认为是连接亚欧大陆的古代东西方文明的交汇之路，这条路线运输的最具代表性的货物是丝绸。

海上丝绸之路，是指古代中国与世界其他地区进行经济文化交流交往的海上通道。海上丝绸之路从古代中国东南沿海，经过中南半岛和南海诸国，穿过印度洋，进入红海，抵达东非和欧洲。这条线路当时是中国与世界进行贸易往来的主要海上线路，这条海上航线不仅是我国对外贸易的通道，更是世界文化交流的大通道。我国主要往外界运输丝绸、茶叶和瓷器，将我国文明带向全世界。在宋元时期，我国造船技术和航海技术有了巨大提升，四大发明之一的指南针也被运用到航海上，使得我国航海能力和运输能力有了质的提升，为更远和更大范围的海上贸易提供了可能。以明代郑和下西洋的成功为标志，我国古代海上丝路发展进入鼎盛时期。这个时期中国与世界上 60 多个国家有着商贸往来，这也引发了西方学习东方文明的热潮。

二、"一带一路"的时代背景

当今世界经济全球化、区域经济一体化正加速发展，这对广大发展中国家来说既是机遇也是挑战。亚欧国家都处于经济转型的关键时期，一方面迫切需要提升国内优势，另一方面也需要加强与其他各国的合作以实现本国的持续发展。"一带一路"倡议正是在分析了上述的国际形势的基础上提出来的，顺应了世界发展的潮流。

（一）和平与发展是时代主题

和平与发展是当今时代主题。追求和平、实现发展是全世界人民的共同夙愿，并早已深入人心。如何使整个世界更和平、使全世界共同发展起来，是每一个国家、每一个公民都在思考的问题。当前，各国和国际组织都在探索维护世界和平的机制，也实施了很多的方案。每一个国家都在为维护和平制定相应的政策，寻求发展。这种趋势顺应时代需要，更顺应民心。

（二）经济全球化及区域经济一体化迅速发展

随着科学技术的发展和各国交流的深入，经济全球化和区域经济一体化的趋势已经不可逆转，成为世界发展的大趋势。由于经济全球化发展不断深化，区域经济一体化也越来越明显，区域经济一体化在世界经济发展中扮演着越来越重要的角色，区域经济的发展已经成为世界经济发展的动力之一。因此，推动区域经济一体化的发展也成为世界经济发展的大趋势，当前迫切需要进一步加强区域间的交流与合作。"一带一路"倡议是中国进一步融入世界经济体系，强化与周边国家经济合作的客观要求。经济全球化是一把"双刃剑"，在给每一个国家带来机遇的同时，也带来了挑战。经济危机就是最明显的证明。国际金融危机也使各国意识到加强区域合作的重要性，只有合作，团结起来，才能缓解危机，降低风险。

（三）沿线国家发展需要

首先，"一带一路"沿线国家多数是新兴市场国家和欠发达国家，多数基础设施落后，而且大部分国家经济发展水平都不高，这些国家都希望能够抓住发展的机遇，实现本国经济快速发展。因而，它们急切需要积极参与国际合作，抓住机遇，积极解决各种经济问题，缓解经济危机，最终推动本国发展。中亚国家具有丰富的矿产、能源、土地和人力资源，能否利用好这些宝贵的资源和优势决定了它们能否实现快速发展。这些国家与中国的技术、管理、经验相结合能够实现优势互补，不仅对自身的发展，而且对世界的发展都有益处。

其次，周边不稳定的环境阻碍了经济的发展。"冷战"结束以后，世界虽然整体上实现了和平，但是局部的战争和冲突不断。一些地区经常发生战争，导致一些地区和国家一直存在不稳定的因素。尤其在中亚地区以及非洲北部周边环境不稳定，时常发生冲突和战争。

最后，能源问题突出。能源是国家经济发展的基础，是国家的命脉所在。"一带一路"沿线国家，有的国家没有能源，完全依靠进口；有的国家虽然资源比较丰富但技术和经验比较匮乏，导致无法实现有效开采和利用。沿线国家需要与大国积极合作，突破各国发展瓶颈，解决能源问题，促进本国经济发展。

三、"一带一路"的中国背景

"一带一路"倡议的提出不仅是世界发展大趋势所决定的，也是我国解决自身问题所产生的必然结果。当前，我国的发展面临诸多内部问题，需要采取一些方法和策略来解决这些问题，突破这些瓶颈。而且面对全球化和区域化日益突出的发展趋势，我国这样一个大型发展中国家，需要顺应时代潮流，抓住机遇，迎接挑战，积极推进我国的发展走向世界。

（一）经济发展需要

1. 化解产能过剩的需要

我国经过几十年的快速发展，经济总量跃居世界第二，但当前面临着产能过剩的问题。由于我国产业结构不太合理、资源利用率较低、国内消费力度较小，仅仅依靠国内的消费能力无法解决产能过剩的问题。我国一方面需要刺激国内的消费能力，另一方面需要向外寻求解决方案，通过开拓国际市场解决产能过剩问题。"一带一路"倡议能够带动产能输出，这必然是一次不错的选择。

2. 我国西部经济发展的需要

我国西部受制于地理因素的影响发展较慢，而我国东部凭借地理优势得到快速发展，东西部发展差距在不断拉大。"一带一路"倡议能为我国西部发展注入新动力，西部将凭借这一倡议实现快速发展，缩小与东部的发展差距。

3. 进一步拓展我国开放空间的需要

过度依赖美、日、东欧市场的弊端逐渐显现，2008 年爆发的全球金融危机对中国产生了巨大影响，导致我国经济运行面临严峻挑战。在全球金融危机的影响下，发达国家需求低迷，我国进出口增长放缓，压力较大。我国需要寻找新的、更广阔的市场，逐渐摆脱对美、日、欧等国家的依赖，实现中国经济独立、平稳的发展。

4. 我国产业结构转型的需要

我国东部地区虽然处在沿海，最有利于通过出口创新经济模式，但仍然存在科技含量低、经济效益差，甚至对自然环境产生污染的经济现状。在改革开放之初，我国凭借劳动力优势和资源优势，引进劳动密集型产业和资源密集型产业，随着经济的不断发展，现在迫切需要提高产业的科技含量和优化产业结构。而且，中国西部地区处于内地，比较封闭，与外界联系较少，产业基础薄弱，经济发展缺乏动力，急需对产业结构进行转型，需要为经济发展注入新动力。

（二）国家安全面临挑战

一直以来，我国都存在着来自外部或内部的安全威胁。

1. 中国面临外部的威胁

以美国为首的西方国家提出了"中国威胁论"，导致世界上一些国家对我国一直保持警惕心态，使我国的发展和外交多处受阻。现如今的全球贸易已然不再是多边自由贸易，正在失去其原有的本质，变成以美国为主导的排除我国的限制性贸易。看似我国处在和平之中，但其实周围危机四伏，美国在经济、军事、政治上或明或暗地打压中国，利用亚洲一些国家来牵制中国，干扰我国发展环境。

2. 我国内部的安全问题严峻

一方面，由于中国西部经济落后，存在着相当多的潜在性隐患，地区之间的发展差距导致不平衡、不充分的发展问题越积越深，这些问题必须尽快解决，否则将会危及我国经济发展和国家稳定。另一方面，外部敌对势力在暗地里支持一些分裂势力，如新疆分裂势力、"藏独"势力，希望通过这些分裂势力使我国政府无暇顾及经济发展以达到牵制我国发展的目的。

3. 资源安全亟待维护

我国虽地大物博，但很多资源是依赖进口的，特别是石油。我国进口的石油主要是通过马六甲海峡运输到中国的，正是运输通道的单一性导致被称为工业发展命脉的石油一直不能得到安全保障。因此，我国要想实现独立、安全发展就必须解决资源运输问题，不能将自己的资源命脉放在别人手中。

第三节　"一带一路"的重要意义

"一带一路"倡议作为我国首个公开，大力推进对外开放的新实践，对提高我国的国际地位、促进我国经济发展具有重要意义。该倡议适应了我国经济发展的需要，为我国的均衡发展提供了广阔的空间；为我国奠定新兴大国形象、重组国际秩序构建了坚实的基础。它也使全世界受益，并符合国际经贸合作和经贸机制转变的需要，影响深远。

一、"一带一路"的重要作用

（一）"一带一路"倡议的提出适应当前我国经济发展的需求

经过改革开放，我国的经济建设取得了令人瞩目的成就，目前，我国 GDP 在世界上排名第二。改革开放前，经济基础相对薄弱，生产技术水平较低，我国需要向西方发达国家学习，引进先进的生产技术和管理模式。由于过去粗放式的发展，我国的产业结构仍存在不平衡的发展问题，有必要调整国内相关产业的巨大生产能力，以满足长期、健康和可持续发展的需要，开辟新市场和寻找新的发展方式迫在眉睫。同时，在"一带一路"沿线的许多国家，由于经济发展的需要，迫切需要基础设施建设，如道路维修、桥梁维修、高速铁路建设、石油天然气管道建设和网络通信设施建设，这为中国出口增加了空间。

"一带一路"倡议为我国工业技术升级和工业生产能力出口提供了良好机遇。我国可以投入资金、技术和产业，帮助发展中国家和地区建设基础设施，促进当地经济发展水平和生产能力提升。同时，这些国家在完善基础设施和经济发展后，可以为我国提供日益广阔的市场和消费需求，促进中国经济产业的发展。

（二）"一带一路"倡议为我国平衡发展提供了广阔空间

我国经济发展仍然不平衡：东部沿海发达地区的经济发展迅速，经济发展水平和总体规模远远超过西部欠发达地区。虽然我国实施了"西部大开发"战略，但总的来说，西部的发展速度并不快，外贸总量仅占中国的6%，在利用外资方面远远低于东部地区。要全面建设小康社会，实现中华民族的伟大复兴，就必须确保国民经济充分发展和平衡发展。因此，我国必须将发展愿景和视野向西转移，继续坚持"西部大开发"战略，提高西部经济发展水平，以"西部大开发"战略实现经济发展。"一带一路"倡议为我国西部开发提供了舞台，通过贸易交流和资源共享，可以加快西部地区的发展，迅速提高西部地区的经济发展水平，实现东西部地区的均衡协调发展。

（三）"一带一路"倡议顺利推进为树立中国新兴大国形象、重组国际秩序奠定了坚实的基础

自第二次世界大战以来，西方国家牢牢占据了世界经济发展中心的地位。它们掌握了世界经济秩序主动权。但是，由于经济发展与社会结构之间不可调和的矛盾，一些西方国家深陷经济危机，面临着产业空洞化、泡沫化以及经济增长乏力、失业率高的弊端。它们越来越反对贸易自由化和全球化这个历史潮流。我国提出的"一带一路"倡议充分体现了我国的责任，繁荣和共同发展的理念和态度，使每个人都能看到与西方发展愿景不同的道路。该倡议将重点放在新兴经济体和发展中国家上。这些国家大多具有良好的发展条件和广阔的发展空间。它们占据了世界人口规模和经济总量的主要位置，缺乏的只是强大的外部支持和良好的发展环境。

"一带一路"倡议可以直接开辟内陆地区和沿海国家的交通路线，更好地发挥陆路运输的优势和运输能力，更有效地弥补其固有的运输缺陷。通过顺利实施"一带一路"倡议，这部分国家和地区的丰富资源将能够得到充分利用，为经济增长和繁荣提供合理支持。它们很快就会找到一个发展空间并找到自己的位置。在一定程度上，我国提供的"一带一路"解决方案为亚欧经济腾飞注入了强大动力。

二、"一带一路"的主要影响

"一带一路"不是我国利益独有的区域，而是一个所有国家共享利益的区域。"一带一路"的建设，充分体现了我国的勇气和互利共赢的合作态度，推动世界经济地理重建，优化全球治理体系，推动沿线国家在政治、经济、贸易、人文、安全等领域的合作迈出新的一步，共同创造一个利益共同体，一个命运共同体和一个责任共同体，切实做到政治互信、经济一体化和文化包容。

（一）"一带一路"带来中国发展机遇

在全球一体化的时代，中国的复兴与有效的世界市场和广阔的地理空间密不可分。东亚经济圈、北美经济圈和西欧经济圈是最发达和成熟的全球市场，中国与这三大市场深度融合。仅仅依靠这三个市场并不足以支持中国的复兴路。在我国经济进入新常态、国内市场空间有限的情况下，西方国家经济复苏乏力，市场基本饱和，新的市场空间和产能释放的地方在哪里？这是个大问题。解决的方法只能是走出去开拓新的世界市场。

纵观世界，在我国的周边和外围，除了东亚和东南亚等个别国家相对发达，东北亚、东南亚、南亚、中亚、西亚、东欧、非洲、拉丁美洲等主要国家经济发展水平不高，这些区域潜力巨大，市场有无限的发展空间，也为我国的"东向"和"西进"提供了广阔的舞台。这就是"一带一路"倡议的合理性和潜力所在。

（二）"一带一路"重建世界经济地理

"一带一路"贯穿亚欧非大陆，一头是活跃的东亚经济圈，一头是发达的欧洲经济圈，广阔的腹地具有巨大的发展潜力和无限的增长空间。丝绸之路经济带重点畅通我国通过中亚、俄罗斯到欧洲（波罗的海）；我国通过中亚、西亚到波斯湾、地中海；我国到东南亚、南亚和印度洋。21 世纪海上丝绸之路的重点方向是从我国沿海港口过南海到印度洋，延伸到欧洲；从我国沿海港口经过南海到南太平洋。陆上依托国际大通道，以沿线中心城市为支撑，重点以经济贸易工业园区为合作平台，共同建设新的亚欧大陆桥、中蒙俄、中国—中亚—西亚、中国—中南半岛等国际经济合作走廊；海上以关键港口为节点，共同建设安全高效的运输通道。

在"一带一路"国际合作平台上，我国的发展优势、制度优势、资金优势、人才优势、技术优势、生产能力优势、政策稳定优势、战略规划优势将转化为沿途国家和地区的发展动力和合作优势。中华民族伟大复兴的机遇将转化为世界各国共同发展的机遇。"一带一路"倡议提出以来，全球 100 多个国家和国际组织积极响应支持。我国已与 100 多个国家和国际组织签署了政府间合作文件，并已与多个国家实施制度化生产合作，联合国大会和联合国安理会等重要决议也被纳入"一带一路"的建设。亚投行和丝绸之路基金代表的金融合作继续深化，一些有影响力和标志性的项目逐渐落地。"一带一路"建设从零开始，从一个点到另一个点，其进步和成果超出预期。

【案例 11-1】

罗马：奏响丝绸之路的华章

俗话说，条条大路通罗马。其中非常重要的一条路，就是连接中国和意大利的丝绸之路。这条路纵贯欧亚，沟通着东西方政治、经济、文化。同时，也一路留下了古往今来伟大的政治、军事、商业和文化的探索者、发现者的足迹，他们的遗产深刻塑造和改变着人类的历史。意大利文艺复兴和现代世界的开端，既是一个与丝绸的引进、消费、模仿和再创造同步的过程，也是一个发生在古老的丝绸之路上的故事。世界多元文化在丝绸之路上共同创造了本质上跨文化的文艺复兴，而中国则为之做出了应有的贡献。

中国国家主席习近平 2019 年的首次出访，行程第一站是意大利首都罗马。此次访问意大利的重点是中意两国签署的关于共同推进"一带一路"建设的谅解备忘录。习近平主席表示："中国和意大利分处古丝绸之路两端，开展'一带一路'合作天经地义。我们秉持的是共商、共建、共享，遵循的是开放、透明原则，实现的是合作共赢。中意要以签署政府间'一带一路'合作谅解备忘录为契机，加强'一带一路'倡议同意大利'北方港口建设''投资意大利计划'对接，推进各领域互利合作。"意大利总理孔特表示，他期待着出席第二届"一带一路"国际合作高峰论坛。意方欢迎中国企业来意投资，实现互利共赢。意大利坚定支持多边主义和自由贸易，愿密切同中方沟通协调，促进欧中关系健康稳定发展。

习近平主席与意大利总统马塔雷拉共同用"伙伴"这个词定义中意关系。"伙伴"关系是平等的关系。中国与意大利是经济互利共赢的"伙伴"；是文明包容、文化互惠的"伙伴"；是人民之间坦诚交谈与倾听的"伙伴"；也是在全球政治经济和社会发展议题上，平等对话、换位思考、共担责任的"伙伴"。

绵延数千年的丝绸之路的历史证明了，从世界体系所包含的政治、经济、文化以及人们的生活方式和习俗来看，世界是多元的；不同类型的文明相互影响、相互滋养、彼此依赖以及相互交流。这是丝绸之路留给人类文明的精髓。这些精髓与今天中意两国政治家对两国关系所定义的"伙伴"一词有着天然的吻合；与"一带一路"倡议所包含的政策沟通、设施联通、贸易畅通、资金融通、民心相通彼此贯穿。

（资料来源：根据央广网 2019 年 3 月有关报道整理。）

（三）"一带一路"优化全球治理体系

"一带一路"倡议是我国向世界提供的公共产品，是我国为完善全球治理体系变革而提出的新思路、新方案。"一带一路"建设秉承"和平合作、开放包容、互学互鉴、互利共赢"的精神，坚持"共商、共建、共享"的基本方针，着力打造利益共同体、命运共同体和责任共同体，为全球治理体系和治理能力的现代化开辟了新的视野。

1. 治理实体的平等参与

我国倡议的"一带一路"国际合作平台既不是"会员俱乐部"，也不是"精英"和"贵族"的专利，而是一个广泛的"朋友圈"。"一带一路"的建设主要集中在亚欧、非洲大陆，同时向所有朋友开放。每个人都可以讨论"一带一路"，共享"一带一路"建设成果。

2. 治理机制的整合和升级

"一带一路"建设不仅局限于一定范围，而且是一个广范围、多层次，全方位的区域合作，跨越不同地区、不同发展阶段、不同文明，涵盖经济、政治、文化、社会和生态每个领域，是由沿途国家创建的全球公共产品。各国在这个新平台上共同努力，共同规划和制订高层次计划，建立覆盖沿线国家的全面协调机制，共同解决世界面临的和平赤字、发展逆差、治理赤字和生态赤字问题，并共同创造一条"绿色丝绸之路""健康丝绸之路""智慧丝绸之路""和平丝绸之路"，实现全球治理机制的整合与创新，推动全球治理体系现代化和治理能力建设。

3. 治理规则突出了正义

"一带一路"倡议倡导正义和正确的利益，实现同呼吸、共命运和谐发展；倡导开放和宽容的原则，不搞封闭主义；主张多边主义，反对单边主义。"一带一路"倡议的原则和精神体现了全球正义，展示了强大的文化包容性。这是第一次为"地球上的国家和人民"提供公平参与和共同发展的机会。这是对以前国际治理机制的反思、调整和纠正。

（四）"一带一路"加快国际政治格局的变迁

我国在推动"一带一路"目标方面的主导作用不是寻求势力范围，而是要支持各国的共同发展；不是为了建造自己的"后花园"，而是要建设一个由所有国家共享的"百花园"。"一带一路"是和平的道路，"一带一路"的国家不是"帮派关系"，而是"不具有对抗性和不结盟的伙伴关系"和"以合作和共赢为核心的新的国际关系"。

（五）"一带一路"促进全球化新时代的开放

"一带一路"倡议开启了全球化3.0的新愿景。几百年来，资本主义全球化首次迎来了决定性的转折。"一带一路"倡议符合多极化、经济全球化、文化多样性和社会信息化的趋势。它秉承开放的区域合作精神，致力于维护全球自由贸易体系和开放的世界经济。"一带一路"中所包含的哲学智慧和价值追求，是对资本主义全球化的一种反应，对传统全球化运动的一种修正，对西方中心主义的摒弃，对零和思维、丛林规律和霸权逻辑的超越。全球化将迎来一个新的时代。

新全球化是一场旨在国际合作、世界双赢、全球正义的社会运动。它与工业化时代的资本主义全球化有着完全不同的性质和目标，遵循完全不同的价值观和理想。新全球化不是从西向东，从北向南的一维全球化，而是东西互联和南北交流的互动全球化；它不是一个由制度、文明和价值观界定的局部全球化，而是开放和包容的广泛的全球化；它不是欧洲和美国优先考虑的本地化全球化，而是一个全面覆盖、没有死角的全球化世界；它不是海权优先、陆海二分的海上全球化，而是海陆开发的平衡全球化；不是以牺牲其他国家利益为代价的畸形全球化，而是平衡发展和利益分享的包容性全球化。

"一带一路"意味着"一国垄断""零和博弈""赢家通吃"的两极化全球化时代的结束，意味着"多中心崛起""全方位合作""全人类共赢"的时代开启。

（六）"一带一路"推动世界新文明的崛起

"一带一路"合作的是沿线国家，不搞门关闭，不孤立第三方，没有排他性条款。"一带一路"的合作内容是"政策沟通、设施连通、贸易顺畅、资本融通、民心相通"。"一带一路"合作的原则是"共商、共建、共享"。它不是中国一家的独奏，而是沿线国家的合唱。"一带一路"的核心理念是"和平合作、开放包容、互学互鉴、互利共赢"。"一带一路"的交往理性是"尊重彼此的主权、尊严、领土完整，尊重彼此的发展道路和社会制度，尊重彼此的核心利益和重大关切"。"一带一路"的发展目标是"营造一个开放、包容、平衡、普惠的区域经济合作框架"，促进共同发展，实现共同繁荣。"一带一路"的理想愿景是"打造政治互信、经济一体化、文化包容的利益共同体、命运共同体和责任共同体"。

"一带一路"不仅是联通中国和世界的经济带，也是连接中国和世界的"文明大运河"。"一带一路"中所包含的丝绸之路精神、发展哲学和哲学智慧，将我国古代文明和西方文明的优质基因融为一体，并将社会主义价值观融入其中。这是一种与数十亿人的规模相对应的新型文明，这种新型的世界文明和世界精神继承了现代性的优质基因。

三、"一带一路"对中国与世界的意义

"一带一路"倡议不仅惠及整个中国，推动了我国又快又好发展，也造福了全世界，开启了全球化 3.0 新时代。

（一）对中国经济发展的重要意义

稳步实施"一带一路"倡议，对于我国而言具有深远的意义。"一带一路"倡议有助于推动我国区域经济发展的互联互通，形成涵盖范围更加广阔的区域经济发展新格局。还有助于解决当前我国经济发展过程中面临的庞大外汇储备和产能过剩的经济问题。沿线国家与地区积极参与其中有利于我国构建更加全方位和高层次的对外开放格局，让我国以更加自信从容的姿态融入世界经济发展的浪潮中，树立中国形象，实现中国梦，与各国共同创造美好未来。"一带一路"对我国经济发展的重要意义，主要体现在以下几个方面：

1. 有助于解决产能过剩与庞大外汇储备的经济问题

当前，在我国经济发展中，产能过剩的问题越发凸显，已经成为我国经济稳步发展的绊脚石。统计数据显示，2017 年我国制造业前三季度的产能利用率仅为 76.8%，低于国际上制定的产能过剩判定通用标准 79%。而且产能过剩的行业数量越来越多，从建材、钢铁、化工、有色金属、制造业等传统行业到当下的新兴行业都在不同程度上存在产能过剩的问题。在国内市场需求趋于饱和的状态下，已经难以消化庞大的过剩产能，而且对于传统出口国外市场的空间拓展增幅不明显，在这种内外交困的情况下，"一带一路"倡议可以为过剩的产能寻求到更为广阔的出路，有助于尽快缓解产能过剩问题。同时，"一带一路"沿线大部分国家和地区经济发展程度不高，基础设施建设滞后，缺乏发展资金，这些是它们一直以来希望解决的难题，而"一带一路"倡议能够对它们起到帮助作用。

2. 有助于区域经济的平衡发展

受历史因素、地理位置、发展基础等方面的影响，我国区域经济发展并不平衡，这严重制约了我国经济的健康发展。而"一带一路"倡议为我国区域经济的平衡发展指明了方向。"一带一路"倡议注重东西双向与海陆统筹的发展方式，有助于真正打通西进的道路。建设连接东、中、西部地区的"交通大动脉"，能够有效实现不同区域间的整合，有助于推动西部地区的基础设施建设和经济发展。同时"一带一路"倡议的稳步推进还有助于实现不同区域间的优势互补和资源优化配置，为各区域产业的转型升级提供了一个良好的平台。

3. 有助于构建更宽领域、全方位、高层次的对外开放新经济格局，激发经济增长新动力

"一带一路"倡议是我国向世界其他国家抛出的"橄榄枝"，表现出了积极主动与沿线国家和地区交流合作、互利共赢的态度，展示了大国应有的担当与责任。"一带一路"倡议不仅注重国内各个区域的互联互通，同时还注重与世界的紧密衔接。科学统筹国内外，让中国站在世界舞台上展示中国理念、中国产品、中国服务，更加清晰地描绘了宽领域、全方位、高层次的对外开放的经济格局，充分激发了新的经济增长动力。

4. 有助于中国声音的广泛传播，树立良好的中国形象，促进经济发展软实力提升

随着我国经济的高速发展，国际上难免会产生一些争议和质疑声。我国一直希望能够得到世界的认可，也做了许多的努力和尝试，期望能够很好地融入世界整体发展的浪潮中，与各国共同开创美好的未来。通过"一带一路"，我国向世界传播了共同发展、共同繁荣的声音，提升了中国在世界的参与度，体现了中国的大国风度和担当，树立了良好的中国形象。"一带一路"倡议是我国主动提出的，尽管在未来的路上困难重重，但我国依然用自己的切实行动证明了与其他国家合作、互利共赢的愿望和决心。可见，"一带一路"倡议不仅有助于我国向世界展示良好形象，还促进了我国经济软实力的提升，从而更加有效地促进了经济的全面发展。

（二）为世界经济发展带来了新机遇

1. 经济融合、发展联动、成果共享

"一带一路"贯穿欧亚大陆，东至亚太经济圈，西至欧洲经济圈，实现了发展中国家与发达国家、中国与世界的联动发展。发展是解决所有问题的关键。推进"一带一路"建设，必须注重发展的根本问题，释放各国的发展潜力，实现经济一体化，发展倡导者和推动者的联系，但"一带一路"建设不是一个国家的事情。"一带一路"建设不仅要关注我国自身的发展，还要把中国的发展作为一个机会，让更多国家赶上中国快车的发展，帮助它们实现发展目标。

在发展自身利益的同时，我国必须考虑并照顾其他国家利益，必须按照不同利益的路线协调各国的共同利益，找到更多的利益点，调动各国的积极性。我国公司对外投资时既要注重投资利益，也要赢得良好的声誉，遵守东道国的法律，承担更多的社会责任。

实践证明，"一带一路"建设有利于整合参与国的能力优势、技术优势、资金优势、资源优势和市场优势，促进参与国之间的互利合作。区域合作范围更广、层次更高、层次更深，为世界经济增长提供了新的动力。

2. "一带一路"不是中国的独奏，而是世界合唱

"一带一路"追求的是百花齐放的大利，不是一枝独秀的小利。这条路不是一边的私人道路，而是一条人人联手的阳光之路；不是一家的独奏，而是沿线国家的合唱。互联互通、战略对接、国际产能合作以及第三方市场的发展是形成合唱的基本方式。

我国主动推动"一带一路"倡议与"一带一路"沿线国家的相关战略、发展愿景和总体规划有效衔接，为"一带一路"寻求合适的切入点。截至2018年年底，中国已累计与151个国家和国际组织签署了170份政府间合作文件，涉及互联互通、生产、社会、人文、民生、海洋、投资、经贸、金融和科技等领域。

我国积极履行国际责任，在"一带一路"倡议框架内，深化与有关国际组织的合作，与联合国开发计划署、亚洲及太平洋经济社会委员会和世界卫生组织签署了合作文件，共同建立"一带一路"。

3. 开放、包容、普惠、平衡、共赢的全球化

多年来，核心边缘的劳动分工、文明的等级秩序、区域化与全球化的矛盾导致了全球化的悖论，导致了今天的反全球化和逆全球化现象。"一带一路"倡议的提出，使我国从参与转变为引领全球化的角色。通过倡导文明的共同复兴，创造文明秩序，实现海陆联通和全球化，建设绿色、健康、智慧、和平的丝绸之路，共商共建共享利益、责任和命运共同体。创造了一个开放、包容、普惠、平衡、共赢的合作结构，开辟了一种新型的全球化。

传统的全球化——关税减让可以使世界经济增长高达5%，而新型的全球化——互联互通将推动世界经济增长10%~15%。通过倡导基础设施的互联互通，"一带一路"正在逐渐摆脱新自由主义全球化的束缚，逐步消除全球金融危机的根源，让全球化惠及更广泛的人。新自由主义全球化是一种资本导向的全球化，私人资本不愿投资基础设施。资本主义的政治循环无法满足长周期和短周期基础设施的需求。与中国合作建设"一带一路"，将新自由主义推动的资本导向型全球化转变为以发展为导向的全球化，是回归实体经济而不是创造越来越多的金融泡沫，是应对民粹主义挑战的希望，能够实现开放、包容、普惠、平衡和共赢的全球化。

摆脱贫困、缩小贫富差距和有效的全球治理是"一带一路"重点关注基础设施互联互通的三大影响因素。贫穷是人类的公敌。"一带一路"建设通过基础设施的投入，产生了"火车一响，黄金万两"的效果。世界上90%的贸易都是通过海洋完成的，80%的产出来自沿海地区的100公里地带。"一带一路"通过陆地和海洋消除了沿海和内陆地区之间的发展差距。不仅如此，"一带一路"还成为促进国际社会实现联合国2030年可持续发展目标的重要合作倡议。

【案例11-2】

"中欧班列"的开通与运行

中欧班列是指按照固定车次、线路等条件开行，往来于中国与欧洲及"一带一路"沿线各国的集装箱国际铁路联运班列。铺划了西中东3条通道中欧班列运行线：西部通道由我国中西部经阿拉山口（霍尔果斯）出境，中部通道由我国华北地区经二连浩特出境，东部通道由我国东南部沿海地区经满洲里（绥芬河）出境。

2011年3月19日，首列中欧班列（重庆—杜伊斯堡，渝新欧国际铁路）成功开行以来，成都、郑州、武汉、苏州、广州等城市也陆续开行了去往欧洲的集装箱班列。2013年7月18日到2016年3月30日，近3年的时间，中欧班列累计开行班数已达300班，累计货值超14亿美元。2016年，中欧班列开行200班，下货点扩大到20个，实现每周去程三班、回程三班。2017年5月13日，2017年第1000列中欧班列（X8024次，义乌—马德里）满载小商品、服装等货物从义乌西站鸣笛驶出。中国铁路总公司统计显示，2017年中欧班列开行数量较上一年同期增加612列，增长158%。2018年4月27日，中欧班列首次抵达维也纳。2018年6月28日，满载液晶显示器、笔记本电脑等电子产品的中欧班列（成都）驶离成都国际铁路港，这标志着中欧班列（成都）累计开行量达2000列。成都成为国内首个实现中欧班列累计开行达2000列的城市。截至2018年6月底，中欧班列累计开行量已突破9000列，运送货物近80万标箱，国内开行城市48个，到达欧洲14个国家42个城市，运输网络覆盖亚欧大陆的主要区域。

2018年11月26日，中欧班列首次成功完成邮件进口测试。2018年12月10日，一趟装载着农产品、汽车零配件等货物的班列从湖北十堰火车站发车驶往欧洲，这标志着"十汉欧"国际货运班列顺利开通。截至2019年2月，中欧（厦门）班列已开通了厦门到布达佩斯、汉堡、杜伊斯堡、哈萨克斯坦阿拉木图、莫斯科等6条国际线路，通达12个国家30多座城市。2019年3月29日，搭载41个整柜货物的"创维号"从成都国际铁路港首发，大约将在10天后抵达波兰罗兹，这是中国电视机企业——创维电视首次借助中欧班列（成都）通道布局欧洲市场。

（资料来源：根据新华网2019年4月有关报道整理。）

第四节 "一带一路"的总体规划

"一带一路"是我国在国家层面提出的洲际区域经济带建设举措。经过多年的经济快速增长，我国已成为世界第二大经济体，并在新的世界政治和经济结构的背景下，提出了宏伟的发展构想。

一、"一带一路"的政策解读

2015年3月26日，博鳌亚洲论坛开幕。28日我国领导人发表主题演讲，提出"走向亚洲命运共同体，为亚洲创造新的未来"。同日，国家发展改革委、外交部和商务部联合发布了《促进丝绸之路经济带和21世纪海上丝绸之路建设的愿景和行动》。该文件是迄今为止我国政府最全面、最系统地阐述"一带一路"倡议具体内容的文件，全面细致地诠释了"一带一路"相关政策。

（一）倡导"共商共建共享"的新形式全球治理，

首先，我国主张"共商"，即在"一带一路"建设中，充分尊重沿线国家参与合作事项、妥善处理各国利益的权利。所有沿线的国家，无论大小、强弱、贫富，都是"一带一路"的平等参与者。它们都可以积极地提出意见和建议，它们都可以影响本国在多边合作议程上的需求，但不能为其他国家发展路径指手画脚。通过双边或多边沟通和协商，各国可以找到互补的经济优势，实现发展战略的对接。其次，我国主张"共建"。"协商"只是各方在"一带一路"建设中实质性参与的第一步。各方要进一步完善"走出去"服务工作，鼓励沿线国家培养相关人才，在引进资金和技术后引入自主发展能力。只有达到前两点，才能确保沿线国家和人民共享"一带一路"建设的成果。

（二）解决三大赤字的中国计划，倡导五通的中国智慧

"大时代需要一个大的模式，而大模式需要大智慧。""一带一路"建设是人类未来的宏伟愿景和中国与世界的发展趋势，有利于促进全球共同繁荣，建设人类命运共同体；关键是可以应对全人类面临的严峻挑战——和平赤字、发展赤字、治理赤字（三大赤字），推动和平之路、繁荣之路、开放之路、创新之路和文明之路（五条道路）的建设；重点是建立以合作共赢为核心的新型国际关系，开创建设和共享的和平与发展新局面。

政策沟通、设施连通、贸易畅通、资金融通和民心相通是"一带一路"建设的核心内容。积极推进"一带一路"国际合作，必须以"五通"为出发点，全面提升合作水平。要加强政策沟通，不断巩固"一带一路"建设的政治基础；加强设施连通，不断完善"一带一路"建设的基础设施网络；加强贸易顺畅，不断释放互利合作的活力；加强资金融通，不断完善"一带一路"多元化投融资体系建设；加强人民共同体，不断深化人文合作的各种形式，让"一带一路"建设更有利于沿线国家和世界人民。

（三）推动构建新型国际关系和人类命运共同体

联合国大会、安理会和有关机构的决议多次写下"一带一路""人类命运共同体"和"共商、共建、共享"原则。这表明"一带一路"国际合作和人类命运共同体的概念正在成为广泛的国际共识，标志着我国逐渐占据了国际道义的制高点。

命运共同体继承并促进了"联合国宪章"的宗旨和原则。它是共商、共建和共享全球治理原则的核心概念。超越负面意义"人类只有一个星球，所有国家共享一个世界"并形成积极的"命运相连，休戚与共"的意义，它不仅在物质层面，而且在制度和精神层面，寻求共同点，同时保留差异，并进行收集和融合，塑造"你中有我，我中有你"的新身份，为公众和世界创造新文明，建立相互尊重、公平、正义、合作、共赢的新型国际关系。

二、"一带一路"的规划纲要

"一带一路"是促进共同发展、实现共同繁荣的合作共赢之路。这是通向和平与友谊的道路，增进了对信任的理解，加强了全面交流。我国倡导和平合作、开放宽容、互学互鉴、互利共赢的理念，全面推进务实合作，着力打造政治互信、经济一体化和文化包容的利益共同体、命运共同体以及责任共同体。

"一带一路"贯穿亚欧非大陆。一头是活跃的东亚经济圈，一头是发达的欧洲经济圈，中间广大腹地国家经济发展潜力巨大。丝绸之路经济带重点畅通我国通过中亚、俄罗斯到欧洲（波罗的海）；我国通过中亚、西亚到波斯湾、地中海；中国到东南亚、南亚和印度洋。21世纪海上丝绸之路的重点方向是从我国沿海港口过南海到印度洋，延伸到欧洲；从我国沿海港口过南海到南太平洋。要利用长三角、珠三角、海峡西岸、环渤海等经济区的高开放度、强大的经济实力和强大的辐射作用，加快推进中国（上海）自由贸易试验区建设，支持福建建设21世纪海上丝绸之路核心区。充分发挥深圳前海、广州南沙、珠海横琴、福建平潭等开放合作区的作用，深化与港澳台合作，打造粤港澳大湾区。

按照"一带一路"走向，陆上依托国际大通道，以沿线中心城市为支撑，以重点经济贸易产业园区为合作平台，共同建设新的欧亚大陆桥、中蒙俄、中国—中亚—西亚、中国—中南半岛等国际经济合作走廊；海上以关键港口为节点，共同建设安全高效的运输通道。中

国和巴基斯坦以及孟加拉国、中国、印度和缅甸两条经济走廊与推动"一带一路"建设密切相关，有必要进一步促进合作，取得更大进展。发挥新疆独特的地理优势，开辟西部重要窗口，深化与中亚、南亚、西亚等国家的交流与合作，形成重要的交通枢纽、贸易物流和文化科教中心，在丝绸之路经济带上建设丝绸之路经济的核心领域。

"一带一路"建设是沿线国家开放合作的宏伟经济愿景。所有国家都必须共同努力，实现互利共赢的目标。努力实现更加完善的区域基础设施，基本形成安全高效的陆、海、空网络，促使互联互通达到新的水平；进一步提高投资贸易便利化水平，基本形成高标准自由贸易区网络，深入政治互信与人文交流，促使经济联系日益紧密。

三、"一带一路"的发展规划

"一带一路"倡议旨在通过"一带一路"的合理布局，加强沿线国家和地区的联系，形成陆海内外联动、东西双向互济的开放格局，并建立一个互联互通的合作伙伴网络，探索沿线各节点经济互补和产业互补的机遇，积极开展交流与合作，共同建设利益共同体、责任共同体、命运共同体，使中国梦与世界梦完美融合。

（一）形成陆海内外联动、东西双向互济的开放格局

党的十八大以后，党中央着眼于"十三五"期间和更长一段时期的发展，并逐步明确了的三大发展举措，即"一带一路"建设、京津冀协调发展、长江经济带发展。其中，"一带一路"建设具有更多的世界效应和全球影响。它有利于改变过去的点状和块状的发展模式，形成点对点和走廊交互的发展模式。西部地区正在走向中国对外开放与合作的前沿。同时，它有机地整合了京津冀地区、珠三角地区、粤港澳大湾地区、长三角经济圈和长江经济带、东部和中部区域自由贸易区以及各省市的重点经济开发区，这一举措可以大大优化我国经济发展的空间布局，促进我国区域协调发展。

开放带来进步，封闭势必落后。我国开放的大门不会关闭。"一带一路"建设，要坚持"共同引进"和"走出去"的原则，遵循共建共享的原则，加强创新能力的开放合作，形成陆海内外联动、东西双向互济的开放格局。

"一带一路"建设是党中央统揽政治、外交、经济社会发展全局做出的重大战略决策，是实施新一轮扩张开放的重要举措，也是营造有利周边环境的重要举措。

（二）建立互联互通的全球伙伴网络

在"一带一路"国际合作高峰论坛开幕式上的演讲中，国家主席习近平提出："设施联通是合作发展的基础。我们要着力推动陆上、海上、天上、网上四位一体的联通，聚焦关键通道、关键城市、关键项目，联结陆上公路、铁路道路网络和海上港口网络。我们已经确立'一带一路'建设六大经济走廊框架，要扎扎实实向前推进。要抓住新一轮能源结构调整和能源技术变革趋势，建设全球能源互联网，实现绿色低碳发展。要完善跨区域物流网建设。我们也要促进政策、规则、标准三位一体的联通，为互联互通提供机制保障。"

"一带一路"让世界分享中国的发展经验，扩大了中国的发展空间。其核心是互联互通。如果将"一带一路"比作亚洲起飞的两翼，那么互联互通就是两翼的血脉和经络。中医有句俗语，即"痛则不通，通则不痛"。当今世界对和平与发展的制约往往是由不通造成的。建立新型伙伴关系和互联互通的全球伙伴网络已成为我国外交的一个重大问题。

（三）打造中国与世界的利益共同体、责任共同体、命运共同体

一花独放不是春，百花齐放春满园。"一带一路"是促进共同发展、实现共同繁荣的合作共赢之路，是通向和平与友谊的道路，增进了对信任的理解，加强了全面交流。我国政府倡导和平合作、开放宽容、互学互鉴、互利共赢的理念，全面推进务实合作，构建政治互信、经济一体化和文化包容的利益共同体、命运共同体、责任共同体。

（1）谋求共同发展、共同繁荣，建设利益共同体。利益共同体在一定程度上指的是各国利益的兼容性。各国应在寻求共同利益的过程中不断缩小分歧，促进合作，谋求发展，实现互利共赢。建设利益共同体，需要协调我国的利益和沿线国家的利益，协调对外关系发展中的经济、政治、安全和文化利益。

（2）分担风险，共同管理，建立责任共同体。人类面临的全球性问题是前所未有的，规模是前所未有的。它往往超越国界，不能通过一个国家的力量来解决。这要求各国加强沟通与合作，坚持同心的思想，共同应对挑战，建立责任共同体。"一带一路"合作是沿线国家积极应对共同挑战、实践共同治理和善治的明智选择。

（3）共同挑战，共生共存，创造命运共同体。今天，随着全球化的迅速发展，各国的前途和命运紧密相连，正在形成一个"你中有我、我中有你"的命运共同体。"一带一路"将帮助沿线各国找到适合自己国情的发展道路，掌握自身的发展和安全命运，形成积极的相互依存，进而成为命运的共同体。

（四）融合中国梦和世界梦

"一带一路"建设依托我国和沿线国家现有的双重多边机制，借助现有有效的区域合作平台，高举和平、发展以及合作的旗帜，积极发展与沿线国家的经济伙伴关系，把我国现在的生产能力、技术优势、资金优势、经验和模式转化为市场和合作优势，将中国机遇转化为世界机遇，融合中国梦和世界梦。

将中国梦与世界梦结合起来的"一带一路"的关键是鼓励沿途国家走符合自己国情的发展道路。我国愿意与世界其他国家分享其发展经验，但不会干涉其内政。它不会"引进"外国模式或"出口"中国模式，也不会要求其他国家"复制"中国。推进"一带一路"建设不会重复旧的地缘游戏，而是创造一种新的合作共赢模式；不会形成一个破坏稳定的小团体，但会建立一个和谐共存的大家庭。

"一带一路"建设不是另起炉灶、推倒重来，而是实现战略对接和优势互补，将中国的发展与参与国的发展结合起来，把中国的梦想与参与国人民的梦想结合起来。例如，"一带一路"建设结合了俄罗斯提出的欧亚经济联盟、哈萨克斯坦提出的"光明之路"、土耳其提出的"中间走廊"、蒙古国提出的"发展之路"、越南提出的"两廊一圈"、英国提出的"英格兰北方经济中心"以及波兰提出的"琥珀之路"等。

除国家之外，战略对接还创造了"一带一路"合作的新氛围，例如，中国与阿富汗的"1+2+3"合作模式、中国与拉丁美洲的"1+3+6"合作新框架、中国与非洲的"三网一化"等。通过政策对接，各方实现了"1+1>2"的效果，期待实现持久和平、普遍安全、共同繁荣、开放宽容的世界梦。

第五节 "一带一路"的建设成果

【案例 11-3】

三亚被授予 2018 "一带一路" 建设案例奖

2013 年秋，国家主席习近平西行哈萨克斯坦、南下印度尼西亚，先后提出建设"丝绸之路经济带"和"21 世纪海上丝绸之路"重大倡议；2015 年 3 月，国家发布了《推动共建丝绸之路经济带和 21 世纪海上丝绸之路的愿景与行动》，提出把三亚打造为海上丝绸之路合作的重要战略支点。

2018 年 10 月 30 日，2018 "一带一路" 媒体合作论坛在海南博鳌举行。论坛上，举行 2018 "一带一路" 建设案例发布仪式，下午 5 时 20 分，论坛进入颁奖环节，当主持人宣读获奖为"三亚市"，会场掌声响起。三亚被授予 2018 "一带一路" 建设案例奖。

颁发"一带一路"建设案例奖，旨在向深度融入国家"一带一路"建设的优秀省份、城市和企业予以勉励，解析"一带一路"建设样本，多元展现"一带一路"建设成就和典型标杆。

国家支持，政策支撑，三亚乘上了国家对外开放的快车，通过加大推进基础设施建设、旅游开放、贸易合作、人文交流等领域的力度，以"五通"（政策沟通、设施联通、贸易畅通、资金融通、民心相通）为主推进基础设施互联互通，深化旅游开放合作，打造以旅游业为龙头的现代服务业合作战略支点，强化海洋经济合作，构建南海重要腹地平台，提升经贸合作水平，促进对外贸易往来畅通，强化人文交流，促进丝绸之路与民心相通。三亚正以敢闯敢试的担当，奋力绘就可期的新蓝图。

三亚荣获"一带一路"建设案例奖，向外界展现了三亚作为滨海旅游城市深度融入"一带一路"建设的典型标杆。

（资料来源：根据《三亚日报》2018 年 10 月有关报道整理。）

自 2013 年提出"一带一路"倡议以来，经过多年的发展，政策沟通、设施连通、贸易畅通、资本融通和民心相通等环节取得了重大进展。"一带一路"从倡议到现实，已成为世界上规模最大、最受关注的公共产品。

一、成功举办国际合作高峰论坛

2017 年 5 月 14 日至 15 日，"一带一路"国际合作高峰论坛在北京成功举行。这次论坛是"一带一路"框架下的最高级别的跨部门活动，也是自中华人民共和国成立以来中国和中国领导人发起的最高级别、规模最大的多边外交活动，是 2017 年最重要的主场外交。来自 130 多个国家和 70 多个国际组织的 1500 多名代表、9 名国家元首和政府首脑参加了此次会议。

峰会期间，举行了开幕式、领导人圆桌会议、高层次全体会议、平行主题会议、欢迎宴会、文化表演、新闻发布会等一系列活动。国家主席习近平出席了"一带一路"国际合作高峰论坛开幕式并发表主旨演讲，主持了"一带一路"国际合作高峰论坛圆桌会议并发表讲话。会议通过了《"一带一路"国际合作高峰论坛圆桌峰会联合公报》，并公布了"一带一路国际合作高峰论坛"成果清单。该清单主要涵盖五个类别：政策沟通、设施联通、贸易畅通、资金融通、民心相通。共有 76 个重大项目和 279 个具体成果。当时已完成 265 个项目或转为正常工作，其余 14 个项目正在监督推进。参加圆桌会议的国家领导人以及联合国和世界银行、国际货币基金组织的有关负责人就有关问题交换了意见，达成了广泛共识。

古丝绸之路积淀了以和平合作、开放包容、互学互鉴、互利共赢为核心的丝路精神。各方要将"一带一路"建设成和平之路、繁荣之道路、开放之道路、创新之道路和文明之路。各方将坚持共商共建共享的原则，相互尊重，民主协商，共同决策。"一带一路"的建设将汇集沿线各国人民，致力于合作共赢、共同发展，让各国人民更好地享受发展成果。这也是共同建设人类命运共同体的重要举措。各方必须勇于承担责任，开拓进取，用实际行动推动"一带一路"建设合作，不断取得新进展，为建设人类命运共同体系注入强大动力。

目前，我国已与 100 多个国家和国际组织签署了合作文件，共同打造"一带一路"。"一带一路"倡议及其核心概念已纳入联合国、二十国集团、亚洲太平洋经济合作组织和上海合作组织等重要国际机制的成果文件。"一带一路"继续衔接国际合作共识，国际社会形成了建设"一带一路"的良好氛围。

我国于 2019 年 4 月 25 日至 27 日举办了主题为"共建'一带一路'、开创美好未来"的第二届"一带一路"国际合作高峰论坛，旨在推动"一带一路"合作实现高质量发展。

二、不断强化战略对接与政策沟通

政策沟通不仅是"一带一路"建设的重要保障，也是实现其他"四通"的先决条件。"一带一路"是适应新的世界经济形势、适应人类新时代的重要战略选择。国家主席习近平在出席"一带一路"国际合作高峰论坛开幕式时强调，人类社会正处在一个大发展大变革大调整时代。世界多极化、经济全球化、社会信息化、文化多样化深入发展，和平发展的大势依然强劲，变革创新的步伐继续向前。

在多元化的世界中，只要各国开放自己的市场，就能实现利润最大化，实现经济合作的方式。这不仅仅是自由贸易所倡导的。目前，国际经济合作必须以国家合作为前提。从这个意义上说，政策或战略的沟通非常重要。在 20 世纪 50 年代欧洲共同体建立之前，欧洲不同国家之间有不同的铁路轨道和不同的电源插头。各国实现互联互通是不方便的。随着欧洲共同体的建立，欧洲国家通过政策沟通统一了轨距和操控系统，统一了电源插头，大大降低了合作成本，促进了人员和贸易的流动。虽然这只是一个相对较小的案例，但它更能说明政策沟通在国际合作中的重要性。我国也认为政策沟通在推动"一带一路"建设中具有特殊意义。互联互通的主要问题是政策沟通。首先，要搞好国家与政府的战略对接和规划对接。其次，要充分发挥双方银行、合作组织和企业的作用，积极推进务实合作。

政策沟通的关键是做好国家间的对接，包括发展战略、发展规划、机制和平台以及具体项目的对接。发展战略是关于一个国家未来的主要选择和顶层设计，它是全球性的、长期的和领先的。实现发展战略对接需要各国之间达到最高水平的政策协调，还需要建立在政治互信和合作共赢的基础上。实现战略对接意味着各国之间达成了顶层设计，从而找到了寻求合作和联合行动方向上的最大共同点。"一带一路"沿线国家的多元化特征非常明显，发展程度不同，文化差异大，政治制度不同，民族复杂多样。如果不能很好地沟通政策，那么"一带一路"建设很容易落空。从目前的情况来看，"一带一路"建设顺利实施的项目大多有国家战略或规划对接的基础，例如，"一带一路"与俄罗斯提出的欧亚经济联盟、蒙古国提出的"发展之路"以及哈萨克斯坦提出的"光明之路"对接得较为顺利，使"一带一路"项目在这些国家顺利进行。

截至 2018 年底，中国已累计与 122 个国家、29 个国际组织签署了 170 份政府间合作文件。

三、加快基础设施互联互通建设

基础设施互联互通是"一带一路"建设的重点领域，也是一切合作的重要基础和支撑。加强基础设施互联互通符合"一带一路"沿线国家的共同利益。基础设施建设的重点项目主要集中在六条经济走廊和"多国多港"体系的建设上。同时，根据现实需要在"一带一路"国际合作框架下开展了一些其他的基础设施建设项目。近些年，亚吉铁路开通运营、马尔代夫中马友谊大桥竣工，阿联酋阿布扎比码头、马来西亚关丹深水港码头正式开港，巴基斯坦最大的水电站的第一个单元即巴基斯坦的"三峡工程"与电网相连，中俄亚马尔液化天然气项目的 3 条生产线提前完工。

（一）六大经济走廊建设

①在中蒙俄经济走廊建设框架下，滨洲铁路已经完成了电气化改造任务，中蒙和中俄之间共有约 10 条输电线也已建成，莫斯科—喀山高铁项目和中蒙"两山"铁路都已完成前期准备工作。②在新亚欧大陆桥经济走廊建设框架下，越来越多的国家和城市修建了越来越多的铁路线与新亚欧大陆桥这一主干线连接。目前，中欧班列已将我国与欧洲的 15 个国家的 43 座城市连接起来了，累计开行数量已超过了 1 万列。③在中国—中亚—西亚经济走廊建设框架下，我国公司在中亚建造的第一条铁路隧道，乌兹别克斯坦的 Kamchik 隧道（"Anglian – Pap"铁路隧道）于 2016 年 6 月开通；中国铁路建设公司在中亚建成的第一条铁路，连接塔吉克斯坦中部和南部的瓦亚铁路也于 2016 年 8 月成功开通；中国—中亚天然气管道项目的 A、B、C 线已经完成并且正常通气，D 线也在建设中。④在中巴经济走廊建设框架下，延伸到巴基斯坦中部和南部的喀喇昆仑公路二期扩建工程项目正在建设中，巴基斯坦 1 号铁路干线升级改造工程进展顺利。⑤在孟加拉国—中国—印度—缅甸经济走廊建设框架下，中缅天然气和石油管道项目分别于 2013 年和 2017 年完成。⑥在中国—中南半岛经济走廊框架下，亚湾高速铁路、中泰铁路、中老铁路等铁路项目顺利开展；中国、老挝、缅甸和泰国共同实施的澜沧江—湄公河整治一期工程已经完成。

（二）"多国多港"体系建设

从"多国多港"体系建设来看，巴基斯坦的瓜达尔港建设进展顺利，并且瓜达尔港经济开发区第一期建设也已经基本完成。缅甸的皎漂港建设已经开工。斯里兰卡的汉班托塔港和科伦坡港口新城建设在经历过一段时间的周折后，现已回到建设正轨。目前，中国公司通过各种方式已经参与到了"21 世纪海上丝绸之路"的 20 多个国家的超过 50 个港口的建设之中。

（三）其他建设

尽管目前的基础设施建设项目主要是六大经济走廊建设和"多国多港"体系建设的重要组成部分，但除此之外，也有许多其他基础设施建设项目正在"一带一路"上展开。例如，目前我国在非洲参与建设中的铁路总里程数超过了 6000km，在建公路总里程数超过了

5000km，还有一批港口和机场也在建设之中（如吉布提港）。有些基础设施建设项目已经完成并开始正常营运。例如，肯尼亚的蒙内铁路，已于 2017 年 5 月通车；尼日利亚的阿卡铁路，已于 2017 年 7 月通车运行；从埃塞俄比亚到吉布提的亚吉铁路，也于 2017 年建成通车。

四、经贸投资合作成效显著

在全球贸易持续低迷的背景下，从 2013 年到 2017 年，中国与"一带一路"国家的贸易总额增长了 4.88%。2018 年，中国企业对"一带一路"沿线的 56 个国家实现非金融类直接投资 156.4 亿美元，同比增长 8.9%。中国和共建国家建立了 80 多个海外经贸合作区，为中国企业海外投资创造了新的空间。中国已成为沿线 25 个国家的最大贸易伙伴。"一带一路"倡议提出五年来，中国累计与"一带一路"沿线国家货物贸易额已超过 5 万亿美元，对外直接投资已超过 700 亿美元。在沿线国家建设的海外经贸合作区总投资 289 亿美元，创造就业岗位 244000 个，税收 20.1 亿美元。与此同时，中国继续放宽对外投资的范围，创造高标准的商业环境，并吸引沿线国家到中国投资。

中国和"一带一路"国家进出口总额实现快速增长，进口增速超过出口。2017 年，中国和"一带一路"国家进出口总额达到 14403.2 亿美元，同比增长 13.4%，高于中国整体外贸增长率 5.9 个百分点，占中国进出口贸易总额的 36.2%。其中，中国向"一带一路"国家出口 774.26 亿美元，同比增长 8.5%，占中国出口总额的 34.1%；"一带一路"国家进口 6660.5 亿美元，同比增长 19.8%，占中国进口总量的 39.0%，过去五年的进口增长率首次超过出口。

在合作现状方面，它具有广泛的特点，包括 71 个"一带一路"国家和 31 个省/自治区/直辖市。包括韩国、巴拿马、南非、新西兰、马达加斯加、摩洛哥和埃塞俄比亚在内的 7 个国家首次被列入。我国东部与"一带一路"国家之间的贸易占总量的近 80%，东北与"一带一路"国家的贸易额增长最快。其中，与"一带一路"国家贸易额的前五名省（市）分别为广东、江苏、浙江、山东、上海。

从能源领域的投资合作来看，中国是俄罗斯"Yamale LPG"项目的主要股东之一，并购买了西伯利亚—乌拉尔石化和天然气公司（俄罗斯最大的化工控股公司之一）10% 的股份。普京对中国的投资表示欢迎，并提出应扩大合作，不仅要增加中国的核电厂数量，还要扩大这一领域的科技合作，继续实施包括核能在内的能源领域的大规模项目。中哈投资合作也取得了很大进展。目前，我国在哈萨克斯坦的能源项目包括中哈石油管道项目、阿克托比原油项目和北扎基油田项目等 12 个项目。随着中国—中亚天然气管道 A、B、C 线投入使用，D 线正在建设中，中国—中亚天然气管网将形成，中亚五国将与中国紧密联系，并进一步深化合作。

从高科技领域的投资合作来看，中俄在航天计划和航空领域的宽体飞机和重型直升机的联合研发方面取得了显著进展。近年来，中俄在和平利用核能、民航、空间基础技术研究、空对地观测、卫星导航、深空探测和载人航天等高科技领域的合作不断深入，已经实施了一些重要的合作项目。对这些高科技项目的投入可以促进中俄之间的深度合作和"一带一路"对接合作。我国与沿线国家的贸易和投资合作不断扩大，形成了互利共赢的良好局面。

五、不断完善金融服务体系

作为"一带一路"建设的支持者和负责任的参与者，我国积极推动各实体筹集外资以及金融机构和基金的资金，以促进"一带一路"的建设和推广。国际金融合作不断深化，在有关国家和地区的互利合作中发挥了积极作用。

2015年12月25日，亚洲基础设施投资银行（AIIB）正式成立，成为"一带一路"融资的重要平台。作为政府间金融发展机构，AIIB侧重于支持"一带一路"沿线国家的基础设施互联和经济一体化进程。AIIB的建立可以带来许多好处：促进基础设施互联；为未来全球人民币结算、融资、储存和贸易提供便利和条件；扩大"一带一路"沿线国家和地区之间的贸易、交流与业务合作，实现AIIB与"一带一路"的双向金融互动，极大地促进亚洲地区的繁荣与稳定。截至2018年8月，AIIB已扩大到87个成员，并已投资28个项目，总投资54.3亿美元。

丝绸之路基金于2014年底成立，在"一带一路"服务建设方面也取得了丰硕成果。2018年6月，丝绸之路基金与哈萨克斯坦阿斯塔纳国际金融中心签署了战略合作备忘录，并通过中哈产能合作基金购买了阿斯塔纳国际交易所的部分股权。2018年7月16日，丝绸之路基金与欧洲投资基金签署谅解备忘录，宣布中欧联合投资基金投入实质性运作，该基金主要投资于中欧合作中具有推动作用、具有良好商业前景的中小公司。截至2018年底，丝绸之路基金已签署了20多个项目，承诺投资超过80亿美元。

丝绸之路基金和AIIB都是全球开放的投资平台。AIIB将弥补现有国际金融机构的缺陷，为世界提供更大的发展空间。长期以来，全球金融治理机构的缺陷和垄断金融话语权使发展中经济体的合理需求得不到及时满足，AIIB与"一带一路"倡议携手合作，相互促进，大大提升新兴市场和发展中经济体在全球金融话语权中的比例，成为开放、宽容、互利的新平台。它有助于促进建立公平、公正、包容的新国际货币金融系统。

在"一带一路"的建设过程中，政策性和开发性金融机构提供了大量的长期贷款，在支持国内外基础设施、基础产业和支柱产业的建设方面发挥了独特的作用；商业银行正在利用筹资渠道的多样性，吸收存款，在发行理财和发行债券方面极具优势。

多年来，各商业银行积极拓展"一带一路"市场，加大优质信贷项目储备，积极与"一带一路"重大项目建设联系起来，支持资源配置、信贷审批和信贷规模。除此之外，在增加信贷供给的同时，各商业银行正在积极创新产品和商业模式，探索"一带一路"融资的可行途径。

以中国银行为例，截至2018年6月底，中国银行跟进了"一带一路"600多个重大项目，"一带一路"国家信贷授权总额达到1159亿美元。中国银行海外机构覆盖全球56个国家和地区，为"一带一路"建设提供多元化的金融产品和服务。

推进"一带一路"融资不仅需要我国的努力，还需要"一带一路"相关国家的参与，深化金融创新，建立与经济全球化相适应的金融体系和开放的经济体系。

为促进"一带一路"融资体系的建设，在我国的倡议和推动下，2017年5月，中国财政部和阿根廷、白俄罗斯、俄罗斯等26国财政部共同核准了《"一带一路"融资指导原则》。根据这一指导原则，各国支持财政资源为有关国家和地区的实体经济发展服务，重点加强基础设施互联互通、贸易投资、产能合作等领域的融资支持力度；各国将继续使用政府间合作基金、对外援助资金等现有公共资金渠道，与其他资金渠道协调配合，共同支持"一带一路"建设；各国鼓励政策性金融机构和出口信贷机构继续为"一带一路"建设提供政策性金融支持，并呼吁开发性金融机构考虑向"一带一路"国家提供更多的融资支持和技术援助；各国鼓励多边开发银行和国家发展金融机构在各自职能范围内采用贷款、股权投资、担保和共同融资等方式，积极参与"一带一路"建设，特别是跨境基础设施建设；各国期望商业银行、股权投资基金、保险、租赁和担保公司等为"一带一路"建设提供资金和其他金融服务。

除加强政府机构与金融机构之间的合作外，银行与其他金融机构之间的中外合作也越来越频繁。目前，已有11家中资银行建立了71家一级机构，与非洲开发银行、美洲开发银行和欧洲复兴开发银行开展了联合融资合作。

如今，外资银行通过与我国金融机构合作参与"一带一路"建设的积极性不断提高。2018年4月20日，花旗集团与中国银行和招商银行签署了合作谅解备忘录。根据此项备忘录，这3家银行将围绕"一带一路"倡议，探索各自领域的潜在合作渠道，包括公司融资、金融产品、贸易、代理、信托、资本市场等。

"一带一路"在短时间里从基础设施的落后到沿线国家基础设施互联互通，建设成果令人瞩目，正处于建设的黄金时期。但它在推动沿线各国经济发展的同时，也带来了挑战。

由于涉及国家众多、地理跨度大，"一带一路"倡议面临多方面因素的挑战与威胁，甚至部分国家认为"一带一路"倡议是中国版"马歇尔计划"，鼓吹"中国威胁论"，加之当前反全球化和贸易保护主义浪潮日益高涨，这些将阻碍"一带一路"倡议向更广阔的空间发展。

同时，"一带一路"贯穿亚欧非大陆，空间跨度大，沿线自然地理环境复杂，公路铁路、海运港口、航空港等交通网络和能源运输管道网络的建设相对困难，增加了其辐射的成本，降低了辐射的范围和效率。目前"一带一路"投资项目多为经济发展水平相对落后的新开发区域，由于基础设施不完善、投资回报率较低、地区社会不稳定等多方面原因，"一带一路"建设项目大多数是政府机构间共同投资建设，非政府机构投资态度不够积极。"一带一路"涉及众多国家，跨境投融资过程涉及多个币种的兑换，沿线各国间的汇率不稳定以及各国的金融市场运行体系、金融风险监管机制的差异，使"一带一路"建设在跨境金融服务方面存在较大困难，加剧了跨境投融资风险程度。

陆上丝绸之路经济带和21世纪海上丝绸之路所处的地理位置不同，造成了陆海经济带辐射特点的不同。陆上经济带辐射效应从轴带干线上的横纵两个方向推开，而海上经济带辐射干线内陆地区一侧。相比陆上经济带，海上经济带所依托的海运成本更低，运输量更大，地理条件上的限制较少，而且以沿线国家经济发展水平较高、基础设施完善、与内地交通方便的港口城市为支撑点，沿海经济带的规模和辐射效率高于陆上经济带。未来"一带一路"建设的发展将会进一步利用海上经济带的突出优势，在现有东西方向陆海主轴带的基础上，形成连接陆海主轴带的南北方向的副轴带，副轴带以陆上交通干线将主轴带的内陆港口城市连接起来，形成"多带多路"网状体系。网状轴带体系能有效避免线状轴带体系由于某个支撑点的不顺畅而整体辐射效率降低，沿海与内陆、内陆与内陆、沿海与沿海之间的相互辐射将使辐射的效率和范围进一步提高。

未来，"一带一路"建设需进一步深化沿线国家间法律法规、政策和市场信息的相互交流沟通，打造沿线国家间交通互通网络、能源设施互通网络、信息化网络，建立高效率的管理部门，朝着沿线国家间政治互信更加深入、沿线基础设施更加完善、经贸规模更加庞大、投融资体系更加健全、人文交流更加繁荣的方向发展，以建设沿线国家间自由贸易区为中期阶段目标，最终形成自由贸易区群体。

【基本概念】

一带一路

【思考题】

1. 什么是"一带一路"？
2. "一带一路"的时代背景包含哪些方面？
3. "一带一路"对中国经济发展有何重要意义？
4. "一带一路"取得了哪些重要成果？
5. "一带一路"倡议面临哪些挑战？

【本章参考文献】

[1] 李向阳. "一带一路"：定位、内涵及需要优先处理的关系 [M]. 北京：社会科学文献出版社，2015.

[2] 张弛. "'一带一路'的战略定位与基本内涵"学术研讨会综述 [J]. 中国周边外交学刊，2015 (2)：229-239.

[3] 李静. "一带一路"战略定位探析 [J]. 行政事业资产与财务，2018 (4)：23-24.

[4] 胡必亮. "一带一路"五周年：实践与思考 [J]. 中国科学院院刊，2018 (9)：954-961.

[5] 郭子阅. "一带一路"战略发展现状、问题及趋势 [J]. 中国商论，2017 (5)：121-122.

[6] 房秋晨. 基础设施互联互通是"一带一路"建设的优先领域 [J]. 建筑，2017 (11)：16-17.

[7] 国家发展改革委，外交部，商务部. 推动共建丝绸之路经济带和21世纪海上丝绸之路的愿景与行动 [J]. 国际品牌观察，2016 (5)：1-6.